ECKART SCHREMMER

Die Bauernbefreiung in Hohenlohe

QUELLEN UND FORSCHUNGEN ZUR AGRARGESCHICHTE

Herausgegeben von

PROFESSOR DR. DR. FRIEDRICH LÜTGE
München

PROFESSOR DR. GÜNTHER FRANZ
Stuttgart-Hohenheim

PROFESSOR DR. WILHELM ABEL
Göttingen

BAND IX

Die Bauernbefreiung in Hohenlohe

Von

Dr. Eckart Schremmer

GUSTAV FISCHER VERLAG · STUTTGART

1963

©
Gustav Fischer Verlag, Stuttgart
1963
Alle Rechte vorbehalten
Satz und Druck: Westholsteinische Verlagsdruckerei Boyens & Co., Heide/Holstein
Einband: Ladstetter & Co., Hamburg
Printed in Germany

MEINEN ELTERN

Inhalt

2. Hauptteil

Die Eingliederung Hohenlohes in das Königreich Württemberg und deren Folgen
für die spätere Durchführung der Befreiungsgesetze in Hohenlohe

3. Hauptteil

Die Gesetzgebung über die Bauernbefreiung in Württemberg
und deren Durchführung in Hohenlohe

4. Hauptteil

Die Auswirkungen der Bauernbefreiung hinsichtlich der bäuerlichen Verschuldung,
der Gantfälle und dem Besitzwechsel von Grund und Boden

5. Hauptteil
Der Aufbau des neuen württembergischen Steuersystems

Geleitwort

Der Anregung, der hiermit vorgelegten Arbeit meines Schülers Eckart Schremmer ein Wort des Geleites mitzugeben, komme ich gern nach.

Die Untersuchung steht im Kreise einer Reihe von anderen Arbeiten, die sich alle um die Aufhellung agrargeschichtlicher Fragen bemühen. Sie gehört zu jenen Arbeiten, die regional einigermaßen geschlossene Räume untersuchen, Gebiete also, in denen es — nicht zuletzt als Folge landesherrlicher Eingriffe — zu gewissen Sonderprägungen gekommen ist.

Das gilt in besonderer Weise für das alte Fürstentum Hohenlohe, also ein Gebiet, dessen politische und im besonderen auch agrargeschichtliche Entwicklung sich deutlich von der des alten Herzogtums Württemberg — mit dem es dann in Ausführung des Reichsdeputationshauptschlusses zusammengelegt wurde — unterscheidet. Es ergibt sich hier eine besondere Variante des von der agrargeschichtlichen Forschung herausgestellten Typs der «Südwestdeutschen Grundherrschaft».

Das vom Verfasser durchgearbeitete Material bot auch die Möglichkeit, einen Vergleich zwischen der Belastung der Bauern vor der Auflösung der grundherrlichen Verfassung und nach deren Eingliederung in den allgemeinen Staatsbürgerverband des liberalen Staates anzustellen — eine höchst interessante Problematik, der intensiver nachgegangen werden sollte, als das bisher geschehen ist.

Es wird noch vieler solcher Einzeluntersuchungen bedürfen, bis unser Bild von der agrargeschichtlichen Entwicklung als abgerundet angesehen werden kann. Als ein — und zwar gelungener — Beitrag dazu darf die nachfolgend veröffentlichte Arbeit angesehen werden.

München, den 14. Dezember 1962

FRIEDRICH LÜTGE

Vorwort des Verfassers

Die vorliegende wirtschaftshistorische Untersuchung stammt aus der Schule von Herrn Professor Dr. Dr. Friedrich Lütge. Die von ihm geleiteten Seminare zur deutschen Sozial- und Wirtschaftsgeschichte an der Universität München weckten in dem Verfasser die Freude an der wirtschaftsgeschichtlichen Forschung, und ein persönliches Gespräch gab den Anstoß zur Behandlung des Themas über die Bauernbefreiung in Hohenlohe.

So liegt es dem Verfasser am Herzen, an dieser Stelle seinem hochverehrten Lehrer, Herrn Universitätsprofessor Dr. Dr. Friedrich Lütge, aufrichtig und herzlich zu danken für die mannigfachen Anregungen, die stets hilfreiche Kritik und das fördernde Interesse, die er der vorliegenden Arbeit entgegengebracht hat.

Neben dem Dank an die immer hilfsbereiten Herren der Verwaltung des Hauptstaatsarchivs Stuttgart und des Staatsarchivs Ludwigsburg gilt besonderer Dank Herrn Fürstlichen Archivrat Karl Schumm, der den Verfasser in das umfangreiche Quellenmaterial der Hohenloher Archive im Schloß Neuenstein einführte und ihn mit seinem weiten Wissen unterstützte.

Frau Liselotte Hildebrand und Herr Dr. Werner Schleinkofer waren so freundlich, beim Lesen der Korrekturen und bei der Anfertigung der Register zu helfen. Auch ihnen sei dafür Dank gesagt.

München, im Dezember 1962.

ECKART SCHREMMER

Einleitung

1. Die Fragestellung der vorliegenden Untersuchung

Um die Wende des 18. zum 19. Jahrhundert waren in Deutschland, wie überhaupt in den Ländern des Abendlandes, die liberalen Ideen der Aufklärung mit ihren beiden Postulaten der Freiheit und der Gleichheit der Staatsbürger zum Durchbruch gekommen. Die überlieferte, rund tausend Jahre alte grundherrliche Lebensordnung war mit diesen Ideen nicht mehr vereinbar.

In der vorliegenden Arbeit wird — am Beispiel von Hohenlohe — der Prozeß der Realisierung jener Postulate, der das ganze 19. Jahrhundert über andauerte, an zwei zusammenhängenden Teilen der Rechts- und Wirtschaftsordnung aufgezeigt: an der Auflösung des feudalen Herrschaftsverbandes mit seinem jahrhundertealten Abgabensystem und dem gleichzeitigen Aufbau einer neuen Steuerverfassung. Beide Entwicklungen liefen in Hohenlohe nebeneinander her und bedingten sich gegenseitig. Die Auflösung der Feudalverfassung war die Aufgabe der sog. «Bauernbefreiung», der damit unlösbar verbundene Aufbau des neuen Steuersystems die Aufgabe einer besonderen Steuergesetzgebung.

Es ist das Anliegen dieser Untersuchung festzustellen, einmal a) wie sich jener Prozeß der Realisierung der Postulate der Freiheit und Gleichheit im Rahmen der Bauernbefreiung abspielte und b) ob sich die Hohenloher Agrarstruktur im Verlauf der Befreiung änderte, zum anderen, a) welcher Art die neue Steuerordnung war, die das feudale Abgabewesen ersetzte und b) inwieweit hierdurch eine Änderung in der Belastung der pflichtigen Bauern eintrat.

Im einzelnen ist der Fragenkreis der Arbeit folgendermaßen aufgegliedert:

Der 1. Hauptteil der Arbeit zeigt die wirtschaftliche und soziale Lage des Bauernstandes vor der Befreiungsgesetzgebung. Es werden diejenigen Zustände erörtert, welche die Befreiungsgesetzgebung ändern wollte. Dieser Teil dient gleichzeitig als Vergleichsbasis für die Situation nach der Durchführung jener Gesetze.

Er gibt insbesondere Antwort auf die Fragen:

a) Wie waren die bäuerlichen Besitzrechte ausgestaltet?
b) Welche Größe hatten die bäuerlichen Besitzungen?
c) Wie war die Übergabe der Höfe geregelt (Erbsitten)?
d) Welche Lasten hatte die bäuerliche Bevölkerung zu tragen und welche Rechte standen ihr zu?

Der 2. Hauptteil behandelt die Eingliederung Hohenlohes in das Königreich Württemberg und deren Folgen für die spätere Durchführung der Befreiungsgesetze in Hohenlohe.

Der 3. Hauptteil befaßt sich ausführlich mit der Befreiungsgesetzgebung und beantwortet u. a. die Fragen:

a) Welche Lasten waren zu welchem Zeitpunkt ablösbar?

b) Nach welchen Prinzipien wurde der Berechtigte entschädigt und wie berechnete sich dessen Entschädigungssumme?

c) Durch wessen Mittel wurde der Berechtigte entschädigt? (Anteil der staatlichen Zuschüsse zu den Ablösungssummen der Pflichtigen.)

d) Ergaben sich bei der Ablösung der Abgaben und Dienste Ablösungsgewinne der Pflichtigen bzw. Ablösungsverluste der Berechtigten?

Im 4. Hauptteil werden die Auswirkungen der Bauernbefreiung hinsichtlich der bäuerlichen Verschuldung, der Gantungen und der Besitzwechsel von Grund und Boden untersucht:

a) Inwieweit blieben die Höfe in Bauernhand?

b) Kam es zu einer Neubildung von Herrenland? (Wie legten die Berechtigten die ihnen zufließenden Ablösungsgelder an?)

Diese Fragen werden im Zusammenhang mit der konjunkturellen Lage im 19. Jahrhundert betrachtet; dies ist m. E. bei der Beantwortung der Frage nach dem Zusammenspiel von Bauernbefreiung, Verschuldung und Vergantung der bäuerlichen Schicht und dem Besitzwechsel von Grund und Boden notwendig.

Der 5. Hauptteil befaßt sich mit dem Aufbau des neuen Steuersystems, das an die Stelle des aufgehobenen feudalen Abgabenwesens trat:

a) Inwieweit konnte das neue Steuersystem die Postulate der Gleichheit und der Gerechtigkeit im neuen Sinne in sich aufnehmen?

b) Wie war die Belastung der Bauern in dem neu errichteten württembergischen Staat aufgebaut und wie hoch war sie?

c) Kam es zu einer finanziellen Entlastung der Bauern nach der Bauernbefreiung?

2. Die geographische Begrenzung des Betrachtungsgebietes

Der geographische Ort der Untersuchungen ist das Territorium des ehemaligen Fürstentums Hohenlohe im südwestlichen Teil von Franken. Außerhalb der Betrachtungen bleiben die vorübergehenden Besitzungen des Hauses Hohenlohe im Elsaß und in Oberschlesien.

Der Hauptteil des zu untersuchenden Territoriums lag zusammenhängend um und im Geviert der Orte Öhringen, Gnadenthal, Kupferzell und Forchtenberg und umfaßte u. a. die Städte Neuenstein, Waldenburg, Künzelsau und Ingelfingen. Gegen Norden lief das Territorium in einer «Landzunge» aus, beginnend mit den Gebieten um Langenburg und Bartenstein mit Schrozberg, und lag dann — bis Weikersheim hinunterreichend — weit zwischen den Landen des Deutschritterordens und des Bistums Würzburg. Im Nordosten grenzte Hohenlohe an Besitzungen der Reichsstadt Rothenburg o. d. T., im Osten an ansbachsches Territorium, im Südosten an Gebiete der Reichsstadt Hall und war im Süden und Westen vom Kurfürstentum Württemberg umschlossen. Die von den Stammlanden losgelösten Gebietsteile von Hohenlohe-Kirchberg umgaben Besitzungen von Ansbach und Hall, und das gleichfalls abgesplitterte Gebiet von Hohenlohe-Schillingsfürst lag zwischen Ansbacher und dem Rothenburger Territorium[1].

Im Verlauf der Mediatisierung wurde das Fürstentum Hohenlohe im Jahre 1806 dem Königreich Württemberg einverleibt und gehörte dann innerhalb der Kreis-

---

[1] Vgl. im einzelnen die farbige Besitzstandskarte von E. HÖLZLE, «Der deutsche Südwesten am Ende des alten Reichs», Württ. Statist. Landesamt, 1938.

einteilung des Königreichs Württemberg zum Jagstkreis — und innerhalb des Jagstkreises, gemäß der Oberamtseinteilung, mit der Hauptmasse der Besitzungen zu den
Oberämtern Öhringen, Künzelsau und Gerabronn[2].

Der Schwerpunkt der Untersuchungen liegt nach der Mediatisierung bei diesen
drei Oberämtern, wobei Ergebnisse aus dem Oberamt Mergentheim, wegen Weikersheim und Pfitzingen, mit verwertet wurden.

3. Die zeitliche Begrenzung des Untersuchungszeitraums

Die Arbeit beginnt mit der Untersuchung der wirtschaftlichen und sozialen Lage
der Hohenloher Bauern um die Wende des 18. zum 19. Jahrhundert, wobei gelegentlich,
um die Entwicklungslinie zu kennzeichnen, bis ins 17. Jahrhundert zurückgegriffen
wurde. Der Betrachtungszeitraum schließt mit dem Ende der Durchführung der Bauernbefreiung um das Jahr 1874[3].

4. Überblick über die Geschichte des Hauses Hohenlohe[4]

Über die Frühgeschichte des Hauses Hohenlohe gibt es keine sicheren Quellen.
Als Stammvater der Grafen von Hohenlohe wird KONRAD VON WEIKERSHEIM (1153)
angesehen[5], dessen Nachkommen um das Jahr 1170 die Burg Hohloch (oder Hohen-
loch, Hohlach) bei Uffenheim zu ihrem Hauptsitz machten. Diese Burg gab dann der
Familie ihren Namen «von Hohenlohe».

Den Herren von Hohenlohe gelang es innerhalb der folgenden beiden Jahrhunderte die Landeshoheit über ihre Besitzungen zu erringen. Sie gehörten damit zu
den reichsunmittelbaren, nur dem Kaiser untergeordneten Reichsständen, welche innerhalb ihres Territoriums neben der Gerichts- und Schutzherrschaft die Regale der Münz-
prägung, der Berggerechtigkeit, der Zollerhebung, der Geleitwache und des Juden-
schutzes inne hatten[6].

Im Gegensatz zum benachbarten Württemberg besaß Hohenlohe zunächst keine
Primogeniturordnung, die dem erstgeborenen Sohn des Herrn die Herrschaft über
das Land sicherstellte. Vielmehr blieb der Besitz des Hauses Hohenlohe bis in das

---

[2] Das Dorf Gerabronn gehörte zwar selbst zur Herrschaft Ansbach, doch umfaßte das Ober-
amtsgebiet wesentliche Teile der Linien Hohenlohe-Bartenstein, -Langenburg und -Kirchberg.

[3] Das Jahr 1874 ergibt sich aus dem Datum des letzten Befreiungsgesetzes im Jahre 1849 und
einer Frist von maximal 25 Jahren, während der die Pflichtigen ihre Ablösungsschuldigkeit entrichten konnten. Daß die Durchführung der Ablösungsgesetze wegen einiger besonders schwieriger Streitfälle, die jedoch nicht Hohenlohe betrafen, in Württemberg bis in die ersten Jahre
des 20. Jahrhunderts reichte, ist hier ohne Belang.

[4] Ausführlich hierzu siehe A. FISCHER, Geschichte des Hauses Hohenlohe, 2 Bde., a.a.O.;
K. WELLER, Geschichte des Hauses Hohenlohe, 2 Bde., a.a.O.; K. WELLER und CHR. BELSCHNER,
Das Hohenlohische Urkundenbuch, 3 Bde., a.a.O. (das Urkundenbuch reicht bis zur Mitte des
14. Jhs.).

[5] K. WELLER, Geschichte des Hauses Hohenlohe, a.a.O., Teil 1, S. 9.

[6] Ausführlich über die Erringung der Landeshoheit siehe C. E. HANSSELMANN, a.a.O.; K. WEL-
LER, Geschichte des Hauses Hohenlohe, a.a.O., Teil 2, S. 451 ff. Vgl. auch S. 6 Anm. 23.

18. Jahrhundert hinein innerhalb des Hauses uneingeschränkt teilbar[7]. Seit der Hauptlandesteilung im Jahr 1555 zerfiel das Land in die beiden großen Linien Hohenlohe-Neuenstein und Hohenlohe-Waldenburg. Beide Häuser spalteten sich später weiter auf, so daß am Ende des 18. Jahrhunderts die Hauptlinie Neuenstein in die Partikularlinien Ingelfingen, Kirchberg, Langenburg und Öhringen zerfiel — und die Hauptlinie Waldenburg in die Partikularlinien Bartenstein, Jagstberg, Schillingsfürst und Waldenburg.

Um ein völliges Auseinanderfallen der Grafschaft zu verhindern, schlossen die Grafen untereinander eine Reihe von *Hausverträgen* ab, deren wichtigste die Erbeinigung von 1511[8] und der Lehensadministrationsrecess von 1703[9] sind[10]. Ferner ist hier das für das gesamte Territorium geltende Hohenloher Landrecht zu nennen, das am 1. Juli 1738 in Kraft trat.

Der Grundgedanke der Hausgesetze war, «die Substanz der Grafschaft in geschlossener Einheit zu erhalten»[11]. Das gesamte Territorium bildete ein Fideikommiß — das ist ein unveräußerliches Stammgut —, an dessen einzelnen Teilen die Grafen der verschiedenen Linien nur ein Nutzungsrecht[12] besaßen.

Gemäß den Hausverträgen war die Einheit der Grafschaft nach innen und außen durch die drei gemeinsamen Institutionen des Seniorats, des Lehenshofes und des gemeinschaftlichen Archivs weitgehend gewährleistet.

Der *Senior* des Hauses Hohenlohe war der jeweils älteste der regierenden Grafen von Hohenlohe. Er hatte die Interessen der Gesamtheit der einzelnen Linien zu vertreten, wobei sein Wirkungskreis hauptsächlich auf dem Gebiet des Lehenswesens lag[13], wie schon aus seinem Titel «Senior des Hauses Hohenlohe und desselben lehensherrlicher Administrator» zu ersehen ist. Der Senior hatte alle dem Hause zustehenden Lehen im Namen der Gesamt-Grafschaft zu verleihen und sollte «selbige fleißig handhaben, mehren und nicht mindern, darvon keine Verenderung thun und auch geschehen lassen»[14].

Dem Senior stand der sogenannte *Lehenshof* zur Seite, der die Lehen verwaltete. Die Kanzlei wurde von dem Lehenspropst geleitet, unter dessen Aufsicht ein Lehensrat und ein Lehenssekretär das Lehensbuch und die Gültbücher führte und verwahrte. Zu diesen Beamten des Gesamthauses zählte seit dem 17. Jahrhundert auch der Archivar des gemeinschaftlichen *Archivs*, der, wohl wegen des engen Zusammenhanges zwischen der Lehensverwaltung und den im Archiv aufbewahrten Lehensdokumenten, dem Lehenshof angehörte[15]. Die in Hohenlohe vorkommenden Schultheißen waren gleich-

---

[7] Die erste Primogeniturordnung stellte PHILIPP KARL VON BARTENSTEIN im Jahre 1705 auf, die späteste Hohenloher Erstgeburtregelung erfolgte im Hause Ingelfingen im Jahr 1786. Vgl. A. FISCHER, a. a. O., Teil 2, 2. Hälfte, S. 27.

[8] Abgedruckt bei F. ULSHÖFER, a. a. O., Anhang S. 125 ff.

[9] Abgedruckt bei F. ULSHÖFER, a. a. O., Anhang S. 145 ff.

[10] Über die hohenlohischen Hausverträge und Erbteilungen s. umfassend F. ULSHÖFER, a. a. O.

[11] F. ULSHÖFER, a. a. O., S. 42.

[12] Der Nutz- oder Idealteilung steht die Substanz-, Real- oder Totteilung gegenüber.

[13] Dazu kam z. B. noch die Verwaltung und Betreuung des Kessler-Handwerks, dann später, bei der Ablösung der bäuerlichen Lasten, die Planung der Verwendung der eingegangenen Ablösungsgelder.

[14] Lehensadministrationsrecess von 1703, § 1, abgedruckt bei F. ULSHÖFER, a. a. O., Anhang S. 145.

[15] Neben dem gemeinsamen Archiv unterhielt noch jeder der einzelnen Hohenloher Regenten ein eigenes (Partikular-) Archiv, in dem er die Abschriften von gemeinsamen Urkunden zusammen mit Schriftstücken, die nur für seine Linie von Bedeutung waren, aufbewahrte.

falls herrschaftliche Beamte, die jedoch, ohne dem Lehenshof anzugehören, den einzelnen Häusern unterstanden. Sie sorgten als untere Aufsichtsbeamte der Grafen für den Einzug der Gefälle, nahmen heimgefallene Lehen für das Gesamthaus in Besitz und leiteten die Verhandlungen mit eventuellen neuen Lehensbauern ein.

Landstände gab es in Hohenlohe nicht. Ein später Versuch, eine gewählte Landesdeputation einzuführen, war zwar im Jahre 1801 von den verschuldeten Waldenburger Fürsten[16] gemacht worden — die Landesdeputiertenversammlung sollte ihnen helfen, die zerrütteten Finanzen des Hauses zu ordnen —, doch zeigten sich die meisten ihrer Untertanen daran uninteressiert. Nur die Einwohner der Stadt Waldenburg wählten einen Abgeordneten, die übrigen Bürger stellten es dem Fürsten anheim, sich entweder selbst die gewünschten Deputierten zu ernennen oder aber, wie bisher, ohne Abgeordnetenversammlung auszukommen[17]. Die politischen Rechte der Hohenloher Untertanen waren somit gering, zumal die Bürgermeister, die alle zwei Jahre gewählt wurden, als Untertanenvertreter von der laufenden Regierungstätigkeit und der Beratung der Herrschaft ausgeschlossen waren. Sie hatten nur für die innergemeindlichen Angelegenheiten zu sorgen, wie z. B. für die ordentliche Einbringung der Ernte, für die Instandhaltung der Wege und für die Sauberhaltung der Brunnen.

Mit der Mediatisierung der Hohenloher Lande gemäß der Rheinbundakte vom Jahre 1806 verlor das Fürstentum seine Reichsunmittelbarkeit und kam, bis auf das an die Krone Bayerns fallende Amt Schillingsfürst, unter die Herrschaft des Königs von Württemberg. Hohenlohe umfaßte zu diesem Zeitpunkt ein Gebiet von nahezu 1672 Quadratkilometer Umfang, in dem zirka 65 000 Einwohner in 17 Städten, 7 Marktflecken und etwa 250 Dörfern und Weilern wohnten[18], wobei die einzelstehenden Bauerngehöfte nicht mitgezählt sind.

5. Die Zusammenfassung von Grundherrschaft, Gerichtsherrschaft und Schutzherrschaft in der Hand des Landesherrn und die sich hieraus ergebenden Schwierigkeiten bei der Mediatisierung und Bauernbefreiung

Die drei Herrschaftsformen der Grund-, Gerichts- und Schutzherrschaft sind vielschichtige, rechtliche, wirtschaftliche, soziale und personale Beziehungsverhältnisse zwischen dem Herrn und seinem Grundholden bzw. Untertanen[19].

Die *Grundherrschaft* beruht auf dem Herreneigentum an Land. Der Bauer ist nicht Eigentümer des von ihm bewirtschafteten Hofes, sondern er besitzt ihn nur zu einem dinglichen Nutzungsrecht[19a]. Als Entgelt für diese Nutzung ruhen auf dem Hof bestimmte Lasten: naturale und/oder monetäre Lasten und Dienste. Der Nutznießer des grundherrlichen Hofes und gleichzeitig der Träger der auf demselben ruhenden grundherrlichen Lasten ist der Grundhold oder Lehensträger. Der Ober-Eigentümer des Gutes und in der Regel auch der Empfänger der Lasten ist der Grundherr. Die grundherrlichen Beziehungen zwischen dem Grundherrn und dem Grundholden sind — im Sinne der modernen Begriffsbestimmung — privatrechtlicher Natur.

---

[16] Die Linie Hohenlohe-Waldenburg wurde i. J. 1757 in den Fürstenstand erhoben, die Neuensteiner Grafen i. J. 1764.

[17] S. hierzu umfassend: K. WELLER, Hohenloher Landstände, a. a. O.

[18] W. FISCHER, a. a. O., S. 6; s. auch unten S. 93 Anm. 433.

[19] Vgl. hierzu ausführlich F. LÜTGE, Deutsche Sozial- und Wirtschaftsgeschichte, a. a. O., S. 51 ff.

[19a] Siehe unten S. 22 ff.

Die Befugnis (das Regal) zur Ausübung der Rechtspflege nennt man die *Gerichts-herrschaft*. Sie umfaßt sowohl gerichtliche Funktionen auf dem Gebiet des Straf- und Zivilrechts als auch besondere Verwaltungsaufgaben, wie z. B. die Gewerbepolizei. Der Inhaber jener obrigkeitlichen Rechte ist der Gerichtsherr, der diesem Recht Unterworfene, der Untertan. Die gerichtsherrliche Beziehung zwischen dem Gerichtsherrn und dem Untertanen ist — gleichfalls im Sinne der modernen Begriffsbestimmung — öffentlich-rechtlicher Natur.

Analog hierzu läßt sich der Begriff der *Schutzherrschaft* definieren, wobei dem Schutzherrn die Aufgabe des Schutzes der Untertanen zukommt. Das schutzherrliche Verhältnis zwischen dem Schutzherrn und dem Untertanen ist wiederum — im gleichen Sinne — öffentlich-rechtlicher Art.

Der Untertan hat auch für die ihm aus diesen beiden Herrschaftsverhältnissen zufließenden Rechte (Recht auf Richterspruch, Recht auf Schutz) Abgaben und Dienste an den Gerichtsherrn bzw. Schutzherrn zu entrichten.

Es läßt sich nun denken, daß die in dem Gebiet eines Landesherrn seßhaften Bauern verschiedenen Grundherren zugehören. Das ist z. B. dann möglich, wenn Angehörige des niederen Adels, Klöster oder Stifte eigenen Boden grundherrlich ausgeben oder Lehensland weiter vergeben[20]. Diese mit dem Landesherren nicht identischen Grundherren konnten sowohl innerhalb als auch außerhalb des Territoriums des Landesherrn wohnen.

Ebenso wie in dem Gebiet eines Landesherrn mehrere Grundherren existieren mögen, ist das Vorhandensein mehrerer Gerichtsherren, vor allem mit dem Recht der niederen Gerichtsbarkeit ausgestattet, denkbar, wobei eine Personalunion zwischen dem Grund- und dem Gerichtsherrn nicht gegeben zu sein braucht.

Wenn man jetzt noch die dritte Herrschaftsform — die Schutzherrschaft — mit hinzunimmt, läßt sich die Fülle der möglichen Herrschaftskombinationen in dem Gebiet eines Landesherrn ebenso erahnen wie die mannigfachen Herrschaftsbeziehungen eines Bauern zu seinen jeweiligen Herren.

Für das Fürstentum Hohenlohe ist es nun charakteristisch, daß zum Zeitpunkt der Mediatisierung der Fürst als Landesherr alle eben genannten Herrschaftsformen in seiner Hand nebeneinander vereinigt hielt: Der Fürst und Landesherr war bis auf eine verschwindend geringe Ausnahme (s. unten S. 7 f.) für alle in dem Fürstentum seßhaften Bauern der einzige Grundherr und für sämtliche Einwohner seines Territoriums der alleinige Gerichts- und Schutzherr[21].

Nachdem es dem Hause Hohenlohe gelungen war — ausgehend von einer bedeutenden Grundherrschaft um das Jahr 1200[22] —, sich innerhalb der folgenden zwei Jahrhunderte die Landesherrschaft mit der darin enthaltenen Gerichts- und Schutzherrschaft zu erringen[23], war die Entwicklung der Grafschaft Hohenlohe zu einem Territorialstaat durch die Versuche der regierenden Grafen gekennzeichnet, ihren Herrschaftsbezirk auszubauen und vor allem das vorhandene Territorium von fremden Herrschaftsrechten zu reinigen. Dieser Reinigungsprozeß wurde dadurch begünstigt, daß a) das Territorium verhältnismäßig klein war, b) die territoriale Entwicklung

---

[20] Vgl. bei F. LÜTGE, Deutsche Sozial- und Wirtschaftsgeschichte, a. a. O., S. 66, die Unterschiede von: precaria data, precaria oblata und precaria remuneratoria.

[21] Vgl. W. FISCHER, a. a. O., S. 83.

[22] Vgl. K. WELLER, Geschichte des Hauses Hohenlohe, a. a. O., Teil 2, S. 318 ff.

[23] Näheres über die Erringung der Landesherrschaft siehe H. J. HEINRICH, Die hohe Gerichtsbarkeit in Hohenlohe (Arbeit zu einer Dissertation), unveröffentlichtes Manuskript im fürstlich-hohenlohischen Archiv in Neuenstein. Vgl. auch S. 3, Anm. 6.

Hohenlohes schon in der Mitte des 15. Jahrhunderts im wesentlichen zum Abschluß kam[24] und c) das Haus Hohenlohe nach der Reformation zum Protestantismus übertrat.

Waren es die Bestrebungen von GRAF ALBRECHT I. (Regierungszeit von 1407 bis 1429) gewesen, verpfändete Landesteile wieder für die Grafschaft einzulösen[25], so läßt sich über seine beiden Regierungsnachfolger GRAF KRAFFT V. (gestorben 1472) und GRAF ALBRECHT II. (gestorben 1490)[26] berichten, daß ihr Hauptaugenmerk darauf gerichtet war, fremdherrische Besitzungen anderer Grundherren innerhalb des Landes an sich zu bringen. Es gelang ihnen, denen von Berlichingen, von Bachenstein, von Neuenstein, von Sützel, von Seldeneck und anderen eine Reihe einzelner Güter, Höfe, Waldstücke, Mühlen und Gerechtigkeiten aller Art abzukaufen[27]. Dieses Abrundungsbestreben wurde auch nach der Landesteilung von 1555 konsequent fortgesetzt. Im Verlaufe des 16. Jahrhunderts tauschten die Grafen von Hohenlohe mit verschiedenen ritterschaftlichen Geschlechtern, denen noch grundherrliche Rechte im Gebiet der Landeshoheit der Hohenloher zustanden, vertragsweise ihre Besitzungen aus und schoben so, die Armut und die Machtlosigkeit des niedergehenden Landadels ausnutzend, diese fremden Grundherren aus den Hohenloher Dörfern hinaus[28].

Trotz aller Bemühungen gelang es dem Hause Hohenlohe jedoch nicht, sämtliche *Ritter* innerhalb ihres Territoriums zu unterwerfen, denn waren diese einmal zu reichsunmittelbaren Freiherren aufgestiegen, vermochten die Hohenloher nichts mehr gegen sie auszurichten und hatten diese ritterschaftlichen Enklaven in ihrem Gebiet zu dulden. Auch der letzte Versuch des Fürsten LUDWIG FRIEDRICH CARL aus dem Jahre 1803, von den Gebieten der Freiherren von STETTEN, von RACKNITZ, von GEMMINGEN, von WEILER, von CRAILSHEIM und von THÜNA mit Waffengewalt Besitz zu ergreifen, scheiterte[29]. Sie mußten sich erst im Jahre 1806 zusammen mit den Fürsten von Hohenlohe dem König von Württemberg beugen.

Viel lästiger, weil unüberschaubarer als die in sich geschlossenen reichsunmittelbaren ritterschaftlichen Enklaven, waren den Grafen von Hohenlohe die — wenn auch zahlenmäßig geringen — Ganerbenverträge[30] mit einigen angrenzenden geistlichen und weltlichen Herrschaften. Solche gemeinschaftlichen Herrschaftsrechte standen zusammen mit den Grafen und Fürsten von Hohenlohe zu: a) dem Kurfürsten von Mainz bezüglich der Stadt Niedernhall[31], dem Grafen von Hatzfeld für Vorbachzimmern[32], den Bistümern Mainz und Würzburg sowie den Herren von Stetten für die Stadt Künzelsau[33]. Ferner besaßen die Markgrafen von Ansbach in dem von den Hohenloher Stammes-

---

[24] G. GANZHORN, a. a. O., S. 4; E. HÄUSSERMANN, a. a. O., S. 8; F. ULSHÖFER, a. a. O., S. 19.

[25] Näheres über diese Verpfändung s. K. WELLER a. a. O., Kap. III, 7; A. FISCHER, a. a. O., Teil 1, S. 136 f.

[26] Vgl. E. HÄUSSERMANN, a. a. O., S. 4.

[27] A. FISCHER, a. a. O., Teil 1, S. 136.

[28] S. hierzu: Die Ritterschaftlichen Geschlechter im Gebiet der Jagst, ZWF, Jg. 1859, S. 1–73, insbes. S. 44 ff. und S. 54 ff., ferner ZWF, Jg. 1858, S. 359 f.

[29] H. v. SCHWEINITZ, a. a. O., S. 15 (ZA I/11/K 145 Fasz. 1).

[30] Ein Ganerbe ist ein Miterbe. Der Ausdruck bedeutet dann weitergreifend eine Erbengemeinschaft zur gesamten Hand. Ganerbenverträge regeln die Ausübung von mehreren Personen gemeinsam zustehenden Rechten.

[31] U/81/13; im Jahre 1788 konnte Hohenlohe die alleinige Herrschaft erringen.

[32] U/109/1/1.

[33] U/81/2/6; im Jahre 1802 konnte Hohenlohe die alleinige Herrschaft erringen. Dazu neuerdings H. NOWAK, Die Ganerbschaft Künzelsau (Arbeit zu einer Dissertation), unveröffentlichtes Manuskript im fürstlich-hohenlohischen Archiv in Neuenstein.

landen abgetrennten Gebietszwickel der Linie Hohenlohe-Kirchberg (umgeben von ansbachschem Gebiet) in mehreren Dörfern eigene Untertanen[34].

Die in Hohenlohe liegenden *Klöster* wurden während der Reformationszeit aufgelöst, und die Grafen von Hohenlohe traten in deren Herrschaftsrechte ein. Den Grundbesitz und das Vermögen des Pauliner Eremitenklosters Goldbach im Waldenburgischen Bergland zogen die Grafen ein und errichteten in dem Kloster eine Bauernstelle. Die sechs Mönche gingen außer Landes[35]. Das Kloster Schäftersheim und das Nonnenkloster Gnadental erlitten dasselbe Schicksal. Bis auf sieben der etwa 60 Nonnen nahmen alle Klosterinsassen den evangelischen Glauben an und verheirateten sich[36]. Das ehemalige Chorherrenstift zu Öhringen wurde — dem heutigen Sprachgebrauch folgend — in ein Sondervermögen der evangelischen (Landes-) Kirche umgewandelt; die herrschaftlichen Rechte fielen an das Haus Hohenlohe, das dann seinerseits, um dem Stift eine Versorgungsbasis zu geben, bestimmte Zehntrechte an dasselbe abtrat[37]. Das Stift selbst hatte keine eigenen Grundholde.

Seit dieser Zeit übernahmen dann die Herren von Hohenlohe die Besoldung der Geistlichen und Schuldiener sowie die Unterhaltskosten für die Kirchen, Friedhöfe, Pfarr- und Schulhäuser[38]. Obwohl im Jahre 1667 ein Teil der Linie Hohenlohe-Waldenburg wieder zum katholischen Glauben übertrat, kam es nicht mehr zur Bildung von neuen Klöstern, und den Hohenloher Untertanen war es weiterhin gestattet, evangelisch zu bleiben[39].

Dadurch, daß es dem Hause Hohenlohe gelang, sein Territorium weitestgehend von fremden Grundherrschaften zu reinigen und freizuhalten, hatte es die denkbar günstigste, weil stärkste Machtposition in seinem Territorium. Zwischen dem Landesherrn und den Bauern gab es keine Zwischenschicht mit herrschaftlichen Rechten, wie sie z. B. Angehörige des niederen Adels oder Klöster hätten bilden können. Der Graf und Fürst von Hohenlohe war für den Hohenloher Bauern in Personalunion Landesherr, Gerichtsherr, Schutzherr, Grundherr und ggf. Leibherr[40].

Eine Folge dieser Anhäufung von Herrschaftsbefugnissen in einer Hand war, daß der einzelne Bauer eine Gesamtschuldigkeit, aus den verschiedenen Herrschaftsverhältnissen abgeleitet, an seinen Herrn zu entrichten hatte, der man es im einzelnen nicht mehr genau ansah, inwieweit in ihr ein öffentlich-rechtlicher Anteil — in der Landes-, Gerichts- und Schutzherrschaft begründet — und ein privat-rechtlicher Anteil — aus der Grundherrschaft oder einer Erwerbshandlung wie z. B. dem Rentenkauf stammend — enthalten war[41]. Von der äußeren Erscheinungsform der Leistung konnte nicht mit Sicherheit auf ihren Entstehungsgrund geschlossen werden, oder anders ausgedrückt: Derselben Abgabe oder Leistung vermochte unter der gleichen Bezeichnung ein durch-

---

[34] Vgl. E. HÄUSSERMANN, a. a. O., S. 118 ff., 133 ff.

[35] Näheres s. K. SCHUMM, ZWLG, Jg. 1951, S. 109–133.

[36] S. Anm. (35).

[37] W/XVI/A/101/Fasz. 6; W/XVI/A/105/Fasz. 7; vgl. C. E. HANSSELMANN, a. a. O., Bd. 1, §§ 195–196; E. HÄUSSERMANN, a. a. O., S. 196 ff.

[38] Näheres s. H. TRUMPFHELLER, a. a. O., S. 160 (Bibl. 11d/4 S. 20–27, Bibl. 11d/10 S. 60).

[39] Nach den Bestimmungen des Westfälischen Friedens fand die Regel «Cuius/regio/eius/religio» keine Anwendung mehr; vgl. Ö/I 34/4.

[40] Daß eine solche Konzentration herrschaftlicher Macht keineswegs eine Selbstverständlichkeit war, zeigten die Verhältnisse im benachbarten Bayern. Dort besaß der Landesherr lediglich über 19,7 % der grundherrlich gebundenen Fläche die Grundherrschaft, während sie der Kirche für über 50 % des grundherrlichen Bodens zustand; der Rest entfiel auf adelige und sonstige Grundherren. Vgl. F. LÜTGE, Die Bayerische Grundherrschaft, a. a. O., S. 27, S. 29 ff.

[41] Siehe Anmerkung 41a.

aus verschiedenes Rechtsverhältnis zugrunde liegen[41a]. Der Bauer zeigte verständlicherweise nur ein Interesse an der Gesamthöhe der zu leistenden Abgaben und Dienste. Der Rechtsgrund war ihm, bis zur Ablösung der Lasten bei der Bauernbefreiung, gleichgültig geworden.

Es liegt auf der Hand, daß sich hieraus bei der Mediatisierung Hohenlohes Schwierigkeiten ergeben mußten. Der König von Württemberg übernahm die Landes-, Schutz- und oberste Gerichtsherrschaft — und damit auch die aus diesen Rechten fließenden Pflichten der Hohenloher Bauern und Untertanen. Wie sollten diese Abgaben erkannt und ausgeschieden werden? Dasselbe Problem ergab sich bei der Gesetzgebung über die Bauernbefreiung. Da es, wie zu zeigen sein wird, unmöglich war, alle Feudallasten uno acto aufzuheben, mußte die württembergische Regierung schrittweise vorgehen. So versuchte sie, die einzelnen Herrschaftsrechte einzeln abzulösen — in sehr grober Einteilung zuerst die leibherrlichen, dann die gerichtsherrlichen und zuletzt die grundherrlichen Lasten. Und wieder ergab sich die Frage: Welche Leistung gehört zu der jeweils aufgehobenen Herrschaftsform? Dieses äußerst diffizile Zurechnungsproblem konnte nur durch die Anwendung generalisierender Gesetze gelöst werden, welche für das gesamte Königreich mit seinen so heterogenen Gebietsteilen Anwendung finden mußten. Die Aufteilung der Gefälle und Dienstleistungen zwischen den Fürsten von Hohenlohe und dem König von Württemberg bei der Mediatisierung und die gesamte Befreiungsgesetzgebung vermag deshalb kaum mehr als einen bloßen Hinweis auf den Ursprung der einzelnen bäuerlichen Lasten zu geben.

I. HAUPTTEIL:

Die wirtschaftliche und soziale Lage des Hohenloher Bauernstandes vor der Bauernbefreiung

I. Die soziale Gliederung der bäuerlichen Bevölkerung

In einer systematischen Übersicht läßt sich die Bevölkerung Hohenlohes in folgende Gruppen aufgliedern:

I.   Persönlich freie Einwohner
   1. Gemeindegenossen

[41a] Vgl. L. Schwarz, Neueste Ablösungsgesetze, a. a. O., S. 31, Motive zu dem Gesetzentwurf betr. die Erläuterung und teilweise Abänderung des Gesetzes vom 14. April 1848: «Die Erforschung des Ursprungs der ... Abgaben wäre in den meisten Fällen eine ganz unlösbare Aufgabe ... (es) nahm der Verkehr auf solche Unterschiede (öffentlich-rechtlichen oder privatrechtlichen Ursprungs, Anm. d. V.) keine Rücksicht ...». Die Ausdrücke «öffentlich-rechtlich» und «privat-rechtlich» werden wiederum – wie oben S. 5 f. – im Sinne der modernen Begriffsbestimmung verwendet.

A. Bauern (Spannfröhner)
  a) auf grundherrlichem Boden, Grundholde
     aa) Vollbauern
     bb) Halbbauern
     cc) Viertelbauern
  b) auf eigenem Boden
     aa) Vollbauern
     bb) Halbbauern
     cc) Viertelbauern
B. Köbler, Söldner (Handfröhner)
  a) auf grundherrlichem Boden, Grundholde
  b) auf eigenem Boden
2. Schutzgenossen
A. Bloshäusler
  a) auf grundherrlichem Boden, Grundholde
  b) auf eigenem Boden
B. Hausgenossen

II. Persönlich unfreie Einwohner (Leibeigene)

Hier ist im Prinzip die gleiche Unterteilung möglich wie bei den persönlich freien Einwohnern. Sie sei deshalb nicht wiederholt.

Bei dieser Übersicht sind mehrere Gliederungsgesichtspunkte nebeneinander verwendet worden. Zunächst ergibt sich eine große Zweiteilung der Bevölkerung in persönlich freie und persönlich unfreie Einwohner[42]. Beide Bevölkerungsgruppen lassen sich nach einem rechtlichen Maßstab (dem Gemeinderecht) weiter unterteilen. Dann ergeben sich die zwei großen Klassen der Gemeindegenossen und der Schutzgenossen. Innerhalb dieser beiden Klassen findet sich, wenn man einen wirtschaftlichen Einteilungsgesichtspunkt nimmt — nämlich die Größe der Höfe (des Besitzes) —, bei den Gemeindegenossen die Zwei-Teilung in Bauern und Köbler, und bei den Schutzgenossen die Zweiteilung in Bloshäusler und Hausgenossen. Die Bauern, Köbler und Bloshäusler lassen sich schließlich noch untergliedern nach der Art der Besitzrechte, gemäß denen sie ihre Höfe inne haben; hierbei zeigen sich dann die Grundholde, als die Bebauer grundherrlichen Bodens, und die Besitzer eigenen Grund und Bodens. Die nur bei den Bauern vorkommende Gruppierung in Voll-, Halb- und Viertelbauern deutet auf die Anzahl der spannfähigen Zugtiere der Bauern hin.

In dem folgenden Kapitel werden im ersten Abschnitt die persönlich freien Einwohner Hohenlohes behandelt. Der zweite Abschnitt zeigt dann die Characteristica der Leibeigenen auf, wobei, um Wiederholungen gegenüber dem ersten Abschnitt zu vermeiden, auf eine Untergliederung in Gemeinde- und Schutzgenossen verzichtet wird.

---

[42] Über die Bedeutung und den Wandel des Begriffspaares «frei-unfrei» siehe ausführlich F. Lütge, Die Mitteldeutsche Grundherrschaft, a.a.O., S. 9, S. 239; Derselbe, Freiheit und Unfreiheit in der Agrarverfassung, Histor. Jahrb., Freiburg und München, 74, 1955.

1. Die persönlich freien Einwohner Hohenlohes

A. Der Gemeindegenosse

Diese Bevölkerungsgruppe bildete die eigentliche bäuerliche Bevölkerung. Die Gemeindegenossen besaßen so gut wie allen bäuerlichen Boden und waren die ausschließlichen Träger der ortsbürgerlichen Rechte und Pflichten.

Neben dem verbürgten Recht die Allmande zu benutzen[43], durften die Gemeindegenossen — und das war wohl ihr finanziell bedeutendstes Recht — zum Hausbau und zur Feuerung eine bestimmte Menge Holz im Gemeinde-Wald schlagen. Als spezielle Gegenleistung hierfür hatten sie für die Pflege und die Ergänzung des Baumbestandes zu sorgen. In der Ortssatzung zu Obersteinach heißt es z. B.[44]: «Die Gemeindt soll alsdann jährlich einen Morgen Wald vornehmen und in demselben jeder Gemeinsmann zwei junge Aichenstämmlein einsetzen, solcher soll alsdann verwahrt und solange geheget werden, bis das Vieh keinen Schaden daran thun kann; wird aber ein neuer Gemaindtsmann aufgenommen, soll er drei Eychenstämmlein entweder in der Markung oder Waldung setzen.» — Ähnlich lautete die entsprechende Stelle der Amtsordnung von Schmalfelden[44a]: «... hat ein Ehrbare Gemeind dahir entschieden und ausgemacht, daß ein jeder Gemeinsmann noch dies Jahr drei Bäumen oder Eichen ... in den Wasser versetzen und so vort erhalten solle, widrigen Fals solches dies Jahr nicht gesetzt oder eines verdoret und nicht sogleich wieder ein anderes gesetzt und so vort erhalten wird ... jeder ohne Widerred der Gemeind jährlich 15 kr als eine Buß erlegen muß.»

Die Gruppe der Gemeindegenossen gliederte sich in die Bauern und die Köbler.

Die *Bauern* bildeten die wirtschaftlich stärkste Gruppe der Gemeindegenossen; sie waren die Inhaber der spannfähigen Bauernstellen. Diente ein Bauer seinem Herrn mit vier Zugtieren (einer Mähn), so sprach man von einem Vollbauern; der Umfang der landwirtschaftlich bebauten Fläche eines Vollbauern lag etwa zwischen 30 und 80 Morgen, gelegentlich auch etwas darüber. Dem ganzen Bauern stand der Halbbauer oder Halbmähner gegenüber, der der Herrschaft nur zwei Zugtiere stellen konnte und dementsprechend weniger Land zu bebauen hatte[45]. Viertelbauern fanden sich daneben nur selten. — Der Begriff der Mähn war in Hohenlohe nicht einheitlich gefaßt. Zwar bedeutete er im Regelfalle ein Gespann von vier Zugtieren[46], doch bildete in der Gegend um Kupferzell schon ein Wagen mit zwei Ochsen oder Pferden eine Mähn[47].

Die Einteilung der Bauern in Voll-, Halb- und Viertelbauern, der die Anzahl der Zugtiere zugrunde liegt, darf jedoch nicht verwechselt werden mit der Einteilung der Bauern gemäß deren «Dienstpferde», die eine Bemessungsgrundlage für das Dienstgeld darstellten[48].

[43] Näheres ist den einzelnen Ortssatzungen zu entnehmen.
[44] Teilabdruck bei W. Saenger, a. a. O., S. 102.
[44a] Siehe Anmerkung 44.
[45] F. Ruoff, a. a. O., S. 252.
[46] Auszug aus einer Dienstgeldresolution vom Jahre 1608, angeführt bei W. Saenger, a. a. O., S. 35: «Des . . . . Gut zu Aichenau ist schwerlich eine ganze Mähn, also drei pferd»; und «I. B. und H. M., die jeder mit einem Pferd dienen, sind aber beede für Halbmehner eingeschrieben, ist umb 1/4 Mehn geirrt.»
[47] W. Saenger, a. a. O., S. 35.
[48] Näheres hierzu siehe unten S. 13 f.

Der *Köbler* besaß ein Gut, das i. d. R. kleiner war als das eines halben Bauern. Er diente nicht mit einer Mähn, sondern mit der Hand (Handfröner). Durch Sparsamkeit und geschickten Ankauf von walzenden Grundstücken war es jedoch durchaus möglich, daß die gesamte bebaute Fläche eines Köblers der eines Bauern gleichkam. Die Mehrzahl der Köbler aber lebte im Vergleich zu den Bauern durchaus bescheidener und konnte mit ihrem Gute gerade so viel erwirtschaften, um nicht in den Taglohn eintreten oder nebenher ein Gewerbe betreiben zu müssen.

Bestand zwischen den Gemeindegenossen einer Gemeinde rechtlich keinerlei Unterschied[49], so trat der durch die Geschlossenheit der Höfe noch geförderte gesellschaftliche Unterschied zwischen dem Bauern und den Köblern doch stark hervor. Die Bauern hielten zusammen und verheirateten ihre Kinder unter sich; selten, daß hier ein Köblerskind oder gar ein Bloshäusler einheiraten konnte. Und wenn ein Bauer in einem Gasthaus einen Köbler oder Bloshäusler am Nachbartisch aus irgendeinem Anlaß heraus auf seine Kosten trinken ließ, war auch hier jene gesellschaftliche Distanzierung spürbar[50].

Der Begriff «Bauer» hatte also vor der Bauernbefreiung einen anderen Inhalt als nach der Befreiung. Bauer zu sein bedeutete vor der Befreiung innerhalb der ländlichen Bevölkerung die Zugehörigkeit zur Klasse der Gemeindegenossen, und der Bauer stand unter diesen wiederum, gemessen an der wirtschaftlichen Stärke, vor den Köblern. «Bauer» war sowohl ein Klassenbegriff wie eine Berufsbezeichnung, wohingegen sich die letztere Bedeutung nach der Bauernbefreiung eindeutig in den Vordergrund schob.

B. Der Schutzgenosse

Der Begriff «Schutzgenosse» kann verschieden weit aufgefaßt werden. Wenn in dem vorangegangenen Kapitel von den Herren von Hohenlohe als den Schutzherren gesprochen wurde, so liegt es nahe, die von ihnen Beschützten als «Schutzgenossen» zu bezeichnen. Hier sollen diese Beschützten «Schutzgenossen i. w. S.» — oder, im Falle von Hohenlohe — *«Untertanen»* genannt werden. Innerhalb der Untertanen (Schutzgenossen i. w. S.) zeigt sich dann die Unterteilung in Gemeindegenossen und in Schutzgenossen i. e. S., von denen jetzt die Rede ist.

Der Schutzgenosse (i. e. S.) stand rechtlich außerhalb der Ortsgemeinde; er besaß kein Gemeinderecht und war damit der Gemeinde gegenüber ebenso rechte- wie pflichtelos. Er trug nicht mit an den allgemeinen bürgerlichen Beschwernissen (z. B. Auszug der Bürgerschaft bei Notstandsarbeiten) und war nicht in dem Ausmaß fronpflichtig wie der Gemeindegenosse. Hierin lag die Ursache vieler Unzufriedenheit der Gemeindemitglieder und der Grund bitterer Streitigkeiten zwischen den beiden Gruppen[51]. Die Schutzgenossen waren meist zugewanderte Leute, die über keinen eigenen Besitz verfügten und mehr oder weniger bitthaft im Hause oder Nebenhaus eines Bauern oder Köblers wohnten. Man nannte sie deshalb die *Hausgenossen*. Vermochte ein Hausgenosse ein kleines Häuschen, meist am Rande der Allmand, zu erwerben, so sprach man von einem *Bloshäusler*.

Der Landesherr oder die Gemeinde konnte den nur geduldeten Schutzgenossen, wann es ihm oder ihr gefiel, aus dem Ort verweisen, doch wurde der einmal in einem

[49] Daß ein Bauer mit Zugtieren Frondienste leistete, der Köbler dagegen mit der Hand, darf nicht als qualitativer Unterschied angesehen werden.
[50] Beschreibung des OA Öhringen, a. a. O., S. 39.
[51] Vgl. A. Fischer, a. a. O., Teil 2, 1. Hälfte, S. 20.

Ort aufgenommene Genosse auch dort belassen, vorausgesetzt, daß er keine Unredlichkeiten beging oder der Gemeinde nicht durch Nichtstun und Verarmung zur Last fiel.

In der Regel erlaubte die Gemeinde den Schutzgenossen eine Kuh oder ein Schwein, eine Ziege oder einige Gänse zu halten und auf die Allmand zu treiben. Dieses Nutzungsrecht war durch keinen Rechtstitel begründet, abgesehen vielleicht von dem Gewohnheitsrecht.

Als Abgaben hatten die Schutzgenossen lediglich ein jährliches Schutz- oder Schirmgeld an den Fürsten zu entrichten[52].

Der Schutzgenosse verdiente seinen Lebensunterhalt als *Tagelöhner* auf einem Bauernhof, als Hausierer oder durch eine ähnliche Erwerbstätigkeit. Durch genaue Aufnahmebestimmungen in den Dorfordnungen wurde die Zahl der ansässigen Hausgenossen gering gehalten. Ihre Zahl ist nur schwer feststellbar[53], doch haben sie zahlenmäßig in Hohenlohe nie eine bedeutende Rolle gespielt. Eine geplante Ansiedlung von Schutzgenossen war nur in Ernsbach zu beobachten. Dort wurden in der Mitte des 17. Jahrhunderts fünf *Schutzjuden*[54] des Grafen angesiedelt, um für die dortige Papiermühle und Kupferschmiede in den angrenzenden Gemeinden Altpapier und alte Kupfergegenstände als Rohmaterial zu sammeln. Diese fünf Juden vermehrten sich bis zur Mediatisierung Hohenlohes im Jahre 1806 auf 22 Schutzgenossen, der größten geschlossenen Schutzgenossengruppe Hohenlohes[55].

Das Fehlen einer ausgeprägten nicht-bäuerlichen Klasse[56] machte sich nach der Bauernbefreiung in der Richtung hin geltend, daß von dieser Seite aus keine starke Nachfrage nach Grund und Boden auftrat, und der Güterhandel, die Güterspekulation und die damit gepaarte Verschuldung der besitzlosen Käufer in Hohenlohe im Vergleich zu Alt-Württemberg relativ gering blieb. Gleichzeitig beruht hierauf das Fehlen eines späteren Standes von Industriearbeitern, mit ein Grund, warum in Hohenlohe — im Gegensatz zu Alt-Württemberg — die Industrialisierung nicht recht voranging.

Exkurs: Es seien an dieser Stelle noch einige Bemerkungen über das sogenannte «*Dienstpferd*» gemacht sowie über das Überwechseln von einer Bevölkerungsklasse in eine andere.

Die Aufgliederung der bäuerlichen Bevölkerung in Bauern, Köbler und Hausgenossen[57] diente gleichzeitig als Einteilungskriterium für die im Jahr 1609 eingeführte Dienstgeldpflicht. Während die Hausgenossen und die Köbler ein für ihre Klasse festgesetztes unveränderliches Dienstgeld zu entrichten hatten, das von den jeweiligen Vermögensverhältnissen des Pflichtigen weitgehend unabhängig war[58], richtete sich die Höhe des Dienstgeldes bei den Bauern nach der Anzahl ihrer «Dienstpferde». Das Dienstpferd war in dem hier zu untersuchenden Zeitraum nun nichts anderes als ein «Besteuerungs»maßstab für das Dienstgeld, analog der Schatzungs-

---

[52] Siehe unten S. 72, 74.

[53] Eine Statistik über die Zahl der Schutzgenossen gab es nicht. Ihre Zahl dadurch indirekt herauszufinden, daß man die Summe des in einer Gemeinde anfallenden Schutzgeldes durch die Höhe des Schutzgeldes pro Person dividiert, führt in die Irre, da die Ausgedinger, von der Abgabenseite her gesehen, ebenfalls Schutzgenossen waren und Schutzgeld entrichteten. Vgl. unten S. 14 f., 72, 74.

[54] Die Juden bildeten neben den Tagelöhnern und Hausierern eine besondere, nicht in der Landwirtschaft tätige Gruppe innerhalb der Schutzgenossen.

[55] Über die sich hierbei ergebenden soziologischen Probleme wird z. Zt. eine Dissertation von E. KUGLER, Universität Saarbrücken, geschrieben. Unveröffentlichtes Manuskript im fürstlich-hohenlohischen Archiv in Neuenstein.

[56] W. SAENGER, a. a. O., S. 35.

[57] Die Bloshäusler wurden, von der Abgabenpflicht her gesehen, entweder zu den Hausgenossen gerechnet, so sie tatsächlich nur ein Häuschen besaßen, oder aber zu den Köblern, wenn sie außerdem noch ein paar Parzellen Ackerland zu bebauen hatten.

[58] Näheres siehe unten S. 72; vgl. aber auch S. 74.

anlage für die Besitzwechselabgaben. Ein Dienstpferd wurde als eine bestimmte Summe Schatzungskapital definiert, welche zwischen 400 fl und 700 fl schwanken mochte. Nach dem Forchtenberger Dienstgeldregister gehörten auf ein Dienstpferd 700 fl Schatzungsanlage[59], während die Gemeinde Ernsbach ein Dienstpferd schon mit 400 fl ansetzte[60]. Durch Zukauf und Zertrennungen bäuerlichen Bodens entstanden dann Bruchteilsdienstpferde, wie z. B. $^1/_2$, $^3/_4$, $1^1/_4$, $2^1/_2$ Dienstpferde.

Die Begriffe «Bauer» und «Dienstpferd» gehörten also zusammen, und zwar so, daß ein Bauer immer ein Dienstpferd oder einen Bruchteil bzw. ein Vielfaches davon hatte, nicht jedoch gehörte umgekehrt zu einem rechnerisch ermittelten Dienstpferd gemäß der Schatzungsanlage immer auch ein Bauer. Wegen der erwähnten Verbindung von Dienstpferd und Höhe der Dienstgeldpflichtigkeit legten die großen Köbler keinen Wert darauf, in die Klasse der höher belasteten Bauern aufzusteigen. Das Forchtenberger Dienstgeldregister verzeichnete z. B. im Jahre 1703 nur neun Bauern: fünf $^1/_1$ Dienstpferdbauern und vier $^1/_2$-Dienstpferdbauern. Alle übrigen Hofbesitzer waren als Köbler eingetragen, obwohl es unter diesen, wollte man die dort übliche Umrechnung von 700 fl Schatzungsanlage gleich einem Dienstpferd zugrunde legen, eine ganze Reihe von $1^1/_2$-, $^1/_1$-, $^3/_4$- und $^1/_2$-Dienstpferdbauern gegeben haben würde[61].

Die Umwandlung einer Köblerstelle in eine Bauernstelle erfolgte also keineswegs sofort und automatisch mit dem Erreichen einer bestimmten Gutsgröße, sondern erst nach längeren Verhandlungen zwischen dem Köbler und der Herrschaft, welche regelmäßig von der an einem höheren Dienstgeld interessierten Herrschaft ausgingen. Umgekehrt ging die Zugehörigkeit zum Bauernstand nicht ipso jure mit einer Verkleinerung des Hofes verloren.

Aus den Akten ist zu entnehmen[62], daß ein Bauer im Jahr 1800 wegen einer Verminderung seines Hofbesitzes sein Bauerndienstgeld in ein geringeres Köblerdienstgeld umwandeln wollte, und ihm dies erst auf seinen ausdrücklichen und hartnäckigen Antrag hin von der Herrschaft genehmigt wurde.

Betrachtet man zusammenfassend den *Übergang von einer Bevölkerungsklasse in eine andere*, so läßt sich folgendes feststellen:

Der Aufstieg von einem Hausgenossen zu einem Köbler geschah automatisch ohne Zutun des Hausgenossen zu dem Zeitpunkt, zu dem sich der Hausgenosse ein eigenes Haus erbaute bzw. kaufte[63]. Damit war der Hausgenosse zum Bloshäusler und dieser zum Köbler geworden, wenigstens von der Abgabenseite her gesehen. Als Bloshäusler innerhalb der Gruppe der Köbler erhielt er aber nicht unbedingt sofort alle Rechte eines Gemeindegenossen, das hing von der jeweiligen Gemeindeordnung ab, — sondern er bekam sie meist erst dann, wenn er zu seinem Häuschen ein wenig Ackerfeld und Wiese hinzuerwarb. Ein Bloshäusler konnte also gleichzeitig seiner Dienstgeldpflicht nach zur Gruppe der Gemeindegenossen zählen und war dann Köbler — und auch zur Gruppe der Schutzgenossen, von seinen Gemeinderechten her betrachtet. — Der Aufstieg des Köblers zum Bauern lag nicht unbedingt im Interesse des Köblers; er erfolgte nicht automatisch mit dem Erreichen einer bestimmten Gutsgröße, sondern geschah zumeist erst auf Betreiben der Herrschaft.

Der Abstieg eines Bauern in die Klasse der Köbler geschah wiederum nicht gleichzeitig mit dem Erreichen einer bestimmten Gutsgröße. Der Abstieg lag hier jedoch im Interesse des Bauern selbst, nicht in dem des Herrn. Der Antrag auf Umschreibung mußte deshalb von dem Bauern ausgehen. — Die Umwandlung eines Bauern bzw. Köblers oder Grund besitzenden Bloshäuslers in einen Hausgenossen war in einem speziellen Falle automatisch gegeben, dann nämlich, wenn der Bauer, der Köbler oder der

[59] O/167/4/11.
[60] SFAL E 184, Bü 22, Fasz. 79.
[61] O/167/4/11.
[62] O/167/4/11.
[63] O/167/4; SFAL E 114, Bü 29, Q 70; HL Teil III Tit. 8 § 9.

Grund besitzende Bloshäusler seinen Hof an den Erben übergab und zum Ausgedinger wurde[64].

Während somit die Pflichten der Gemeindegenossen und Bloshäusler mit der Hofübergabe von selbst erloschen, mußte das Ende der Pflichten der Hausgenossen verwaltungsmäßig festgelegt werden: Die Pflichten der Hausgenossen erloschen spätestens mit dem Erreichen des 70. Lebensjahres[65], wenn den Ausgedingern unter ihnen nicht schon vorher «als altgetreue Untertanen, die zum gemeinen Besten das Ihre viele Jahre beigetragen» wegen «hohen Alters und Leibesschwachheit» ein «mildes Einsehen» gewährt worden war[66].

2. Die persönlich unfreien Einwohner Hohenlohes (die Leibeigenen)

Die Einwohner von Hohenlohe waren in der Regel persönlich frei. Die persönliche Unfreiheit bildete die Ausnahme[67]. Die Belehnung mit einem Hof war keineswegs — wie etwa in Oberschwaben bis in das 19. Jahrhundert hinein — mit dem gleichzeitigen Eintritt in die Leibeigenschaft verbunden[68]. Am Ende des 18. Jahrhunderts war die Leibeigenschaft in Hohenlohe bereits nahezu verkümmert[69], und wir finden nur noch Spuren einer durchaus milden und humanen *Personal-* und *Lokalleibeigenschaft*. — Wenn in einem bestimmten Dorf oder einer bestimmten Stadt alle Einwohner deshalb leibeigen waren, weil sie in dieser Stadt oder in diesem Dorf wohnten, so nennt man das Lokalleibeigenschaft und sagt, hier mache die Luft leibeigen. Die Personalleibeigenschaft dagegen heftete sich an die Person, gleichgültig was sie besaß, wo sie geboren worden war und wo sie ihren Wohnsitz hatte[70].

A. Die Personalleibeigenschaft

Das Charakteristische dieses Herrschaftsverhältnisses bestand in einer von der Mutterseite her vererbbaren, an der Person haftenden Verpflichtung zu gewissen Abgaben[71], ohne Rücksicht auf evtl. vorhandenen Grundbesitz.

a. Die Pflichten eines Leibeigenen

Die Abgabepflichtigkeiten eines Leibeigenen waren in Hohenlohe äußerst gering. Am verbreitetsten war eine jährliche Geldabgabe — *Leibsbeet* genannt —, die je

[64] HL Teil III, Tit. 8 § 9; O/167/4/11; ZA Abt. Ablösung, Acte o. Nr., betr. Rechtssache gegen die Erben der Witwe Seitz zu Grünbühl wegen Hausgenossendienstgeld. Vgl. auch unten S. 72.
[65] O/167/4/11.
[66] HL Teil III, Tit. 8 § 9. Die Frondienstpflicht endete in der Regel schon einige Jahre vor dem Erlöschen der Abgabepflicht; so z. B. die Jagdfrondienste mit dem 60. Lebensjahr. Vgl. unten S. 76.
[67] C. S. ZACHARIAE, a. a. O., S. 34.
[68] TH. KNAPP, Neue Beiträge, a. a. O., Teil 1, S. 131. Diese besondere Form der Leibeigenschaft wird gelegentlich als *Real*leibeigenschaft bezeichnet.
[69] Näheres siehe unten S. 19 ff.
[70] TH. KNAPP, Neue Beiträge, Teil 1, S. 128, 134.
[71] Spezifisch leibherrliche Fronendienste gab es in Hohenlohe nicht; vgl. C. S. ZACHARIAE, a. a. O., S. 25.

nach Vermögen und Vertrag des Pflichtigen einen, zwei, bis zehn und fünfzehn Kreuzer betrug[72].

Während die Leibsbeet vorzugsweise von männlichen Leibeigenen entrichtet wurde, mußte die weibliche Leibeigene ein jährliches *Leibhuhn* reichen, das mit sechs bis acht Kreuzer angeschlagen wurde[73]. Beim Tode eines Leibeigenen stand dem Leibherrn der *Leibfall* (Todfall — auch Besthaupt genannt) aus dessen Vermögen zu. Der Leibfall bestand entweder aus einer vertraglich festgelegten Summe Geldes, z. B. zwei oder drei Gulden[74] oder einem bestimmten Prozentsatz aus der Hinterlassenschaft[75]. Bei der Frau bestand der Leibfall zumeist aus dem Rock oder dem Mantel, den die Verstorbene sonntags zur Kirche trug[76]. — Die Verpflichtung zu diesen Abgaben konnte jedoch bei einem Leibeigenen nicht von vornherein angenommen, vielmehr mußte jede einzelne Abgabe von dem Herrn bewiesen werden.

Die Leibeigenschaft hatte nicht alle diese Abgabenverbindlichkeiten zusammen zur Folge, sondern ihre Art und ihre Höhe richtete sich nach Vertrag oder Herkommen. So mußte z. B. die Leibsbeet nicht von einem jeden Leibeigenen entrichtet werden, die herrschaftlichen leibeigenen Diener waren davon befreit[77], ebenso solche Leibeigene, die zu arm waren, um sie zu bezahlen[78]. Lokalleibeigene hatten in der Regel weder eine Leibsbeet noch ein Leibhuhn zu reichen, waren sie doch, so lange sie innerhalb einer bestimmten Stadt wohnten, ipso jure Leibeigene, so daß eine Anerkennungsgebühr für diesen Zustand, die eine Verjährung verhindern sollte, nicht notwendig[79] war.

Neben diese Abgabepflichtigkeiten des Leibeigenen trat die Treuepflicht gegenüber dem Leibherrn, welche insbesondere dreierlei umfaßte:

1. Der Leibeigene durfte sich nicht unter die Herrschaft eines zweiten Leibherrn begeben;
2. er mußte ohne Widerrede dem Herrn gehorsam sein;
3. er hatte die Herrschaft vor drohender Gefahr zu warnen[80].

Die Verpflichtung, sich keinen zweiten Leibherrn zu suchen, bedeutete aber nicht, daß der Leibeigene immer nur diesem einen Herrn gegenüber leibeigenschaftlich gebunden bleiben mußte; er hatte vielmehr das Recht (s. unten S. 18), sich von seinem Herrn loszukaufen, das Land zu verlassen und sich dann als persönlich Freier wieder in ein neues leibeigenschaftliches Verhältnis zu begeben.

Der Leibeigene konnte von seinem Herrn an Dritte verkauft, vertauscht oder ver-

---

[72] Siehe Urkunde, betr. Contz Jochim, im Anhang S. 180; Beleuchtung, a. a. O., S. 37; Beschreibung des OA Öhringen, a. a. O., S. 71; G. Bossert, a. a. O., S. 91; J. H. Bundschuh, a. a. O., Bd. 2, S 732; A. Fischer, a. a. O., Bd. 2, S. 18.

[73] A. Fischer, a. a. O., Bd. 2, S. 18; Beleuchtung, a. a. O., S. 37.

[74] 2 fl.: s. Urkunde, betr. C. Jochim, im Anhang, S. 180; 3 fl.: s. Oechsle, a. a. O., S. 71.

[75] Beschreibung des OA Gerabronn, a. a. O., S. 63: der fünfzehnte Gulden.

[76] Ö/170/2/7.

[77] Als im Jahre 1549 die Leibsbeet für Stadt und Amt Langenburg neu festgesetzt wurde, waren der leibeigene Schloßkoch und der leibeigene Schloßbüttel von dieser Abgabe befreit. — Hieraus läßt sich übrigens schließen, daß die Leibsbeet nicht für alle Zeiten festgelegt war, sondern die Leibeigenen gelegentlich neu veranlagt wurden, um so die Beet dem sich ändernden Vermögen der Leibeigenen anzupassen; vgl. G. Bossert, a. a. O., S. 91.

[78] G. Bossert, a. a. O., S. 91.

[79] Siehe unten S. 19.

[80] Siehe Urkunde, betr. Contz Jochim, im Anhang S. 180.

schenkt werden[81], wobei es einerlei war, ob der Grund und Boden, auf dem der Leibeigene lebte, mit an den Dritten kam (Herrenwechsel), oder aber dieser seine Habe zusammenpacken und an den Ort seines neuen Herrn übersiedeln mußte (Orts- und Herrenwechsel). Die Möglichkeit eines Orts- und Herrenwechsels war zwar juristisch gegeben, doch konnte für Hohenlohe in der Praxis kein Ortswechsel festgestellt werden. Dieses wäre denn auch der einzige Punkt, in dem der Leibeigene tatsächlich schlechter gestellt gewesen wäre als der persönlich freie Grundhold; denn die Grundholde, selbst wenn sie die gleichen und z. T. noch härteren Abgaben und Dienste zu leisten hatten wie die Leibeigenen, durften doch nur mit dem Hof (Boden) selbst, auf dem sie lebten, an einen anderen Herrn abgetreten werden. – In dieser Hinsicht wäre der Leibeigene wirklich heimatlos gewesen[82].

b. Die Rechte eines Leibeigenen

Abgesehen von den geringen leibeigenschaftlichen Abgaben und dem, zwar in der Praxis nicht nachweisbaren, aufzwingbaren Herren- und Ortswechsel, war die soziale und rechtliche Stellung der Leibeigenen nicht schlechter als die eines persönlich freien Grundholden.

VOLLGRAFF[83] weist mit Recht darauf hin, daß sich der Leibeigene vom persönlich freien Hintersassen faktisch nur dadurch unterschied, daß der letztere jederzeit und ohne besondere Gegenleistung aus dem (Grund-) Herrschaftsverhältnis heraustreten konnte, – wenn er sonst zu leben hatte. War dies nicht der Fall – und das war die Regel –, befand er sich in einer gefährlicheren Lage als ein Leibeigener, den seine Herrschaft nicht ohne schwerwiegenden Grund wegjagen durfte, z. B. krankheitshalber oder wegen hohen Alters, sondern ihn wegen des besonderen persönlichen Schutzverhältnisses pflegen lassen mußte[84].

aa. Die Rechte des Leibeigenen an seiner Person

Dieses persönliche Schutzverhältnis war gleichzeitig die notwendige Ergänzung des dem Leibeigenen von dem Herrn herkömmlicherweise zugestandenen Rechts, sich überall im Lande niederzulassen, da ihm nirgendwo bei der *freien Wohnsitznahme* die Einwendung gemacht werden konnte, daß er dem Orte später einmal zur Last fallen könne[85].

Die Frage des *freien Zuges über die Landesgrenzen* hinaus läßt sich in Hohenlohe nicht so eindeutig klären wie in (Alt-) Württemberg, wo seit dem Tübinger Vertrag vom 8. Juli 1514 auch die Leibeigenen des Herzogs freien Zug erhielten[86]. Für Hohen-

---

[81] C. E. HANSSELMANN, a. a. O., S. 449, Nr. 59, betr. Schenkung des Kaisers Karl IV. für Graf Kraft von Hohenlohe über die leibeigenen Leute auf dem Ohrenwald und am Kocher, so EBERHARD VON ROSENBERG auf Reichswegen innegehabt (1374); Hohenloher Urkundenbuch Bd. III, a. a. O., S. 14, Nr. 2, Zeile 21; J. F. WEISHAAR, a. a. O., Bd. 1, § 407; A. L. REYSCHER, Statutensammlung, a. a. O., S. 189, 192.

[82] Vgl. TH. KNAPP, Gesammelte Beiträge, a. a. O., S. 70 f., dann S. 16, 94.

[83] C. VOLLGRAFF, Revision, a. a. O., S. III.

[84] Dem widerspricht keineswegs, daß Leibeigene gelegentlich auch Bettler waren, denn diese Betätigung galt weder als schimpflich noch als schändlich und wurde von den Bettelmönchen aus dem benachbarten Würzburg sogar als eine gottgefällige Art des Broterwerbs betrieben.
Bei C. S. ZACHARIAE, a. a. O., S. 29 f. wird aus der Pfalz berichtet, daß der Kurfürst auf dem Reichstag ausdrücklich erklärte, daß die Leibeigenschaft ihm namentlich die Pflicht auferlegte, nötigenfalls für den Unterhalt und das Unterkommen der Leibeigenen zu sorgen.
sorgen.

[85] C. S. ZACHARIAE. a. a. O., S. 27.

lohe ist keine ähnliche Urkunde bekannt. De facto aber waren die Leibeigenen im ganzen Lande verstreut seßhaft, und man fand sie auch in ausherrischen Gebieten im Untertanenverhältnis anderer Landesherren[87]. Der Herr kümmerte sich nur insofern um seine Leibeigenen, als es notwendig war, die Erhebung und den Einzug des Leibzinses zu sichern. Dies geschah in einer durchaus großzügigen, um nicht zu sagen ungenügenden Weise[88].

Mit dem Zug außer Landes konnte, aber brauchte nicht der *Freikauf von der Leibeigenschaft* verbunden zu sein. Das Recht des Leibeigenen, sich von der Herrschaft loszukaufen, war wie das Recht des freien Zuges nicht kodifiziert, sondern war ungeschriebenes Herkommen und Brauchtum und beruhte auf der gesamten Einstellung der Herrschaft gegenüber dem leibherrschaftlichen Verband[89].

Dem Leibeigenen stand die *freie Berufswahl* zu. Er konnte genauso gut Bauer werden wie Handwerker, Hofbediensteter, Lehrer oder gar geistlicher Würdenträger. So brachte es z. B. ein Leibeigener aus dem hohenlohischen Städtchen Forchtenberg im letzten Drittel des 18. Jahrhunderts bis zum Kanzleidirektor in Fulda[90] (ausherrisch). Während jedoch in Bayern — jedenfalls während des 18. Jahrhunderts — ein Leibeigener, der sich eine ansehnliche Stellung erwarb, ohne weiteres frei wurde[91], behielt der Hohenloher Leibeigene dieses Verhältnis zeit seines Lebens bei, es sei denn, er kaufte sich los.

Mit der freien Berufswahl eng verbunden war das Recht des Leibeigenen, *Träger eines Lehens zu sein*. Er konnte einen Lehenshof direkt von dem Leibherrn bekommen oder ihn von seinem Vater erben.

bb. Die Rechte des Leibeigenen an seinem Vermögen

Der Leibeigene durfte nicht nur Lehensträger sein, sondern er konnte auch als dominus directus ein freieigenes Gut besitzen[92]. Als Grundeigentümer hatte der Leibeigene dann die gleichen Rechte wie ein persönlich Freier: Er konnte sein Allod veräußern, vertauschen oder in ein Lehen umwandeln, d. h. das dominium directum an einen Herrn abtreten.

Das leibherrliche Verhältnis bezog sich somit lediglich auf die Person des Leibeigenen und berührte nicht dessen Vermögen[93]. An diesem hatte die Herrschaft ordentlicherweise kein anderes Recht als das auf den Sterbfall, und selbst dieses Recht war von dem Herrn zu beweisen. Da der Leibherr nur auf einen Teil des Nachlasses seines Leibeigenen Anspruch hatte, konnte dieser über den Rest seines Vermögens frei verfügen, es verkaufen, vertauschen, verschenken, oder testamentarisch weitergeben[94].

---

[86] «Frei» bedeutet in diesem Zusammenhang, daß es den Leibeigenen überhaupt gestattet war, außer Landes zu gehen. Eine Nachsteuerpflicht (Abzugsgeld) bestand in jedem Fall.

[87] Beschreibung des OA Gerabronn, a. a. O., S. 63; Beleuchtung, a. a. O., S. 38 f,; A. FISCHER, a. a. O., Bd. 2, S. 18.

[88] Siehe unten S. 22.

[89] Vgl. unten S. 21.

[90] TH. KNAPP, Neue Beiträge, Teil I, a. a. O., S. 131.

[91] TH. KNAPP, Neue Beiträge, a. a. O., Teil II, S. 148.

[92] C. S. ZACHARIAE, a. a. O., S. 23; in der hier abgedruckten Urkunde gibt ein Leibeigener sein frei lauter eigen Haus nebst Scheuer und Garten gegen Entlassung aus der Leibeigenschaft seinem Leibherrn als Lehen auf. Er erkauft sich also die persönliche Freiheit durch eine Sachunfreiheit.

[93] Vgl. C. F. EICHHORN, a. a. O., S. 211.

[94] Vgl. C. F. EICHHORN, a. a. O., S. 212; vgl. C. J. A. MITTERMAIER, a. a. O., S. 170: Der Leibeigene hat das Recht zur aktiven und passiven Testamentfähigkeit.

B. Die Lokalleibeigenschaft

Leibeigenschaftliche Rechte hatten nicht nur die Herren von Hohenlohe, sondern, von ihnen abgetreten, auch einige Städte: Neuenstein[95], Öhringen[96], Ingelfingen[97].

Die Hohenloher Lokalleibeigenschaft weist keinerlei Besonderheiten auf. Alle Einwohner einer solchen Stadt, samt der in der Stadt geborenen Kinder, waren derselben leibeigenschaftlich zugetan. Solange ein Lokal-Leibeigener in der Stadt lebte, wurde ihm wegen dieses Verhältnisses «nichts gegeben und nichts getan»[98]. Selbst die Reichung eines Leibhuhnes und die jährliche Leibsbeet wurden nicht gefordert[98a]. Eine Abgabe als Anerkenntnis des leibeigenschaftlichen Verhältnisses war ja nicht nötig, da dieses in einer Stadt, in welcher die Luft leibeigen machte, nicht verjähren konnte, sondern ipso jure bestand. Erst wenn ein Einwohner die Stadt verließ, was er ohne weiteres tun konnte, mußte er eine *Nachsteuer* oder Abzugsgeld von 10 fl pro 100 fl Vermögen an die Stadtkasse bezahlen und hatte sich damit von der Leibeigenschaft losgekauft. Bezahlte der abziehende Bürger diese Summe nicht, so blieb er weiterhin Leibeigener der Stadt und hatte derselben eine jährliche Leibsbeet von gewöhnlich zwölf Pfennigen – je nach Vermögen – zu entrichten, denn jetzt bestand die Gefahr der Verjährung. Außerdem wurde der Leibeigene außerhalb der Mauern der Stadt todfallpflichtig. Die Kinder einer nicht abgelösten Frau blieben Leibeigene der Stadt.

C. Das Verkümmern der Leibeigenschaft in Hohenlohe

Wie bereits festgestellt wurde, hatte der Leibeigene in Hohenlohe ein durchaus mildes Los; auch war die Ausbreitung dieses Instituts keineswegs so groß wie etwa in Altwürttemberg oder Oberschwaben, da in Hohenlohe die in Oberschwaben übliche Realleibeigenschaft[99] gänzlich fehlte, und die Lokalleibeigenschaft einen weit geringeren Umfang erreichte als z. B. in Alt-Württemberg[100]. Hohenlohe nimmt so deutlich eine Mittelstellung ein zwischen Württemberg und Franken, wo die Leibeigenschaft vermutlich noch weniger weit ausgebildet war[101] als in Hohenlohe.

[95] Ö/167/1/8.

[96] F. Öchsle, a. a. O., S. 62.

[97] GA J 4, S. 93: Gültbuch der Stadt Ingelfingen.
Anm.: Der von E. Häussermann, a. a. O., S. 93 vertretenen Ansicht, in allen Hohenloher Städten herrschte Lokalleibeigenschaft, kann nicht zugestimmt werden. Häussermann begründet seine Meinung damit, daß die Einwohner einer jeden Stadt bei ihrem Auszug die Nachsteuer zu entrichten hätten. Dies trifft zwar zu, doch galt die Nachsteuerpflichtigkeit für alle Hohenloher Einwohner (s. S. 68 f.) und darf nicht als ein ausreichendes Zeichen für die Leibeigenschaft angesehen werden.

[98] GA J 4, S. 93.

[98a] Die nicht geforderte (leibherrliche) *Leibs*beet ist nicht zu verwechseln mit der (grundherrlichen) Beet der Bürger Hohenloher Städte, die selbstverständlich auch die lokalleibeigenen Bürger zu entrichten hatten. Vgl. unten S. 69 f.

[99] Siehe oben S. 15.

[100] Der Nationalökonom, 1835, Heft II, S. 418 f.: In den meisten Orten der altwürttembergischen Ämter Balingen, Brackenheim, Calw, Dornstetten, Göglingen, Herrenberg, Hoheneck, Leonberg, Liebenzell, Marbach, Nagold, Neuffen, Rosenfeld, Sulz, Tuttlingen und Waiblingen machte die Luft leibeigen. Vgl. auch: R. Moser, Die bäuerlichen Lasten, a. a. O., S. 165 ff.; Th. Knapp, Gesammelte Beiträge, a. a. O., S. 365.

[101] Vgl. F. Lütge, Die mitteldeutsche Grundherrschaft, a. a. O., S. 19.

Schon vom 16. Jahrhundert an schmolz dieses Rechtsinstitut zusammen. Einmal mit aus der Tatsache heraus, daß die Leibeigenschaft im Erbfall nicht prinzipiell der «schlechteren Seite» folgte, sondern nur von der Mutterseite her vererbbar war, und aus der Heirat zwischen einem unfreien Mann und einer freien Frau nur persönlich freie Kinder entspringen konnten; und zum anderen, weil die Herrschaft in zunehmendem Maße das Interesse an den Leibeigenen verlor. Die Grafen und Fürsten von Hohenlohe waren weder vor noch nach der Bauernbefreiung Landwirte im Sinne der ostdeutschen «Gutsherren», und der relativ geringe Eigenbau ließ die Arbeitskraft eines an die Scholle gebundenen leibeigenen Bauern als nicht unbedingt notwendig erscheinen. Das Haus Hohenlohe legte als Grundherr das Schwergewicht nicht auf den Eigenbau, sondern auf den Rentenbezug.

Auch die Abgaben wurden für den Herrn immer weniger wichtig, da die Gegenleistungen des Herrn und die Kosten des Einsammelns der Abgaben der im ganzen Land verstreut wohnenden Leibeigenen den Betrag der Abgaben zu übersteigen begann.

Wie sehr das *Leibeigenschafts-Verhältnis* schon eine versachlichte *«Gewinn- und Verlustrechnung»* wurde, zeigte sich, als im Jahre 1615 Graf Philip Heinrich das Leibeigenschaftsverhältnis der Einwohner von Waldenburg aufhob[102]. Damit entband sich der Graf gleichzeitig von seiner Pflicht, seinen (ehemaligen) Leibeigenen pro Jahr ein bis zwei Klafter Brennholz aus seinen Waldungen kostenlos zur Verfügung zu stellen, deren geldmäßiger Gegenwert die Einnahmen aus der Leibeigenschaft überwog. Zu einem gleichartigen Ergebnis kam die Gegenüberstellung der Einnahmen und Einzugskosten von elf ursprünglich im Amt Schrozberg ansässigen Leibeigenen in der Mitte des 17. Jahrhunderts[103]. Dadurch, daß die Leibeigenen ihren Wohnsitz frei wählen durften, konnte es dazu kommen, daß sich im letzten Jahrzehnt des 17. Jahrhunderts von diesen elf Leibeigenen aufhielten: je einer in Lendsiedel und Eichenau (Amt Kirchberg), Atzenrod und Oberregenbach (Amt Langenburg), dann in den ausherrischen Orten Gerabronn, Oberndorf, Roth am See, Mulfingen und Dörzbach sowie zwei Leibeigene in Pfitzingen. Die Leistungen dieser elf Leibeigenen betrugen zusammen pro Jahr 2 fl 48 kr, wobei der Leibsbeetknecht, der diese Abgaben einzusammeln hatte, von dem Leibherrn mit 2 fl 35 kr entlohnt wurde.

Noch ungünstiger für die Herrschaft erwies sich die Gegenüberstellung der herrschaftlichen Einnahmen und Ausgaben, soweit sie die Leibeigenschaft betrafen, im Seitenzweig Hohenlohe-Weikersheim[104]:

Gehalt des Leibsbeetknechtes pro Jahr		Einnahmen aus der Leibeigenschaft		
Geld	6 fl	im Jahr 1731:		
Korn in natura	7 fl 30 kr	Leibsbeet	3 fl	
Dinkel in natura	4 fl	Hühnergeld	3 fl	57 kr
Wein in natura	1 fl	Todfall	5 fl	30 kr
Holz	8 fl			
Befreiung von der Dienstgeldpflichtigkeit	4 fl	insgesamt	12 fl	27 kr
insgesamt	30 fl 30 kr	im Jahr 1732:		
		Leibsbeet	3 fl	
		Hühnergeld	4 fl	5 kr
		insgesamt	7 fl	5 kr

---

[102] Beleuchtung, a. a. O., S. 42; H. TRUMPFHELLER, a. a. O., S. 105.
[103] Beleuchtung, a. a. O., S. 38.
[104] Ü/170/5/5.

im Jahr 1733:	
Leibsbeet	3 fl
Hühnergeld	3 fl 57 kr
Todfall	7 fl 30 kr
insgesamt	14 fl 27 kr

Es nimmt deshalb nicht wunder, wenn die Herren von Hohenlohe den Leibeigenen dringend empfehlen ließen, sich von der Leibeigenschaft loszukaufen[105]. Die Befreiung geschah in der Regel gegen eine Abfindungssumme, die sich nach dem Vermögen des Leibeigenen richtete und meistens einen bis zwei Gulden ausmachte[106]. Nicht selten wurden die Leibeigenen auch ganz unentgeltlich freigesprochen. — Wie stark die Herrschaft daran interessiert war, die Leibeigenschaft aufzulösen, zeigte sich auch daran, daß — obwohl bestimmt kein Mangel an Hausgehilfinnen bestand — die Herren von Hohenlohe jungen Töchtern von Leibeigenen gestatteten, den Ablösungsbetrag abzudienen. Sie konnten ihre persönliche Freiheit erwerben, indem sie 1—1½ Jahre[107] auf einem der herrschaftlichen Güter in Thiergarten oder Neuhof dienten. Arbeiten hätte ein junges Mädchen auch zu Hause müssen, und so verband sich der Erwerb der Freiheit mit einer Erweiterung des Horizontes der Leibeigenen.

So geschah es, daß die im Verhältnis zu den persönlich freien Hintersassen überdies geringe Anzahl von Unfreien sich von Jahr zu Jahr verringerte. Einige Beispiele mögen hierüber näheren Nachweis geben. In der Stadt Neuenstein gab es im Jahre 1597 von 360 Untertanen nur 6 Leibeigene[108]. Im Amte Langenburg[109] erschienen zu Ende des 17. Jahrhunderts.

von 56 Grundholden zu Langenburg	2 als leibeigen
von 27 Grundholden zu Atzenrod	1 als leibeigen
von 36 Grundholden zu Bächlingen	2 als leibeigen
von 6 Grundholden zu Hürden	1 als leibeigen
von 26 Grundholden zu Nesselbach	1 als leibeigen
von 17 Grundholden zu Oberregenbach	keiner leibeigen

Ähnlich lagen die Verhältnisse in den übrigen zur damaligen Grafschaft Langenburg gehörigen Ämtern. Die Zahl der Leibeigenen war soweit herabgesunken, daß bei der im Jahre 1701 vorgenommenen Teilung der Grafschaft in die drei Linien Langenburg, Kirchberg und Ingelfingen, die aus der Leibherrschaft fließenden Einkünfte

aus dem Amt Langenburg	ca. 4 fl
aus dem Amt Kirchberg	ca. 2 fl
aus dem Amt Schrozberg	ca. 3 fl
aus dem Amt Döttingen	0 fl
aus dem Amt Ingelfingen	ca. 3 fl

ihrer Geringfügigkeit wegen nicht mehr geteilt wurden[110]. Man gedachte vielmehr,

[105] O/170/5/5. In den Leibsbeetknechtsinstruktionen wurde immer ausdrücklich auf die Möglichkeit des Loskaufes hingewiesen.
[106] Beleuchtung, a. a. O., S. 38.
[107] G. BOSSERT, a. a. O., S. 91.
[108] C. S. ZACHARIAE, a. a. O., S. 23.
[109] Beleuchtung, a. a. O., S. 39.
[110] Siehe Anmerkung 109.

die Einkünfte gemeinsam zu verwenden und stellte für alle drei Linien einen gemeinsamen Leibsbeetknecht auf[111]. Trotz dieser Sparmaßnahme war diese Einnahmequelle so unrentabel geworden, daß mit dem Jahre 1765 das leibeigenschaftliche Verhältnis in diesen Linien vollends aufgegeben wurde[112]. Das letzte Dokument[113] hierüber betrifft eine Schneiderin ELISABETHE, welche sich am 29. April 1765 mit 1 fl 30 kr loskaufte. Die Urkunde schließt mit den Worten: «Und somit hätte alle bisherige Leibeigenschaft ein Ende.»

In der Grafschaft Öhringen lagen die Dinge ähnlich. Zu Beginn des 18. Jahrhunderts waren in der ganzen Grafschaft zwar noch insgesamt 1291 Leibeigene registriert, doch war von diesen ein großer Teil nicht auffindbar und wieder andere konnten nichts bezahlen[114]. Diese Zahl schrumpfte bis zum Jahre 1803 auf 34 Leibeigene zusammen. Aus Anlaß der Bitte eines Leibeigenen an das Oberpolizeikollegium in Öhringen, seinen Sohn, der sich ins Ansbachische verheiraten wolle, frei zu machen, erschien noch im selben Jahr 1803 eine Verfügung, «daß sämtliche Inländer von der ihnen noch anklebenden Leibeigenschaft ohne Bezahlung einer Manumissionsgebühr an die Herrschaft vor der Hand manumittiert werden sollen»[115].

Mit diesem Jahr endete für ganz Hohenlohe das Herrschaftsverhältnis der Leibeigenschaft[116].

II. Die Besitzrechte der Bauern im 18. Jahrhundert

Die bäuerlichen Güter waren teils grundherrliche, teils eigene Güter.

Die grundherrlichen Güter waren dadurch gekennzeichnet, daß das Obereigentum (dominium directum) an ihnen dem Grundherrn zustand, während das Untereigentum (dominium utile) – oder besser, weil genauer, das Nutzrecht – dem Bauern zugehörte.

Bei den eigenen Gütern fielen dominium directum und dominium utile in der Hand des Bauern zusammen; sie gehörten dem Bauern zu (freiem oder belastetem) Eigentum[117].

1. Die grundherrlichen Güter

Die grundherrlichen Güter spalteten sich nach den ihnen anhaftenden Besitzrechten in Erbzinsgüter und in Fallgüter oder Fall-Lehen[118].

[111] K/II/W/193 Q 11.
[112] Beleuchtung, a. a. O., S. 39.
[113] Teilabdruck in: Beleuchtung, a. a. O., S. 39.
[114] Ö/170/5/5.
[115] W. FISCHER, a. a. O., S. 84 (Protokolle des Oberpolizeikollegiums: II. PAÖ 143/1). – Manumission kommt von lat. manumissio, Freilassung eines Sklaven.
[116] Vgl. W. FISCHER, a. a. O., S. 84 (FHA W/47/11, FHA X/B/10).
[117] HL Teil III, Tit. 8 § 1.
[118] Wenn C. S. ZACHARIAE, a. a. O., S. 33, schreibt, die Hohenloher grundherrlichen Güter seien «nicht eigentliche Lehne», so ist dies aus dem Sprachgebrauch zu erklären, bei dem «eigentliche Lehne» nur Ritterlehen sind, deren Empfänger zu Ritterdiensten verpflichtet ist. Dies trifft freilich bei den Hohenloher Bauernlehen nicht zu.

A. Das Fallgut (Fall-Lehen)

Man spricht dann von einem Fallgut — in anderen Teilen Süddeutschlands werden sie als Leibrecht bezeichnet —, wenn ein grundherrliches Gut nur auf Leib und Leben einer Person (Zwei-Augen-Gut) oder eines Ehepaares (Vier-Augen-Gut) verliehen wurde und nach dem Tode des Lehensnehmers wieder an den Grundherrn zurückfiel. Dieser hatte damit die Möglichkeit, das Gut bei jeder neuen Lehensausgabe in seiner Belastung zu variieren. — In Hohenlohe waren Fall-Lehen unbekannt[119].

B. Das Erbzinsgut

Erbzinsgüter waren dem Bauern zu Erbrecht überlassene grundherrliche Güter. Sie bildeten die bei weitem überwiegende Menge der Hohenloher Bauernhöfe[120].

Das Rechtsverhältnis zwischen dem Herren und dem Bauern ergab sich in erster Linie aus dem *Lehensvertrag* zwischen den beiden Partnern, dessen Inhalt ggf. zu erläutern und zu ergänzen war gemäß dem Hohenloher Landrecht und entsprechend den landesüblichen Gewohnheiten und Observanzen[121].

Gegenstand des Lehensvertrages waren a) die liegenden Güter: Äcker, Wiesen Felder, Wälder, Weinberge, Gärten, Häuser, Mühlen etc. dann b) die Pertinenzien eines Hauses, wie Fruchtboden, Stallung, Hofreite[121a], Brunnendeckel, Brunnenkette, Seil und Eimer, Springröhre, die eingemauerten Behälter, bei Brauhäusern das Brauzeug, die Keltereinrichtungen, etc. und c) die darauf haftenden Rechte und Pflichten[122].

Die Errichtung des Lehens (Investitur) geschah durch eine förmliche Handlung (Kauf, Tausch, Lehensauftragung), welche eine Übertragung des dominium utile von dem Lehensherrn auf den Lehensnehmer beinhaltete und zugleich die gegenseitige Verpflichtung zur Lehenstreue begründete[123].

Bei der Investitur war es in Hohenlohe im 18. und 19. Jahrhundert nicht mehr üblich, Lehensbriefe und Lehensreverse auszustellen[124]. Es genügte vielmehr, wenn die beiden Partner die an das betreffende Lehen geknüpften Rechte und Pflichten in einer Privaturkunde festlegten, diese dem Bürgermeister zur Prüfung vorlegten, damit nichts Widerrechtliches darin enthalten sei, und dann das Gut in den öffentlichen Büchern, den Lagerbüchern, auf den neuen Besitzer umgeschrieben wurde.

Die Pflicht des neuen Lehensträgers, nach dem Tode des Lehensherren das Lehen binnen Jahresfrist neu zu muten, um eine Verjährung des Rechtes des Herrn an dem Obereigentum zu verhindern und um die Treuepflicht neu zu bestätigen, wurde zwar nie aufgehoben, doch bestand im 18. und 19. Jahrhundert die Ansicht, daß schon die Entrichtung des Laudemiums allein als Anerkenntnis des geteilten Eigentums ausreiche, und es ersetzte sinngemäß die Mutung[125].

Die *Rechte* des Bauern an den Erbzinslehen bestanden zuförderst in dem Gebrauch und der Nutzung des überlassenen Bodens und der Gebäude sowie dem Genuß der

---

[119] GA P 12 S. 9, 11; E. HÄUSSERMANN, a. a. O., S. 88; C. S. ZACHARIAE, a. a. O., S. 32.
[120] GA P 12 S. 9, 11; E. HÄUSSERMANN, a. a. O., S. 88; C. S. ZACHARIAE, a. a. O., S. 32.
[121] HL Teil III, Tit. 8 §§ 4, 6, 10.
[121a] Die Hofreite (oder -reuth) ist der freie, zum Bauernhaus gehörige Platz.
[122] GA Abt. Ablösung o. Nr., Akte «Die Erbzinsgüter in Hohenlohe».
[123] GA P 21 S. 78 ff.
[124] GA P 12 S. 148.
[125] C. S. ZACHARIAE, a. a. O., S. 34; F. C. L. REYSCHER, Grundherrliche Rechte, a. a. O., S. 65; K. KRAFFT, a. a. O., S. 55. Über die Lehensverwaltung siehe den diesbezüglichen Abschnitt bei A. FISCHER, a. a. O., Bd. 2, S. 35 ff., vgl. auch Bd. 1, S. 84 ff.

gezogenen Früchte. Die Einführung von neuen Bebauungsmethoden und Wirtschafts-systemen wurde in den Urkunden weder besonders gestattet noch verboten, doch war es üblich, daß sie nur dann durchgeführt werden durften, wenn dadurch die Rechte und insbesondere die Einkünfte des Herrn nicht geschmälert wurden[126] und dieser seine (oft stillschweigende) Zustimmung dazu gegeben hatte.

Dieses Nutzrecht war den Hohenloher Erbzinsbauern unwiderruflich gegeben und stand damit auch dem Erben des Lehensträgers unter denselben Bedingungen wie dem Erblasser zu[127]. Unwiderruflich ist dahingehend zu erläutern, daß der Bauer sei-nes Gutes nur dann verlustig ging, wenn er «vorsätzlich oder in liederlicher Weise»[128] während drei aufeinander folgender Jahre den zu leistenden Erbzins nicht entrichtet hatte und er in einem richterlichen Urteil seiner Eigenschaft als Erbzinsbauer enthoben wurde — oder aber, wenn der Bauer das ihm übertragene Gut ohne Einwilligung sei-nes Herrn verkaufte oder sonstwie veräußerte (Abmeierung)[129]. Aber auch diese Gutsentziehung durfte nur stattfinden, wenn in einem vorangegangenen richterlichen Caducitäts-Prozeß der Bauer schuldig gesprochen wurde. Das Dazwischenschalten eines richterlichen Urteils sollte verhindern, daß der Herr willkürlich den Bauern be-schuldigte und ihm dann ohne weiteres das Gut entzog.

Der gute und festgeordnete Besitzstand der Hohenloher Erbzinsbauern zeigte sich ferner darin, daß sich die Erblichkeit jener Güter nicht nur auf die männlichen Nach-kommen beschränkte. Waren nur Töchter als Nachfahren vorhanden, konnte auch eine von diesen als Lehensträgerin eingesetzt werden[130]. War der Bauer ohne Erben ge-storben und bestimmte er keinen testamentarischen Nachfolger, so fiel das dominium utile an dem Gut vermöge des *Heimfallrechts* wieder an den Grundherrn zurück[131].

Das dominium directum in der Hand des Herrn schützte den Bauern vor einer leicht-fertigen Verschuldung, denn der Bauer durfte sein Erblehen nicht eigenmächtig mit einer Hypothek belasten[132]. Der Kreditgeber hatte vielmehr zuerst bei dem Amt, zu welchem der kreditsuchende Erbzinsmann gehörte, vorzusprechen und dort die Höhe der Kreditsumme bekanntzugeben. Der grundherrliche Beamte stimmte in der Regel einer Belastung des Gutes nur dann zu, wenn diese nicht mehr als die Hälfte des Guts-wertes des Schuldners betrug[133]. Mit seinem Einverständnis zu der Belastung über-nahm die Herrschaft jedoch nicht das Risiko der Zurückzahlung, sondern dieses haftete einzig und allein auf dem Bauern bzw. dessen Erben[134].

Ein freihändiger Verkauf des Gutes bzw. von Gutsteilen stand dem Bauern nicht zu. Jede substantielle Veränderung des Gutes durch den Bauern war, da sie am Ober-Eigentum des Grundherrn geschah, grundsätzlich von dessen Zustimmung abhängig. Die Zertrennung von Gütern war konsensgeldpflichtig[134a].

Die *Pflichten* des Bauern bestanden neben dem besonderen Treueversprechen ge-genüber dem Herrn in der ordnungsgemäßen Verwaltung und Bebauung des Hofes und der Felder und der Entrichtung der Abgaben und Dienste, mit denen der Hof be-lastet war als Entgelt für die Nutzung und für die Rechte des Bauern als Untertan (Recht auf Schiedsspruch, Recht auf Schutz).

[126] Das Zehentrecht konnte somit indirekt zu einem Flurzwang führen.
[127] GA P 12 S. 16.
[128] HL Teil III, Tit. 8 § 2.
[129] HL Teil III, Tit. 8 § 3.
[130] ZA P 12 S. 22; A. FISCHER, a. a. O., Teil 2, S. 40.
[131] A. FISCHER, a. a. O., Teil 2, S. 37.
[132] HL Teil III, Tit. 16 § 5, Abs. 1; GA P 21 S. 63.
[133] HL Teil III, Tit. 16 § 5, Abs. III.
[134] HL Teil III, Tit. 16 § 5, Abs. II.
[134a] Vgl. unten S. 30, ferner S. 70.

2. Die eigenen Güter

Die eigenen Güter unterschieden sich von den grundherrlichen dadurch, daß sie dem Bauern zu vollem Eigentum gehörten. Dem Bauern stand jede substantielle und rechtliche Veränderung seines Eigentums zu: Er konnte sein Gut ohne herrschaftlichen Konsens jederzeit veräußern, zertrennen und ohne Beschränkung belasten und verpfänden[135]. Das eigene Gut war in der Regel nicht mit dem Laudemium belastet[136]. — Obwohl sich diese eigenen Güter in vollem Eigentum des Bauern befanden, waren sie mit einem Zins belegt. Solche belasteten eigenen Güter nannte man in Hohenlohe die *Zinsgüter*[137]. Auf ihnen ruhte kraft Gesetzes[138] eine «grundherrliche Gült in recognitionem pristini domini». Die Zinsgüter kamen im ganzen Betrachtungsgebiet vereinzelt vor. — Eigene Güter ohne jene Gültpflichtigkeit «in recognitionem pristini domini», die sogenannten frei-eigenen Güter, gab es in Hohenlohe nicht[139].

Neben den eigenen Gütern im Sinne von eigenen Höfen gab es auch eigene Grundstücke, die *walzenden Grundstücke*, die sowohl einem Zins- wie auch einem Erbzinsbauern, Köbler oder Häusler zu eigen gehören konnten. Die walzenden Teile durften wie die Zinsgüter ohne Einspruchsrecht des Grundherrn nach Belieben des Eigentümers verkauft, zertrennt und belastet werden. — Entstehungsgeschichtlich waren es alle diejenigen Stücke, die einst mit herrschaftlichem Konsens und gegen die Entrichtung einer Zertrennungsgebühr von einem Erbzinsgut abgeteilt wurden[140]. Mit der Abtrennung verließ die Parzelle den grundherrlichen Lehensverband, der Grundherr verlor das Obereigentum über die Liegenschaft. Die auf dem Grundstück eingetragenen Lasten blieben jedoch nach wie vor zugunsten der Herrschaft bestehen und mußten von dem jeweiligen Eigner des walzenden Stücks entrichtet werden. Diese walzenden Grundstücke sind somit ebenfalls nicht als frei-eigene Gutsteile zu bezeichnen.

Die Zahl der walzenden Grundstücke war relativ groß[141]. Sie bildeten de facto die einzigen Liegenschaften, mit denen sich der geringe Grundstücksverkehr in Hohenlohe entwickeln konnte, da die Zinsgüter praktisch nicht verkauft wurden. Nur über sie hatte der Landmann die Möglichkeit, seinen Hof zu arrondieren, bzw. zu verkleinern, so er dringend bares Geld benötigte. Hin und wieder gelang es sogar einem Landwirt, sich einen kleinen Hof aus walzenden Stücken zusammenzukaufen, wie es z. B. im Jahre 1781 von der Witwe eines Gastwirtes in Forchtenberg berichtet wird[142], oder dem dortigen Bauern I. F. Räuss, der «lauter eigen und walzende Güter, die er täglich verkaufen kann», besaß[143]. Daß solche Hofbildungen dennoch sehr selten

---

[135] HL Teil III, Tit. 16 § 6.
[136] GA P 12 S. 18.
[137] In Mitteldeutschland weit verbreitet als «schlichte Zinsgüter»; vgl. F. Lütge, Die Mitteldeutsche Grundherrschaft, a. a. O., S. 85 ff.
[138] HL Teil III, Tit. 8 § 1.
[139] Nach W. Saenger (a. a. O., S. 34) und E. Häussermann (a. a. O., S. 88) gab es in Hohenlohe keine frei-eigenen Güter. Auch bei den von dem Verfasser durchgearbeiteten Akten ist kein frei-eigenes Gut aufgezeichnet gewesen. Sie werden jedoch bei C. S. Zachariae, a. a. O., S. 32, dem Namen nach kurz erwähnt. Siehe oben S. 18 Anm. 92.
[140] W/XVI/A/14. Gelegentlich mochten walzende Teile auch aus aufgeteilten Allmanden und aus neugereuten herrschaftlichen Waldungen entstanden sein, vgl. W. Saenger, a. a. O., S. 34.
[141] Journal von und zu Deutschland, Jg. 1786, Stück 9, S. 216.
[142] O/167/4/11.
[143] Siehe Anmerkung 142.

blieben, hat wohl weniger seinen Grund in den fehlenden walzenden Grundstücken, als in deren weiter Streulage, wodurch sich die einzelnen Stücke nur schwer zu einem einigermaßen räumlich geschlossenen Hof zusammenlegen ließen. Es läßt sich des weiteren denken, daß auch die hohen Preise für die walzenden Grundstücke — J. F. Mayer spricht davon, daß sie doppelt so hoch bewertet wurden als der grundherrlich gebundene Boden[144] — die Bauern von einem Ankauf abhielten.

Eine Untersuchung über den Umfang der Fläche der sich in Bauernhand befindlichen walzenden Teile — ohne Berücksichtigung der Zinsgüter — wurde in 32 Gemeinden der drei Ämter Langenburg, Schrozberg und Lindtlein durchgeführt. Hierbei ergab sich in der Gegenüberstellung folgendes Gesamtbild[145]:

grundherrlich gebundene Äcker:	3375½ Morgen
grundherrlich gebundene Wiesen:	1313½ Morgen
walzende Äcker:	263 Morgen (7,8 %)[146]
walzende Wiesen:	162½ Morgen (12,4 %)

Bei der Beurteilung dieser Zahlen ist zu beachten, daß in ihnen nur die Äcker und Wiesen der Voll- und Halb-Bauern enthalten sind, nicht jedoch deren Grundbesitz an Wald, Weinbergen und gegebenenfalls an Wüstungen. Die angeführten Zahlen zeigen gleichfalls nicht die Besitzverhältnisse der Köbler auf, sondern nur die der Bauern i. S. der wirtschaftlich stärksten Gruppe der Gemeindegenossen.

3. Das sogenannte «neue Erbzinsgut»

Neben den Hohenloher Zins- und Erbzinsgütern gab es noch die «neuen Erbzinsgüter». Sie waren vorwiegend in der zweiten Hälfte des 18. Jahrhunderts durch die *Zerschlagung* und Aufteilung *herrschaftlichen Domanialbesitzes* entstanden und entsprachen ziemlich genau den damaligen Vorstellungen in Hohenlohe über eine optimale Hofgröße und Hofbelastung. Ihre Entstehung zeigt deutlich die Einstellung der Hohenloher Herren zu dem herrschaftlichen Eigenbetrieb bzw. den bäuerlichen Lehen. Die Herren von Hohenlohe verzichteten auf eine Ausweitung ihrer Eigenbetriebe und verwandelten zu jener Zeit fast alle ihre herrschaftlichen Domänen zu angemessenen Bedingungen in bäuerliche Lehen; lediglich ihre Waldungen behielten sie zurück[147].

Der Grund zu dieser im Vergleich zu Nord- und Ostdeutschland konträren Entwicklung mag — neben Rentabilitätserwägungen — darin zu suchen sein, daß die Herren von Hohenlohe nicht nur Grundherren, sondern zugleich auch Landesherren waren und in dieser Eigenschaft «höhere» Interessen besaßen. Sie waren in erster Linie Staatsführer, Politiker, sie bekleideten hohe militärische und geistliche Ämter in den verschiedensten deutschen und außerdeutschen Landen, nahmen an dem europäischen

[144] Nach W. FISCHER, a. a. O., S. 149.
[145] Die genauen Untersuchungsergebnisse für die einzelnen Gemeinden sind im Anhang Seite 182 ff. angegeben.
[146] Die Bezugsbasis der Prozentzahlen sind die grundherrlich gebundenen Liegenschaften (gleich 100 %).
[147] GA Abtlg. Ablösung o. Nr., Akte betr. Reklamationen gegen die unter dem Einfluß der Märzereignisse des Jahres 1848 ..... zu Stande gekommenen Gesetze; Beschreibung des OA Öhringen, a. a. O., S. 199 («Wenn diese ..... günstige Entwicklung ..... keinen größeren Umfang annahm, als tatsächlich geschah, so ist das durch ..... deren (der Herren von Hohenlohe, Anm. d. V.) geringen Domanialbesitz bedingt»); Beleuchtung, a. a. O., S. 68 f.; L. SCHWARZ, Grundlastenablösungsgesetz vom 14. April 1848, a. a. O., S. 89.

höfischen Leben Anteil[148] und teilten recht wenig die Vorliebe des Adels aus Nord- und Ostdeutschland für den landwirtschaftlichen Eigenbau.

Den Grafen und Fürsten von Hohenlohe war vielmehr daran gelegen, ein konstantes, regelmäßig wiederkehrendes und soweit als möglich dinglich gesichertes, arbeitsloses Einkommen zu erhalten. So war denn das System, nach dem sie ihre Besitzungen nutzten, das der Rentenbezüge aus Erbzinsgütern, das einzige, für welches sie sich nach Zeit und Umständen entschließen konnten. Zugleich entsprach dieses System dem Interesse der Bauern. Es verhinderte die Konzentration von Grundeigentum in wenigen Händen und die Bildung von Großbetrieben und sicherte ihnen ein gutes Besitzrecht. Gleichzeitig wurden durch die Zertrennung der herrschaftlichen Domänen neue Bauernstellen gewonnen.

Die Zerschlagung der herrschaftlichen Domänen in bäuerliche Höfe wurde durch agrarwissenschaftliche Schriften des in Hohenlohe hoch angesehenen Pfarrers Johann Friedrich Mayer unterstützt und beschleunigt. Mayer ging von der Frage des Eigentums aus und betonte unermüdlich, ein Bauer ohne Eigentum könne und werde seine Felder nicht fortschrittlich und bestmöglich bewirtschaften[149]. Der juristische Begriff des Eigentums spielte für ihn keine Rolle: Ein Erbzinsgut, das frei vererbbar und, wenn auch nur mit Zustimmung des Grundherrn, frei veräußerlich ist, wirke sich bei einer von dem Bauern als gerecht empfundenen Belastung genau so aus, als wäre es volles Eigentum. Von hieraus erklärte er, daß verpachtete oder in Eigenwirtschaft der Herrschaft stehende Domänen, mit dem Erbzinsgut verglichen, unrentabel seien[150]. Nur die dem Bauern zu Erbzinsrecht verkauften Grundstücke sicherten dem Herrn eine hohe und sichere Grundrente und schufen zufriedene Bauern, die ihren Besitz wie Eigentum achteten.

Aus der ersten größeren Neubildung von bäuerlichen Höfen aus herrschaftlichem Domanial-Land entstand im Jahre 1739 die Gemeinde Thiergarten, für die 1750 der Name «Weiler Friedrichsruhe» aufkam, zum Andenken an den Gründer JOHANN FRIEDRICH II. Als JOHANN FRIEDRICH II. im Jahre 1708 in den Besitz von Thiergarten gelangte, gehörte hierzu[151]

272½ Morgen Wald
31 Morgen Wiesen
25 Morgen Sommerfeld
24 Morgen Winterfeld
24 Morgen Brachfeld
16½ Morgen Baum- und Grasgarten
1¼ Morgen See mit Karpfen und Hechtstichlingen
     div. Häuser, Scheunen und Stallungen
_____
394¼ Morgen Gesamtfläche.

[148] Näheres über die Ämter und Stellungen der Herren von Hohenlohe – nicht nur der Prinzen, sondern auch der regierenden Herren –, s. F. ULSHÖFER, a.a.O., S. 41; H. TRUMPFHELLER, a.a.O., 15 f.; H. GOLLWITZER, a.a.O., S. 11, 43, 145, 162, 170, 222.
[149] J. F. MAYER, Beiträge, a.a.O., Bd. 4 S. 301 ff., insbes. S. 329; Derselbe, Lehrbuch, a.a.O., S. 8 f.; vgl. auch K. SCHUMM, Pfarrer J. F. MAIER, a.a.O., S. 138 ff.
[150] J. F. MAYER, Beiträge, a.a.O., Bd. 10, S. 269 f., insbes. S. 276: Fürsten, Edle, und all diejenigen, die Landgüter bewirtschaften, ohne Bauern von Profession zu sein, erzielen auf ihren Gütern keinen Gewinn, insbes. dann nicht, wenn die, oder doch ein großer Teil der anfallenden Arbeiten durch Fröner getan werden. Derselbe, Beiträge, a.a.O., Bd. 10, S. 304 ff.: Auch die Verpachtung von Landgütern, die solchen gehören, die nicht Bauern von Profession sind, ist beinahe ebenso nachteilig wie die Selbstadministration derselben.
[151] Beschreibung des OA Öhringen, a.a.O., S. 367.

1717 tauchte der Gedanke auf, Thiergarten zu verkaufen und durch die Ansiedelung von Bauern einen neuen Ort zu gründen. Der Wald wurde ausgereuthet und nur ein 10 Morgen großer herrschaftlicher Lustgarten und das kleine Küchenwäldchen blieben bestehen. Die Zertrennung des Geländes erfolgte im Jahre 1739 in 10 etwa gleichgroße Erbzinshöfe mit je 24 Morgen Ackerland, 8 Morgen Wiese, 1 Morgen Garten und 1 Morgen Rankung[152]. Im Jahre 1770/71 wurde auch die Domäne Thierberg zerschlagen[153], und im Jahre 1772 erließ FÜRST KARL ZU HOHENLOHE WALDENBURG folgendes Dekret: «Von Gottes Gnaden, Wir KARL ALBRECHT, regierender Fürst von Hohenlohe Waldenburg..., verkünden, daß wir nach dem Vorgang anderer Herrschaften im Reich ... aus verschiedenen kameralischen Bewegursachen, auch zur Bevölkerung unseres Landes..., den Entschluß gefaßt haben, unsere Waldenburger Domänen und Kameralgüter, statt der bisherigen Selbstbenutzung ... an Unterthanen zu begeben und hierauf einen ewigen Erbzins oder Canonem, nebst Zehenten[154], Handlohn und Sterbfall zu legen»[155]. Darüber hinaus waren dann die Bauern von allen anderen Abgaben — insbesondere der Landsteuer — befreit. Im Rahmen dieser Aktion wurden u. a. verkauft[156]:

der Hohebucher Hof mit ca.	139	Morgen Gesamtfläche
der Goldbacher Hof mit ca.	87½	Morgen Gesamtfläche
die Brübelwiesen mit ca.	40	Morgen Gesamtfläche
der Schafhof mit ca.	106	Morgen Gesamtfläche
der Hohebucher See mit ca.	69	Morgen Gesamtfläche

In ähnlicher Weise verfuhr die Hauptlinie Hohenlohe-Neuenstein mit ihren Domänen[157]. Im Jahre 1782 wurde aus der Domäne Rothacherhof mit allem Zubehör an Gebäuden vier Bauernstellen gebildet, und im gleichen Jahr wurde die Domäne Lipfersberger Hof an vier Bauern abgegeben sowie die Seewiesen bei Hermuthausen; 1795 folgte die Leuschenburger Waldung mit 10½ Morgen, 1797 die Domäne Scheurachshof und 1807 die Domäne Unter-Münkheim mit rund 15 Morgen.

Mit den erwähnten Domänen erhielten die Käufer auch die bisher herrschaftliche Schäferei-, Hut-, Trieb- und Weidgangsgerechtsame. Da aber jene Rechte in den Händen der Privatbesitzer, den Schafbauern, bald zu Mißbräuchen und Klagen, namentlich hinsichtlich des Übertriebsrechts, Veranlassung gaben, wurden vom Jahre 1778 ab diese Gerechtsamen den Gemeinden, auf deren Markungen sie hafteten, übertragen. Die Schäfereien wurden dadurch zum größten Teil Eigentum der Gemeinden. — Bei der Festsetzung des Canons für die verkauften herrschaftlichen Güter war die Schäferei-Gerechtsame mit in Anschlag gebracht worden. Durch den abgesonderten Verkauf dieser Rechte verloren die Höfe an Wert, und ein Teil des ursprünglich bedungenen Canons wurde den Bauern erlassen. Hieraus entstand dann der Schäferei-Canon, den die Gemeinden zu zahlen hatten[158].

[152] Beschreibung des OA Öhringen, a. a. O., S. 367. Unter «Rankung» versteht man einen Randstreifen eines Ackers oder einer Wiese, z. B. entlang eines Weges oder eines Waldes. Die Rankung ist nicht oder nur in einem geringen Ausmaß landwirtschaftlich nutzbar.

[153] Beschreibung des OA Künzelsau, a. a. O., S. 845.

[154] Dieser Zehnte war somit von Anfang an weltlichen Ursprungs.

[155] Beschreibung des OA Öhringen, a. a. O., S. 352, 367.

[156] K. KRAFFT, a. a. O., S. 56; F. RUOFF, a. a. O., S. 197.

[157] SFAL E 221, Fach 52, Fasz. 13.

[158] Näheres über das Schäfereiwesen in Hohenlohe siehe: WJB Jg. 1823, II, S. 465; I. D. A. HOECK, Materialien zur Geschichte, a. a. O., S. 14; Über die Grundlasten, a. a. O., S. 32 f.; A. FISCHER, a. a. O., Teil 2, S. 81; W. SAENGER, a. a. O., S. 96, 111 ff.

4. Die durchschnittliche Größe und Ausstattung eines Bauernhofes

Der Versuch, die Bauerngüter in Hohenlohe zahlenmäßig in verschiedene Größenklassen aufzuteilen, ist von W. Saenger[159] unternommen worden. Es sei deshalb an dieser Stelle auf jene Arbeit verwiesen und nur deren Ergebnis wiedergegeben, wonach die überwiegende Anzahl der bäuerlichen Betriebe (ganze und halbe Bauernhöfe, größere Köblersgüter) der Größenklasse 5 bis 20 ha (etwa 10—35 Morgen) angehörten. Dieses Ergebnis stimmt vollständig mit der Hofgröße überein, die J. F. Mayer als repräsentativ für das Amt Künzelsau angibt.

Ein solcher Hof bestand aus 21 bis 27 Morgen[160] Äckern, 9 bis 12 Morgen Wiese, 1 bis 3 Morgen Gras-, Kraut- und Küchengarten und gelegentlich ca. 10 Morgen Wald[161]. Er wurde von dem Bauern, der Bäuerin, einem bis zwei Knechten und einer bis zwei Mägden bewirtschaftet. Ein Hof dieser Größe lag mit etwa 700—1000 fl in der Schatzung[162]. — Zu ihm gehörte[163] ein Bauernhaus von 50 Schuh Länge und 40 Schuh Breite und 2 Stockwerken von je 8 Schuh Höhe[164]. Das untere Stockwerk war aus gehauenen Quadersteinen gefertigt, das obere aus Eichenholzfachwerk. Zum Innenausbau verwendete der Bauer billigeres Fichten- und Tannenholz. Das Dach bedeckten gebrannte Ziegel. Vier Türen führten in das Haus: drei von der Straßenseite her, wobei die mittlere als Haupteingang, die beiden seitlichen für das Vieh bestimmt waren, die eine für die Ochsen, die andere für die Kühe und Rinder. Die vierte Türe ging hinten hinaus zu der Scheune.

Im Innern des Hauses hatte der Bauer unter der Erde den Keller für den Most, die Kartoffeln und das Sauerkraut; im unteren Stockwerk die Ställe und evtl. für die Magd und den Knecht je eine Kammer. Im ersten Stockwerk befand sich die geräumige Wohnstube mit dem Webstuhl, denn jeder Bauer war auch sein eigener Weber, die Küche und die Schlafkammer des Bauern und der Bäuerin. Neben der Wohnstube lag zumeist noch eine kleinere Stube, in welcher der Altbauer und die Altbäuerin wohnten. — Unter dem Dach waren zwei Böden mit ausgebauten Kammern für die Kinder, das Gesinde und evtl. für Tagelöhner während der Erntezeit, sowie noch reichlich Platz zum Aufschütten von Getreide und Saatgut.

Die Scheune[165] stand, der Feuersgefahr wegen, etwas abseits des Wohnhauses. Sie war so groß gebaut — in der Regel 70 Schuh lang und 40 Schuh breit —, daß neben dem Getreide und dem Futter für das Vieh auch das Fuhrwerk und das Geschirr Platz hatten, ebenso Raum genug, um Brennholz trocken zu legen, für eine kleine Schrotmühle und etwas leeren Platz für den Fall, daß der Bauer etwa einen Zehnten ersteigerte[165a] oder seinen Hof etwas vergrößerte. Die Scheune war in drei Abteilungen aufgeteilt: Die erste war bestimmt für die Aufbewahrung des Getreides, die mittlere für

---

[159] W. Saenger, a. a. O., S. 116, ff., Kapitel «Landwirtschaftliche Betriebsgröße»; siehe auch dort im Anhang die zahlreichen Flurkarten.

[160] Der Morgen wird gerechnet zu 256 Ruthen, die Ruthe zu 16 Nürnberger Schuh. – Vgl. Anhang S. 179.

[161] J. F. Mayer, Beiträge a. a. O., Bd. 3, S. 90; Bd. 4, S. 358 f.; Derselbe, Lehrbuch, a. a. O., S. 10, 12. Vgl. auch J. Fallati, Vom freien Verkehr, a. a. O., S. 339 f.; S. von Frauendorfer a. a. O., Bd. 1, S. 230.

[162] J. F. Mayer, Beiträge a. a. O., Bd. 3, S. 90; Derselbe, Lehrbuch, a. a. O., S. 193.

[163] J. F. Mayer, Lehrbuch, a. a. O., S. 193 ff.; K. Schumm, Das Bauernhaus, a. a. O.

[164] Ein Schuh entspricht 29,351 cm.

[165] Näheres, so auch die Grundrisse, siehe J. F. Mayer, Lehrbuch, a. a. O., S. 202.

[165a] Vgl. unten S. 63 f.

das Futter, und die dritte diente als Wagenhütte oder gelegentlich als Stall oder für die Aufbewahrung von Werkzeug. Dieser dritte Raum war in der Höhe unterteilt, so daß im ersten Stockwerk noch Platz zur Aufschüttung von Getreide, zum Strohschneiden usw. gewonnen wurde.

Meistens hatte die Scheune an der Vorder- und Hinterseite Türen, so daß man von zwei Seiten einfahren konnte. Die Türen waren so breit, daß ein Paar angejochte Ochsen samt Wagen, ohne Schaden an der Scheune anzurichten, durchzugehen vermochten.

Die kleineren Ställe für die Schafe, die Schweine und das Geflügel baute der Bauer entweder an die Scheune oder an das Wohnhaus an.

Nahe dem Stall hatte fast jeder Hohenloher Bauer einen eigenen Brunnen mit einer Viehtränke, denn die Landwirte bemerkten bald, daß das Vieh, wenn es an der Tränke stand oder von dort weg ging, seinen natürlichen Abgang hatte; damit blieb der Dung auf des Bauern Hof und wurde nicht zu einem gemeinschaftlichen Brunnenplatz getragen.

Die Anzahl des Viehs richtete sich insbesondere bei den Mastrindern mit nach dem Unternehmungsmut des Bauern. Ein großer Hof von 27 Morgen Äckern, 10 Morgen Wiese, 10 Morgen Wald und 3 Morgen Gras-, Kraut-, und Gartenland (Schatzungsanlage ca. 1000 fl) der mit 2 Knechten, 2 Mägden und zeitweise mit 2 Tagelöhnern betrieben wurde, hielt im Durchschnitt 4 Ochsen, 3 Kühe, 6 bis 10 Stück Rindvieh von 2—3 Jahren und noch etwa 10 bis 12 Schafe, so ihm die Dorfordnung diese Zahl gestattete. Ein Pferd galt als ausgesprochener Luxus[166].

III. Die Regelung des Hofübergangs an den Gutsnachfolger

1. Die rechtlichen Bestimmungen

In den rechtlichen Bestimmungen über den Gutsübergang in Hohenlohe wurde ganz eindeutig das Zusammenbleiben des ganzen Hofes in der Hand einer Familie gefördert. Die Bestimmungen verboten zwar expressis verbis die Zertrennung der Bauernhöfe nicht eindeutig und streng, sie empfahlen aber doch das Prinzip der geschlossenen Hofübergabe als die einfachste, nächstliegende und vor allem billigste Form der Hofübergabe[166a].

Die Erbzinsgüter durften wegen des dem Grundherrn zustehenden Obereigentums nicht ohne herrschaftlichen Konsens verkauft oder zertrennt werden. Die Einstellung der Grundherren zu der Frage der *Teilbarkeit der Güter* läßt sich aus dem Dekret des GRAFEN HEINRICH FRIEDRICH VON HOHENLOHE aus dem Jahr 1655 entnehmen, welches besagt, «dass all Käuff inner acht Tagen ordentlich bey Amt angezeigt protocolliert, zumahl die Güter nicht zertrennt, zerstückelt oder alles von den Häusern weggezogen, andernfalls und da es geschehen, sollen die weggerissenen Stückh bey vorgehender Verwendung wider eingelöst werden»[167]. — Es war also das Bestreben des Hauses Hohenlohe, die einzelnen Lehen geschlossen beisammenzuhalten, da bei einer Zertrennung derselben der Einzug der Abgaben trotz der Einrichtung der Trä-

[166] J. F. MAYER, Beiträge, a. a. O., Bd. 4, S. 359.
[166a] Vgl. unten S. 48 f. (Handlohnfreiheit des Anerben) und S. 70 (Conzessionsgeldpflicht).
[167] G. GANZHORN, a. a. O., S. 59 (Bibl. B/11/S. 248).

gerei[168] erschwert wurde. Die Erteilung einer herrschaftlichen Zertrennungserlaubnis kam selten vor[169], nicht nur, weil sie nicht im Sinne des Grundherrn lag, sondern auch weil die Bauern von sich aus an der Sitte der geschlossenen Hofübergabe festhielten und nicht oft mit der Bitte um eine Trennungskonzession bei dem Herrn vorsprachen.

In der Linie Hohenlohe–Waldenburg–Schillingsfürst wurden z. B. in den Jahren von 1770 bis 1818 *folgende Zertrennungen* gegen Entrichtung des Consensgeldes *herrschaftlich genehmigt*[170]:

Jahr	Anzahl der herrschaftlichen Zertrennungsgenehmigungen bei einer Consensgeldpflicht in % der Schatzungsanlage von		
	10 %	6 1/2 %	5 %
1770/71	3	–	–
1771/72	4	–	–
1772/73	4	–	1
1773/74	3	–	–
1774/75	1	–	–
1775/76	–	–	–
1776/77	1	–	–
1777/78	–	–	–
1778/79	–	–	–
1779/80	1	–	–
1780/81	1	–	–
1781/82	1	–	–
1782/83	4	–	2
1783/84	4	–	1
1784/85	3	–	1
1785/86	7	–	–
1786/87	6	–	–
1787/88	3	–	–
1788/89	4	–	–
1789/90	1	–	1
1790/91	1	–	–
1791/92	1	–	–
1792/93	–	–	–
1793/94	1	–	2
1794/95	1	–	–
1795/96	–	–	–
1796/97	–	–	–
1797/98	–	–	–
1798/99	–	–	–
1799/1800	2	–	–
1800/01	–	–	–
1801/02	–	–	–
1802/03	3	–	–

[168] Wurde ein Hof zertrennt und auf mehrere Besitzer aufgeteilt, so hatte der Grundherr anstelle des bisher einen nunmehr mehrere abgabenpflichtige Bauern, deren Abgaben in der Gesamtsumme i. d. R. gleich hoch wie bisher waren. Um nun diese Einkünfte auch weiterhin aus einer Hand beziehen zu können, setzte der Herr einen Träger ein, der von den Bauern die Abgaben einzog und sie dann dem Herrn überreichte. Dieses den Gefälleinzug vereinfachende Verfahren nennt man Trägerei.
[169] Siehe die tabellarische Übersicht auf dieser und der folgenden Seite.
[170] W/XVI/B/616.

1803/04	–	–	–
1804/05	–	–	–
1805/06	1	–	–
1806/07[171]	3	–	8
1807/08	1	–	4
1808/09	1	–	12
1809/10	–	–	9
1810/11	–	–	14
1811/12	–	4	2
1812/13	–	17	–
1813/14	–	16	–
1814/15	–	4	–
1815/16	–	13	–
1816/17	–	9	–
1817/18	–	11	–
	61	74	57 [171]

In 43 Jahren ergaben sich somit insgesamt 192 Fälle von erlaubter Parzellenabtrennung bei Erbzinsgütern, davon allein 117 Fälle in den 11 Jahren nach der Mediatisierung des Landes.

Kam es nun zu einer Teilung des Hofes oder Abspaltung eines Stückes desselben, zu deren Genehmigung der Teilende der Herrschaft noch zu versichern hatte, daß er «von dem Ertrag (des restlichen Hofes, Anm. d. Verf.) seine Haushaltung vollkommen gut führen» konnte[172], so ergab *das Losungsrecht* sowohl bei den Zins- wie bei den Erbzinsgütern die Möglichkeit, die Gutsteile sofort wieder in einer Hand zusammenfügen zu können. Die Losung oder das Einstandsrecht war ein dem heutigen Verkaufsrecht ähnliches Rechtsinstitut, gemäß dessen der Losungsberechtigte in einen bereits abgeschlossenen Kaufvertrag, an dem er selbst nicht beteiligt zu sein brauchte, eintreten und dem Käufer das gekaufte Hofteil wieder abnehmen konnte. — Das Hohenloher Losungsrecht[173] war speziell darauf zugeschnitten, die Geschlossenheit der Höfe zu bewahren. Es zeigt sich dies daran, daß das Losungsrecht a) als Sonderrecht nur für Grundstücke und die darauf gebauten Gebäulichkeiten Geltung hatte, nicht dagegen für bewegliche Sachen, es b) nur einer eng umgrenzten Personengruppe zustand, die zu dem Grundstück in einem bestimmten Verhältnis stand, und diese Personen das Losungsrecht nicht an Dritte abtreten durften, und c) die Verjährungsfrist sehr lange angesetzt war: bei der Freundeslosung 90 Tage, bei den übrigen Losungsarten 30 Tage — beginnend von der Kenntnis (!) des Losungsberechtigten von dem Kaufvertrag.

In Hohenlohe gab es *vier Arten von Losungsrechten:*

Die Freundeslosung
stand sowohl den leiblichen Kindern als auch den Geschwistern bezüglich der von ihren Eltern oder Großeltern veräußerten Liegenschaften zu. Konkurrierten mehrere Kinder in der Ausübung ihres Einstandsrechtes, so galt die Regel: «Der Nächste im Blut auch der Nächste zum Gut». Bei Blutgleichheit entschied das Los[174].

---

[171] Aus dieser Zusammenstellung ist zu entnehmen, daß die Erlaubnis zur Güterabtrennung nach der Mediatisierung Hohenlohes zunahm.
[172] W/XVI/B/576.
[173] HL Teil III, Tit. 5, §§ 1 ff.
[174] Blutungleichheit der Kinder untereinander konnte z. B. durch eine mehrfache Heirat des Bauern entstehen.

Die Gült- oder Zinslosung
konnten all diejenigen ausüben, die durch den Grundverkauf ein Stück des zerteilten
Hofes in Händen hatten — und zwar gegenüber allen Besitzern der übrigen Teile des
ehemaligen Hofes. Wollten mehrere Teil-Besitzer ihr Recht ausüben, hatte derjenige
die Vorlosung, welcher den größten Teil des Hofes im Besitz hatte, denn ihm sollte es
am leichtesten fallen, die übrigen kleineren Stücke wieder zu einem Ganzen zusammenzukaufen.

Die Marklosung
betraf die Bürger und Einwohner einer Gemeinde gegenüber all denen, die außerhalb
der Ortsmarkung ansässig waren. Aus dieser Bestimmung ist zu ersehen, daß der Hof
nicht nur in einer Hand bleiben sollte, sondern gleichzeitig nicht an einen Ausmärker
fallen durfte[175]. Die Reihenfolge der Berechtigten war: zuerst die Bürger[176], die geistlichen, die weltlichen, dann die Schul-Diener und zuletzt die Witwen. Den Schutzgenossen dagegen stand die Marklosung nicht zu.

Die Nachbarlosung
stand denjenigen zu, deren Grundstücke neben denen lagen, die zertrennt wurden.
Auch diese Regelung beabsichtigte, einzelne Bodenteile nach Möglichkeit wieder zu-
sammenzulegen.

Die Reihenfolge der vier Losungsrechte untereinander war, falls mehrere Berechtigte
auf ein bestimmtes Gutsteil Anspruch erhoben: die Freundeslosung, die Zins- oder
Gültlosung, die Marklosung und schließlich die Nachbarlosung. Bei allen Losungsarten entschied, wenn sich gleichberechtigte Konkurrenten gegenüberstanden, das
Los.

2. Die bäuerlichen Erbsitten

Gesetze und rechtliche Verordnungen, welche die Zerkleinerung der Höfe und die
Übergabe derselben an einen Gutsnachfolger regeln, vermögen sich nur dann im täglichen Leben voll durchzusetzen, wenn sie mit der herrschenden Tradition und der
Erbsitte der Bauern im Einklang stehen. Bei der ländlichen Bevölkerung Hohenlohes
bestand nun die strikt eingehaltene Übung, den Hof geschlossen und ungeteilt an
einen Erben zu übergeben[177] und die restlichen evtl. vorhandenen Erben abzufinden.
Das Streben der Bauern und das der Herrschaft bewegte sich somit in gleicher Richtung. — Ein Abweichen von der Sitte der geschlossenen Gutsübergabe fand sich lediglich in den Weinbauortschaften des unteren Kocher- und Jagsttals: Criesbach, Niedernhall und Ingelfingen[178].

---

[175] Damit sollte eine Überschneidung von Gemeinderechten vermieden werden.
[176] Bauern und Köbler waren somit gleichberechtigt.
[177] J. F. MAYER, Lehrbuch, a. a. O., S. 274 f.; Württembergisches Wochenblatt für Landwirtschaft, Jg. 1910, S. 272, 295; TH. KNAPP, Neue Beiträge; a. a. O., S. 120 f. K. KRAFFT, a. a. O.,
S. 2 f.
[178] Württembergisches Wochenblatt für Landwirtschaft, Jg. 1910, S. 273; F. RUOFF, a. a. O.,
S. 245; K. KRAFFT, a. a. O., S. 3.

A. Die Person des Erben

Der Erbe wurde aus dem Kreis der Kinder des Bauern bestimmt, wobei in der Regel der älteste Sohn den Hof bekam (*Majorat*)[179], doch war der Erblasser nicht gehindert, eine andere Wahl zu treffen. Das *Minorat* — der jüngste Sohn erhält den Hof — war gelegentlich bei kinderreichen Familien zu finden, wenn sich der Alt-Bauer noch rüstig und jung genug fühlte, den Hof solange zu bewirtschaften, bis der jüngste Sohn erwachsen war[180]. Der Sohn — nach Möglichkeit nicht die Tochter — sollte auf dem Hof bleiben, denn nur dadurch blieb der Familienname des Hofes erhalten, und darauf legten die Familien großen Wert. Auch hatte der Sohn gegenüber der Tochter den Vorteil, daß er schon von Kind auf von seinem Vater in die Wirtschaft eingeführt worden war. Er lehrte den Sohn die Güte der einzelnen Äcker und Wiesen kennen, verriet ihm deren Mängel und Fehler und zeigte ihm die Stellen, die einer Verbesserung bedurften und durch Ankauf von walzenden Stücken zu arrondieren seien. Der Ausnahmefall, daß eine Tochter statt eines Sohnes auf dem Hof blieb, konnte dann eintreten — von dem Fall abgesehen, daß der Bauer keinen Sohn besaß —, wenn der Hof so verschuldet war, daß der Bauer sich außerstande sah, ihn zu einem niedrigen (Kindskauf-)Preis abzugeben, und dem Hof von außen her bedeutende finanzielle Mittel zugefügt werden mußten[181]. Der Altbauer wußte sehr wohl, daß ein Mädchen wohl leichter einen reicheren Bauernsohn zum Manne erhielt — denn dieser konnte in einen Hof einheiraten —, als ein Sohn eine entsprechend reiche Bauerntochter finden mochte. Die Geschlossenheit des Hofes hatte hier gegenüber der Beibehaltung des Hofnamens den Vorrang.

Daß der Bauer generell demjenigen Kind den Hof vermachte, das den reichsten Ehepartner fand, wird nicht berichtet. Abgesehen von dem seltenen Fall, daß eine Tochter den Hof übernahm, stand der Erbe — sei es der älteste oder der jüngste Sohn — schon Jahre vor der Hofübergabe fest, so daß innerhalb des Brauches der geschlossenen Hofübergabe eine *Anerbensitte* feststellbar ist.

B. Die Gutsübergabe

Sie erfolgte durch den Verkauf des Hofes zu Lebzeiten des Altbauern an den Anerben (Kindskauf). Die Hofübergabe von Todes wegen war äußerst selten. Die Festlegung des Übernahmepreises geschah nicht nach dem Ertragswert des Hofes in dem Sinn, daß eine genaue Ertragsberechnung aufgestellt und der Reinertrag dann kapitalisiert wurde, sondern sie war das Ergebnis einer Familienbesprechung, bei der neben dem Altbauern, dem Anerben und den Miterben zumeist auch die Eltern des einheiratenden Teils bzw. dieser selbst mit angehört wurden. Häufig endete die Familienbesprechung über den Übergabepreis damit, daß derselbe Preis angenommen wurde, wie

---

[179] Württembergisches Wochenblatt für Landwirtschaft, Jg. 1910, S. 273; A. Fischer, a. a. O., Teil 1, S. 8; Ruoff, a. a. O., S. 244; K. Krafft, a. a. O., S. 2 f.; Beschreibung des OA Öhringen, a. a. O., S. 39.

[180] Das Minorat scheint im OA Gerabronn und OA Künzelsau häufiger vorgekommen zu sein, als im OA Öhringen, doch überwog auch dort das Majorat. Vgl. K. Krafft, a. a. O., S. 19.

[181] J. F. Mayer, Lehrbuch, a. a. O., S. 274; J. F. Mayer, Beiträge, a. a. O., Bd. V, S. 78. Gelegentlich konnte es bei einer solchen Tochterheirat zwischen dem Sohn, der das erbberechtigte Mädchen heiraten wollte und seinem Vater zu Auseinandersetzungen kommen, in deren Verlauf der Vater dem Sohn die Einheirat verbot, weil der Hof der Braut zu hoch verschuldet war.

ihn der Vater seinem Vater und dieser wiederum seinem Vater entrichtet hatte. Meliorationen des Hofes und steigende Güterpreise blieben dann unberücksichtigt[182]. «Vater hat es so gewollt», hieß es dann, und alle Familienglieder hielten den Beschluß für richtig[183].

Daß sich ein Altbauer, wie aus dem Öhringer Gebiet berichtet wurde, vor der Preisfestsetzung des Hofes bei einem Gütermakler, oft einem Juden, nach dem Verkehrswert des Hofes erkundigte, darf keinesfalls als Regel angesehen werden.

Der so mehr oder weniger weit vom *Verkehrswert* entfernte *Übernahmepreis* (Kindskaufpreis), dem der Gedanke zugrunde lag, der Anerbe sollte auf dem Hof bestehen können und nicht von Schulden erdrückt werden, lag etwa ein Viertel bis ein Drittel unter dem *Schätzungswert* des Hofes[184]. Von dem Übernahmepreis wurde dann das Erbteil (Heiratsgut) des Anerben abgezogen, dessen Höhe ebenfalls zusammen mit dem Kindskaufpreis festgelegt worden war. Die so ermittelte *Kaufschuldigkeit des Anerben* (Übernahmepreis abzüglich Heiratsgut des Anerben) erhielt der Alt-Bauer entweder ganz in bar ausbezahlt, oder aber, und das war die Regel, erhielt er nur eine Anzahlung und der Rest wurde in 10 bis 15 Jahresraten getilgt. Erhielt der Altbauer den Kaufpreis sofort ausbezahlt, richteten sich die Ansprüche der Miterben wegen ihres Erbteils gegen den Alt-Bauern, andernfalls blieben deren Erbanteile auf dem Hofe stehen und wurden den Miterben bei deren Verheiratung oder zu einem anderen ausbedungenen Zeitpunkt von dem Anerben ausbezahlt.

Zwei Zahlenbeispiele aus dem Jahre 1760 mögen das eben Gesagte verdeutlichen[185]:

1. Schatzungsanlage des Hofes		3000 fl
Ausbedungener Kindskaufpreis		2300 fl
Heiratsgut (Erbteil) des Anerben	400 fl	
Baranzahlung des Anerben	1400 fl	

---

[182] F. Ruoff, a. a. O., S. 24.

[183] J. Fallati, Vom freien Verkehr . . ., a. a. O., S. 339; K. Krafft, a. a. O., S. 6, 45.

[184] Württembergisches Wochenblatt für Landwirtschaft, Jg. 1910, S. 274, 310. – Die verschiedenen Arten der in den Quellen vorzufindenden Hofwerte seien hier – um Mißverständnisse zu vermeiden – kurz aufgezeigt: 1. Wird ein Hof auf dem freien Markt verkauft oder versteigert, so zeigt der Verkaufspreis den tatsächlichen *Gutswert* oder *Hofpreis* zum Zeitpunkt des Verkaufs an. Dieser Gutswert wird als *wahrer Wert* oder *Verkehrswert* des Hofes bezeichnet. 2. Dieser Wertanschlag ist für die Hohenloher Höfe deswegen kaum zu ermitteln gewesen, weil die Höfe praktisch nicht zum freien Verkauf gelangten, sondern in Familienbesitz blieben. Um den Verkehrswert wenigstens annähernd genau zu ermitteln, wurde der Hof *auf den wahren Wert geschätzt (Schätzung auf den Verkehrswert)*. Den so gefundenen Wert nannte man den *Taxationswert* oder *Schätzungswert*. 3. Bei der Erstellung der Schatzungsbücher wurde, soweit es möglich war, der Verkehrswert der Höfe eingetragen, war dieser nicht gegeben, was meistens der Fall war, der Schätzungswert. Jetzt konnte es vorkommen, daß dieser Schätzungswert über Jahrzehnte hinweg unverändert in der Schatzungsanlage stehen blieb, ungeachtet z. B. von langfristig steigenden (oder fallenden) Preisen für Grund und Boden, Bodenprodukten etc. oder von Meliorationen auf dem Hof. Dieser Schätzungswert der Vergangenheit ist nun regelmäßig gemeint, wenn die Quellen von *Schatzungswert* sprechen. War also ursprünglich einmal Schatzungswert gleich Schätzungswert (beides Gegenwartswerte) so ergab sich aus dem Unterlassen von Korrekturen der Schatzungsbucheintragungen ein Auseinandergehen von Schätzungswert (Gegenwartswert) und Schatzungswert (Vergangenheitswert), wobei in unserem Fall regelmäßig der Schatzungswert unter dem Schätzungswert lag. 4. Der *Kindskaufpreis* oder *Übernahmepreis* war schließlich der Preis, den der Anerbe dem weichenden Altenteil für den Hof bezahlte. Er blieb in Hohenlohe allermeist noch unter dem Schatzungswert, oder «unter der Schatzungsanlage», wie es auch gelegentlich in den Quellen heißt.

[185] Ö/166/1/2.

Restsumme in Raten zahlbar	500 fl	
Somit effektive Zahlung des Anerben		1900 fl
2. Schatzungsanlage des Hofes		1400 fl
Ausbedungener Kindskaufpreis		1100 fl
Heiratsgut des Anerben	300 fl	
Baranzahlung des Anerben	600 fl	
Restsumme in Raten zahlbar	200 fl	
Somit effektive Zahlung des Anerben		800 fl

Da der Anerbe regelmäßig über kein Bargeld verfügte, wurde darauf gesehen, daß die Mitgift der einheiratenden Jungbäuerin mindestens die Baranzahlung und einen Teil der finanziellen Rechte evtl. vorhandener Miterben deckte. Dadurch wurde eine Verschuldung des Hofes aus Anlaß der Gutsübergabe weitgehend vermieden. Weil jedoch mit der Mitgift meistens nicht auch noch das bei dem Besitzwechsel dem Grundherrn fällige Handlohn bestritten werden konnte, mußte für letzteres Geld aufgenommen werden.

Eine gute Verheiratung der Kinder — und nicht nur die des Anerben — war also eine wichtige Maßnahme, die sehr viel Überlegung bedurfte, um den Hof geschlossen und so weit als möglich lastenfrei zu erhalten. Nicht nur sollte der Erbe eine mit einer möglichst großen Mitgift ausgestattete Bauerntochter heiraten, sondern der Altbauer legte Wert darauf, daß von seinen Kindern eines das andere verheiratete, damit auch die Existenz der Miterben gesichert war und diese nicht dem väterlichen Hof zur Last fielen. Das geschah so, daß, wo es nur immer ging, Koppelheiraten angestrebt wurden: Die Tochter sollte dort den Sohn zum Mann haben, wo sich der Sohn, der auf dem Hof blieb, die Tochter zur Frau holte[186].

Das *Verhältnis Kindskaufpreis, Baranzahlung und Mitgift* des einheiratenden Teils, zeigen folgende vier Beispiele[187] aus den Jahren 1801 bis 1806:

1. A. Aus dem Kindskaufvertrag des männlichen Anerben:

Kindskaufpreis		2500 fl (Bauerngut)
Heiratsgut des Anerben	1000 fl	
Baranzahlung des Anerben	1000 fl	
Restsumme, zahlbar in 10 Jahresraten zu 50 fl	500 fl	

B. Aus dem Heiratsvertrag:
Mitgift der Braut
a) Bargeld   1000 fl
b) die «geziemende Aussteuer», zumeist Bett, Bettzeug und Küchengeräte

2. A. Aus dem Kindskaufvertrag des männlichen Anerben:

Kindskaufpreis		2400 fl (Söldnersgut)
Heiratsgut des Anerben	500 fl	
Heiratsgut des 2. Sohnes	500 fl	
Heiratsgut des 3. Sohnes	500 fl	
Baranzahlung des Anerben	600 fl	
Restsumme, zahlbar in 15 Jahresraten zu 20 fl	300 fl	

B. Aus dem Heiratsvertrag:
Mitgift der Braut
a) Bargeld   1150 fl
b) die «geziemende Aussteuer»

---

[186] J. F. MAYER, Lehrbuch, a. a. O., S. 274.
[187] Aus der Akte «Erb- und Heiratsverträge» beim Bürgermeisteramt Michelbach a. W.

3. A. Aus dem Kindskaufvertrag des weiblichen (!) Anerben:

Kindskaufpreis   1200 fl (Söldnersgut)

Heiratsgut des Anerben   o fl

Baranzahlung des Anerben   800 fl

Restsumme, zahlbar in 25 (!) Jahresraten zu 16 fl   400 fl

B. Aus dem Heiratsvertrag

Mitgift des einheiratenden Jungbauern

a) Bargeld   1500 fl

b) keine Aussteuer

Mit diesem letzten Beispiel wird gezeigt, daß die Mitgift eines einheiratenden Jungbauern im Vergleich zum Kaufpreis sehr viel höher war als die vergleichsweise Mitgift einer einheiratenden Bauerntochter. Auch ist in diesem Fall kein Heiratsgut der Tochter abgezogen worden. Der Hof muß wohl sehr verschuldet gewesen sein, was auch daraus zu ersehen ist, daß sich der Altbauer die Restsumme in 25 Jahresraten zahlen ließ, er sich also, noch 25 Lebensjahre erwartend, sehr jung zur Abgabe des Hofes entschloß.

Daß gelegentlich der Altbauer auf eine Barauszahlung verzichtete, die Erbteile der Erben untereinander nicht immer gleich hoch zu sein brauchten und i. d. R. unter den Miterben eine Tochter im Vergleich zum Sohn vermögensrechtlich besser gestellt wurde, zeigt folgendes Beispiel:

4. A. Aus dem Kindskaufvertrag des männlichen Anerben

Kindskaufpreis   2400 fl (Bauerngut)

Heiratsgut des Anerben   800 fl

Heiratsgut des 2. Sohnes   600 fl

Heiratsgut der Tochter   800 fl

Restsumme, zahlbar in 14 Jahresraten zu 15 fl   200 fl

B. Aus dem Heiratsvertrag

Mitgift der Braut

a) Bargeld   1000 fl

b) die «geziehmende Aussteuer»

Wenn man davon ausgeht, daß in den eben angeführten vier Fällen der Kindskaufpreis in etwa in einem gleichen Verhältnis zum Verkehrswert des Hofes steht, so läßt sich aus dem Vergleich der vier Kindskaufpreise die schon einmal gemachte Feststellung treffen, daß vermögensmäßig gesehen nicht immer ein Unterschied zwischen einem Bauern und einem Köbler (Söldner) vorhanden zu sein brauchte.

C. Das Alter des den Hof abgebenden Altbauern

Das durchschnittliche Abgabealter des Altbauern lag um die 60 Jahre. Krafft (a. a. O., S. 18) stellt in seinen Untersuchungen ein Abgabealter zwischen 58 und 65 Jahren fest[188], wobei es im einzelnen von der Rüstigkeit und dem Starrsinn des Altbauern abhing, wann er seinen Hof übergeben wollte. Der Anerbe hatte dann eben so lange zu

---

[188] Den Untersuchungen von K. KRAFFT liegen leider nicht näher angegebene Tabellen des K. Statistischen Landesamts von 1874 zu Grunde, welche auf Erhebungen der Jahre 1835 bis 1857 basieren.

warten, wobei er meistens ein Alter von etwa dreißig Jahren und mehr erreichte[189]. Die durchschnittliche Wirtschaftsperiode, während der ein Bauer seinen Hof bewirtschaftete, mochte somit bei fünfundzwanzig Jahren liegen[190]. Das Übernahmealter des Jungbauern war zumeist gleichzeitig sein Heiratsalter. Einheiraten ohne gleichzeitige Hofübernahme geschahen äußerst selten, denn es galt im Bewußtsein des Bauernstandes als ungehörig, wenn die Vermählten als «Knecht und Magd» auf dem väterlichen Hof arbeiteten. Der Standpunkt des Alten, «mag er sie nur heiraten, auf den Hof muß er warten», zwang die Jungen oft jahrelang die Heirat hinauszuschieben. Kindskaufvertrag und Heiratsvertrag wurden deshalb, wo immer möglich, gleichzeitig abgeschlossen, wie die oben angeführten Kauf- und Heiratskontrakte zeigen[191].

D. Die vermögensrechtliche Stellung der Altenteile

Der den Hof abgebende Bauer und die Bäuerin mußten von dem Hofübernehmer versorgt werden. Um nun nicht den Jungen auf Gnade und Ungnade ausgeliefert zu sein, wurde zwischen den Altenteilen und dem Jungbauern der sog. Altenteilvertrag als Teil des Kindskaufvertrages abgeschlossen. In diesem war genau festgelegt, welche Rechte an dem Hof bzw. auf Leistungen dem Altbauern zustanden, damit er ein angemessenes Leben führen konnte. Ein solcher Ausgedingvertrag sah freilich von Hof zu Hof verschieden aus[192], doch lassen sich folgende *drei Typen von Altenteilverträgen* feststellen, von denen der erste der seltenste, der letzte der am häufigsten vorkommende war[193]:

1. Der Altbauer behält den halben Hof nebst der Viehnutzung bis an sein Lebensende und teilt mit dem Jungbauern Lasten, Arbeiten und Erträgnisse hälftig;
2. der Altbauer behält den fünften Teil «von allem», wobei er weder Arbeit noch Kosten übernimmt;
3. das Altenteil sichert sich genau quantifiziert seinen jährlichen Bedarf an Lebensnotwendigkeiten und übernimmt weder Arbeit noch einen Anteil an den anfallenden Kosten des Hofes.

Ein Altenteilvertrag konnte auch in zwei Stufen festgesetzt werden[194]: Solange der Altbauer sich noch rüstig fühlte, behielt er sich die Nutznießung einiger Äcker und einiger Stück Vieh vor; wurde er dann älter und wollte er keinen eigenen Boden mehr bestellen, gab er auch diesen dem Jungbauern ab und nahm nur noch am Ertrag seines ehemaligen Hofes Anteil, wobei dann, um ein Detail herauszugreifen, die Nutzung einer Kuh mit der jährlichen Reichung von fünfundzwanzig Pfund Butter gleich gesetzt wurde[195].

[189] Nach K. KRAFFT, a.a.O., S. 88, waren 39,34% aller heiratenden Männer 30 Jahre alt und älter; bei noch 11,5% lag das Heiratsalter zwischen 50 und 60 Jahren. Das Heiratsalter der Frauen war bei 28,9% zwischen 25 und 30 Jahren und bei 27,29% zwischen 30 und 40 Jahren. Hohes Heiratsalter und Anerbensitte bedingten dann gegenseitig die niedere Geburtenzahl in Hohenlohe. Vgl. K. KRAFFT, a.a.O., S. 21.
[190] Mit dieser Zahl arbeitet dann später die württembg. Ablösungsgesetzgebung bei der Berechnung der durchschnittlichen Handlohnfälligkeit. Vgl. S. 112 Anmerkung 509.
[191] Vgl. oben S. 36 f.
[192] Vgl. die Akte «Kauf- und Heiratsverträge» beim Bürgermeisteramt in Michelbach a.W. (1801 bis 1806).
[193] Den Altenteilvertrag vom Typ 1 erwähnt J. F. MAYER, Lehrbuch, a.a.O., S. 272 f. Einen solchen Vertrag konnte d. Verf. selbst bei den von ihm durchgearbeiteten Akten nicht finden.
[194] O/166/1/2.
[195] Siehe Anmerkung 194.

Im einzelnen enthielt ein Ausgedingevertrag vom Typ 3 zumeist folgendes:

a) Einen genau beschriebenen Wohn- und Schlafraum, meist gegen Norden weisend, sei es im Wohnhaus selbst, was die Regel war, oder in einem Nebengebäude, dem sog. Korb;

b) einen Anteil an den Boden- und Kellerräumen und, wenn der Altbauer noch etwas Vieh hielt, «etwas Stall»;

c) die Mitbenutzung der Küche;

d) kostenloses Brennholz für Ofen und Herd, wobei Menge und Holzart (Tanne oder Buche) genau festgelegt waren;

e) einen näher bestimmten Anteil an dem Küchen- und Krautgarten. – Behielt sich der Bauer ein «Restgut» vor, bebaute dieses entweder der Sohn für den Vater und lieferte die Erträge ab, oder aber bewirtschaftete es der Altbauer selbst, und der Sohn hatte die notwendigen Spann- und Fuhrdienste zu übernehmen und den Dung aus dem Stall zu stellen;

f) im einzelnen festgelegte Mengen an Getreide, Kartoffeln, Butter, Eiern, Milch, einen bestimmten Anteil von den Hausschlachtungen usw., ferner Flachs und Wolle zum Spinnen.

g) Bei größeren Höfen konnte es vorkommen, daß sich der Altbauer von dem Anerben die Versicherung geben ließ, ihn an bestimmten Tagen des Jahres, z. B. am 2. Ostertag mit dem Wagen und am 2. Weihnachtstag mit dem Schlitten, auszufahren, wobei dann nicht vergessen wurde, die Meilenzone des Ausfluges mit in den Vertrag aufzunehmen.

Das Reichen von Bargeld war in den Altenteilverträgen nirgends zu finden. Dem Altbauern standen lediglich eigene Ersparnisse zur Verfügung, und dann vor allem die jährlichen Ratenzahlungen des Anerben auf den Rest-Kindskaufpreis.

Starb eines der beiden Altenteiler, so blieb das Wohnrecht ungeschmälert bestehen, wogegen ein Teil des Leibgedings – meist ein Drittel – wegfiel.

Bei der praktischen Durchführung der Altenteilverträge im täglichen Leben ist nicht davon auszugehen, daß die Ausgedinger in einem bestimmten Rhythmus die aufgeführten Naturalien bekommen hätten, vielmehr bestand die Übung, die Altenteile der Einfachheit halber an den Mahlzeiten der Jungbauern teilhaben zu lassen, daß die Altbäuerin für die jungen Leute mitspann und der Altbauer, auch wenn es nicht expressis verbis ausgemacht war, so gut wie möglich im Stall, weniger auf dem Feld, mithalf.

Der Ausgedingvertrag hatte vielmehr den Charakter einer formalen Absicherung des Altbauern gegenüber später evtl. aufkommenden Böswilligkeiten der Jungen. Die oftmals erstaunlich genauen Bestimmungen des Vertrags ließen keinen Raum frei für Auslegungen; Streitigkeiten konnten somit innerhalb des Hauses geschlichtet werden. Sie gehörten in das Haus, nicht auf die Straße, geschweige denn vor ein öffentliches Gericht.

Die genaue Spezifizierung des Altenteils war auch deshalb notwendig, um dasselbe, kapitalisiert, bei einem evtl. Hofverkauf an einen Fremden von dem Verkehrswert abzuziehen. Das Altenteil stellte nämlich bis zum Lebensende der Ausgedinger eine dingliche Belastung des Gutes dar, welche von einem Käufer des Hofes mitübernommen werden mußte. – Der Kapitalwert des Altenteils ergab sich aus dem Wert der jährlichen Leistungen an die Ausgedinger, multipliziert mit der durchschnittlichen Lebenserwartung des Altbauern. Die bei solchen Berechnungen zugrunde gelegte Lebenserwartung betrug in Hohenlohe:

Alter	noch zu erwartende Lebenszeit[196]
1–20 Jahre	30 Jahre
20–25 Jahre	28 Jahre
25–30 Jahre	25 Jahre
30–35 Jahre	22 Jahre
35–40 Jahre	20 Jahre
40–50 Jahre	so viel Jahre, bis ein Alter von 59 Jahren herauskommt
50–55 Jahre	9 Jahre
55–60 Jahre	7 Jahre
über 60 Jahre	5 Jahre

Ein Gut mit einem hohen Leibgeding und mit noch relativ jungen Altenteilen war schwer zu verkaufen[197].

E. Die vermögensrechtliche Stellung der Erben untereinander

Infolge des niederen Übernahmepreises erhielt der Anerbe einen größeren Erbanteil als seine Geschwister. Sein «Voraus» darf aber nicht als eine Begünstigung seiner Person angesehen werden; an dem «Voraus» partizipierte ideell die ganze Familie, der dadurch die Gewißheit gegeben war, daß der Hof unzertrennt in einer Hand blieb. Das «Voraus» wurde von den Miterben als etwas durchaus Selbstverständliches und Notwendiges akzeptiert.

Bei der Beurteilung des «Voraus» ist ferner zu berücksichtigen, daß der Anerbe auch die etwaigen Schulden des Hofes mit übernahm und er verpflichtet war, die Altbauern während deren Lebenszeit zu versorgen. Beides waren Verpflichtungen, die den Miterben nicht oblagen. Auch hatte der Anerbe, ehe er den Hof übernahm, auf dem Hof gearbeitet, ohne daß er außer Essen und Trinken, Wohnung, Kleidung und einem unregelmäßig wiederkehrenden geringen Taschengeld dafür entlohnt worden wäre. — Den weichenden Erben stand es frei, sich in fremden Betrieben oder anderen Berufen ein Einkommen und Vermögen zu erwerben, eine Möglichkeit, die der Anerbe nicht hatte, wenigstens nicht bis zum Alter von 30 bis 35 Jahren, in dem er den Hof übernahm. Hinzu kommt, daß zwar alle Kinder an dem, wenn auch nieder angesetzten, Gutswert bei dem Kindskauf partizipierten, dasselbe aber durchaus nicht immer für das vorhandene Barvermögen des Altbauern galt. Dieses stand in erster Linie den weichenden Söhnen zur Berufsausbildung und den Töchtern für die Mitgift zur Verfügung, und es stand durchaus im Belieben des Altbauern, den Anerben von der Verteilung seines Barvermögens auszuschließen[198].

F. Die Abfindung der Miterben

Ausgehend von dem Kindskaufpreis waren die Erbquoten (Heiratsgut) aller Erben de jure grundsätzlich gleich, doch brauchten die den Miterben de facto ausbezahlten

---

[196] GA P 12, S. 113 f.

[197] Die Überlegung, daß die Differenz zwischen dem Verkehrswert und dem Kindskaufpreis des Hofes dem kapitalisierten Altenteil gleich sei, ist theoretisch durchaus möglich, doch wurde in der Praxis bei der Feststellung des Übernahmepreises keine Kapitalisierung des Altenteiles vorgenommen.

[198] K. KRAFFT, a. a. O., S. 24.

Anteile nicht genau übereinzustimmen. Es ist festzustellen, daß im allgemeinen die Töchter gegenüber den Söhnen bevorzugt wurden, denn sie mußten, mit einer Mitgift versehen, verheiratet werden. Ihnen gegenüber hatten es die Söhne leichter, in einem erlernten Beruf ihr Auskommen zu finden. Auch wurden generell die unverheirateten Miterben den schon verheirateten vorgezogen, genauso wie ein Sohn, der schon mit seiner Ausbildung fertig war und sein Auskommen hatte, zugunsten eines noch unversorgten Bruders mit seinem Erbanteil zurückstehen mußte. – Die vermögensrechtliche Stellung der Miterben richtete sich also weitgehend mit nach den persönlichen Verhältnissen der Erbanspruchsberechtigten.

Die Abfindung der Miterben mittels Renten war kaum irgendwo zu finden, vielmehr ist der Gegenstand der Abfindung ein Kapitalbetrag, der auf dem Anwesen verzinslich stehen blieb, aber im Gegensatz zum Leibgeding meistens nicht im Güterbuch eingetragen war. Der Erbanteil wurde bei der Verheiratung des Miterben bzw. beim Erreichen eines bestimmten Alters desselben ausbezahlt.

Wo immer es ging, verließen die Miterben schon vor oder mit der Hofübergabe den elterlichen Hof. Die Töchter heirateten (Koppelheiraten), die Söhne erlernten ein Handwerk, studierten und/oder ergriffen die Beamtenlaufbahn. Viele blieben nicht im Lande, sondern wanderten aus nach Würzburg, Frankfurt oder Heilbronn. Daß Miterben ohne Aussicht auf eine Einheirat als Knecht oder Magd in einem anderen bäuerlichen Betriebe arbeiteten, galt als verpönt und unter dem Stande.

Töchter, die nicht verheiratet werden konnten, und ledige Söhne, welche nicht anderwärts in einem Berufe unterkamen, sei es, weil sie dazu zu träge waren, sei es, was der häufigste Grund war, weil sie psychisch oder physisch krank waren, blieben auf dem Hof des Anerben. Diesen ledigen Miterben stand ein schon vorsorglich im Kindskaufvertrag festgelegtes Wohnrecht auf dem Hof des Anerben zu, selten jedoch auch ein Leibgeding[199]. Für ihren Lebensunterhalt hatten sie im Hause, im Stall und auf dem Feld mitzuarbeiten. Aus diesen Kreisen stammten dann die schrulligen Tanten und alten Hagestolze, die weder Bäuerin und Bauer, noch Knecht und Magd waren.

Im Zusammenspiel mit einer im Vergleich zu einem Realteilungsgebiet niedrigen Kinderzahl[200], der nach bestem Vermögen vorgenommenen Berufsausbildung der Miterben und dem Wohnrecht der ledigen Kinder auf dem elterlichen Hof, war eine Proletarisierung der weichenden Erben in Hohenlohe nirgendwo festzustellen[201].

IV. Die Belastung der Bauern zu Beginn des 19. Jahrhunderts

Die in einem vorangegangenen Abschnitt (S. 5 f.) erwähnten wechselseitigen Beziehungsverhältnisse zwischen der Grundherrschaft, der Gerichts-, Schutz- und Landesherrschaft gaben dem Hohenloher Grundholden und Untertanen das Recht, eigenen und/oder grundherrlichen Boden unter herrschaftlichem Schutze zu bebauen und bei Streitigkeiten das herrschaftliche Gericht anzurufen.

Diese Rechte begründeten die Pflicht der Untertanen eine ganze Reihe von Lasten

---

[199] Württembergisches Wochenblatt für Landwirtschaft, Jg. 1910, S. 294.
[200] S. hierzu ausführlich KULL, a. a. O., S. 1–232.
[201] K. KRAFFT, a. a. O., S. 79, 85.

zu tragen, die jedoch nicht als ein Zeichen von Unfreiheit angesehen werden dürfen[202]. Diese Lasten, die in Abgaben und Dienstleistungen (Fronen) zerfallen, sollen nun im einzelnen genauer untersucht werden.

Eine systematische Zusammenstellung der Abgaben sowie eine Übersicht über den Anteil der einzelnen Abgabearten am Gesamteinkommen der Herrschaft befindet sich am Ende des Kapitels (s. S. 89 ff.).

1. Die Gült oder der Grundzins

Die Gült ist eine jährlich wiederkehrende Abgabe, die als eine auf dem Grund und Boden haftende Reallast[203] von dem Bauern an den Gültherrn zu entrichten war. Sie weist auf ein Vertragsverhältnis zwischen dem Pflichtigen und dem Berechtigten hin. Dieses Verhältnis konnte, brauchte aber nicht allein in der Grundherrschaft begründet liegen.

Haben wir es mit einer *grundherrlichen Gült* zu tun — und das waren bei weitem die meisten der in Hohenlohe vorkommenden Gülten —, so konnte diese entweder eine vorbehaltene Gült (census reservativus) oder eine bestellte Gült (census constitutivus) sein[204].

Die *vorbehaltene Gült* zeigte an, daß sich der Grundherr das Obereigentum an dem Boden vorbehalten hatte; sie ruhte infolgedessen als Anerkennungsgebühr des geteilten Eigentums auf den Hohenloher Erbzinsgütern. Die *bestellten Gülten* belasteten dagegen die Hohenloher Zinsgüter, welche dem Bauern zu vollem Eigentum gehörten, und wurden von der Herrschaft «in recognitionem pristini domini» gefordert[205].

Eine *nicht grundherrliche Gült* konnte z. B. durch einen Renten- oder Gültkauf zustande kommen und hatte nichts zu tun mit einer lehensherrlichen Übertragung des Untereigentums an einem Stück Land. Der Gültkauf vertrat lange Zeit die Stelle des verzinslichen Darlehens, das nach dem kanonischen Recht als ein unerlaubtes Institut angesehen wurde[206]. Die Gült in diesem Sinne war demnach ein Zins, der für den Kapitalgeber (Rentenkäufer) eine ewige Rente darstellen konnte und später als Teil seines Vermögens an die Erben überging. Der Zins wurde — wie auch die übrigen Gültarten — im Gültbuch als dingliche Belastung des Grundstückes des Darlehensnehmers eingetragen und damit gesichert.

Während somit die vorbehaltene Gült eine Anerkenntnis des geteilten Eigentums und

[202] Über die Bedeutung und den Bedeutungswandel des Begriffspaares «frei – unfrei» siehe ausführlich F. LÜTGE, Die mitteldeutsche Grundherrschaft, a. a. O., S. 9, S. 239. *Derselbe*, Freiheit und Unfreiheit in der Agrarverfassung, «Histor. Jahrbuch», 74. Jg., 1955, S. 643 ff.

[203] Um keine Verwirrung entstehen zu lassen, sei hier auf die doppelte Bedeutung des Präfixes «real» hingewiesen. In «Realabgabe» steht «real» im Gegensatz zu einer Geldabgabe und soll besagen, daß die Abgabe in der Reichung von Verbrauchsgütern, wie z. B. Roggen oder Wachs besteht. «Real» bedeutet also soviel wie «natural». In dem Wort «Reallasten» steht «real» im Gegensatz zu den persönlichen Lasten und bedeutet, daß die Last dinglich auf dem Grund und Boden ruht.

[204] Vgl. Über die Grundlasten, a. a. O., S. 12; A. L. REYSCHER, Die grundherrlichen Rechte, a. a. O., S. 57; C. S. ZACHARIAE, a. a. O., S. 41.

[205] HL Teil III, Tit. 8., § 1.

[206] Eine andere Umgehungsart des Zinsverbotes war die sog. antichretische Verleihung des Zehenten, wie sie z. B. in Hohenlohe-Schillingsfürst vorkam. Vgl. unten S. 64.

eine Gegenleistung für das Nutzungsrecht am Boden darstellte, kam der bestellten Gült der Charakter eines nicht kapitalisierten Kaufpreises für das gültpflichtige Gut zu. Es ist anzunehmen, daß in dem Canon der Hohenloher neuen Erbzinsgüter eine Komponente einer solchen bestellten Gült enthalten war[207]. Aus den Quellen ist jedoch nicht zu entnehmen, um welche Art von Gült es sich im einzelnen Fall handelte, da kurz nur von «Gülten» gesprochen wird.

Die Gült konnte in Geld oder in natura geleistet werden. Im letzteren Falle umfaßte sie dann landwirtschaftliche Erzeugnisse mannigfachster Art, wie Roggen, Dinkel, Haber, Wachs, dann Hühner, Gänse, Butter, Eier, Käse, Öl etc., die man unter dem Namen *Küchengefälle* zusammenfaßte.

Aus dem Namen der Gült ist teilweise der Tag der Fälligkeit zu ersehen, so z. B. bei den Fastnachts- oder Weihnachtshühnern und den Martinigänsen. Bei Benennungen wie Weingült oder Korngült braucht der Name jedoch weder zu besagen, daß die Gült immer in Wein oder in Korn gereicht werden mußte, noch daß dieselbe auf einem Weinberg bzw. Ackerfeld ruhte, denn in Hohenlohe herrschte eine weitgehende Substitutionsmöglichkeit von Geld- und Naturalgült[208] und innerhalb der Naturalgülten von einer Abgabenart zu einer anderen. Das Wahlrecht zwischen der Geld- oder Naturalgült stand primär dem Herrn zu[209], während die Wahl innerhalb der Naturalgülten vorwiegend der Bauer treffen konnte[210]. Die relative Korrekturfeindlichkeit der Lagerbücher, in denen Änderungen der Anbauart nicht immer berücksichtigt wurden, mochte mit dazu beigetragen haben, daß z. B. ein Acker mit einer Weingült belastet war[211].

Obwohl die Grafen von Hohenlohe versuchten, die Austausch-Relation von Natural- und Geldgült flexibel zu gestalten, um so die Möglichkeit zu haben, sich an die veränderten Währungsverhältnisse anzupassen[212], konnte es insbesondere bei den Küchengefällen vorkommen, daß ihnen Preise zugrunde lagen, die nur noch etwa einem Drittel bis zur Hälfte der am Fälligkeitstag herrschenden Werte entsprachen[213].

Die Belastung der Bauern durch die Gült

Eine generelle Höhe der Belastung läßt sich bei der bunten Vielheit der Gülten schwer angeben. Wenn in der vorhandenen Literatur davon gesprochen wird[214], die Gülten seien in Hohenlohe keineswegs drückend gewesen, sondern wenn sie sogar als ausgesprochen mild und geringfügig bezeichnet werden, so wird meines Erachtens diese Aussage der tatsächlichen Gültbelastung wenig gerecht. Macht man sich einmal die Mühe, jene «einige Heller Geld und Getreide» aufzuaddieren, die auf den einzelnen Parzellen eines Hofes ruhten, so ergibt sich doch eine höhere Belastung als es im ersten Augenblick aussah. Dies sollen zwei Beispiele aus der Zeit von 1830 bis 1840 verdeutlichen:

[207] Über die Grundlasten, a. a. O., S. 31; vgl. unten S. 69.
[208] In den Gültbüchern stand neben der Naturalgült meistens auch deren monetärer Gegenwert.
[209] H. TRUMPFHELLER, a. a. O., S. 90.
[210] U/164/4/5. Bei einem schlechten Kornjahr konnte der Bauer eine Korngült z. B. in einer wertäquivalenten Menge Haber entrichten.
[211] U/164/4/5/32.
[212] GRAF WOLFGANG versuchte z. B. im Jahr 1609 die Geldgült an den Wert des Goldgulden zu koppeln, U/164/4/5.
[213] H. TRUMPFHELLER, a. a. O., S. 90.
[214] A. FISCHER, a. a. O., Bd. 2, S. 19; K. KRAFT, a. a. O., S. 55; J. F. MAYER, Lehrbuch, a. a. O., S. 10.

Gültpflichtigkeit des Bauern GOTTLIEB GECK vom Eichhof[215]:

Liegenschaft	Naturalgült	Geldwert
1 Wohnhaus		
1 Scheuer mit Keller		
1 M Krautgarten		
1 V 12 R Baumgarten		

keine Gültpflicht

Liegenschaft	Naturalgült Gemischte Frucht	Geldwert
3 V 18 R Äcker		
1 V 27 R Äcker		
2 V 23 R Äcker		
2 V 17 R Äcker		
2 V 15 R Äcker		
1 V 24 R Äcker		
2 V 23 R Äcker		
3 V 19 R Äcker		
3 V 4 R Äcker		
2 V 33 R Äcker		
1 M 2 V 11 R Äcker		
1 M 1 V 34 R Äcker		
1 M Äcker		
2 V 8 R Äcker		
40 R Äcker		
1 M 3 V 10 R Äcker		
3 V 31 R Äcker		
1 M 8 R Äcker		
2 V 29 R Äcker		
2 V 4 R Wiesen		
1 V 33 R Wiesen		
3 V 2 R Wiesen		
2 V 15 R Wiesen		
2 V 32 R Wiesen		
2 V 1 R Wiesen		
1 V 30 R Wiesen		
	1 Sch 1 Sri 3 V 1 E	6 fl 50 kr 4 h
1 M 13 R Äcker	6 E	7 kr 5¼ h
1 M 2 V 5 R Äcker	1 V 3 E	14 kr 2⁵⁄₈ h
3 V 9 R Wiesen	3 V 3 E	35 kr 2¼ h
12 R Garten	2 E	2 kr 3¾ h
2 V 11 R Wiesen	2 V 7 E	30 kr 1¹⁄₈ h
2 V 9 R Wiesen	2 V 7 E	30 kr 1¹⁄₈ h

[215] SFAL F 74 Bü 271 Heft 4422. Über die Umrechnung der Maßeinheiten s. Anhang S. 179. Die verwendeten Abkürzungen bedeuten:

M	= Morgen	Sch	= Scheffel
V	= Viertel (Flächenmaß)	Sri	= Simri
	= Vierling (Hohlmaß)	E	= Eckle
R	= Ruthe		

Liegenschaft	Naturalgült	Geldwert
28 R Wiesen	6 E	7 kr 5¼ h
3 V 30 R Wiesen	3 V 6 E	40 kr ¼ h
3 R Garten	½ E	3 kr ⅞ h

Auf 34 Parzellen mit einer Fläche von rd. 29 M lastete
insgesamt eine in Geldwerten umgerechnete Gült von   9 fl 40 kr ¾ h
oder durchschnittlich auf einem Morgen   20 kr[216]

Die Gültpflicht des Bauern JOHANN GEORG HARTMANN aus Kirchensall[217]:

Liegenschaft	Naturalgült	Geldwert
1 Wohnhaus		
1 Scheuer und Keller		
1 M 15 R Grasgarten		
1 V 8 R Grasgarten		
1 V 24 R Grasgarten		
2 R Sommergarten		
1 V 27 R Äcker		
1 M 3 V 30 R Äcker		
1 M 1 V 20 R Äcker		
3 V 20 R Äcker		
3 V 10 R Äcker		
1 M 32 R Äcker		
32 R Wiese		
2 V 22 R Wiese		
2 M 28 R Wiese		
28 R Wiese		
1 V 4 R Baumgarten		
10 R Grasgarten		
insgesamt:	5 Sri 2 V 5 E gemischte Frucht und	3 fl 57 kr 4 h
	6 Sri 2 V 7 E Haber	2 fl 14 kr 2 h
1 M 15 R Grasgarten		
1 V 31 R Grasacker		
24 R Wiesen		
1 M 32 R Äcker		
1 V 27 R Äcker		
3 V 8 R Äcker		
2 M 3 V 21 R Äcker		
1 M 10 R Äcker		
insgesamt:	4 Sri 2 E gemischte Frucht und	2 fl 50 kr 3 h
	4 Sri 2 V 2 E Haber	1 fl 31 kr 2 h

[216] Zum Vergleich hiermit siehe einige Preise für a) Grund und Boden, S. 51 f., b) Lohnarbeiten, S. 85, c) die in Hohenlohe angebauten Getreidearten, Anhang S. 189 ff.
[217] SFAL F 74, Bü 258, Heft 597.

Liegenschaft	Naturalgült	Geldwert
1 M 15 R Äcker	1 V 7 E Haber	9 kr 2 h
3 V Äcker	1 V 7 E Haber	9 kr 2 h
1 M 3 V 34 R Äcker	6 E gem. Frucht	8 kr
28 R Weinberg	1 E gem. Frucht	1 kr 2 h
	1 E Haber	4 h
1 V Weinberg	3 E Haber	2 kr
2 V 25 R Wiesen	6 E gem. Frucht	8 kr
	4 E Haber	2 kr 3 h
1 V 26 R Wiesen	1 V 4 E gem. Frucht	15 kr 5 h
1 M 19 R Äcker	2 V Haber	10 kr
1 M 2 V 12 R Äcker	4 E gem. Frucht	5 kr 2 h
	4 E Haber	2 kr 3 h

Auf 33 Parzellen mit einer Fläche von rund 28 M lastete insgesamt eine in Geldwerten umgerechnete Gült von oder durchschnittlich auf einem Morgen		11 fl 57 kr 2 h 23 kr

2. Das Laudemium

Das Laudemium wies in Hohenlohe, wie auch sonst vielfach, zwei Ausprägungen auf, das *Handlohn* und das *Hauptrecht*. Beide Abgaben ruhten i. d. R. gemeinsam — also nicht wahlweise — auf dem Erbzinsgut[218]. Das Handlohn war zum Zeitpunkt der Hofübergabe zu entrichten, das Hauptrecht beim Tode des Hofinhabers. Beide Zeitpunkte konnten zusammenfallen, mußten es aber nicht.

A. Das Handlohn

Das Handlohn war eine Besitzwechselabgabe, die als dingliche Last auf dem Erbzinsgute ruhte und dem Grundherrn zustand. Als Besitzwechsel galt jeder Veränderungsfall wie Kauf, Tausch, Ableben des bisherigen Hofinhabers und Übernahme des Hofes durch den Erben, Abtreten von Erbanteilen der Miterben an den Anerben etc.[219].

Zuweilen trug das Handlohn auch die Bezeichnung der Art und Weise des Besitzwechsels und hieß dann Kauf-, Tausch- oder Sterbhandlohn, ohne daß aber hinter diesen Namen eine besondere Regelung zu suchen wäre.

Das Handlohn hatte den Charakter einer *Auffahrtsabgabe*, d. h. es war allein von dem neuen Erbzinsmann zu entrichten[220]. Eine Abfahrtsgebühr, die der ehemalige Lehensträger zu bezahlen hätte, war in Hohenlohe unbekannt[221].

Wenn trotzdem gelegentlich beobachtet wurde, daß auch der Gutsverkäufer einen Teil des Handlohns trug, so war dies bei der im Hohenloher Landrecht zugesicherten

---

[218] HL Teil III, Tit. 8 § 4.
[219] siehe Anmerkung 218.
[220] siehe Anmerkung 218.
[221] Im Gegensatz etwa zu Bayern, wo die Laudemien als herrschaftl. Einnahmequelle weit mehr ausgebildet waren als in Hohenlohe, vgl. F. LÜTGE, Die Bayerische Grundherrschaft, a. a. O., S. 137 ff.

Vertragsfreiheit[222] durchaus möglich; dieser Teil hatte aber dann die Eigenschaft eines individuell unterschiedlichen Kaufpreisnachlasses. Noch ein weiterer Fall war denkbar, bei dem das Handlohn – scheinbar – als Abfahrtsabgabe auftrat. Wurde zwischen dem Erbzinsbauern und einem Interessenten ein Kaufvertrag über den Hof oder Teile davon abgeschlossen, kam aber hinterher der Kauf wegen mangelnder Erfüllung von seiten des Käufers, z. B. wegen Zahlungsschwierigkeiten, nicht zustande, so mußte dieser dennoch das Handlohn unter der Bezeichnung *Reuhandlohn* entrichten. Mitunter legte aber die Herrschaft das Reuhandlohn kurzerhand dem Verkäufer auf, als Bestrafung für seine Leichtfertigkeit (in der Auswahl des Käufers), obwohl dies gegen das Landrecht verstieß[223]. Auch dieses Handlohn ist kein Abfahrtslaudemium im eigentlichen Sinne.

Das Handlohn wurde in dem Quartal eingezogen, in dem der Besitzübergang stattfand[224]. Wurde die Zahlung des Handlohns verweigert, so fiel das Gut weder an den seitherigen Besitzer noch an den Obereigentümer zurück, sondern der säumige neue Besitzer mußte eine nach Herkommen oder Gesetz bestimmte Strafe zahlen[225].

a. Die Berechnung der Handlohnpflichtigkeit

Die Höhe der Belastung des Bauern durch das Handlohn richtete sich nach folgenden drei Faktoren: a) nach der Häufigkeit des Besitzwechsels und insbesondere dem, was die Rechtsordnung als handlohnpflichtigen Besitzwechsel bezeichnete, b) der Höhe des Gutswertes und c) der Höhe des Handlohnsatzes. Diese Faktoren sollen nacheinander untersucht werden.

aa. Der Tatbestand des abgabepflichtigen Besitzwechsels

Ein Besitzwechsel kann unter Lebenden geschehen oder er kann von Todes wegen erfolgen. Dabei kann der Gutsübernehmer entweder ein familienfremder Dritter sein oder ein gesetzlicher Erbe. Es gibt also vier mögliche Kombinationen, die es zu untersuchen gilt[226].

Der Besitzübergang an einen familienfremden Dritten

Veräußerte ein Bauer zu seinen Lebzeiten seinen Hof an einen nicht Erbberechtigten Dritten, so war mit der Übernahme des Gutes – genauer, mit der Besitzumschreibung in dem Lagerbuch – der Besitzwechsel vollzogen, und der neue Erbzinsmann hatte das Handlohn zu bezahlen.

Starb ein kinderloser Bauer als Witwer und kam das Gut – sei es durch Testament oder Schenkung von Todes wegen – an einen Dritten, lag wiederum ein klarer handlohnpflichtiger Besitzwechsel vor.

[222] siehe Anmerkung 218.
[223] Ö/166/1/2; W/XVI/B/114/ Fasz. 1; vgl. H. TRUMPFHELLER, a. a. O., S. 108.
[224] W/XVI/A/62/Fasz. 1; Ö/166/1/10; vgl. H. TRUMPFHELLER, a. a. O., S. 37.
[225] vgl. I. C. A. MITTERMAIER, a. a. O., S. 793.
[226] Eine Verpachtung galt nicht als Gutsübergabe und blieb somit von der Handlohnpflichtigkeit befreit.

Der Besitzübergang an die gesetzlichen Erben

Die Witwe als Erbe

Hinterließ der kinderlos gestorbene Bauer jedoch eine Witwe, so war die Regelung insofern unbestimmt, als der Fall nach altem deutschem Recht behandelt werden konnte, oder nach dem römisch-rechtlichen Familien- und Erbrecht.

Nach deutschem Lehensrecht konnte die Frau i. d. R. nicht Lehensträgerin sein. Die Witwe hatte deshalb innerhalb eines Jahres nach dem Tode ihres Mannes einen neuen Lehensträger zu suchen, d. h. sich praktisch aufs neue zu verheiraten. Die Witwe war während dieser Zeit nur mittelbare Lehensträgerin. Gelang ihr eine Heirat, so hatte nicht sie, sondern ihr Mann als neuer Gutsübernehmer und Lehensträger das Handlohn zu bezahlen[227]. Blieben jedoch die Bemühungen der Witwe während des einen Jahres erfolglos, so konnte sie selbst Lehensträgerin werden und mußte dann das sog. *Bestehhandlohn* in gleicher Höhe wie das normale Handlohn bezahlen[228]. — Diese aus dem deutschen Lehensrecht abgeleitete Bestimmung fand jedoch im 18. Jahrhundert in Hohenlohe nur noch selten Anwendung, und zwar nur dort, wo das Bestehhandlohn ausdrücklich im Lagerbuch vorgesehen war[229].

Häufiger zeigte sich dagegen der Einfluß des römischen Rechtes, das die eheliche Gütergemeinschaft kannte. Lebten z. B. zwei Eheleute in Gütergemeinschaft, so stand beiden gemeinsam das Nutzungsrecht an dem Hofe zu[230]. Starb nun der Mann und übernahm die Frau das Gut, so lag kein Besitzwechsel vor, da ja die Frau schon vorher das Nutzungsrecht mitbesaß. Sie blieb handlohnfrei. — Verheiratete sich die Witwe wieder und vereinbarte sie mit ihrem Manne Gütertrennung, so lag abermals kein Besitzwechsel vor und die Handlohnpflichtigkeit entfiel. Sollte jedoch in dieser zweiten Ehe auch Gütergemeinschaft bestehen, so konnte der neue Ehemann nach dem Hohenloher Landrecht als «versus posessor» über zwei Drittel des angeheirateten Gutes verfügen, und mußte demnach zwei Drittel des vollen Handlohnbetrages an die Herrschaft entrichten[231].

Die Kinder als Erben

Bei einem Besitzwechsel an die Kinder des Lehensträgers spielte es nun keine Rolle, ob die Übergabe infolge des Todes des Vaters erfolgte, oder, was die Regel war, schon zu Lebzeiten des Altbauern; der gesetzliche Erbe hatte von seinem Erbteil kein Handlohn zu entrichten[232]. War der Erbe beim Tode des Erblassers noch zu jung, um das Erbe anzutreten, so vertrat die Witwe solange den Erben, ohne selbst Lehensträgerin zu werden, bis er wirtschaftsfähig geworden war; ein Handlohn mußte in dieser Zwischenzeit nicht entrichtet werden[233].

Der Grund für die *Handlohnfreiheit des Gutserben* mochte darin liegen, daß der Herr ein Interesse daran hatte, den Hof geschlossen im Familienbesitz zu belassen: Der

---

[227] O/166/3/24.

[228] GA P 12, S. 37; O/166/1/3; O/166/3/24; HL Teil III, Tit. 8 § 6.

[229] Das Bestehhandlohn war üblich in den Rentamtsbezirken Kirchberg, Langenburg und Schrozberg (O/166/1/3), ferner Weikersheim und Ingelfingen (O/166/3/24).

[230] HL Tit. 4 § 1.

[231] HL Tit. 4 §§ 1, 2; ZA P 12, S. 125 ff.

[232] O/166/3/24. Rechtliche Gutachten II, a.a.O., S. 28: Es waren lediglich die Verwaltungsgebühren bei der Umschreibung zu entrichten.

[233] O/166/3/4.

Übernehmer kannte als Sohn des Altbauern das Gut, er war auf ihm eingearbeitet; der Wechsel erfolgte «weich»; es blieb alles beim alten – und das war auch im Sinne des Grundherrn.

Daß der gesetzliche Erbe sein Erbteil handlohn-frei erwarb, bedeutet jedoch nicht unbedingt, daß überhaupt kein Handlohn zu bezahlen war. Waren nämlich mehrere Kinder vorhanden und übernahm der Anerbe – wie die Übung bestand – die Anteile seiner Miterben, so hatte dieser für die übernommenen Teile Handlohn zu entrichten[234]. Denn hier wurde, und zwar völlig korrekt, ein abstrakter Wechsel von Gutsteilen konstruiert, selbst wenn in der Praxis die weichenden Miterben nie in den Besitz ihrer Anteile gekommen waren, sondern dieselben wegen ihres Anteils mit Geld aus dem Erbzinsgut abgefunden wurden. Wie hoch in einem solchen Falle die tatsächliche Handlohn-Belastung war, hing von der Anzahl der gesetzlichen Erben ab. War nur ein einziger Sohn vorhanden, blieb das Gut ganz handlohnfrei. Je mehr Kinder der Bauer jedoch hatte, um so geringer war der dem Anerben selbst zufallende Anteil, um so mehr Teile mußte er von seinen Geschwistern übernehmen und um so höher war die Handlohnpflichtigkeit[235].

Wie oben erwähnt, war ein Erbzinsgut regelmäßig mit Handlohn und Sterbfall belastet. Für diesen Regelfall gelten die eben gemachten Ausführungen. War aber ausnahmsweise ein Hof *nur* mit dem Handlohn belastet, so war dies in jedem Fall voll zu bezahlen, auch von dem Anerben. Auf Handlohn und Sterbfall wollte die Herrschaft offenbar nicht gleichzeitig verzichten[236].

Betrachtet man zusammenfassend die handlohnpflichtigen Besitzwechsel, so muß gesagt werden, daß es sich durchaus um «echte» Besitzwechsel handelte und nicht um von der Herrschaft konstruierte Fälle, welche lediglich die herrschaftlichen Einnahmen erhöhen sollten.

Die nicht ganz eindeutige Regelung bei der Festlegung des Reuhandlohnes bzw. einer evtl. möglichen Gütergemeinschaft der Ehegatten, darf den Herren von Hohenlohe nicht nachträglich zum Vorwurf gemacht werden. An einer Nahtstelle von deutschem und römischem Recht ließ sich dergleichen wohl nicht verhindern.

bb. Die Höhe des Gutswertes

Die Handlohnverbindlichkeit ergab sich aus einem bestimmten Prozentsatz des in einer Geldsumme ausgedrückten Gutswertes. Diese Berechnungsbasis konnte auf zweierlei Art festgestellt werden[237]:

1. Bei der Thaidigung (Ausmittlung) des Handlohns wurde die Schatzungsanlage des Hofes zugrunde gelegt, dieselbe um ein Drittel erhöht und aus der sich dann ergebenden Summe die Abgabe berechnet.
2. Der Hof wurde von Fall zu Fall von Unparteiischen, «der Sache verständigen Männern», auf seinen «wahren Wert» geschätzt.

Zu 1: *Die Thaidigung (Ausmittlung) des Handlohns auf Grund der Schatzungsanlage*

[234] HL Teil III, Tit. 8 § 5. Hatte ein Bauer z.B. zwei Kinder, so standen jedem von ihnen 50 % des Hofes zu. Der Anerbe erhielt dann seinen Anteil handlohnfrei und mußte lediglich von den von seinem Geschwisterteil übernommenen 50 % Handlohn entrichten.

[235] Es ist möglich, daß auch diese Regelung mit ein Grund für die geringe Geburtenzahl in Hohenlohe war. Vgl. hierzu Anm. 200, S. 41.

[236] GA P 12, S. 120 f.

[237] HL Teil III, Tit. 8 § 10. Vgl. zu diesem Abschnitt auch die Anmerkung 184 auf S. 35.

Die Schatzungsanlage ist in etwa mit dem heutigen Einheitswertregister zu vergleichen. Sie gab eine, wenn auch nur annähernd genaue Übersicht über die Vermögensverhältnisse der Untertanen[238]. Die Anlage beruhte ursprünglich auf der Selbsteinschätzung der Untertanen. Nach einem Schatzungsregulativ aus dem Jahre 1580[239] ging das folgendermaßen vor sich: Der Hof eines Bauern wurde von zwei alten, ehrbaren und verständigen Männern, nachdem sie vorher vereidigt worden waren, ohne das Wissen des Bauern geschätzt. Danach gab der Bauer selbst den Wert seiner Güter an. Der jeweils höchste Wert wurde dann als Schatzungswert genommen. Die Schulden des Bauern durften zur Hälfte abgezogen, die Forderungen zur Hälfte hinzugerechnet werden[240]. Um sicher zu gehen, daß trotz des dreifachen Wertanschlages die Schätzung nicht unter dem wahren Wert des Hofes blieb, behielt sich die Herrschaft das Recht der Auslösung der Güter zu den angegebenen Werten vor[241]. Daß hiervon oft Gebrauch gemacht wurde, wird jedoch nicht berichtet.

Nach der Einführung des Hohenloher Landrechts im Jahre 1736 trat an die Stelle der bäuerlichen Selbsteinschätzung die behördliche, bei der neben den Vertretern der Bauern herrschaftliche Beamte und meist auch der Schultheiß zugegen waren.

Als Schatzungsanlage wurden dann schließlich, «zur Bewirkung einer relativen Gleichheit mit anderen Steuerobjekten»[242] zwei Drittel des Schätzwertes der Güter in die Schatzungsbücher eingeschrieben.

Eine solche Schatzungsanlage konnte nun, wenn sie — und daran ist den Unterlagen nach nicht zu zweifeln — einigermaßen einheitlich durchgeführt wurde, das Wertverhältnis der einzelnen Güter untereinander aufzeigen und war brauchbar, wenn es darum ging, eine feste Geldsumme prozentual auf die einzelnen Güter zu verteilen und sie damit zu belasten. Die Schatzungsanlage vermochte aber keinen genauen Aufschluß über den tatsächlichen Wert eines einzelnen Gutes zum Zeitpunkt unserer Untersuchung zu geben. Nicht nur, weil das nun einmal in der Natur einer Schätzung selbst begründet liegt, sondern weil das besondere und ungelöste Problem darin bestand, die Schatzungsanschläge an die dauernden Geldwertänderungen anzupassen. Eine solche Anpassung hätte ständige Schatzungsberichtigungen erforderlich gemacht, die erhebliche Kosten verursacht hätten und auf den starken Widerstand der Untertanen gestoßen wären. Deshalb unterblieben sie bis zu hundert und mehr Jahren. Meliorationen, die auf dem Gut durchgeführt wurden, ja sogar Um- und Erweiterungsbauarbeiten an den Gebäulichkeiten, wurden nicht oder nur selten erfaßt.

Eine weitere Schwierigkeit ergab sich bei der Beantwortung der Frage, mit welcher Summe neuerbaute Häuser in die Schatzungsanlage aufgenommen werden sollten, denn man konnte diese Häuser, deren Baukosten erheblich höher lagen als die der alten Baulichkeiten, nicht sehr viel mehr belasten als die alten Häuser ähnlicher Größe und in

---

[238] Die fahrende Habe blieb außerhalb des Anschlages, GA P 12, S. 23, 78.
[239] H. Trumpfheller, a. a. O., S. 73.
[240] O/134/2 o. Nr.
[241] Bei einer einzigen Schatzungsrevision im Jahre 1680 wurden so z. B. von 12 Untertanen folgende verschwiegene Waldteile von der Herrschaft eingezogen:

in Mangoldsall	12	M
in Langensall	8	M
in Hohensall	15	M
in Eckertsweiler	3	M
in Wüchern	1½	M

Das war genau die Hälfte der von der Herrschaft nachgemessenen Waldstücke. O/135/1 o. Nr.
[242] GA P 21, S. 104; O/166/1/2. Damit sollte — um in der Terminologie von S. 35, Anm. 184, Pkt. 3 zu bleiben — der Gegenwartswert dem Vergangenheitswert im Schatzungsbuch angeglichen werden.

ähnlicher Lage. So wurden sie denn z. T. nur mit der Hälfte der gesamten Baukosten bei der Schatzung berücksichtigt[243], oder man behalf sich damit — wie in Ingelfingen — den Neubauten sog. Freijahre zuzubilligen (i. d. R. zehn Jahre), während derer von ihnen keine Abgaben verlangt werden durften[244].

Infolge der ständigen Geldentwertung entsprach die Schatzungsanlage zu Beginn des 19. Jahrhunderts noch etwa 1/4 bis 1/6 des wahren Wertes der in der Schatzung liegenden Grundstücke und Häuser[245]. — Dieser Bruchteil darf jedoch nur als ein bloßer Anhaltspunkt angesehen werden, da er einmal von Liegenschaft zu Liegenschaft verschieden groß war und zum anderen ein Vergleich zwischen den Eintragungen der Schatzungsbücher und dem wahren Wert — aus welchem Vergleich sich der Bruchteil ermitteln ließe — wegen des Fehlens des letzteren nicht möglich ist. Ein Vergleich zwischen dem Schatzungsanschlag und dem Kindskaufpreis ergibt gleichfalls kein befriedigendes Resultat, da der Kindskaufpreis nicht dem wahren Wert entsprach und sogar regelmäßig noch unter der Schatzungsanlage lag[246].

Eine einigermaßen exakte Festlegung obigen Bruchteils ist nur dann möglich, wenn ein Erbzinsgut parzellenweise auf den wahren Wert eingeschätzt wurde, wie es bei den seltenen Fällen vorkam, bei denen der Erbzinsbauer eine Hypothek auf seinen Hof aufnehmen wollte und der Grundherr nachprüfte, ob die Hypothekenbelastung dem wahren Wert des Hofes angemessen war[247].

Eine solche Taxation mit vergleichender Schatzungsanlage konnte nur in einem Fall, der nachstehend genau aufgeführt wird, aus dem Jahre 1776 ausfindig gemacht werden[248].

Taxation des Hofes des Köblers Baumann zu Fessbach aus Anlaß der Bitte des Köblers, eine Hypothek aufnehmen zu dürfen:

Liegenschaft	Schatzungsanlage		Tax-Wert
1/2 Hof und 1/2 Hofreuth	60 fl		300 fl
1 Gärtlein vor der Tür	3 fl		10 fl
6 R Grasgärtlein	4 fl		40 fl
1 Stücklein Grasgärtlein	1 fl	30 kr	3 fl
1 Stücklein Grasgärtlein	2 fl	30 kr	6 fl
1 V 27 R Gras- und Krautgarten	20 fl		40 fl
1 V 7 R Grasgarten	18 fl		50 fl
1 1/2 V Äcker	12 fl		24 fl
2 1/2 V Äcker	10 fl		40 fl
1 1/2 V Äcker	6 fl		16 fl
1 1/2 V Äcker	4 fl		14 fl
16 R Äcker	1 fl	30 kr	5 fl

[243] GA Abt. Ablösung, o. Nr., Akte betr. Gutachten der Juristenfakultät zu Tübingen, 1840/42.
[244] U/164/6/22.
[245] U/166/1/10; J. F. MAYER, Lehrbuch, a.a.O., S. 10; GA P 21, S. 105. Die von den Fürsten vorgebrachte Behauptung, die Anlage betrage nur 1/10 des wahren Wertes, mag gelegentlich zutreffen, ist aber in dieser Allgemeinheit übertrieben; sie gibt aber zumindest eine Untergrenze an. Vgl. ZA Abt. Ablösung, o. Nr., Akte betr. die Rechtsprechung über die in Hohenlohe vorkommenden grundherrlichen Abgaben.
[246] Vgl. oben S. 35 f.
[247] Die Hypothekenbelastung sollte nur 50 % des wahren Gutswertes ausmachen. HL Teil III, Tit. 16 § 5. Taxationen wegen einer Hypothekenaufnahme waren nicht deshalb so selten, weil die Bauern keine Hypotheken aufnahmen, sondern weil die Hypotheken regelmäßig so gering waren, daß eine Taxation, die ja nur in Zweifelsfällen vorgenommen wurde, gar nicht notwendig war.
[248] W/XVI/B/576/Fasz. 3.

Liegenschaft	Schatzungsanlage	Tax-Wert
½ V Äcker	3 fl	10 fl
½ V Äcker	2 fl	8 fl
1½ V Äcker	6 fl	18 fl
3 V Äcker	9 fl	45 fl
1 V Äcker	2 fl 30 kr	14 fl
1 V Äcker	2 fl 30 kr	14 fl
½ V Äcker	2 fl	7 fl
1½ V Äcker	4 fl	22 fl
2 V Äcker	5 fl	25 fl
3 Beete	2 fl	4 fl
1 V Äcker	2 fl 30 kr	8 fl
1½ V Äcker	4 fl	12 fl
1 M 1 V Äcker	20 fl	75 fl
2 V Äcker	5 fl	28 fl
½ V 8 R Äcker	2 fl	8 fl
½ V Äcker	1 fl 30 kr	8 fl
3 V Äcker	12 fl	40 fl
1½ V Äcker	4 fl 30 kr	22 fl
1⅓ V Äcker	4 fl	18 fl
2 V Äcker	5 fl	20 fl
1 V Äcker	2 fl	10 fl
1 V Äcker	4 fl	14 fl
2 V Äcker	8 fl	32 fl
½ V Äcker	1 fl	7 fl
2 V Äcker	8 fl	25 fl
3 V Äcker	12 fl	45 fl
1 M 1 V 11 R Wiesen	72 fl	200 fl
1 V Wiesen	16 fl	25 fl
16 R Wiesen	4 fl	15 fl
2 V 16 R Wiesen	20 fl	100 fl
2½ V 12 R Wiesen	18 fl	90 fl
1 V 8 R Wiesen	14 fl	50 fl
1 V 19 R Wiesen	19 fl	52 fl
1 V Wiesen	9 fl	25 fl
½ V Wiesen	4 fl	12 fl
1½ V Wiesen	13 fl 30 kr	70 fl
1½ V 10 R Wiesen	15 fl	60 fl
2 V 1 R Wiesen	30 fl	110 fl
2½ V Wiesen	40 fl	175 fl
1½ V 8½ R Äcker	2 fl 45 kr	20 fl
35 R Äcker	1 fl 45 kr	10 fl
15 R Äcker	45 kr	4 fl
56 R Äcker	2 fl 45 kr	15 fl
23 R Äcker	1 fl 10 kr	6 fl
1 Stücklein Grasgarten	3 fl	5 fl
1 Blättlein Wüstung	1 fl	3 fl
½ Gemeinderecht	5 fl	75 fl
Insgesamt	642 fl	2216 fl

Das *Verhältnis Schatzungsanlage zu Taxationswert* lag demnach bei den einzelnen Parzellen zwischen 1:2 und 1:10 und betrug für den ganzen Hof 1:3,5.
Berücksichtigt man, daß diese Schätzung bereits im Jahre 1776 durchgeführt wurde,

so erscheint das oben für den Beginn des 19. Jahrhunderts angegebene Verhältnis von Schatzungsanlage zum wahren Wert von 1:4 bis 1:6 durchaus begründet.

Bei diesem Nachhinken der Schatzungsanlage hinter dem Verkehrswert der Liegenschaften war es nicht verwunderlich, daß die Herrschaft bei den aus dem Vermögen der Pflichtigen berechneten Gefällen — wie es das Laudemium ja war — darauf beharrte, bei der Fälligkeit einer solchen Abgabe zur Taxation des Vermögens des Pflichtigen zu schreiten. Die hierfür aufzuwendenden Kosten waren immer noch geringer als der Ausfall, den die Herrschaft bei der Thaidigung auf Grund der Schatzungsanlage erlitten hätte.

Die aus den Akten zu entnehmende, einzige größere und ständig schwelende Streitigkeit in dem hier behandelten Betrachtungszeitraum betraf nun die Frage, ob das Handlohn auf der Basis der Schatzungsanlage oder des jeweils neu geschätzten Gutswertes zu berechnen sei. Ausgangspunkt dieser Streitigkeiten war die etwas unglückliche Formulierung des Hohenloher Landrechtes aus dem Jahre 1736, welche dem pflichtigen Bauern bei der Berechnung des Laudemiums das Wahlrecht zusprach, sich entweder nach der Schatzungsanlage (plus 1/8) oder dem geschätzten Gutswert verhandlohnen zu lassen[249]. Die Bauern sprachen sich dann natürlich regelmäßig für eine Berechnung ihrer Abgabe nach der für sie günstigen Schatzungsanlage aus.

Nachdem sich die Herrschaft zunächst an das Hohenloher Landrecht hielt, begann sie im letzten Drittel des 18. Jahrhunderts bis zur Bauernbefreiung in zunehmendem Maße die Laudemialpflichtigkeit auf Grund des geschätzten Gutswertes einzufordern[250]. Gegenüber den sich widersetzenden Bauern konnte sich die Herrschaft lediglich auf ein nicht unbestrittenes Herkommen berufen, wonach vor der Einführung des Landrechtes auch schon die Taxation maßgebend gewesen sein soll, und auf die allgemeine Überlegung, daß seit der letzten Festsetzung des Schatzungsfußes[251] der Wert der liegenden Güter gestiegen und die strittige Bestimmung des Landrechts dahingehend auszulegen sei, unter dem Schatzungsfuß den jeweils gültigen Schatzungsfuß zum Zeitpunkt der Handlohnpflichtigkeit zu verstehen, der, da er nicht vorhanden sei, durch die Taxation ersetzt werden müsse[252].

Trotz der rechtlichen Unsicherheit in dieser Angelegenheit — selbst das von der Universität in Tübingen angeforderte rechtliche Gutachten der Juristischen Fakultät entschied sich nicht eindeutig für die Herrschaft — konnte die Herrschaft ihren Standpunkt soweit durchsetzen, daß eine Handlohnberechnung auf Grund der Schatzungsanlage zur Zeit der Bauernbefreiung zu einem Ausnahmefall wurde.

Zu 2: *Die Thaidigung (Ausmittlung) des Handlohns auf Grund des geschätzten Gutswertes*

Bei dieser Art der Thaidigung wurden die beiden Werte, die sich am ehesten und sichersten feststellen ließen, geschätzt: der durchschnittliche Kulturertrag des Gutes und die durchschnittlichen aufgewendeten Kulturkosten. Die Differenz der beiden Summen wurde dann mit dem landesüblichen Zinssatz[253] kapitalisiert und ergab mit dem gesondert geschätzten Wert der Gebäulichkeiten den wahren Wert des Gutes. Die Taxatoren waren wiederum öffentlich bestellte Sachverständige, die zusammen mit

[249] HL Teil III, Tit. 8 § 10.
[250] W/XVI/A/105; W/XVI/B/105; O/166/1/2; GA P 12, S. 100, 105, 109; GA P 21, S. 111 f.
[251] Im Amt Kirchberg i. J. 1702/3; im Amt Langenburg i. J. 1722; im Amt Bartenstein i. J. 1732; im Amt Weikersheim und Hollenbach i. J. 1740; im Amt Öhringen i. J. 1758; im Amt Neuenstein i. J. 1758. Vgl. ZA Abt. Ablösung, o. Nr., Akte betr. Rechtliche Gutachten der Juristenfakultät zu Tübingen, 1842–1844.
[252] Siehe Anmerkung 251.
[253] HL Teil III, Tit. 12 § 6: 5 %, höchstens 6 %.

grundherrlichen Beamten und dem jeweiligen Schultheißen die Thaidigung vornahmen[254]. Bei diesen Schätzungen war der Spruch des Schultheißen bzw. anderer alteingesessener Bauern, die Güter mit ähnlicher Bodenqualität und Lage hatten, wie der zu veranschlagende Bauer sie besaß, besonders gewichtig[255].

Am relativ einfachsten ließen sich die *Feldgüter* schätzen. Neben den jährlichen Erfahrungswerten des pflichtigen Bauern und seiner Nachbarn bezüglich der Roherträge und der Kulturkosten bildete ein wichtiger Anhaltspunkt für die Herrschaft der regelmäßige Bezug des Zehnten. Dieser ergab, insbesondere bei den Halmfrüchten, verzehnfacht einen recht genauen Rohertrag.

Der Rohertrag wurde dann mit dem Durchschnittspreis der einzelnen Fruchtarten während der letzten Jahre bewertet, wobei besonders ausgeprägte Mangel- oder Überschußjahre nicht berücksichtigt wurden.

Unter den vom Rohertrag abzuziehenden Kulturkosten verstand man die Kosten der Unterhaltung, Düngung, jährlichen Bebauung, Aussaat und der Bestockung und Verjüngung der Weinberge.

Weit schwieriger als die Feldgüter waren die Waldungen und Gebäude zu schätzen. Bei den *Waldungen* mußte das Alter und die Art des Baumbestandes, der Ertrag der jährlichen Ausholzungen sowie die Aufforstungskosten berücksichtigt werden. — Bei der Wertfestlegung der *Gebäude* läßt sich lediglich allgemein sagen, «daß der volle Kapitalwert angenommen wurde»; das ist nach dem rechtlichen Gutachten der Juristenfakultät in Tübingen[256] «derjenige Wert, um den ein Gebäude nach seinem Umfang, seiner nutzbaren Lage, seinem Bauzustand sowie den darauf haftenden Beschwerden z. Z. der Thaidigung von dem Besitzer abgelassen und einen Käufer finden würde. Als Anhaltspunkte kann die Kenntnis des Kaufpreises, der Gebäudeerweiterungen und evtl. Mieterträge herangezogen werden»[257].

Von diesem in der eben beschriebenen Art und Weise berechneten Gutswert wurden «wie von je her in Hohenlohe als erste Regel gilt»[258], das Heiratsgut der Tochter[259], die Dreingabe[260] — das ist das lebende und tote Inventar — und die Hälfte der Schulden[261] abgezogen. Hinzugerechnet wurden dagegen die Altenteilbelastung[262] und die Hälfte der Forderungen[263].

Die so gefundene Geldsumme bildete die Basis, von der ein bestimmter Prozentsatz die Höhe des Handlohns ausmachte.

Eine Ausnahme von der Regel, das Handlohn vom Gutswert zu berechnen, kam gelegentlich bei dem *Tauschhandlohn* vor, wobei lediglich das bedungene Aufgeld bei dem

---

[254] W/XVI/A/75; siehe auch Anmerkung 255; W/XVI/A/105; O/166/1/2.

[255] C. F. Tafel, Ausgelesene Civilrechtssprüche, a. a. O., S. 224.

[256] Rechtliche Gutachten II, a. a. O., S. 26.

[257] Nähere Einzelheiten über die Wertfindung bei liegenden Gütern siehe bei Häse, Über die Wertschätzung des Bodens, Aufsatz in den Annalen der Fortschritte der Landwirtschaft, Bd. 2, S. 384-437, Berlin 1811; siehe auch den Aufsatz von A. Thaer mit demselben Titel in den eben angegebenen «Annalen», Bd. 1, S. 435 ff.

[258] C. A. Tafel, Auserlesene Civilrechtssprüche, a. a. O., S. 26.

[259] Der Abzug des Heiratsguts der Tochter war umstritten.

[260] Bei der Berechnung der Dreingabe kam es gelegentlich zu Streitigkeiten, da nach Ansicht der Herrschaft die Dreingabe zu hoch und der Gutswert zu nieder angesetzt wurde. Siehe Anmerkung 261 und 262.

[261] O/134/2 o. Nr.

[262] O/134/2 o. Nr.; W/XVI/B/42 Fasz. 2.

[263] Siehe Anmerkung 261.

Gütertausch handlohnpflichtig war. Waren beide Güter gleichwertig und kam kein Aufgeld vor, konnte die Abgabe ganz entfallen[264].

Bei *Kaufhandlöhnen* wurde üblicherweise der Verkaufspreis als Berechnungsbasis herangezogen, doch stand der Herrschaft das Recht zu, bei sog. «Freundschaftskäufen», die besonders niedrige Verkaufserlöse zeigten — sei es wirklich, sei es nur zum Schein, um ein geringeres Handlohn zu bezahlen —, eine Schätzung auf den Verkehrswert vornehmen zu lassen und hiervon dann die Abgabe zu verlangen.

cc. Die Höhe des Handlohnsatzes

Als Richtschnur für die Höhe des Handlohnsatzes dürfen in Hohenlohe 5 % angenommen werden[265]. Teilweise finden sich auch Belastungen von $6^{1}/_{2}$% und 10% — je nach Lagerbucheintragung.

Z. B. finden sich folgende, von der Norm abweichende Sätze[266]

In der Seitenlinie Hohenlohe-Waldenburg:

im Amt Werdeck (Ort)	Handlohn	10 %
in den restlichen Orten des Amtes	Handlohn	$6^{2}/_{3}$%
im Amt Braunsbach	Handlohn	10 %
in Haltenbergstetten teilweise	Handlohn	$6^{2}/_{3}$%

Im Seitenzweig Hohenlohe-Neuenstein:

in der Herrschaft Kirchberg	Handlohn	5–10%
und in Öhringen	Handlohn	10 %[267]

b. Die Ausweitung bzw. Einschränkung der Handlohnpflichtigkeit

Das Handlohn war seinem Charakter nach zugeschnitten auf Erbzinsgüter (Lehensgüter). Teilweise wurden jedoch in Hohenlohe auch Zinsgüter (eigene Güter) von dieser Abgabe erfaßt[268]. Es läßt sich denken, daß diese Abgabe zunächst einmal versuchsweise bei einem Zinsgut verlangt wurde und der Bauer sie widerstandslos leistete, sei es, weil er die gesetzlichen Regelungen nicht kannte, sei es, weil es eben üblich war, Handlohn zu entrichten. (Zinsgüter gab es, wie schon oben S. 25 gesagt, nur recht selten.) Es lag also ein Prozeß der Angleichung der bäuerlichen Lasten vor. Während der Bauernunruhen in den 90er Jahren des 18. Jahrhunderts wurden Beschwerden gegen diese mißbräuchliche Belastung laut, und den Bauern wurde denn auch zugesichert, Zinsgüter künftighin nicht mehr mit dem Handlohn zu belasten[269].

Neben der gelegentlichen Ausweitung der Handlohnpflichtigkeit auf Zinsgüter und walzende Grundstücke fanden sich auch Erbzinsgüter, die von der Handlohnverbind-

[264] Rechtliche Gutachten II, a. a. O., S. 26.
[265] W/X/H/128/Q 52; J. F. MAYER, Lehrbuch, a. a. O., S. 10; Über die Grundlasten in Württemberg, a. a. O., S. 15.
[266] Beschreibung des OA Gerabronn, a. a. O., S. 64.
[267] Teilabdruck des Öhringer Gültbuchs aus dem 17. Jh., abgedruckt bei C. S. Zachariae, a. a. O., S. 38.
[268] GA P 12, S. 22. In den Gemeinden Ammertsweiler und Mainhard wurden auch die walzenden Stücke, die ja nicht mehr im grundherrlichen Verband standen, mit einem Handlohn von 10 % belastet. Vgl. Beschreibung des OA Gerabronn, a. a. O., S. 64.
[269] H. TRUMPFHELLER, a. a. O., S. 107 (Bibl. II d/7, S. 18 f.).

lichkeit ausgenommen waren. Eine solche «Begnadigung» galt für die auf städtischen Markungen liegenden Grundstücke von Stadtbewohnern, die eine Stadtbeet zu entrichten hatten[270]. Während es sich bei dieser «Begnadigung» nur um einen Tausch von zwei Belastungsarten handelte (s. S. 69 f.), kam es gegen das Ende des 18. Jahrhunderts in der Linie Hohenlohe-Ingelfingen vorübergehend zu einer wirklichen Entlastung von der Besitzwechselabgabe. Um jene Zeit glaubte die dortige Herrschaft, ein kleines Bauerngut sei besser und intensiver zu bewirtschaften als ein großes. Ankäufe von Gütern zur Zerschlagung in zwei oder auch mehrere kleinere Höfe wurden deshalb von der Herrschaft durch eine Befreiung vom Handlohn gefördert[271]. Die Handlohnfreiheit sollte dann eintreten, wenn das Gut innerhalb eines Jahres nach dem Besitzwechsel zertrennt wurde. Dieser Aktion war jedoch nicht viel Erfolg beschieden; sie scheiterte an der starken Familientradition und dem Anerbenrecht. Selbst die gleichzeitige Senkung der Konzessionsgebühr für Güterzertrennung[272] von 10 % auf 5 % bot nicht genug Anreiz zur Hofdismembration.

Diese Bestimmungen von Hohenlohe-Ingelfingen fanden in den übrigen Teilen von Hohenlohe nicht nur keine Anwendung, sondern die herrschaftlichen Bestrebungen, die Höfe geschlossen zu halten, wurden noch verstärkt. In jener Zeit wurde auch der Güterzwischenhändler — oft ein Jude — mit dem Handlohn belastet, selbst wenn er lediglich den Kauf zwischen zwei Bauern vermittelte[273]. Diese Belastung des Grundstücksmaklers hatte offensichtlich den Erfolg, daß die Güterzwischenhändler weder zu Beginn des 19. Jahrhunderts noch nach der Bauernbefreiung in Hohenlohe so recht Fuß zu fassen vermochten.

B. Das Hauptrecht

Das Hohenloher Erbzinsgut war, wie oben auf S. 23 schon erwähnt, regelmäßig auch mit dem Hauptrecht belastet.

Es ist nun zu beachten, daß die meist synonym verwendeten Bezeichnungen Hauptrecht, Sterbfall, Todfall, Mortuarium und Besthaupt in den Urkunden und Gesetzen *zwei* voneinander wesentlich verschiedene *Bedeutungen* haben.

1. Das Hauptrecht war eine Abgabe aus der Erbschaft eines Leibeigenen, die dem Leibherrn des Verstorbenen gebührte. Es war eine persönliche Abgabe, begründet in dem leibeigenschaftlichen Herrschaftsverhältnis[274]. Sie wird in dieser Arbeit, um keine Mißverständnisse aufkommen zu lassen, *Besthaupt* genannt, da sie ursprünglich das beste Stück Vieh in dem Stall bezeichnete. Das Besthaupt mußte als Abgabe eines Leibeigenen regelmäßig von den Nachkommen eines verstorbenen Leibeigenen entrichtet werden (s. o. S. 16) und war in dem Ausmaße verbreitet, wie das Institut der Leibeigenschaft verbreitet war. Mit dem Erlöschen der Leibeigenschaft in Hohenlohe (s. o. S. 19 ff.) erlosch auch die Pflicht, ein Besthaupt zu bezahlen. Das Besthaupt i. S. des Leibfalls eines Leibeigenen ist auf S. 16 behandelt.

2. Das Hauptrecht war des weiteren eine Besitzwechselabgabe von Erbzinsgütern, die dann, wenn der Besitzer des Gutes starb, von seinem Lehensnachfolger dem Lebensherrn zu entrichten war. Diese Abgabe haftete lediglich und allein auf dem

[270] Siehe unten S. 69 f.
[271] H. Trumpfheller, a. a. O., S. 137.
[272] Siehe unten S. 70.
[273] Ü/166/1/11; W/WVI/B/105/Fasz. 5.
[274] GA P 21, S. 26.

Grund und Boden, ging von diesem, wie alle Reallasten, auf die auf dem Boden erstellten Gebäude über, und war somit eine dingliche grundherrliche Abgabe. Im folgenden wird das Hauptrecht nur in diesem zweiten Sinne verwendet und besprochen.

Das Hohenloher Hauptrecht war eine in Geld zu leistende *Auffahrtsleistung*[275] und wurde im 19. Jahrhundert bis zur Ablösung – wie auch das Handlohn – fast immer vom geschätzten Wert des Hofes berechnet. Der Unterschied zum Handlohn lag darin, daß es a) in jedem Fall von einem damit belasteten Gut zu entrichten war; eine dem Handlohn analoge Sonderregelung bei dem Gutübergang an den Anerben gab es nicht, und b) daß es nicht zum Zeitpunkt des Gutswechsels fällig wurde, sondern erst beim Tod des ehemaligen Lehensträgers (Altbauern)[276]. An dieser Regelung wurde streng festgehalten. Veräußerte z. B. ein Bauer zu seinen Lebzeiten sein Gut, so war zu diesem Zeitpunkt das Handlohn fällig, die Hauptrechtsverbindlichkeit dagegen blieb latent bestehen und mußte evtl. erst Jahre später beim Ableben des Altbauern entrichtet werden. Der Gutsübernehmer hatte dies von vornherein einzukalkulieren. Starb der Gutsübernehmer vor dem Altbauern und ging das Gut an einen nunmehr dritten Besitzer über, so war wohl wiederum das Handlohn zu reichen, nicht aber das Hauptrecht, denn noch lebte der Erstbesitzer. – Hauptrechtspflichtig war derjenige, der den Hof beim Tode des Altbauern im Besitz hatte[277], gleichgültig, wieviel Besitzwechsel in der Zwischenzeit vorgenommen wurden.

Wie auch beim Handlohn fand sich die Hauptrechtspflichtigkeit vereinzelt auch bei Zinsgütern und walzenden Grundstücken.

War der Besitzer eines Gutes eine Körperschaft, z. B. eine Gemeinde, so wurde als natürlicher Lehensträger der Gemeindegüter der Bürgermeister bestellt. Die Fälligkeit des Hauptrechts richtete sich dann nach dessen Lebenszeit. Es entbehrt nicht einiger Komik, wenn man liest, daß die Gemeindeglieder, um der Abgabe zu entgehen, möglichst junge Bürgermeister bei einer zweijährigen Amtszeit wählten, damit er seine Amtsperiode ja überlebe[278]. Ernsthaft überlegten die Hohenloher Räte, ob es nicht ratsam sei, aus diesem Grund die zweijährige Amtszeit abzuschaffen und Bürgermeister auf Lebenszeit zu bestellen. Auf den Gedanken, z. B. alle zwanzig Jahre einen Todfall pauschaliter anzunehmen, waren sie nicht gekommen[279].

Die Ausweitung der Hauptrechtverpflichtung bezog sich nicht nur auf die schon erwähnten einzelnen eigenen Güter und walzenden Grundstücke, sondern erfaßte in der Herrschaft Hohenlohe-Waldenburg auch diejenigen Untertanen, die weder Zins- noch Erbzinsbauern waren. Hergeleitet wurde der Anspruch aus der sehr freien Auslegung einer alten Definition des Hauptrechtes[280]: «Wenn ein Bauer stirbt, so ein ge-

---

[275] Lediglich vom Stammesteil Hohenlohe-Waldenburg wird berichtet, daß dort gelegentlich bis in die Mitte des 18. Jahrhunderts das Hauptrecht in natura – als das beste Stück Vieh – vorkam. Siehe H. TRUMPFHELLER, a. a. O., S. 112.

[276] GA P 12, S. 42; HL Teil III, Tit. 8 § 7.

[277] Vgl. Entscheidungsgründe zu der Erkenntnis des K. Gerichtshofes für den Jagstkreis in der Rechtssache gegen Friedrich Koppenhöfer vom Eichhof, 1842; Beleuchtung, a. a. O., S. 26.

[278] W/XVI/A/64/Fasz. 4.

[279] Zum Vergleich hierzu wird aus Mitteldeutschland (z. B. aus dem Bistum Naumburg und dem Gebiet um Erfurt) berichtet, daß dort für den Fall, daß das mit dem Hauptrecht belastete Gut einer Juristischen Person gehörte, i. d. R. eine natürliche Person als «Lehensträger» bestimmt wurde, bei deren Tod dann das Hauptrecht zu entrichten war. Vgl. F. LÜTGE, Die mitteldeutsche Grundherrschaft, a. a. O., S. 119.

[280] W/XVI/A/14, die Akte aus dem Jahre 1754 spricht ohne nähere Zeitangabe von einer «alten» Definition.

schlossen Gut hat, ist das beste Pferd, oder der beste Ochse hierzu fällig. Bei einem Köbler aber die beste Kuh, welche entweder in natura oder nach dem wahren Wert taxiert werden können. Ist aber deren keines vorhanden, so wird der Fall nach Proportionen des Vermögens reguliert. Die Güter müssen davor expresse eximiert sein».

Da man sich einen Bauern ohne Pferd oder Ochsen ebensowenig vorstellen konnte wie einen Köbler ohne Kuh, folgerte man, der Bedingungssatz «ist aber deren keines vorhanden», müsse sich auf die Nichtbauern und Nichtköbler, also auf die Hausgenossen beziehen. Weil aber der übliche Anschlag für diese ärmeren Untertanen denn doch als zu hoch angesehen wurde, begnügte man sich mit einer Barzahlung in Höhe von zwei Prozent des hinterlassenen Vermögens. Hier hatte dann das Hauptrecht jede Spur einer Besitzwechselabgabe verloren und wurde bar jeglicher geschriebenen Grundlage mißbräuchlich eingezogen.

Die Höhe des Hauptrechtsatzes entsprach etwa der des Handlohnsatzes, also 5 %[281]; gelegentlich lag sie darunter und nur in ganz seltenen Fällen darüber.

In der Seitenlinie Hohenlohe-Waldenburg fanden sich z. B. folgende Sätze[282]:

im Amt Werdeck (Ort)	Hauptrecht	15 %
in den restlichen Orten des Amtes	Hauptrecht	6²/₃ %
in den Gemeinden Ammertsweiler und Mainhard	Hauptrecht	5 %
in der Gemeinde Brettheim,	Hauptrecht	2¹/₂ %
in Niederstetten und Ermeshausen	Hauptrecht	4 %
im Amt Braunsbach	Hauptrecht	10 %
im Amt Jagstberg	Hauptrecht	3 %
im Amt Haltenbergstetten	Hauptrecht	4 %

In der Seitenlinie Hohenlohe-Neuenstein galten z. B. nachstehende Werte:

in der Herrschaft Kirchberg	Hauptrecht	1¹/₂ %–15 %
in der Herrschaft Langenburg	Hauptrecht	5 %– 6²/₃ %

C. Die Nebengebühren

Um die tatsächliche Höhe der Laudemialbelastung zu bestimmen, müssen neben dem Handlohn und dem Hauptrecht noch die Verwaltungsgebühren berücksichtigt werden, die in Hohenlohe in zwei Gruppen zerfielen: in das sogenannte Deputat oder Kleinhandlohn und in die Ab- und Zuschreibegelder.

a. Das Deputat oder das Kleinhandlohn

Die Gebühr an die Lehens- oder Amtskanzlei pflegte unter verschiedenen Namen vorzukommen: Briefgeld, Siegelgeld — oder auch weniger exakt den Erhebungsgrund angebend: Kanzleigebühr, Stempelgebühr, Schreibgeld, Sportel, Kleinhandlohn.

Diese Abgabe wurde für die Bemühungen der lehensherrlichen Beamten bei einer Neubelehnung — namentlich für die Anfertigung und Siegelung der Lehensbriefe — entrichtet. Sie floß nicht in die lehensherrliche Kasse, sondern war ein Besoldungsteil der lehensherrlichen Diener und betrug in Hohenlohe zwischen 5 % und 10 % des Be-

[281] J. F. Mayer, Lehrbuch, a.a.O., S. 10.
[282] Beschreibung des OA Gerabronn, a.a.O., S. 64.

trages des Handlohns[283]. Für die Hohenlohe-Kirchberger Orte Garnberg, Hollenbach, Steinbach, Ohrenbach und Wolfselten war z. B. der Ansatz 1½ kr pro 1 fl Handlohn gegeben, und in Belsenberg wurde als Bezugsbasis der Kaufschilling genommen: 12 kr pro 100 fl, was bei einem Handlohnsatz von 5 % gleich 2⅖ kr pro 1 fl Handlohn ausmachte[284].

Wie jedoch bereits erwähnt, war in Hohenlohe eine förmliche Belehnung des neuen Gutsübernehmers nicht üblich. Selbst bei der Übertragung eines Erbzinslehens an einen Auswärtigen wurde i. d. R. kein Brief ausgestellt[285]. Daß trotzdem das Deputatgeld gefordert[286] und von den Bauern geduldet wurde, zeigt, wie stark das Recht der Vererbung althergebrachter Abgaben bei den Untertanen als etwas Selbstverständliches angesehen wurde.

b. Die Ab- und Zuschreibgebühren

Verschieden von den eben erwähnten Siegelgeldern, die ursprünglich einmal eine Taxe für die Lehensbriefe sein mochten, waren die Ab- und Zuschreibgebühren, die für die Vormerkung der Besitzveränderung in den öffentlichen Büchern, Erbregistern, Steuer- und Schatzungsbüchern eingeführt worden waren. Diese Gebühr hatte demnach mehr einen öffentlich-rechtlichen als einen lehensrechtlichen Charakter. Die Ansprüche waren gestützt und geregelt in den hohenlohischen Taxordnungen[287].

Mit dem Deputatgeld wie mit den Ab- und Zuschreibgebühren ist viel Mißbrauch, getrieben worden, namentlich indem sie statt von dem ganzen Lehensgute von «item», d. h. jedem einzelnen Lehensstück besonders verlangt wurden[288]. Die Beamten waren eben, wenn es darum ging ihr Gehalt zu erhöhen, mit dem Auffinden von «gebührenpflichtiger Schreibarbeit» recht erfinderisch. Nicht umsonst klagten die Bauern ganz besonders über die Willkür der Schreiber[289].

Die gesamte Belastung eines Erbzinsgutes mit dem Laudemium soll abschließend an einem angenommenen Beispiel gezeigt werden. Wir nehmen dabei einen Gutswert von 800 fl an. Es sei voll handlohn- und sterbfallpflichtig und der Belastungssatz sei beide Male 5 %:

Gutswert (Taxwert)			800 fl
davon Handlohn 5 %	40 fl		
Hauptrecht 5 %	40 fl		
Schätzkosten insgesamt	2 fl	30 kr	
Kleinhandlohn oder Deputatgeld	1 fl	20 kr	
Zu- und Einschreibegeld insgesamt	4 fl		
Allgemeine Verwaltungskosten		45 kr	
Gesamte Belastung	88 fl	35 kr	
oder in Prozenten des Taxwertes		11 %	

[283] C. F. TAFEL, Auserlesene Zivilrechtssprüche, a. a. O., S. 51 f.
[284] SFAL E 184, Bu 4, Fasz. 14.
[285] Siehe Anmerkung 283.
[286] Es bestand jedoch keine Vermutung für die Reichung des Kleinhandlohns, sondern es mußte ex pressis verbis im Lagerbuch vermerkt sein.
[287] Auszug aus der Öhringer Amts-Taxordnung des Jahres 1792; s. Anhang S. 181.
[288] Vgl. C. F. TAFEL, Auserlesene Civilrechtssprüche, a. a. O., S. 52.
[289] Vgl. SFAL F 177, Bü 306.

Die durchschnittliche jährliche Belastung ergibt sich dann aus der Anzahl der Jahre, die der Gutsbesitzer zur Verfügung hatte, um diese Summe herauszuwirtschaften. Verteilt man die gesamte Belastung auf eine durchschnittliche Bewirtschaftungsperiode von 25 Jahren je Gutsinhaber, so betrug die jährliche, durchschnittliche Belastung 3 1/2 bis 4 fl bzw. 0,4 bis 0,5 % des geschätzten Gutswertes.

Die Schwierigkeit für die Bauern bestand also weniger darin, eine relativ geringe Abgabe jährlich zu entrichten, sondern war in der Tatsache zu sehen, daß die Verbindlichkeit an zwei Zeitpunkten in quasi zwei Raten zu entrichten war: eine zu Beginn der Wirtschaftsperiode, das war das Handlohn, und dann das Hauptrecht irgendwann während der Bewirtschaftungszeit. Dabei bestand durchaus die Möglichkeit, daß einmal beide Teilsummen zusammen bezahlt werden mußten.

Das Handlohn und das Hauptrecht wurde deshalb oft von entliehenem Gelde bezahlt, dessen Rückzahlung dann das Gut auf Jahre hinaus belastete[290]. Wenn man bedenkt, daß darüber hinaus zum Zeitpunkt der Gutsübergabe auch noch ein Teil des Kindskaufpreises bar vorhanden sein mußte, läßt sich erklären, welch große Rolle die Mitgift der einheiratenden Jungbäuerin für den Anerben bedeutete.

Ein Beispiel allein vermag — das soll einschränkend bemerkt sein — keineswegs die *bunte Mannigfaltigkeit* der einzelnen jeweiligen Belastung aufzuzeigen. Es sei daran erinnert, daß der Satz des Handlohns und des Sterbefalles variierte, das Handlohn im günstigsten Fall, wenn nur ein gesetzlicher Erbe vorhanden war, ganz entfallen konnte, ebenso das Klein-Handlohn, so es nicht ausdrücklich in den Gültbüchern vermerkt war. Gar nicht einberechnet wurde das seltene Bestehhandlohn und der Fall, daß als Bezugsbasis der Abgabe nicht der Taxwert genommen wurde, sondern der z. T. erheblich niedrigere Eintrag in den Schatzungsbüchern. Hieraus ist zu ersehen, daß das angeführte Beispiel sich an der oberen Grenze der tatsächlichen Belastung befindet.

3. Der Zehnte

A. Der Zehntherr

Ursprünglich stand der Zehnte — das ist eine reale Abgabe von dem Rohertrag eines landwirtschaftlichen Betriebes — der Kirche zu. Er diente der Besoldung der Pfarrer, der Unterhaltung der Kirchengebäude und charitativen Zwecken. In unserem Betrachtungszeitraum jedoch lag das Recht auf den Zehnten ausschließlich in der Hand des Grundherrn, den Grafen und Fürsten von Hohenlohe, welche, wie bereits erwähnt, in der Reformationszeit das Kirchen- und Klostervermögen einzogen. Sie übernahmen damit die Pflicht für die Pfarrer und die Kirchengebäude zu sorgen[291]. Sie taten dies dadurch, daß sie, ohne auf das Obereigentum an dem zehentpflichtigen Boden zu verzichten, die ihnen zustehenden Zehnten teilweise an die Pfarrer und Schullehrer abtraten.

So stiftete z. B. Graf Krafft sofort nach der Reformation eine ewige Pfründe für die Kapelle zu Langenburg und begab diese mit[292]:

    a) der Hälfte des großen und kleinen Zehnten zu Unterregenbach,
    b) dem 9. Teil des großen und kleinen Zehnten zu Brüchlingen,
    c) 4 Simri Getreide flürlich (von dem, was in der Flur angebaut ist) zu Hürden,

---

[290] GA P 21, S. 62.

[291] Vgl. Staatsanzeiger für Württemberg, Jg. 1850, Nr. 253, 258, 302, 303, 308; Jg. 1851, Nr. 5 und 7.

[292] K/II/W/32/Q 85. Hier befinden sich aktenmäßige Unterlagen über das Einkommen mehrerer Hohenloher Pfarreien: Lendsiedel, Gaggstadt, Dürrenzimmern, Künzelsau, Scheftersheim,

d) 4 Simri Getreide von einem Hof in Binselberg,
e) 4 Malter Korn vom Fruchtkasten,
f) ¹/₃ des Zehnten zu Rabolzhausen,
g) ¹/₃ des Zehnten zu Unter- und Oberrabolzhausen,
h) ¹/₃ des Zehnten zu Brüchlingen,
i) ¹/₂ Fastnachtshuhn von der Hälfte der Langenburger Gemarkung,
k) 2¹/₂ Pfund Geld.

Gemäß den Lagerbucheintragungen der Gemeinde Michelbach standen dem Stift zu Öhringen auf der dortigen Markung zu[293]:

a) der große Zehnt:
    Altgereuth: ²/₃ des anfallenden Zehnten,
    Neugereuth: nichts,
b) der kleine Zehnt:
    nichts, mit Ausnahme von ²/₃ des geernteten Flachses und Hanfes,
c) der Weinzehnt:
    Altgereuth: ¹/₂ des gekelterten Zehentweines,
    Neugereuth: nichts,

An Stelle der Belastung des herrschaftlichen Zehenten mit der Fürsorge für die Kirche und die Pfarrer[294], gab die Herrschaft gelegentlich den Pfarrern einige Parzellen Land zur Bebauung, deren Ertrag dann dem Pfarrer ungeschmälert gehörte; dies ist z. B. zu ersehen aus der Besoldungsbeschreibung der Pfarrei Braunsbach[295]:

1. Unveränderliches Einkommen		
An Geld von der Herrschaft		15 fl
An Naturalien von der Herrschaft		
3 Scheffel 3 Simri Korn		
27 Scheffel 7 Simri Dinkel		
9 Scheffel 4 Simri Haber		
5 Eimer 3 Simri Haber, 2 Mass Weinmost		
4 Klafter geschnittenes Holz		
24 Wellen Holz	insgesamt	321 fl 33 kr
2. Veränderliches Einkommen		
a) Zur Bebauung überlassene Bodenteile		
¹/₂ V 18 R Küchengarten		
2 V 20 R Baum- und Grasgarten		
2 M ¹/₂ V 6 R Wiesen		
3 Jauchert 1 V 10 R Acker	insgesamt	100 fl
b) Zehnten nichts		
c) bürgerliche Beneficien (Viehweide, Pferchnächte) nichts		
d) Sonstige Rechte		
Zuweisung aus der Heiligenkasse		1 fl
Zuweisungen von Privaten		
(Kindtaufe, Hochzeiten, Begräbnisse etc.)		50 fl
3. Abzüge		
Holzmacherlohn	5 fl	

Gesamteinkünfte der Pfarrei	482 fl 33 kr

Nassau, Adolzhausen, Mainhardt, Forchtenberg, Crispenhofen, Bächlingen, Langenburg, Unterregenbach, Unterheimbach, Adolzfurt, Orendelsall, Elpersheim, Münster, Grossaltdorf, Gailenkirchen, Braunsbach, Jungholzhausen, Doettingen, Vorbachzimmern, Billingsbach, Ettenhausen, Herrentierbach, Untermünkheim, Enslingen, Hohbach, Schrozberg, Hollenbach, Baum-Erlenbach und Ruppertshofen; vgl. auch K/II/W/284/Q 1–4; K/II/W/15/Q 45.

[293] Lagerbuch Nr. 1 der Gemeinde Michelbach a. W., Bürgermeisteramt Michelbach.
[294] W/X/H/35/Q 2.
[295] SFAL F 23, Bü 7.

Eine so generelle Aussage wie: der große Zehnt gehörte dem Grundherrn, der kleine Zehnt dem Pfarrer[296], ist also für Hohenlohe nicht möglich.

B. Die verschiedenen Arten des Zehnten und der Umfang der Zehntpflicht

Zehntbar waren in Hohenlohe i. d. R. alle Feld- und Weingüter[297] und das Vieh (der Blutzehnte). Zehntfreie Grundstücke scheint es in größerem Umfang lediglich bei den Wiesen und Kleeäckern gegeben zu haben[298]. Von den Obstbäumen wurde der Zehnte des öfteren bei den Apfel- und Birnenbäumen gefordert, weniger von den Kirschen- und Zwetschgenbäumen[299]. Ebenso war der Novalzehnte bekannt, der diejenigen Feldfrüchte betraf, welche auf einem zum erstenmal umbrochenen und bebauten Land geerntet wurden.

Je nachdem, von welchem Ertrage der Zehnte gefordert wurde, lassen sich folgende Hauptgruppen unterscheiden:

Der große Zehnte

Zu ihm gehörten vor allem die Halmfrüchte, wie der Weizen, Roggen, Dinkel und der Hafer, ferner die Wicken[300].

Der kleine Zehnte

Hierzu wurde alles gezählt, was im Topf gekocht wird: Erbsen, Linsen, Kartoffeln, Bohnen, Rüben, Kraut, Baumfrüchte, dann auch Flachs und Hanf. Die Gartenfrüchte waren meistens zehntfrei[301].

Der Weinzehnte

Während alle übrigen Naturalzehnten in unverarbeitetem Zustand abgeliefert werden mußten, bestand der Weinzehnte in bereits gekeltertem Wein. Der Grund hierfür mag einmal darin gelegen haben, daß sich die reifen Trauben nicht lagern ließen, zum anderen in der Einfachheit des Ablieferungsverfahrens. Die herrschaftlichen und die bäuerlichen Trauben wurden nämlich nicht gesondert in zwei verschiedenen Keltern gekeltert, sondern nur in einer mit herrschaftlichen Dienern besetzten Kelter, deren Unterhalt und Errichtung Pflicht der Herrschaft war. So war eine gute Überwachung der anfallenden Weinmenge möglich. In diesen herrschaftlichen Keltern wurde die gesamte Traubenernte ausgepreßt und von dem jungen Wein jeder zehnte Eimer als Zehntverbindlichkeit an den Herrn abgeführt. Darüberhinaus hatte der Zehntpflichtige den sog. Kelterwein als Benutzungsgebühr der herrschaftlichen Kelter an den Herrn zu entrichten. Berücksichtigt man diese Abgabe, so ergab sich, daß durchschnittlich jeder siebte[302] oder achte[303] Eimer an die Herrschaft abgeführt werden mußte.

[296] Vgl. etwa H. TRUMPFHELLER, a. a. O., S. 84.
[297] W/X/H/203; W/XVI/A/14 («... es mag dergleichen gebaut werden wo es will»).
[298] Vgl. z. B. das Güterbuch Nr. 1 beim Bürgermeisteramt in Michelsbach a. W.: Von rund 2390 M bäuerlichen Acker- und Wiesenbesitzes waren nur 36 M Wiesen zehentpflichtig.
[299] Nach J. F. MAYER, Beiträge, a. a. O., Bd. 8, S. 13 liegt der Grund hierfür darin, daß die Apfel- und Birnbäume viel länger im Hohenlohischen heimisch waren als der Kirschen- und Zwetschgenanbau.
[300] W/XVI/A/14.
[301] W/XVI/A/14.
[302] Beschreibung des OA Öhringen, a. a. O., S. 73.
[303] Ö/161/3/1.

Obwohl die mit herrschaftlichen Bediensteten besetzten Keltern die einzigen im Lande waren, kam es auch hier — wie auch bei den übrigen Zehnten[304] — zu Unterschleifen, vor allem durch das Abschütten des Verehrungsweines vor der Verzehntung. Der Verehrungswein war eine freiwillige, gewohnheitsrechtlich begründete Abgabe der Bauern an ihre Pfarrer und war als solcher der Zehntpflicht nicht unterworfen. Dies machten sich die Weinbauern zunutze und deklarierten mehr Wein als Verehrungswein, als die Pfarrer dann später bekamen. Als die Herrschaft dazu überging, den Verehrungswein als freiwillige und keineswegs notwendige Abgabe der Untertanen zu betrachten und dessen Verzehntung unter Strafandrohung durchsetzten, nahm die Ablieferung des Weines an die Pfarrer schlagartig ab[305].

Der Blutzehnte

Der große und der kleine Zehnte sowie der Weinzehnt stellten *Natural*abgaben dar. Daneben forderte der Zehntherr den Zehnten von denjenigen Erträgen in *Geld*, deren Reichung in Naturalien unpraktisch, wenn nicht gar unmöglich war. Hierzu gehörte ein Teil des Blutzehnten und der Heuzehnte[306].

Der *Blutzehnte* mußte gereicht werden von Fohlen, Kälbern, Schweinen, Lämmern, Böckchen, Geißen, Gänsen, Hühnern, Enten und Bienen[307]. Eine Erhebung in natura war allenfalls möglich bei den Schweinen und dem Geflügel, weil erstere im Jahr etliche Male warfen und hierbei das zehnte Junge genommen werden konnte, und letztere eine große Anzahl von Jungtieren auf einmal ausbrüteten. Bei dem größeren Vieh dagegen war es selten, daß ein Bauer zehn Fohlen oder Kälber in einem Jahr erhielt. Es wurde deshalb eine Geldabgabe dafür gefordert, die in Hohenlohe an keine spezielle Vorschrift gebunden war. Ihre Höhe war durch das Herkommen und die Lagerbucheintragung bestimmt. Im Neuensteinischen bestand die überkommene Gewohnheit, daß die Barabgabe jährlich etwa den Wert eines halben Stückes Jungvieh betrug[308]. — Beim Taubenzehnt hatte der Taubenhalter pro Taubenschlag zwei oder drei junge Paare der Herrschaft abzuliefern[309], bei den Bienen, nur als Symbol der anerkannten Pflichtigkeit, eine Biene je Bienenkorb.

Der *Heu- und Kleezehnte* kam selten vor; die herrschaftliche Schweizerei konnte weder alles aufgebrachte Heu noch allen Klee aufnehmen. Man beließ deshalb das Viehfutter den Bauern und verlangte an dessen Stelle von den damit belasteten Wiesen eine Geldabgabe von 16 kr pro Haufen[310].

C. Die Verpachtung und Verpfändung des Zehnten

Während die Rechte der Kirche und der Schule an oder aus dem Zehnten des Grundherrn «ewige Rechte» waren[311], gaben die Herren von Hohenlohe ihr Zehntrecht auch kurzfristig — gegen ein Pachtgeld — an einzelne Bauern oder an eine ganze Gemeinde ab. Hierbei hatte die Herrschaft den Vorteil, mit einer festen Einnahme rech-

[304] O/160/1/1; W/XVI/A/78.
[305] H. TRUMPFHELLER, a. a. O., S. 85 (W/XVI/B/93; W/XVI/A/78).
[306] W/XVI/B/92.
[307] W/XVI/A/14.
[308] W/XVI/A/14.
[309] O/160/1/6; der Taubenzehnt wurde im Jahre 1702 zum letztenmal erwähnt.
[310] W/XVI/B/ 92; W/XVI/B o. Nr., Öhringer Steuerrevisions-Protokoll aus dem Jahre 1850; ZA Abtlg. Ablösung, o. Nr., Akte betr. die Gemeinde Heuholz.
[311] W/X/H/35/Q 2.

nen zu können, denn das Risiko des Ernteausfalls ging bei der Verpachtung von dem Zehntberechtigten auf den Zehntpflichtigen über.

Die Pachtdauer betrug meist ein Jahr, konnte sich aber in Ausnahmefällen bis auf zwölf Jahre erstrecken[312]. Der Höhe der Pachtsumme – die je nach Vertrag in natura oder in Geld zu entrichten war – lag der durchschnittliche Ertrag der Äcker in den letzten Jahren zugrunde. Auf dieser Basis wurde dann die Pacht in einer öffentlichen *Versteigerung* dem Meistbietenden zugesprochen. Die Versteigerungen pflegten an Sonntagen in einem Gasthaus stattzufinden und waren zumeist mit einem fröhlichen Gelage verbunden[313]. Hierbei versuchten die Verpächter die Bauern durch Zutrinken zu einem höheren Bieten anzureizen. Gewitzigt durch die Erfahrung, daß sich die Bauern untereinander absprachen, bot gelegentlich ein herrschaftlicher Strohmann mit, selbst auf die Gefahr hin, daß die Herrschaft ihren eigenen Zehnten ersteigerte[314]. Dem Pächter wurde während der Pachtdauer, so seine eigene Scheune nicht groß genug war das Getreide einzufahren, die Benutzung der herrschaftlichen Zehntscheuer gestattet. Auch standen ihm evtl. Spannfronen zur Einfuhr des Zehnten zur Verfügung[315]. Der zur Verpachtung ausgeschriebene Zehnte durfte auch an den zehntpflichtigen Bauern selbst abgegeben werden. Praktisch lief die Verpachtung des Zehnten auf eine Monetisierung der Zehntpflicht hinaus[316].

Gelegentlich *verpfändete* die Herrschaft auch ihren Zehnten, wie es die am Ende des 18. Jahrhunderts vorgekommene *antichretische Verleihung des Zehnten* in der Linie Hohenlohe-Schillingsfürst zeigt[317]. Bei dieser Art der Kapitalbeschaffung erhielt der Kapitalgeber statt der Zinsen das Recht, bestimmte Zehnten einzuziehen, wobei sich, der Zehntertrag in Geld umgerechnet, Zinssätze von 10 % und mehr ergaben. So ward dann die strenge Zinsbestimmung des Hohenloher Landrechts umgangen, wonach auf Zinsen von über 5 % höchstens 6 %, eine Strafe stand. Zum Zeitpunkt der Mediatisierung waren in einzelnen Schillingsfürstischen Ämtern fast alle Zehnten antichretisch verpfändet, so daß für die Hofhaltung benötigte Naturalien eingekauft werden mußten[318].

D. Die Belastung des Bauern durch den Zehnten

Ob ein Pflichtiger die ihm obliegende Abgabe schwer oder weniger schwer empfindet, hängt viel von seiner subjektiven Einstellung gegenüber der Abgabe ab, ob er sie für mehr oder weniger gerecht und berechtigt hält, und gegenüber der Feudalordnung, in die die Abgabe eingebettet ist.

Es ist nun eigenartig festzustellen, daß trotz der beachtlichen Höhe dieser Belastung der Hohenloher *Landwirt* geduldig und ohne viel Murren diese Last ertrug. Er nahm hin, daß «die Natur und die Schrift gebieten, den Zehenten von allem das in der Erde

---

[312] SFAL F 23, Bü 7.
[313] J. F. MAYER, Beiträge, a. a. O., Bd. 5, S. 303 f.
[314] W/XVI/A/100.
[315] Beschreibung des OA Öhringen, a. a. O., S. 73.
[316] Vgl. K/II/W/194/Q 20.
[317] H. TRUMPFHELLER, a. a. O., S. 87. – Antichretischer Vertrag ist abgeleitet von (griech.) antichresis, das ist «Nutzungsbrauch», «Nutzungspfandrecht». Dieses – ursprünglich griechische – Rechtsinstitut gestattet dem Gläubiger an der Stelle von Zinsen die Nutznießung und das Recht zur Fruchtziehung an der Pfandsache.
[318] W/XVI/A/64/Fasz. 1/Lit. B; W/XVI/A/64/Fasz. 12.

gepflanzt wird, zu geben»[319]. Weder die Zwölf Artikel der Bauernschaft während des Bauernkrieges[320], noch, speziell Hohenlohe betreffend, «der gemaind beschwerd zu Oringew»[321], wagten es, an dem Zehnten zu rütteln. Auch während der Hohenloher Bauernunruhen in den neunziger Jahren des 18. Jahrhunderts ist keine Beschwerde über die Erhebung des Zehnten bekannt[322]. Die Heilige Schrift und althergebrachte Gewohnheit hatten diese Abgabe legitimiert.

Ganz anders dagegen war das Verhältnis des *theoretisch-agrarwissenschaftlich Gebildeten* zu dieser Abgabe. Kaum eine andere Abgabe wurde von der gerade Mode gewordenen Agrarwissenschaft so angegriffen wie der Zehnte, und das nicht zu Unrecht.

Die Angriffe richteten sich einmal gegen die Tatsache, daß der Zehntherr, aus Furcht etwas von seinen Einnahmen zu verlieren, sich zu Kulturveränderungen und damit auch Kulturverbesserungen nur sehr zögernd, wenn überhaupt, entschloß. Er wirkte so hemmend auf die Einführung neuer Bebauungsmethoden und den agrarischen Fortschritt ein[323].

Als die Bauern in der zweiten Hälfte des 18. Jahrhunderts mit dem Übergang zur Fruchtwechselwirtschaft begannen, die Brache mit Klee anzubauen, lehnten sich die Fürsten dagegen auf, weil sie eine Schmälerung des großen Zehnten befürchteten: Der angeblümelte Klee könne dem Boden Nährstoffe entziehen, was im folgenden Jahr den Ertrag der angebauten Körnerfrucht verringern könnte[324]. Um 1760 hatte die Waldenburger Herrschaft den Kleeanbau vorübergehend ganz verboten[325], und 1770 heißt es in einem Waldenburger Erlaß, auf den Kleeanbau hinzielend, eine Verkürzung des großen Zehnten sei auf alle mögliche Art zu verhüten[326]. Innerhalb der Herrschaft Hohenlohe-Öhringen wurde i. J. 1772 die Möglichkeit besprochen, bei 5 fl Strafe niemandem den Kleeanbau zu gestatten, der nicht zuvor eine herrschaftliche Genehmigung hierzu einholte[327]. Und noch i. J. 1805 berichtete ein Waldenburger Amtmann seinem Vorgesetzten: «Ich suche sie (die Bauern) davon zu überzeugen, daß durch das Anbauen in der Brache die Fruchtbarkeit der Güter geschwächt werde»[328]. Erst 1814 erging ein Waldenburger Beschluß, der den Kleeanbau freigab und die Zehntfreiheit der Kleeäcker bestätigte: «... dabei hat es sein Bewenden, weil das Bauen des roten Klees dem Fruchtbau vorteilhaft ist».[329]

Der zweite Angriff gegen den Zehnten richtete sich gegen die *Höhe* dieser Abgabe. Es zeigte sich nämlich, als man[330] damit begann, die naturale Zehntabgabe in Geld-

[319] W/XVI/A/14.
[320] Der zweite Artikel lautet: «Zum anderen, nachdem der recht Zehend aufgesetzet ist im alten Testament, vnd im newen erfuldt, nichts dester minder wöllen wir den rechten korn gern geben, ...» Die zwölf Artikel sind abgedruckt bei F. OECHSLE, a. a. O., S. 246 ff.
[321] F. OECHSLE, a. a. O., S. 255 f.
[322] H. TRUMPFHELLER, a. a. O., S. 88.
[323] W/XVI/B/37/Fasz. 6 und 7; W/XVI/A/78/Fasz. 3; W/XVI/A/89; Ö/160/1/10.
[324] Ein weiterer Grund für die sehr zurückhaltende Stellung des Grundherrn gegenüber dem Anbau der Brache waren die Streitigkeiten zwischen den kleeanpflanzenden Bauern und den die herrschaftliche Triebgerechtigkeit ausübenden Schäfern. Vgl. Ö/160/1/10; Ö/160/1/104.
[325] W. SAENGER, a. a. O., S. 96.
[326] W/XVI/B/165.
[327] Ö/160/1/10.
[328] Siehe Anmerkung 329.
[329] W/XVI/B/162, Waldenburger Rentamtsbeschluß 1814 (W. SAENGER, a. a. O., S. 96 gibt das Jahr 1840 an; es liegt wohl ein Druckfehler vor).
[330] Z. B. A. THAER, Einleitung zur Kenntnis ..., Bd. III, a. a. O., S. 89 ff.; K. v. VARNBÜHLER, Beitrag zur Kenntnis ..., a. a. O., S. 63; C. H. RAU, Lehrbuch der polit. Ökonomie, Bd. II, a. a. O., S. 65; R. MOSER, Die bäuerlichen Lasten, a. a. O., S. 266 ff.

werten auszurechnen, daß dieselbe a) weit höher war, als der Name vermuten ließ und b) sie eine große Ungleichheit in der Belastung des einzelnen Pflichtigen in sich barg und damit Ungerechtigkeiten mit sich brachte — wenn man Gleichheit als gerecht ansah.

Dies ist sofort einleuchtend, wenn man bedenkt, daß der Zehntherr, ohne Kultur-kosten zu tragen, den zehnten Teil der Ernte des Pflichtigen erhielt[331], während der Pflichtige von den ihm verbleibenden $^9/_{10}$ die ganzen Bebauungskosten des Feldes tragen mußte. Die tatsächliche Belastung eines Bauern ergibt sich erst dann, wenn man den Zehnten auf den reinen Ertrag (die Grundrente) bezieht. — Die effektive Be-lastung beträgt dann — und nur dann — zehn Prozent, wie der Name aussagt, wenn die Kulturkosten gleich Null sind. Jene zehn Prozent bildeten somit die in der Wirk-lichkeit nie erreichbare Mindestbelastung des Bauern. Bei variabel angenommenen Kulturkosten läßt sich sagen: Je höher der notwendige Aufwand zur Bestellung eines Feldes ist, um einen bestimmten Ernteertrag zu erzielen, desto geringer ist die Grund-rente und desto höher ist die Belastung durch den Zehnten. Hieraus erklärt sich der Vorwurf gegen den Zehnten, er stehe dem «Machen von Kosten» entgegen, d. h. er veranlasse den rechnenden Bauern, Meliorationsarbeiten nicht durchzuführen, welche er ohne die Pflichtigkeit wohl ausgeführt hätte. Der Zehnte war somit in zweifacher Weise neuerungsfeindlich:

a) von seiten des Zehntherrn, der bei sich ändernden Anbaumethoden eine Schmäle-rung seiner Zehnteinkünfte befürchtete und

b) von seiten des Bauern, der, um einer Erhöhung seiner effektiven Pflichtigkeit aus-zuweichen, eine Melioration des Bodens unterließ. (Ganz besonders unbeliebt war aus diesem Grund der Zehnte bei Neubrüchen.)

Nehmen wir nun die Kulturkosten als konstant an, so variiert der Rohertrag und infolgedessen die Belastung der Grundrente mit der Qualität und Lage des Bodens. Der Bauer mit schlechter Bodenqualität und ungünstiger Lage seines Hofes ist höher «besteuert» als der Besitzer guten Bodens. Darin liegt die Ungleichheit der Belastung durch den Zehnten.

Lassen wir endlich im dritten und letzten Modellfall die Bodenqualität konstant, so ändert sich der Ertrag mit den Kulturkosten entsprechend dem Ertragsgesetz[332], einer Gesetzmäßigkeit, welche bei diesen Überlegungen besonders gerne angewandt wurde. Sie zeigt, daß nach dem Überschreiten der sogenannten Ertragsschwelle der Grund-rentenzuwachs mit wachsenden Anbaukosten sinkt, ein Prozeß, der durch den Abzug des Zehnten noch beschleunigt wird, bis letztlich die Grundrente ganz von dem Zehn-ten aufgezehrt ist. Kein Wunder, wenn in solchen Fällen, wie Rau[333] berichtet, der Zehnte um eine höhere Summe verpachtet wurde als der zehntbare Acker.

VARNBÜHLER, selbst erfolgreicher Landwirt[334], Agrarschriftsteller und Württembergischer Mi-nister, stellte folgendes Zahlenbeispiel auf[335]:

1. *Die Kulturkosten* eines der Dreifelderwirtschaft unterworfenen Ackers können in drei Jah-ren auf leichtem Boden ungefähr betragen:

6 2spännige Fuder Mist, Fuhr- und Spreiderlohn . . . . 11 fl
4mal ackern der Brache . . . . 6 fl
6 Simri Dinkel aussähen . . . . 3 fl 22 kr
diesen schneiden, binden, einführen . . . . 3 fl 30 kr

[331] Für den Blutzehnten gilt Analoges.
[332] Vgl. E. SCHNEIDER, a. a. O., Bd. II, 4. Auflage, S. 108 ff.
[333] C. H. RAU, Lehrbuch der polit. Ökonomie, Bd. II, a. a. O., S. 65.
[334] Er beschreibt u. a. die Bewirtschaftung seines Gutes in: «Beitrag zur Kenntnis», a. a. O., S. 69 ff.
[335] K. v. VARNBÜHLER, «Beitrag zur Kenntnis», a. a. O., S. 60.

1mal ackern . . . . 1 fl 30 kr
4 Simri Haber aussähen . . . . 2 fl
diesen schneiden, binden, einführen . . . . 3 fl

Kulturkosten in drei Jahren   30 fl 22 kr

2. *Der Rohertrag* dieses so bearbeiteten Morgens Acker beträgt bei

guter Bodenqualität			*schlechter Bodenqualität*		
12 Scheffel Dinkel à 4 fl 30 kr	=	54 fl	5 Scheffel Dinkel	=	22 fl 30 kr
80 Bund Stroh	=	8 fl	50 Bund Stroh	=	5 fl
6 Scheffel Haber à 4 fl	=	24 fl	3½ Scheffel Haber	=	14 fl
60 Bund Stroh	=	6 fl	40 Bund Stroh	=	4 fl
Gesamtrohertrag		92 fl	Gesamtrohertrag		45 fl 30 kr
./. Kulturkosten		30 fl 22 kr	·/. Kulturkosten		30 fl 22 kr
Reinertrag[336]		61 fl 38 kr	Reinertrag[336]		15 fl 8 kr
Betrag des abzuführenden Zehnten vom Rohertrag:		9 fl 12 kr	Betrag des abzuführenden Zehnten vom Rohertrag:		4 fl 33 kr

mittlerer Bodenqualität

8 Scheffel Dinkel	=	36 fl
60 Bund Stroh	=	6 fl
4 Scheffel Haber	=	16 fl
50 Bund Stroh	=	5 fl
Gesamtrohertrag		63 fl
./. Kulturkosten		30 fl 22 kr
Reinertrag[336]		32 fl 38 kr
Betrag des abzuführenden Zehnten vom Rohertrag:		6 fl 18 kr

In den guten Gegenden macht der Zehnte also ungefähr den siebenten, in den mittleren den fünften und in den schlechten den dritten Teil des reinen Ertrages aus. Zu einem analogen Ergebnis kommt auch Rau[337], der die Belastung der Grundrente durch den Zehnten mit 20 bis 25 % annimmt.

Dieses ausführliche Zahlenbeispiel läßt sich ohne weiteres auch für die Verhältnisse in Hohenlohe anwenden, wie folgende Berechnung der Zehentbelastung eines Morgens Acker auf der Kirchberger Markung zeigt[338]:

Anbau von Korn:

Rohertrag in 3 Jahren	78 fl 24 kr		pro Jahr	26 fl 8 kr
Kulturkosten in 3 Jahren	46 fl 17 kr		pro Jahr	15 fl 26 kr
Reinertrag[339] in 3 Jahren	32 fl 7 kr		pro Jahr	10 fl 42 kr
Betrag des von dem Rohertrag abzuziehenden Zehnten			pro Jahr	2 fl 37 kr
Zehentbelastung in % des Reinertrages			pro Jahr	24 %

[336] Bei diesem Reinertrag handelt es sich nicht um einen Reinertrag im Sinne der heute gebräuchlichen Terminologie, wonach unter Reinertrag der Rohertrag abzüglich Sachaufwand, Lohn bzw. Lohnanspruch und Kostensteuern verstanden wird. Der hier verwendete Begriff des Reinertrags ist dem Quellenmaterial und der zeitgenössischen Literatur entnommen und ist die Größe Rohertrag der zehntbaren Bemessungsgrundlage – und das war praktisch der ganze landwirtschaftlich genutzte Boden, mit Ausnahme von Teilen der Wiesenfläche – abzüglich der Kulturkosten (Sachaufwand und Lohn bzw. Lohnanspruch).

Anbau von gemischter Frucht:

Rohertrag in 3 Jahren	63 fl 28 kr		pro Jahr	21 fl 9 kr
Kulturkosten in 3 Jahren	37 fl 42 kr		pro Jahr	12 fl 35 kr
Reinertrag[338] in 3 Jahren	25 fl 46 kr		pro Jahr	8 fl 34 kr
Betrag des von dem Rohertrag abzuziehenden Zehnten			pro Jahr	2 fl 7 kr
Zehentbelastung in % des Reinertrages			pro Jahr	25 %

Anbau von Dinkel:

Rohertrag in 3 Jahren	49 fl 10 kr		pro Jahr	16 fl 23 kr
Kulturkosten in 3 Jahren	34 fl 50 kr		pro Jahr	11 fl 37 kr
Reinertrag[338] in 3 Jahren	14 fl 20 kr		pro Jahr	4 fl 46 kr
Betrag des von dem Rohertrag abzuziehenden Zehnten			pro Jahr	1 fl 38 kr
Zehentbelastung in % des Reinertrages			pro Jahr	24 %

Daß diese beträchtliche Belastung dem Bauern nicht in dem Maße offenbar wurde, wie die angeführten Zahlenbeispiele zeigen, lag daran, daß der Bauer kaum je eine monetäre Berechnung der Zehentbelastung durchführte und er weder die Arbeitskraft seiner Frau noch seine eigene in Geldwerten ansetzte.

Der Zehnte machte denn auch den bei weitem größten Anteil der einzelnen Abgabearten am Gesamteinkommen der Fürsten von Hohenlohe aus[340].

4. Sonstige Abgaben

A. Die Landsteuer oder Schatzung

Die Landsteuer wurde im Jahre 1609 durch den Assecurationsrecess zusammen mit dem Dienstgeld als eine ständige, jährlich wiederkehrende Abgabe aller Hohenloher Untertanen eingeführt und ersetzte die sogenannten «älteren unständigen Abgaben»[341].

Die Schatzung betrug im ganzen Land 50 kr pro 100 fl Schatzungsanlage[342]; lediglich im Gebietsteil von Hohenlohe-Schillingsfürst war eine Landsteuer von 1 fl pro 100 fl Schatzungsanlage üblich[343].

B. Die Nachsteuer

Die Nachsteuer erfaßte den Wert des liegenden und beweglichen Vermögens innerhalb Hohenlohes und mußte zu dem Zeitpunkt entrichtet werden, an dem das Vermögen oder Teile desselben außer Landes gebracht wurden. Der Steuersatz betrug

[337] C. H. RAU, Lehrbuch d. polit. Ökonomie, Bd. II, a.a.O., S. 65; so auch L. v. BABO: Über die Zehentablösung, Heidelberg 1831.
[338] K/II/W/58/Q 21.
[339] Siehe Anmerkung 336.
[340] Siehe Zusammenstellung unten S. 89.
[341] Zu diesen «alten unständigen Abgaben» gehörten alle ehemaligen Reichs- und Kreisumlagen, sowie die Extraordinaristeuern, wie die Fräuleinsteuer, welche zur Beschaffung der Aussteuer der Tochter des Regenten erhoben wurde, oder das Luntengeld für den Ankauf von Pulver und Blei für die Bürgerwehren. Alle diese Abgaben wurden nach 1609 auf die herrschaftliche Kammerkasse übernommen. Näheres über die alten Steuern in der Grafschaft Hohenlohe s. Mosers Einleitung zu den Steuergesetzen in A. L. Reyschers Gesetzessammlung, a.a.O., Bd. 17, Teil 2, S. CXCIII ff.
[342] Ö/164/6/22; Ö/167/1/3.
[343] W/XVI/A/14; W/XVI/A/64/Fasz.; SFAL F 177, Bü 306.

10 % des aus dem Lande ziehenden Vermögens[344], wobei es gleichgültig war, ob der Eigentümer des Vermögens in Hohenlohe oder außerhalb der Landesgrenzen seinen Wohnsitz hatte.

C. Das Canon

Während die Schatzung und die Nachsteuer landesherrliche Abgaben waren, stellte das Canon eine Mischung aus landes- und grundherrlicher Abgabe dar. Das Canon war eine für Hohenlohe eigentümliche und verhältnismäßig junge ständige Geldabgabe, welche weder ganz Gült noch ganz Landsteuer war[345]. Sie ruhte auf den im 18. Jahrhundert verkauften ehemaligen herrschaftlichen Domänen — berührte also nur einen kleinen Teil der Bauern — und wurde als ein ergänzender Teil des Kaufschillings gefordert[346].

Dafür wurden dann diese Güter außer der Reichung des Zehnten, des Dienstgeldes, des Handlohns und des Hauptrechts von allen weiteren Abgaben, insbesondere von der Landsteuer, freigelassen[347]. Die Höhe des Canons lag je nach Bodenqualität und ausbedungenem Kaufschilling zwischen einem und fünf Gulden je Morgen Land und betrug z. B. im einzelnen bei folgenden ehemals herrschaftlichen Domänen:

Name des Domänenareals	Fläche		Canon insgesamt	
Brübelwiesen	40	M	80 fl pro Jahr	[348]
Hohebucher See	69	M	80 fl	[348]
Goldbacher Hof	87½	M	80 fl	[348]
Hohebucher Hof	139	M	250 fl	[348]
Schafhof	106	M	425 fl	[348]
Die vier Höfe aus dem ehemaligen Tiergarten je	34	M	20 fl	[349]
Das ehemalige Hofgut bei Kirchensall	145	M	432 fl	[350]
Das ehemalige Hofgut bei Neuenstein	147	M	556 fl	[350]
Die ehemalige Domäne Untermünkheim	15	M	13 fl 30 kr	[350]
Die Löschenburger Waldung	10½	M	52 fl 30 kr	[350]

D. Die Beet

Die Beet ist eine — von dem ganzen Territorium aus gesehen — wenig bedeutsame grundherrliche Abgabe der Bürger Hohenloher Städte und kennzeichnet deren abgabenrechtliche Sonderstellung[351]. Man kann die Beet entweder als eine Kompensationsabgabe ansehen, da sie erhoben wurde für die Befreiung der auf der städtischen Markung liegenden Güter von Handlohn und Hauptrecht[352] oder aber als ein regel-

---

[344] W/XVI/A/14.

[345] Bei der Befreiungsgesetzgebung wurde dem Canon eine landesherrliche Komponente von 33,3 % und ein grundherrlicher Anteil von 66,6 % zugesprochen und das Canon dementsprechend abgelöst. Vgl. unten S. 109 Anm. 500.

[346] SFAL E 221, Fach 52, Fasz. 13.

[347] Eine Nachsteuerpflicht fand sich ausnahmsweise bei dem ehemaligen Hofgut Louisgarde bei Weikersheim, SFAL E 184, Bu 19, Fasz. 13.

[348] K. KRAFFT, a. a. O., S. 56; F. RUOFF, a. a. O., S. 197.

[349] Beschreibung des OA Öhringen, a. a. O., S. 367.

[350] SFAL E 221, Fach 52, Fasz. 13.

[351] Vgl. O. REINHARD, a. a. O., S. 36: «Mit Ausnahme von Michelbach fand sich die Beet nur in den mit Ringmauer und Stadtrecht begabten Städten.»

[352] Ö/165/6/7; SFAL E 221, Fach 52, Fasz. 13; SFAL F 177, Bü 44.

mäßig jährlich wiederkehrendes Surrogat für die unregelmäßig anfallenden Lehensgefälle von Handlohn und Hauptrecht. — Die Beet betrug z. B. für die Städte:

Öhringen	700 fl pro Jahr		[353]
Niedernhall	197 fl pro Jahr		[353]
Ingelfingen	108 fl pro Jahr		[353]
Forchtenberg	100 fl pro Jahr		[353]
Michelbach	35 fl pro Jahr	(Dorfbeet)	[353]
Neuenstein	217 fl pro Jahr		[354]

Die Beet wurde von dem Landesherrn als Repartitionslast der ganzen Stadt auf-
gelegt und auf die einzelnen Bürger nach Maßgabe deren Vermögen in der Schatzungsanlage — hier Beetregister genannt — umgelegt[355].

E. Das Conzessionsgeld

Diese grundherrliche Gebühr belastete die Zertrennung von grundherrlichen Gütern;
hierunter ist vor allem die parzellenweise Lostrennung eines Ackers oder einer Wiese
von einem Hof zu verstehen. Die Höhe der Abgabe errechnete sich aus der Schatzungsanlage des losgetrennten Teiles und betrug den gleichen Prozentsatz, wie dieses mit dem
Handlohn oder Hauptrecht belastet war[356], also i. d. R. 10 %, 6½ % und 5 %, je nach
Lagerbucheintragung. Eine Ausnahme von geringerer Pflichtigkeit zeigte sich in Braunsbach, wo nur 1 fl 40 kr und in Jagstberg, wo lediglich 2 fl 30 kr pro 100 fl Schatzungsanlage gefordert worden waren[357]. — Das losgelöste Stück Land wurde dann zu einem
walzenden Stück und konnte nach dem Belieben des Bauern verkauft, vertauscht und
ohne weiteren Konsens nochmals aufgeteilt werden. Sie stiegen deshalb in ihrem Wert
und mußten von einem Käufer mitunter doppelt so hoch bezahlt werden, wie ein ent-
sprechendes gebundenes Stück Land, obwohl, wie schon bemerkt, die dinglichen Lasten
der Liegenschaft nach wie vor auf dem abgetrennten Gutsteil haften blieben.

5. Die Fronen und das Dienstgeld

Unter Fronen versteht man Dienstleistungen, die ein Pflichtiger zum Vorteil eines
Dritten entweder ohne allen Lohn oder gegen eine unverhältnismäßig geringe Ver-
gütung zu entrichten hat.

Es handelt sich hierbei um die allgemein in Deutschland in jener Zeit üblichen Ar-
beitsleistungen; sie stellen kein Specificum für Hohenlohe dar.

Nach der Verschiedenheit des Fronberechtigten zerfallen diese Dienste in
landesherrliche Fronen,
grundherrliche Fronen,
gerichtsherrliche Fronen,
leibherrliche Fronen und
Fronen für die Gemeinde.

---

[353] Ö/165/6/7; SFAL E 143, Bü 25.
[354] SFAL E 221, Fach 52, Fasz. 13.
[355] Vgl. A. FISCHER, a. a. O., Teil 2, Kap. 1; E. HÄUSSERMANN, a. a. O., S. 89.
[356] W/XVI/D/616; SFAL F 177, Bü 306; SFAL E 184, Bu 4, Bü 14.
[357] SFAL E 184, Bu 4, Bü 14.

Diejenigen Dienste, die hier im Vordergrund zu stehen haben, sind die grundherrlichen Fronen, wobei aber zu beachten ist, daß durch die schon wiederholt erwähnte
Personalunion von Landes-, Grund-, Gerichts- und evtl. Leibherrn eine solche Tren-
nung in Hohenlohe weder sinnvoll noch immer möglich war. Der Pflichtige mußte
eine einzige herrschaftliche «Gesamtfron» leisten, der man es im Laufe der Zeit nicht
mehr ansah, in welcher seiner Eigenschaften der Graf oder Fürst sie forderte.
    Ein weiteres Einteilungskriterium ist die Verschiedenheit der Pflichtigen. Hierbei
unterscheiden sich die walzenden Fronen von den seßhaften Fronen. Diese Bezeichnungen sind nicht ganz glücklich, jedenfalls läßt sich aus der Benennung nicht gleich
der Pflichtige erkennen. — *Walzende Fronen* sind diejenigen Dienste, welche auf dem
Grund und Boden haften und als solche i. d. R. von den Besitzern der Zins- und Erbzinsgüter gefordert werden[358]. *Seßhafte Fronen* dagegen entstanden als Folge von Seß-
haftigkeit an einem Ort und mußten von nichtgrundbesitzenden Hausgenossen und
Schutzverwandten geleistet werden.
    War die Fron mit einem Fuhrwerk zu leisten, sprach man von *Spannfronen (Mähn)*;
wurde sie mit der Hand verrichtet, nannte man sie *Handfronen*.
    Bis zum Jahre 1609 mußten diese Dienste in unbegrenztem Ausmaß als *Natural-
fronen* entrichtet werden[359]. Unbegrenzt oder ungemessen darf nicht so verstanden
werden, als ob der Herr völlig willkürlich die Dienstpflicht variieren und fordern konnte, sondern ungemessen bedeutet lediglich, daß weder der Ort der Leistung, noch die
Quantität und Qualität der Arbeit durch einen schriftlichen Vertrag fixiert worden
war, sondern sich der Umfang der Leistung nach dem herkömmlichen Brauch und den
herkömmlichen Bedürfnissen des Herrn richtete.

A. Das Dienstgeld

    In den ersten Jahren des 17. Jahrhunderts löste das *Dienstgeld* den größten Teil der
Naturalfronen ab. Diese Umwandlung der Naturalleistungen in eine Geldleistung vollzog sich in den beiden Landesteilen Hohenlohe-Neuenstein und Hohenlohe-Waldenburg unterschiedlich und soll deshalb getrennt geschildert werden.

a. Das Dienstgeld in Hohenlohe-Neuenstein

    Bereits gegen das Ende des 16. Jahrhunderts überlegten die damaligen Grafen, ob es
nicht wirtschaftlicher wäre, von den Pflichtigen an Stelle der Naturaldienste eine Geldabgabe zu verlangen. Sie gingen dabei zweifellos von der Erfahrungstatsache aus, daß
die Fronarbeiten in der Qualität der Leistung zu wünschen übrig ließen[360]. Eine er-
zwungene Arbeit wurde eben im allgemeinen weniger gut verrichtet als freiwillige und
bezahlte Dienste. Bei der Umwandlung mag auch mitgespielt haben, daß die Grafen
keine ausgeprägte Gutswirtschaft betrieben, und sie die anfallenden üblichen landwirtschaftlichen Arbeiten durch besoldete Knechte und Taglöhner rascher und besser aus-
zuführen gedachten, denen darüber hinaus nicht, wie den Frönern, Wein und Brot oder
ganze Mahlzeiten gereicht werden mußten. Ferner erhofften die Herren, daß die Bauern
die ihnen erlassene Frondienstzeit zur Bestellung ihres eigenen Bodens verwendeten,

[358] C. S. ZACHARIAE, a. a. O., S. 43.
[359] Beschreibung des OA Öhringen, a. a. O., S. 71; H. TRUMPFHELLER, a. a. O., S. 61.
[360] J. F. MAYER, Beiträge, a. a. O., Bd. 2, S. 75 ff.

was dann über eine Erhöhung des Ernteertrages der bäuerlichen Äcker letztlich auch zu einer Steigerung der herrschaftlichen Zehnteinnahmen führen könnte.

Zunächst waren jedoch die Bauern keineswegs erfreut über diese Umwandlung. Die Fronen waren als althergebrachte Leistung bekannt, man hatte sich an sie gewöhnt, und ein Tag Arbeitsleistung war im Augenblick vielleicht weniger schmerzlich zu ertragen als die Hingabe eines Geldbetrages.

Ein erster Versuch der Umwandlung der Naturalfronen in eine Geldleistung durch den Grafen WOLFGANG II. im Jahre 1583 schlug denn «wegen des darob erhobenen großen Wehklagens der Untertanen» fehl[361]. — Erst im Jahre 1609 kam es zu einer Vereinbarung zwischen dem Grafen Wolfgang, seinen Söhnen und Vertretern der Untertanen, wonach die bisher ungemessenen Dienstleistungen in gemessene monetäre Abgaben und in einige wenige gemessene sog. «reservierte Fronen» umgewandelt wurden. Diese Vereinbarung ist in dem *Assecurations-Recess des Jahres 1603* enthalten[362]. Die Regelung sah folgendes vor:

1. Die Naturaldienstleistungen wurden mit Ausnahme der reservierten Fronen gegen die Entrichtung eines Dienstgeldes aufgehoben. Unter den reservierten Fronen war zu verstehen: die «Führung, Machung und Legung des Brennholzes, sodann der Jagensdienst und was Führung des Jagdzeugs, Stallung, die Aufhebung und Druckung (i. S. von Trocknung, Anm. d. Verf.) der Garne und Tücher, Führung des gefangenen Wildbrets zur Hofhaltung (betrifft) und dergleichen noch zum Jagen gehörig».

2. Die Untertanen wurden von den bisherigen Reichs- und Kreisumlagen verschont, ebenso von Extraordinaristeuern, mußten dafür aber eine jährliche Landsteuer oder Schatzung bezahlen[363].

Die Höhe des Dienstgeldes, dessen Staffelung gleichzeitig die soziale Dreigliederung der Hohenloher Bevölkerung widerspiegelte, betrug[364]

für den Bauern je Dienstpferd[364a]	5 fl pro Jahr
für den Köbler	3 fl pro Jahr
für den Hausgenossen	2 fl pro Jahr

Gab ein Bauer oder Köbler sein Gut an den Anerben ab, erhielten die Altenteiler den Status eines Hausgenossen und mußten das Hausgenossendienstgeld bezahlen. Die Pflichtigkeit lag jeweils auf dem Familienoberhaupt. Starb nun der Mann, sei es der Alt-Bauer, der Alt-Köbler oder der Hausgenosse, so hatte die überlebende Ehefrau die Schuldigkeit eines Hausgenossen, verringert um 25 % (gleich 1 fl 30 kr), zu übernehmen[365].

Den Pflichtigen stand die Möglichkeit offen, das Dienstgeld bei einem Zinssatz von 5 % zu kapitalisieren und sich durch die Zahlung dieser Summe ganz von der Dienstgeldpflichtigkeit zu befreien. Daß die Bauern hiervon Gebrauch machten, wird jedoch nirgendwo berichtet.

Das Dienstgeld entwickelte sich zu der *bedeutendsten monetären Einnahmequelle* der Grafen von Hohenlohe, denn seine Einführung brachte eine Vergrößerung des Kreises der Pflichtigen mit sich. Erst jetzt konnten alle Bauern, alle Köbler und alle Hausgenossen, also praktisch die gesamte Bevölkerung Hohenlohes, zur Abgabenzahlung

---

[361] U/167/1/1.

[362] U/167/1/11; SFAL F 177, Bü 44 (beglaubigte Abschrift der Urkunde); s. a. SFAL E 146, Bü 72; SFAL F 177, Bü 306.

[363] Siehe oben Seite 68.

[364] U/167/4/11; U/168/1/5; K/II/W/251/Q 12.

[364a] Siehe hierzu oben S. 13 f.

[365] SFAL F 177, Bü 306; ZA Abt. Ablösung o. Nr., Acte betr. Rechtssache gegen die Erben der Witwe SEITZ zu Grünbühl wegen Hausgenossendienstgeld.

herangezogen werden, was in dieser Allgemeinheit vorher, bei den Naturalfronen, insbesondere bei den Hausgenossen, schwerfiel. Mit dem Übergang zur Geldabgabe, die offenbar von den Pflichtigen nicht in dem Maße herabsetzend empfunden wurde wie eine entsprechende persönliche Dienstleistung, konnten darüberhinaus Bevölkerungsteile pflichtig gemacht werden, die bisher wegen ihres besonders engen Verhältnisses zur Herrschaft von der Fron befreit waren, wie allenthalben die herrschaftlich Bediensteten und Gerichtspersonen[366].

Ferner war jetzt die Möglichkeit gegeben, die Einwohner der Städte und hier vor allem die Hausbesitzer, zu erfassen, was bei den seitherigen Fronen keineswegs vollständig geglückt war. So mußten z. B. die Hauseigentümer der Stadt Ingelfingen pro Haus 2 fl 30 kr Dienstgeld entrichten[367].

Damit die Erstattung des Dienstgeldes den Pflichtigen leichterfalle, wurde es — wie auch die jährliche Landsteuer — in Vierteln aufgeteilt und die Gesamtsumme das Jahr über an vier Terminen eingezogen: an Walburgi, Jacobi, Martini und an Lichtmeß[368].

Mit der Monetisierung der Fronen war eine gewisse Starrheit auf der Einnahmenseite des herrschaftlichen Budgets eingetreten. Die Herrschaft hatte sich auf eine gewisse Geldsumme festgelegt, deren realer Gegenwert zum Vorteil der Pflichtigen und zum Nachteil des Empfängers mit dem steigenden Preisniveau abnahm. Hieraus läßt es sich wohl erklären, weshalb die Bestimmungen des Assecurations-Recesses über die Aufhebung aller Fronen — bis auf die «reservierten Dienste» — nicht vollständig durchgeführt wurden. Bis zur Ablösung der Fronen im Jahre 1836 hatten die Pflichtigen nämlich auch noch Zehnt- und Gefällfuhrfronen, Garten-, Ernte- und Weinbergfronen sowie Baufronen zu leisten, wenn auch deren Umfang im Vergleich zu den «reservierten Diensten» sehr gering war[369].

Es ist aber auch die (mündlich geäußerte) Ansicht von K. Schumm vertretbar, der darauf hinweist, daß es sich bei den neben den «reservierten Diensten» noch bestehenden Fronen um dinglich begründete Fronen handelte. Schumm schließt daraus, daß sich der Assecurations-Receß nur auf die persönlich begründeten Fronen bezog — und das war bei weitem die Mehrzahl der Dienstleistungen —, nicht jedoch auf Fronen, die auf ganz bestimmten Bodenteilen ruhten. Aus dem Assecurations-Receß selbst ist jedoch keine Unterscheidung zwischen dinglichen und persönlichen Fronen zu ersehen.

b. Das Dienstgeld in Hohenlohe-Waldenburg

Die bisher gemachten Aussagen über den Charakter des Dienstgeldes gelten auch für das Dienstgeld im Waldenburgischen. Der offensichtlichste Unterschied gegenüber Neuenstein lag darin, daß sich a) die Umwandlung der Hand- und Spannfronen in die Geldleistung erst in den Jahren 1704, dann 1724 bis 1729 durchsetzte[370], und b) die Hausgenossen an Stelle des Dienstgeldes ein Schutzgeld entrichten mußten.

[366] SFAL F 177 Bü 306; diese Akte berichtet u. a. von den vergeblichen Beschwerden der Ingelfinger Richter und herrschaftlichen Diener wegen ihrer Dienstgeldverpflichtung. – Das Prinzip der generellen Dienstgeldpflichtigkeit aller Hohenloher Einwohner ist später wieder durchlöchert worden. So waren im 18. Jh. die herrschaftlichen Diener der Partikularlinie Langenburg wieder dienstgeldfrei, in dem Städtchen Forchtenberg darüber hinaus auch noch die Totengräber, Torwarte, Hirten und die Männer von Hebammen.
[367] SFAL F 177, Bü 306.
[368] Siehe Anmerkung 367.
[369] Ziehe Zusammenstellung unten S. 85.
[370] W/XVI/B/248.

Beim näheren Hinsehen zeigt sich des weiteren, daß die Dienstgeldpflicht in dem Waldenburger Stammesteil viel präziser dem Leistungsvermögen der Pflichtigen angepaßt worden war als in der Linie von Neuenstein. Während im Neuensteinischen alle Köbler und Hausgenossen innerhalb ihrer Gruppe ohne Rücksicht auf ihr Vermögen gleichhoch belastet waren[371], und auch die Pflichtigkeit der Bauern nur der groben Einteilung nach Dienstpferden unterlag, war in Hohenlohe-Waldenburg die Höhe des Dienstgeldes sehr viel feiner nach der jeweiligen Vermögenslage des Pflichtigen abgestuft und damit auch gerechter.

Für die erlassenen Frondienste hatten jährlich an Dienstgeld zu bezahlen[372]:

ein Bauer, pro 100 fl Schatzungsanlage	2 fl
ein Köbler, so er	
mit über 100 fl in der Schatzung lag, pro 100 fl Schatzungsanlage	1 fl 30 kr
mit 100 fl und darunter in der Schatzung lag	1 fl 30 kr
ein Bloshäusler[373]	1 fl

ein Hausgenosse zahlte im allgemeinen kein Dienstgeld, sondern das Schutzgeld. – Die Hausgenossen, in Hohenlohe-Waldenburg z. T. Schutzverwandte genannt, waren in fünf Abgabeklassen eingeteilt[374]:

a) Schutzverwandte, die von einer anderen Herrschaft hereingezogen sind	1 fl		Schutzgeld
	und	1 fl 30 kr	Dienstgeld
b) Ausgedinger	1 fl 30 kr		Schutzgeld
c) Verheiratete Untertanen, die bei ihren Eltern im Hause wohnen	1 fl		Schutzgeld
	und	1 fl 30 kr	Dienstgeld
d) Verheiratet gewesene und im Ausgeding lebende Weibspersonen	1 fl		Schutzgeld
e) Ledig für sich lebende Weibspersonen		30 kr	Schutzgeld

Schon bald nach der Einführung des Dienstgeldes zeigte es sich, daß es die Herrschaft versäumt hatte, mit den Untertanen eine klare Regelung über die noch zu leistenden Naturalfronen zu treffen, wie es die Linie Hohenlohe-Neuenstein mit den reservierten Fronen gemacht hatte. Im Jahre 1736[375] verlangte daher die Herrschaft von ihren Untertanen die Leistung von zusätzlichen, unbezahlten und *freiwilligen Fronen*, unter Beibehaltung des Dienstgeldes in der bisherigen Höhe. Bei diesem rechtlich etwas zwielichtigen Verfahren überredete die Herrschaft die Untertanenvertreter eines Amtes zu bestimmten Dienstleistungen und hielten dann dieses Amt den übrigen Amtsvertretern als nachahmenswertes Vorbild hin[376]. Diese Methode hatte Erfolg, und es kam eine ganze Reihe von Fronverpflichtungsverträgen zwischen der Herrschaft und den Untertanenvertretern zustande[377]. Versuchte dann ein Pflichtiger, der von seiner «freiwilligen» Fronleistung nichts wußte, diesen Dienst zu verweigern, so wurde in den sich daran anschließenden Prozessen unter Hinweis auf diese Verträge regelmäßig zuungunsten der Pflichtigen entschieden[378].

[371] Innerhalb der Gruppe war somit eine abnehmende Belastung mit zunehmendem Vermögen festzustellen.
[372] W/XVI/A/14; W/XVI/A/100; W/XVI/B/248.
[373] Wir finden hier die Bloshäusler als eine besondere Gruppe erwähnt, während sie im Stammesteil Neuenstein zu den (besonders armen) Köblern gerechnet wurden.
[374] W/XVI/A/14.
[375] W/XVI/B/425/Fasz. 9.
[376] H. Trumpfheller, a.a.O., S. 69.
[377] W/XVI/B/248.
[378] W/XVI/B/425.

Wie unsicher sich die Herrschaft bei der Erzwingung jener Fronen fühlte, mag aus einem Befehl des Jahres 1799 zu ersehen sein, gemäß dem die herrschaftliche Kanzlei die Bauern mit Zwangsmitteln zur Erfüllung ihrer Fronpflicht anhalten sollte, und in dem es u. a. hieß: «Man versichere sich aber, daß sie aus eigenem Triebe und aus schuldigem Gehorsam gegen die allerhöchst kaiserlichen Befehle, aus Vorliebe für ihren durchlauchtigsten Fürsten . . . diese Leistungen ausüben»[379].

Als Zwangsmittel gegen die sich sträubenden Pflichtigen bediente sich die Herrschaft gerne einer Vorschrift, wonach die Dörfer durchziehendes Hohenloher Militär verköstigen mußten[380]. Als z. B. die Bauern aus Orendelsall die «freiwilligen Dienste» verweigerten, legte die Herrschaft 12 Mann Exekutionstruppen in das Dorf, die zu Mittag eine Suppe, ein Pfund Fleisch und pro Mahlzeit einen Schoppen Wein erheischten, dazu noch 15 kr Weggeld[381]. So wurde denn «ein Trupp Exekution» in ein widerspenstiges Dorf geschickt und angedroht, daß der Trupp Exekution sich von Zeit zu Zeit verdoppeln werde[382].

Diese quasi-freiwilligen Dienstleistungen konnten ebenfalls, wie im Neuensteinischen, mit Geld abgelöst werden, wobei sich die Ablösungssumme aus zwei Gulden pro 100 fl Schatzungsanlage berechnete[383]. Aber auch hier machten die Pflichtigen keinen Gebrauch davon.

B. Die nach der Einführung des Dienstgeldes bestehenden Frondienste

Die Frondienste hatten trotz der Einführung des Dienstgeldes im 18. und 19. Jahrhundert bis zu ihrer Ablösung einen beachtlichen Umfang. Innerhalb der Frondienste standen die Jagd-, Holzfuhr- und Holzhaufronen ihrer Ausdehnung nach bei weitem im Vordergrund. Die nächst umfangreiche Fron, die Zehent- und Gefällfuhrfron, machte nur einen geringen Bruchteil der Jagddienstbarkeiten aus[384].

a. Der Kreis der fronpflichtigen Personen

Die Fronpflicht betraf ganz allgemein jeden Hohenloher Untertanen; eine Befreiung hiervon konnte nur expressis verbis von der Herrschaft ausgesprochen werden und mußte dann i. d. R. durch die Bezahlung eines Fronsurrogatgeldes (s. S. 83 f.) ersetzt werden. Das Prinzip der Allgemeinheit der Pflichtigkeit und der monetären Ersatzleistung für eine nicht ausgeführte Fron wurde nur bei einigen wenigen Einwohnern

---

[379] W/XVI/B/425/Fasz. 9. Die Fürsten von Hohenlohe hatten kein eigenes stehendes Heer, abgesehen von einigen Wachposten für die herrschaftlichen Schlösser. Das Hohenloher Militär, von dem hier die Rede ist, gehörte zu dem Hohenloher Kontingent der fränkischen Kreistruppe – Hohenlohe zählte innerhalb der Kreiseinteilung des alten Reichs zu dem fränkischen Kreis –, die dem kaiserlichen Generalfeldmarschall in Wien als Oberbefehlshaber unterstand. – Der erwähnte «kaiserliche Befehl» dürfte jedoch sicherlich nicht von dem kaiserlichen Generalfeldmarschall ausgegeben worden sein, sondern der Fürst bediente sich des Adjektivs «kaiserlich» wohl nur, um seinem Befehl ein größeres Gewicht, vielleicht auch den Anschein der Gerechtigkeit zu geben.

[380] Vgl. Ö/166/1/2.

[381] Siehe Anmerkung 379.

[382] Siehe Anmerkung 379.

[383] W/XVI/B/248; J. F. Mayer, Lehrbuch, a. a. O., S. 19.

[384] Siehe Zusammenstellung am Ende des Kapitels, S. 84 f.

wegen deren Beruf oder wegen zu hohen Alters durchbrochen. — So waren von der *Jagdfron* befreit[385]:

die Gemeinderatsmitglieder

der Ortsacciser

der Stiftungspfleger

die Nachtwächter

der Chirurg

der Amtsdiener

die Hebammenmänner

die Wald- und Feldhüter

der Gemeindeschäfer

zur Herbstzeit die Keltermänner und Feldhüter

diejenigen Bürger, die an den Jagenstagen die Tagwacht (wohl zur Bewachung der Ortschaft, Anm. d. Verf.) zu versehen hatten

i. d. R. jeder Untertan nach vollendetem 60. Lebensjahr

Witwen, die keine erwachsenen Söhne hatten

die Müller, da sie die herrschaftlichen Jagdhunde hielten

die Schneider, da sie das herrschaftliche Jagdzeug fertigten.

Um die Ortschaften durch die Beiziehung der Bauern und Köbler nicht ganz von ihrer Einwohnerschaft zu entblößen, durften bei Jagdfronen niemals mehr als ²/₃, höchstens ³/₄ der Jagensmannschaft aufgeboten werden[386].

Einen ähnlichen bevorrechtigten Personenkreis umfaßten die sogenannten «personal-befreyten Personen», denen ein Teil der Gemeindefronen, wie das Toreschließen und Wachhalten, erlassen war, und welche beim Auszug der Bürgerschaft bei Notstandsarbeiten nicht zu erscheinen brauchten[387].

Die Öhringer personal-befreiten Personen umfaßten:

1. gemeinschaftliche Diener und Bürger
   a) vermöge ihrer Ämter
      alle gemeinschaftlichen geistlichen und
         weltlichen Diener
      die Rats- und Gerichtsleute
      die Viertel- und Rottmeister
      der Stadtleutnant nebst den übrigen Ober- und Unteroffizieren
      die Stadtdiener, wie der Waagemeister, Torwart und Stadtknecht
   b) vermöge besonderer Privilegien
      der Goldschmid
      der Chirurg
      alle Gastwirte
      der Walker
      Bürger, die wegen abgehender Leibeskräfte und altershalber nicht mehr wachen
         können
      alle Witwen
2. Diener der Particular-Linien
   a) von seiten des Hauses Hohenlohe-Waldenburg
      der Rat und die Beamten im Steinhaus
      der Consistorial-Sekretär

[385] Ö/168/4/2; wegen dieser Fronbefreiungen gab es ständig Streitigkeiten unter den Einwohnern, vgl. Ö/167/4/11; Ö/168/6/13.

[386] Ö/168/4/2.

[387] GA C 2.

der Consistorialdiener
der Hoffaktor
der Kammerfaktor
der Hof- und Landarzt
der Hof-Wagner

b) von seiten des Hauses Hohenlohe-Neuenstein:
   sämtliche Hof-, Kammer- und Kanzleibediensteten
   die Hof-Schneider, -Schlosser, -Wagner, -Schreiner
   und alles, «was von der Soldateska dependiert».

b. Die Arten und der Umfang der Frondienste

Von den Fronpflichtigen kann nun gesagt werden, daß die Herrschaft bestrebt war, sie so einzusetzen,

wie es a) ihrer *wirtschaftlichen Stellung* entsprach: die Bauern hatten mit ihren Fuhrwerken Fuhrdienste zu leisten, die Köbler und Hausgenossen Handdienste,

wie es b) ihrer *geographischen Lage* innerhalb des Fürstentums angezeigt war: Pflichtige, die in der Nähe der Jagdreviere wohnten, leisteten vorwiegend Jagddienste, solche in der Nähe von herrschaftlichen Waldungen überwiegend Holzfuhr- und Holz-Haudienste[388]. In Weinbaugebieten standen die Weinberg- und Kelterfronen im Vordergrund, und die Pflichtigen in der Nähe der herrschaftlichen Residenz leisteten Erntedienste, Zehent- und Gültfuhrfronen in die herrschaftlichen Scheuern — und, wo ein größerer Schloßgarten mit ggf. einer Schloßgärtnerei vorhanden war, Gartenfronen;

wie es c) einem *besonderen Gewerbe* der Pflichtigen entsprach: die Schneider lieferten die Jagdwämse und besserten sie aus, die Müller und Wirte, vereinzelt auch größere Höfe, hatten die Jagdhunde zu halten, und die Küfer sorgten für die Instandhaltung der Weinfässer im Schloßkeller und arbeiteten an den herrschaftlichen Keltern[389].

Diese Einteilung zeigt den Schwerpunkt der Fronpflicht auf, darf jedoch nicht als eine strenge Abgrenzung der Pflichten angesehen werden; vielmehr kommen i. d. R. allenthalben die verschiedensten Pflichten kumulativ — doch im Sinne eines Ausgleichs — zusammen.

Die Bauern, Köbler und Hausgenossen waren, gemäß ihrer wirtschaftlichen Stellung, der Herrschaft *folgende Dienste* schuldig[390]:

[388] Jagdreviere waren zwar Teile der Waldung, aber umgekehrt waren nicht alle Waldungen auch Jagdreviere. Insbesondere befanden sich die Abschußplätze des Wildes, an denen die Treibjagd endete, nur an ganz besonderen Plätzen; und auf diese konzentrierte sich die Arbeit der Fröner, die hierhin Schleich- und Hauwege machten und dann später von dort das erlegte Wild abtransportieren mußten.

[389] SFAL F 177, Bü 306; SFAL E 184, Bu 16, Fasz. 55; SFAL E 184, Bü 106.

[390] K/II/W/61/Q 52: diese Aufzählung galt nach der angegebenen Quelle zwar nur für die Herrschaft Hohenlohe-Kirchberg, mit den Orten Kirchberg, Lendsiedel, Aichenau, Weckelweiler, Lenkerstetten, Gaggstadt, Mistlau, Lobenhausen, Herbolzhausen, Dienboth, Hessenau, Leofels, Wuppertshofen, Doermenz, Kleinallmerspann, Seibottenberg, Kupferhof, Obersteinach und Sandelbronn, doch darf sie als für das ganze Fürstentum Hohenlohe richtungweisend angesehen werden.

Die Bauern mußten
a) das für die Hofhaltung und die Dienerschaft benötigte Brennholz führen
b) das Jagdzeug transportieren
c) Zehnt- und Gültfuhren ausführen.

Die Köbler mußten
a) das für die Hofhaltung und die Dienerschaft jährlich benötigte Brennholz machen
b) das für die Herrschaft (nicht für die Dienerschaft) bestimmte Holz legen
c) Jagdfronen leisten, wozu auch gehörte, das Jagdzeug (Garne) zu stellen, zu trocknen und dann bis zur nächsten Jagd aufzubewahren
d) das bei der fürstlichen Hofhaltung vorrätige Werg und Flachs spinnen und
e) bei der Heu-, Öhmd- und Getreideernte mithelfen.

Die Hausgenossen hatten dieselbe Art Dienste zu verrichten wie die Köbler, jedoch nur in der Hälfte von deren Umfang.

Um in etwa eine Gleichheit der Belastung zwischen den Spann- und den Handfrönern zu erreichen, wurde folgende Umrechnungstabelle aufgestellt[391]:

1 einspänniger Wagen entsprach 3 Handfrönern;
2 Pferde und ein Mann entsprachen 4 Handfrönern;
2 Pferde, 1 Wagen und 1 Mann wurden 5 Handfrönern gleichgesetzt;
1 Pferd kam einem Paar Ochsen gleich.

Diese Umrechnungswerte fanden insbesondere dann Anwendung, wenn ein Bauer keine Fuhrdienste zu leisten hatte, weil die Herrschaft deren nicht bedurfte, und er den Söldnern gleich zu Handdiensten verpflichtet war.

Diese Fronen waren zwar dem Namen nach *ungemessene Dienste*, doch war deren Ausmaß und die Art und Weise der Leistung durch das Herkommen und den herkömmlichen Bedarf der Herrschaft bestimmt. Zum althergebrachten Brauch gehörte insbesondere, daß nur an Werktagen von Sonnenaufgang bis Sonnenuntergang und mit Berücksichtigung der gewöhnlichen Ruhepausen gefront werden durfte. Vor allem mußten die Fröner nur zu solchen Zeiten Dienste leisten, an denen nicht notwendige Arbeiten auf dem eigenen Feld zurückstehen mußten[392]; das lag mit im Interesse des Zehntherrn; auch sollten die Pflichtigen nicht in ihren sonstigen «Ehehaftigkeiten und Bequemlichkeiten»[393] behindert werden. Bei den Fuhrfronen war es üblich, daß das Holz nicht von weit entfernten Nachbargemeinden herbeigeschafft werden mußte und beim Fahren eine gelegene Sommerszeit mit guten Wegverhältnissen abzuwarten war, damit das Vieh nicht allzusehr strapaziert wurde[394]. Ein schönes Beispiel für das Verständnis der Herrschaft für die Ausführung der Fronen führt F. OECHSLE, a. a. O., S. 61 an: Da die Bauern während der Erntezeit verständlicherweise wenig Zeit für Fronen hatten, gestattete ihnen die Herrschaft, die Fuhrdienste für die Weingefälle weg- und zeitmäßig zu halbieren. Während der Ernte mußte der Wein nur bis zu einem Keller unter dem Rathaus in Öhringen geführt werden. Dort konnte er liegenbleiben, bis eine gute Winterbahn den restlichen Transport zu den herrschaftlichen Schlössern gestattete.

Im folgenden wird etwas ausführlicher der Umfang der beiden Hauptfronarten,

[391] Ö/168/4/2.
[392] Vgl. I. C. A. MITTERMAIER, a. a. O., S. 337; C. F. EICHHORN, a. a. O., S. 624.
[393] Ö/169/5/6; Unter der Erfüllung der «Ehehaftigkeiten» sind hier alle die Fälle zu verstehen, bei denen der Bauer üblicherweise zu Hause auf dem Hof blieb, z. B. wenn die Bäuerin im Wochenbett lag, eine Hochzeit gefeiert wurde, ein Todesfall in der Familie eintrat, etc.
[394] Siehe Anmerkung 393.

der Holzfron und der Jagdfron, besprochen, und zwar zunächst in einem Bezirk, in dem die Pflichtigen vorwiegend Holzdienste leisten mußten, und daran anschließend die Arbeiten in einem «Jagdfronbezirk». Diesen wird dann abschließend die Dienstpflicht in einem Weinbaugebiet gegenübergestellt, wie sie in den ersten Jahren des 19. Jahrhunderts bestand.

Der «Holzfronbezirk» Kirchberg[395]:

Ortschaft	die Pflichtigen	deren Leistungen
Kirchberg	10 Bauern die Köbler	Fuhren von durchschnittlich 32 Kl Holz im Frühjahr: je 1 Kl Holz machen im Sommer: Ernte-, Heu- und Öhmddienste; wenn verhindert, ist je Dienst ein Surrogatgeld von 10 kr zu entrichten; Jagdfronen Die Gegenleistung der Herrschaft betrug pro Verrichtung ¼ Laib Brot
Lendsiedel	7 Bauern die Köbler	Fuhren von durchschnittlich 24 Kl Holz im Frühjahr: wie in Kirchberg im Sommer: wie in Kirchberg im Winter: für die Hofhaltung 2 Pfund Werg oder 1 Pfund Flachs spinnen
Aichenau	9 Bauern die Köbler die Präbenden	Fuhren von durchschnittlich 32 Kl Holz wie in Lendsiedel wie in Kirchberg
Weckelweiler	4 Bauern die Köbler die Präbenden	Fuhren von durchschnittlich 22 Kl Holz wie in Lendsiedel wie in Kirchberg
Lenkerstetten	3 Bauern die Köbler die Präbenden	Fuhren von durchschnittlich 9 Kl Holz wie in Lendsiedel wie in Kirchberg
Gaggstadt	7 Bauern die Köbler die Präbenden	Fuhren von durchschnittlich 22 Kl Holz wie in Lendsiedel wie in Kirchberg
Mistlau	2 Bauern die Köbler die Präbenden	Fuhren von durchschnittlich 8 Kl Holz wie in Lendsiedel wie in Kirchberg
Lobenhausen	1 Bauer die Köbler die Präbenden	Fuhren von durchschnittlich 4 Kl Holz wie in Lendsiedel wie in Kirchberg
Herbolzhausen	3 Bauern die Köbler die Präbenden	Fuhren von durchschnittlich 15 Kl Holz wie in Lendsiedel wie in Kirchberg
Dienboth	4 Bauern die Köbler die Präbenden	Fuhren von durchschnittlich 17 Kl Holz wie in Lendsiedel wie in Kirchberg
Hessenau	1 Bauer die Köbler die Präbenden	Fuhren von durchschnittlich 1 Kl Holz wie in Lendsiedel wie in Kirchberg

[395] K/II/W/61/Q 52.

Ortschaft	die Pflichtigen	deren Leistungen
Leofels	kein Bauer die Köbler die Präbenden	keine Fuhrfron wie in Lendsiedel wie in Kirchberg
Ruppertshofen	12 Bauern die Köbler die Präbenden	Fuhren von durchschnittlich 41 Kl Holz wie in Lendsiedel wie in Kirchberg
Doermenz	15 Bauern die Köbler die Präbenden	Fuhren von durchschnittlich 61 Kl Holz wie in Lendsiedel wie in Kirchberg
Kleinallmerspann	2 Bauern die Köbler die Präbenden	Fuhren von durchschnittlich 12 Kl Holz wie in Lendsiedel wie in Kirchberg
Seibottenberg	1 Bauer die Köbler die Präbenden	Fuhren von durchschnittlich 1 Kl Holz wie in Lendsiedel wie in Kirchberg
Obersteinach	3 Bauern die Köbler die Präbenden	Fuhren von durchschnittlich 6 Kl Holz wie in Lendsiedel wie in Kirchberg
Sandelbronn	1 Bauer	Fuhren von durchschnittlich 2 Kl Holz

Ein Bauer hatte in diesen Bezirken somit im Jahr durchschnittlich vier Klafter Holz zu führen, wobei die tatsächliche Leistung von Ort zu Ort zwischen 1 Klafter (Seibottenberg) und 6 Klaftern (Kleinallmerspann) schwankte. Ob evtl. diese Differenz durch eine ausgleichende Mehr- oder Minderbelastung mit einer anderen Fronart verringert wurde, läßt sich aus den Akten nicht entnehmen, doch wird eine völlig gleich hohe Fronbeanspruchung der Pflichtigen wohl nie erreicht worden sein.

Die Leistung der Köbler dagegen war bei den Holz- und Spinndiensten überall gleich, während über das Ausmaß der Jagd- und Erntefronen keine Aussage gemacht werden kann, da neben der Fronbezeichnung weder eine Dienstzeit noch eine Dienstmenge vermerkt worden war; die Belastung mit diesen Fronen dürfte aber relativ gering gewesen sein, da umgekehrtenfalls diese Dienste — wie auch die anderen — spezifiziert worden wären.

Als Gegenstück zu dieser Gegend, in der die Holzdienste vorherrschten, seien nun die Leistungen der Pflichtigen der Gemeinden Steinkirchen, Winterberg, Sommerberg und Thierberg, in der Nähe des *Jagdreviers* Thierberg, aufgezeigt[396]:

Die Fronen der *Bauern*

1. Wild- und Jagdfronen:
   a) Das erlegte Wild ist von der Schußstelle abzuholen und nach Kirchberg zu führen. — Im Durchschnitt machten das für die sechs Bauern in Steinkirchen neun Fuhren und für den einen Bauern aus Sommerberg zwei Fuhren aus.
   b) Auf dem Rückweg waren zwei Fuhren Salz mitzuführen zur Auslegung der Salzlecken.
   An Präbenden wurden je Fuhre zwei Pfund Brot, ein Maß Wein und drei Pfund Wildbret gereicht.

[396] K/II/W/229.

2. Holzfuhrfronen:
Das geschlagene Holz mußte vom Revier Thierberg zum Schloß Kirchberg gefahren werden. Durchschnittlich bedeutete dies für die sechs Bauern zu Steinkirchen 9¹/₂ Klafter Holz und für den einen Bauern aus Sommerberg 1³/₄ Klafter Holz zu führen.
Präbenden sind keine verzeichnet.

3. Heu- und Öhmdfuhrfronen:
Die Bauern von Thierberg, von denen keine Jagdfuhrfronen gefordert wurden, wohl weil gar nicht soviel Wild erlegt werden konnte, um auch diese Pflichtigen zu Jagd-Fuhrdiensten heranzuziehen, hatten das Heu von der Trüffelwiese nach Thierberg zu führen, ferner die Zehntfrüchte von Thierberg, Sommerberg und Winterberg in die Thierberger Zehntscheuer. Des weiteren führten sie bei herrschaftlichen Bauvorhaben zu Thierberg Holz- und Baumaterialien. Die Präbenden betrugen zwei Pfund Brot und ein Maß Wein je Dienstleistung, bzw. «Trunk und Brot» bei den sechs Steinkirchener Bauern, die zusammen jährlich noch etwa fünf Erntefuhrfronen leisteten.

Die Fronen der *Köbler*

1. Jagdfronen
   a) Treibdienst
      In Steinkirchen: 6 Tage pro Köbler
      In Sommerberg: 4 Tage pro Köbler
      In Winterberg: 4 Tage pro Köbler

   b) Kleinwild nach Kirchberg tragen
      Für die Pflichtigen in Steinkirchen   insgesamt 24 Gänge
      Für die Pflichtigen in Sommerberg   insgesamt 6 Gänge
      Für die Pflichtigen in Winterberg   insgesamt 6 Gänge

   c) Salzlecken und Stellwege anlegen
      In Steinkirchen: pro Pflichtigen 3 Tage
      In Sommerberg: pro Pflichtigen 2 Tage
      In Winterberg: pro Pflichtigen 2 Tage

Die Präbenden betrugen bei Transportgängen nach Kirchberg je Gang ein Pfund Brot und ein halbes Maß Wein; bei den übrigen Fronen waren keine herrschaftlichen Gegenleistungen vermerkt.

2. Holzfronen, das bedeutet Holz schlagen und Holz einräumen:
      In Steinkirchen: die 38 Köbler schlugen zusammen 88 Kl Holz und räumten es ein
      In Sommerberg: die 7 Köbler versorgten zusammen 12 Kl Holz
      In Winterberg: die 8 Köbler versorgten zusammen 12 Kl Holz

3. Erntefronen
Das Fegen, Mähen und Dörren der herrschaftlichen Trüffelwiesen.

4. Baufronen
Wenn erforderlich, waren an dem herrschaftlichen Schloß Handdienste zu leisten, und zwar waren bei den Köblern von Sommerberg zusammen sechs Tage und bei denen zu Winterberg acht Frontage vermerkt. Baufronen bei Neubauten durften nicht gefordert werden.

Betrachtet man zusammenfassend die beiden angegebenen Frondienstbezirke, so läßt sich feststellen, daß der erste primär für die Holzlieferungen an die Herrschaft zuständig war und der zweite für die Jagddienste. Dies ergibt sich daraus, daß im ersten Distrikt keine Jagdfuhrdienste der Bauern verzeichnet waren und umgekehrt die Holzfuhrleistungen im zweiten Bezirk nur etwa ein Drittel des ersteren ausmachten. Diese geringeren Holzfuhrdienste sind darüber hinaus, wie auch die Hau- und Legefronen der Köbler, keineswegs immer geleistet worden, weil im zweiten Bezirk nicht genug Brenn- und Bauholz vorhanden war, um die Fronen ganz in Anspruch nehmen zu können[397]. Es erscheint daher nicht unrichtig zu sagen, daß die Holzfronen in dem «Jagdfrondistrikt» mehr den Charakter einer potentiellen Leistungsreserve hatten, wie denn auch umgekehrt bei den Köblern des «Holzfronbezirkes» die Jagdfronen zwar dem Namen nach aufgeführt waren, ohne aber im Umfang so konkret festgelegt worden zu sein wie im «Jagdfronbezirk».

Aus dem Vergleich der Fronleistungen beider Distrikte ist ferner zu entnehmen, daß die Dienstpflicht, in Tagen gerechnet, im Gebiet der Jagdfronen größer war als in dem Gebiet mit den überwiegenden Holzdiensten. Wohl mit aus diesem Grund waren bei dem angeführten Beispiel, wie oben zu ersehen ist, die Präbenden bei den Jagddiensten höher als bei den Holzfronen.

Ganz anders als in den eben erwähnten Bezirken sahen die Dienstleistungen in einem *Weinbaugebiet* aus, in dem wegen der fehlenden großen Waldungen die Holz- und Jagdfronen gegenüber den Weinberg-, Weinfuhr- und Kelterfronen zurücktraten. Als Beispiel hierfür sei das Weinbaugebiet um Öhringen, Michelbach a. W., Büchelberg und Beutingen herausgegriffen.

Die *Weinbergfronen*

Die Einwohner von Öhringen und der umliegenden 12 Orte[398] hatten alljährlich die herrschaftlichen Weinberge abzulesen, wobei pro Person im Durchschnitt ein Tag gerechnet wurde.

Die Präbenden betrugen
   a) für einen Leser der Stadt Öhringen: 1 Pfd. Brot und 2 kr Geld
      für einen Buttenträger aus der Stadt: 2 Pfd. Brot und 4 kr Geld
   b) für einen Leser vom Lande: 1 Pfd. Brot, kein Geld
      für einen Buttenträger vom Lande: 2 Pfd. Brot, kein Geld

Es ist interessant, daß hier bereits eine Art Lohndifferenzierung zwischen Stadt und Land auftrat, welche mit darin begründet gewesen sein mag, daß der Anmarschweg zu den Weinbergen von der Stadt etwas länger war als von den Dörfern in die Weinberge.

Die *Herbstfuhrfronen*

Die Bauern zu Beutingen waren schuldig, a) die für die Kelter erforderlichen Gefäße und Materialien hin- und wieder wegzuführen, b) den herrschaftlichen Gefällwein teils an die Besoldungsparticipanten, teils an die herrschaftliche Kelter zu liefern. Zu fahren waren durchschnittlich 26 Fuhren Wein und 13 sonstige Materialfuhren. Als Gegenleistung erhielten die Pflichtigen je nach Fuhrentfernung 20, 30, 40 und 45 kr, teils pro Fuhre, teils pro Tag.

Die Bauern zu Büchelberg hatten die Verpflichtung, das Kellereigerät aus der Michelbacher Kelter in die drei Orentaler Keltern — und im Herbst wieder zurück — zu brin-

---

[397] K/II/W/228/Q 336; da in den Ortsgemeinden Steinkirchen und Sommerberg nicht genug Holz vorhanden war, um die Fröner zu beschäftigen, tauchte der Gedanke auf, sie statt der Dienstleistung mit einem «billigen Macherlohn» von 32 kr pro Klafter Holz zu belasten. Dieser Gedanke wurde dann aber nicht realisiert.
[398] SFAL E 146, Bü 72.

gen, sowie den herrschaftlichen Gefällmost von den Orentaler Keltern in die zu Michelbach zu überführen. Im Jahr waren dies insgesamt 5 Fuhren. Die Gegenleistung war pro Fuhre 2 Pfund Brot und Weinmost im Gegenwert von 10 kr.

Die Bauern zu Michelbach und Untersöllbach führten nicht nur die leeren Kellergeräte, das erforderliche Brennholz und das Eichgeschirr in die beiden Söllbacher Keltern, sondern auch den gekelterten Wein aus der Wacholder-Kelter, teils zur Kelter nach Michelbach, teils zu den mit Wein Besoldeten. Durchschnittlich waren hierbei 28 Fuhren zu leisten. Die Präbenden pro Fuhre betrugen 1 Maß Wein oder 2 Maß Most – und von dem mit Wein Besoldeten noch zusätzlich 18 kr.

Die Hofbauern zu Öhringen mußten das Brennholz, die Braken, das Keltergeschirr, Holz und Vierlinge in die neue Kelter zu Öhringen führen, ohne hierfür eine Gegenleistung zu bekommen. Die Anzahl der Fuhren war mit durchschnittlich 11 angegeben.

Die drei Müller zu Öhringen waren verbunden, den Gefällmost aus der Öhringer Kelter in die herrschaftlichen Keller (unentgeltlich) zu fahren.

Neben den bisher erwähnten Holz-, Jagd- und Weinbaufronen und den dabei gestreiften Ernte-, Zehent- und Gültfuhrfronen, sowie den gelegentlich geforderten Baufronen, gab es in Hohenlohe auch noch Gartenfronen. So hatten die Einwohner von Neuenstein (183 Pflichtige) und von Klingenhof (4 Pflichtige) jährlich 3 Tage in dem herrschaftlichen Garten im benachbarten Öhringen zu arbeiten, ohne hierfür ein Entgelt zu bekommen[399]. Diese Pflicht konnte mit 10 kr pro Tag abgegolten werden. Darüber hinaus hatten die Köbler der beiden Orte pro Jahr einen Tag in der Hofgärtnerei zu arbeiten, ebenfalls ohne Entschädigung.

c. Das Frongeld und das Fronsurrogatgeld

Neben dem Dienstgeld und den eben besprochenen Naturalfronen findet sich in den Quellen noch ein Frongeld und ein Fronsurrogatgeld.

Das *Frongeld* war eine monetäre Ersatzleistung für Fronen, deren Leistung sich die Herrschaft nach der Einführung des Dienstgeldes vorbehalten hatte und deren Zahlung dem Pflichtigen wahlweise für den Naturaldienst freigestellt worden war. Das Freikaufen von der Fron war jedoch vorwiegend nur möglich, soweit es «die Führung, Machung und Legung des Brennholzes» betraf, nicht jedoch bei den Jagdfronen[400]. Das Frongeld betrug bei den Bauern je Dienstpferd[400a] 4 fl, bei den Köblern einheitlich 1 fl 30 kr pro Jahr[401]. – Hierher ist auch das nur in Hohenlohe-Jagstberg vorkommende Pfluggeld zu rechnen, gegen dessen Entrichtung der Pflichtige von der Schloßhoffeldsfron zu Jagstberg befreit war. Das Pfluggeld betrug in Simprechtshausen und Zaisenhausen für den Bauern 12 Batzen und den Köbler 4 Batzen; in Hohenroht, Sindelklingen, Steinbach, Mulfingen und Ochsental für den Bauern 6 Batzen, für den Köbler 2 Batzen[402].

Nicht zu verwechseln mit dem Frongeld ist das gelegentlich auch mit Frongeld bezeichnete sog. *«neue Dienstgeld»*, das folgendermaßen entstand: Verkaufte die Herrschaft einen Teil ihrer Domänen oder einen Weinberg, so bestand für diejenigen Pflich-

[399] SFAL E 146, Bü 72.
[400] SFAL E 184, Bu 22, Fasz. 79.
[400a] Vgl. hierzu oben S. 13 f.
[401] Siehe Anmerkung 400; SFAL E 146, Bü 72: Eine Ausnahme scheint lediglich im Amt Forchtenberg vorgekommen zu sein, wo das Frongeld der Köbler, dort Holzbatzengeld genannt, nur 1 fl betrug. Ö/167/1/3; Ö/167/4/11; Ö/168/6/13.
[402] SFAL F 177, Bü 306.

tigen, welche bisher auf diesen Feldern fronten, ihre Fronverbindlichkeit gegenüber dem Herrn nach wie vor weiter. Da aber mit dem Verkauf der Domänen das Betätigungsfeld der Fröner weggefallen war, wurde die Dienstpflicht in ein dauerndes Frongeld — eben das neue Dienstgeld — umgewandelt, das je nach der Art und Weise der früheren, nunmehr weggegefallenen Fron bei Heu- und Oehmdfronen 20 kr, bei Weinbergfronen 30 kr betrug[403].

Daß die Pflichtigen von der Möglichkeit, ihre Naturaldienste zu monetisieren, rege Gebrauch machten, wird nirgendwo berichtet, doch kann generell gesagt werden, daß die Neigung, sich der Naturalfronen zu entledigen, bei den Köblern größer war als bei den Bauern. Der Grund hierfür ist vielleicht darin zu suchen, daß ein Köbler i. d. R. allein sein Feld bestellen mußte und so weniger abkömmlich war als ein Bauer, der gegebenenfalls auch seinen Knecht zur Fronleistung entsenden konnte.

Das *Fronsurrogatgeld* besaß denselben Charakter wie das Frongeld, doch bestand die Übung, diese Bezeichnung nur für das Hundsgeld, das Luderpferdgeld, das Kapaunengeld und die Jägeratzung zu verwenden; es betraf also Teile der Jagdfron.

Das Hundsgeld, als Surrogat für die Haltung von herrschaftlichen Jagdhunden, lag etwa bei 3 fl jährlich, doch konnten in einzelnen Fällen auch 4 fl oder nur 2 fl gefordert werden[404]. Den geringsten Betrag von 1 kr hatte symbolhaft ein Schäfer zu entrichten.

Das Luderpferdgeld: Die Haltung eines Luderpferdes[405] bzw. die Surrogatgeldpflicht oblag in den wenigsten Fällen den Müllern und Gastwirten, sondern diese Pflicht lag zumeist auf einer ganzen Gemeinde und war von der Gemeindekasse zu entrichten. Ein Luderpferdgeld von 3 fl bezahlten z. B. die Gemeinden Eichach, Michelbach, Neuenstein, Obersöllbach, Ohrnberg, Pfahlbach, Tiefensall, Westernbach, Zweiflingen, Ernsbach, Büttelbronn und Ober- und Untermaßholderbach[406].

Das Kapaunengeld als Ersatz für die Haltung von Kapaunen und die Jägeratzung fielen ihrer Geringfügigkeit wegen kaum ins Gewicht.

d. Zusammenstellung der Höhe der Frondienste

Um abschließend einen Überblick über das Verhältnis der Höhe der Leistungen untereinander zu bekommen, sind im folgenden die Dienst-, Fron- und Fronsurrogatgelder sowie die verschiedenen Naturalfronen — samt der Präbenden — in Geldwerten umgerechnet für die Herrschaft Hohenlohe-Öhringen zusammengestellt[407]

Pflichtigkeit	Geldanschlag		Gegenleistung (Präbenden)		Geldanschlag ./. Gegenleistung	
	fl	kr	fl	kr	fl	kr
1. Geldleistungen						
Dienstgeld						
Frongeld						
Fronsurrogatgeld						
Insgesamt	14 252,17				14 252,17	

[403] Ö/167/2/4; Ö/168/1/5; Ö/168/4/2.
[404] SFAL E 184, Bu 16, Fasz. 55.
[405] Ein Luderpferd ist ein Schlachtpferd für die Fütterung der Jagdhunde.
[406] ZA Abt. Ablösung o. Nr., Akte betr. Rechtssprüche württembergischer Gerichte über die in Hohenlohe vorkommenden grundherrlichen Abgaben.
[407] SFAL E 146, Bü 72.

2. Bewertete Naturalfronen

Jagdfronen	4 941,14	39,54	4 901,20
Holzfuhrfronen	4 756,24	370,55	4 385,29
Holzhaufronen	1 131,—	85,8	1 045,52
Zehnt- und Gefällfuhrfronen	322,47	96,33	226,14
Herbst(wein)fuhrfronen	165,55	43,24	122,30
Gartenfronen	133,42	—	133,42
Erntefronen	102,—	8,30	93,30
Baufronen	77,60	20,23	56,42
Weinbergfronen	44,52	5,46	39,6
Hauswirtschaftliche Fronen	16,—	—	16,—

Zur Berechnung des Geldwertes der Naturalfronen wurden folgende Bewertungs-sätze angenommen, welche die Herrschaft für entsprechende Lohnarbeiten hätte ent-richten müssen:

Anschlag für die Fuhrfronen, je nach Entfernung: 1 fl 48 kr bis 2 fl 30 kr

Holzhauerlohn je Klafter Holz	54 kr
Lohn eines Jagdtreibers pro Tag	24 kr
Lohn eines Schleichwegmachers pro Tag	28 kr
Lohn eines Gartenarbeiters pro Tag	24 kr
Lohn eines Weinlesers pro Tag	20 kr
Lohn eines Büttenträgers pro Tag	24 kr
Lohn eines Bauarbeiters pro Tag	24 kr
Lohn eines Schneiders pro Tag	40 kr

Das bedeutet also, daß, soweit es sich aus den angegebenen Zahlen errechnen läßt, die jährlichen Naturalfronen insgesamt etwa folgenden Umfang hatten:

2212 Holzfuhren
150 Zehent- und Gefällfuhrfronen
77 Weinfuhren
1257 Klafter Holz spalten
334 Tage Arbeit im herrschaftlichen Garten
195 Tage Bauarbeiten
67 Tage Arbeit für die Weinleser
56 Tage Arbeit für die Büttenträger

Zwar ist die für die Herrschaft wichtigste Fron, die Jagdfron, in der in Geldwerten ausgedrückten Fronzusammenstellung nicht in Fuhr- und Handfronen aufgeteilt, doch ergeben sich, wenn man den verzeichneten Geldwert je hälftig für die Hand- und Spanndienste annimmt etwa

1106 Jagdfuhren
2973 Tage Dienst für die Treiber
2584 Tage Dienst für die Schleichwegmacher

6. Versuch einer Darstellung der Gesamtbelastung des Hohenloher Bauern

Eine Darstellung der Gesamtbelastung des Hohenloher Bauern kann bei der Bunt-heit der von ihm geforderten Leistungen, die neben monetären und naturalen Abgaben auch Dienste umfaßte, nur andeutungsweise vorgenommen werden. Das hierbei ge-fundene Ergebnis schließt nicht aus, daß Güter von gleicher Größe und gleicher Art gelegentlich unterschiedlich hoch belastet waren; dies ließ sich bei dem damaligen Abgabensystem nicht vermeiden.

A. Die jährlichen Abgaben auf den Reinertrag[408]

Der Reinertrag wurde belastet durch den Zehnten, die Gült und die Frondienste.

1. Der Zehnte betrug, wie in einem vorangegangenen Kapitel aufgezeigt wurde[409], durchschnittlich 25 % des reinen Ertrags der zehntbaren Bemessungsgrundlage.
2. Die Gült betrug im Durchschnitt pro Morgen Grund und Boden ca. 20 kr[410], was bei einem angenommenen Reinertrag pro Morgen von 14 fl 2,4 % des Reinertrags entspricht.
3. Bei der Umrechnung der Frondienste in eine Belastung des Reinertrags wird davon ausgegangen, daß der Ertrag eines Gutes gleichmäßig innerhalb von 300 Arbeitstagen pro Jahr erzielt wird. Jährlich 15 Tage Frondienste[411] entsprechen somit 5 % der Arbeitszeit des Pflichtigen und damit einer 5%igen Belastung des Reinertrags.

Zusammenfassung der Belastung des Reinertrags:

durch den Zehnten	25 %
durch die Gült	2,4 %
durch die Frondienste	5 %
insgesamt	32,4 %

Dieser Abgabensatz ist als ein *maximaler* Annäherungswert anzusehen, der in der Praxis deshalb kaum erreicht worden sein wird, weil

a) ein Großteil der Wiesen nicht der Zehentpflicht unterlag und deshalb deren Ertrag nicht «besteuert» wurde,
b) die Fronen keinesweg immer in der angegebenen Höhe zu leisten waren. Insbesonders schwankte die Höhe der tatsächlich geforderten Jagdfronen z. T. sehr stark mit der unterschiedlichen Menge des erlegten Wildes[412].

---

[408] Siehe Anmerkung 336, S. 67.
[409] Vgl. S. 67 f.
[410] Vgl. oben S. 45 f.
[411] Vgl. oben S. 77 ff.
[412] Vgl. K/II/W/228/Q 32: Zusammenstellung der jährlichen Wilbretfuhren aus dem Revier Thierberg nach Kirchberg:

im Jahre	Hochwildfuhren	Kleinwildgänge
1823/24	4	9
1824/25	9	7
1825/26	4	5
1826/27	5	3
1827/28	13	11
1828/29	9	13
1829/30	13	14
1830/31	7	5
1831/32	8	17
1832/33	19	12
1833/34	10	29
1834/35	11	24
1835/36	5	14
1836/37	9	11
1837/38	11	24

c) ein Ertragsausfall der Bauern infolge der Fronverpflichtungen zwar bestand, der-selbe sich aber wegen der spezifisch landwirtschaftlichen Ertragserzielung kaum, wie bei der Berechnung angegeben wurde, linear über das ganze Jahr verteilte, vielmehr der Bauer – z. B. durch gelegentliche Sonntagsarbeit – die verlorenen Arbeitszeiten teilweise wieder einarbeiten konnte. Auch wurde bei dem Abschnitt über die Fronen darauf hingewiesen, daß dieselben z. T. während der Winterszeit geleistet werden mußten, während der der Bauer «müßig» war, bzw. eine dem Bauern gelegene Zeit abgewartet wurde, während der er keine dringende Arbeit auf dem eigenen Feld zu entrichten hatte[413],

d) die – zwar relativ geringen – Präbenden der Herrschaft[414] nicht berücksichtigt wurden.

Zu dem Ansatz von 32,4 % muß der Vollständigkeit wegen noch der Blutzehnte und der Heuzehnte hinzugerechnet werden, die aber ihres relativ seltenen Vorkommens wegen außer Betracht blieben.

Die Belastung des Reinertrags ist nicht identisch mit der Belastung des gesamten Einkommens des Bauern. Einkünfte z. B. aus der Mästung und dem Export von Rindern blieben – von der Accise, die auf den ausländischen Käufer abgewälzt wurde, abgesehen – unbelastet, so daß die zahlenmäßig praktisch nicht mehr feststellbare «Einkommensbesteuerung» des Pflichtigen geringer sein mußte als die des Reinertrags.

B. Die Abgaben auf das Vermögen

Die Belastung geschah durch das Handlohn und das Hauptrecht, wobei als Bemessungsgrundlage der Taxwert des Hofes herangezogen werden soll; ferner durch das Dienstgeld und die Landsteuer, bei denen der Schatzungsanschlag als Bemessungsgrundlage diente.

1. Das Handlohn betrug im allgemeinen 5 % bei einer durchschnittlichen Bewirtschaftungsperiode von 25 Jahren. Pro Jahr ergab dies eine Belastung des Hofwertes von   0,2 %
2. Das Hauptrecht belastete den Hof in gleicher Höhe   0,2 %
3. Das Dienstgeld machte 2 fl pro 100 fl Schatzungsanlage aus. Nimmt man einen vierfach höheren Taxwert an[415], ergibt sich eine Belastung von   0,5 %
4. Die Landsteuer betrug 50 kr pro 100 fl Schatzungsanlage bzw. pro 400 fl «wahren Wert»   0,2 %

Insgesamt jährliche Abgaben auf das Vermögen   1,1 %

Dieser Belastungsatz von 1,1 % ist als *durchschnittliche* – und nicht als maximale, wie bei der «Besteuerung» des Reinertrags – Belastung des Vermögens anzusehen. Abweichungen über diesen Prozentsatz ergaben sich aus

a) einem höheren Handlohn- und Hauptrechtsatz als 5 %. Ein Anschlag unter 5 % war kaum irgendwo vorzufinden;
b) einer kumulativen Belastung des Vermögens durch Handlohn, Sterbfall und Hauptrecht[416].

[413] Siehe oben S. 78.
[414] Siehe oben S. 84 f.
[415] Vgl. oben S. 53.
[416] Das Nebeneinander von Handlohn-, Sterbfall- und Hauptrechtpflichtigkeit konnte in einem Falle, bei dem Kupferhof, festgestellt werden und ist als sehr seltene Ausnahme anzusehen, K/II/W/194; vgl. auch GA Abt. Ablösung, o. Nr., Akte Kleinallmerspann-Kirchberg.

Abweichungen unter den angegebenen Prozentsatz ergaben sich aus:

a) einer geringeren Dienstgeldpflichtigkeit der Köbler, Hausgenossen und Witwen um 25 % bis 50 %[417];

b) einer abweichenden Bemessungsgrundlage: nicht 100 fl Schatzungsanlage wurden als Bezugsbasis genommen, sondern das «Dienstpferd», das mit 400 fl bis 700 fl Schatzungsanlage gleichgesetzt wurde, wie es im Stammesteil Hohenlohe-Neuenstein der Fall war[418];

c) der Tatsache, daß der Prozeß, die Schatzungsanlage durch den «wahren Wert» als Bemessungsgrundlage zu ersetzen, erst kurz vor der Bauernbefreiung nahezu vollständig zum Abschluß kam, und

d) nur das liegende Vermögen belastet war, nicht aber das Barvermögen des Pflichtigen.

Bei dieser durchgeführten Berechnung der Gesamtbelastung des Hohenloher Bauern wurde nicht mit aufgenommen die Nachsteuer und das Konzessionsgeld bei der Güterzertrümmerung, da beide Abgabearten so selten anfielen, daß sie ohne Bedeutung für die jährliche Gesamtbelastung waren.

Der meines Wissens einzige Versuch aus der Zeit, die *gesamte Belastung eines Hofes* an Hand von konkreten Zahlen aufzuzeigen, wurde von J. F. MAYER durchgeführt[419]. J. F. MAYER beschreibt einen Hof im Amte Künzelsau; dieser umfaßte 27 M Ackerland, 10 M Wiesen, 3 M Gras- und Krautgarten und 10 M Holz zur Feuerung. Der Hof lag mit 1000 fl in der Schatzung.

Rohertrag des Hofes:	
von 18 M Äcker[420], Ertrag pro M 24 fl	432 fl
von den Wiesen, deren Ertrag über den Gewinn der mit dem Gras gefütterten Rinder und Schafe berechnet wurde	
Gewinn von 13 Rindern je 10 fl	130 fl
Gewinn von 10 Schafen je 1 fl	10 fl
Insgesamt	572 fl

Aufwand:		
Lohn für 2 Knechte	40 fl	
Lohn für 2 Mägde	20 fl	
Aussaat	67 fl 30 kr	
Schnitt, Geschirr (Gerätschaft), Kleidung	102 fl =	229 fl 30 kr
Reinertrag		342 fl 30 kr

Belastung des Hofes:		
der Zehnte[421]	47 fl 12 kr	
das Dienstgeld		
1 fl 30 kr pro 100 fl Schatzungsanschlag	15 fl	
Landsteuer		
45 kr pro 100 fl Schatzungsanschlag	7 fl 30 kr	
Insgesamt		69 fl 42 kr

[417] Siehe S. 72, 74.

[418] Eine gesonderte Darstellung der Belastung der Pflichtigen in den beiden Hauptstammesteilen Hohenlohe-Neuenstein und Hohenlohe-Waldenburg braucht deshalb nicht aufgestellt zu werden, da bis auf die Dienstgeldpflichtigkeit die Belastung dieselbe war.

[419] J. F. MAYER, Beiträge, a. a. O., Bd. 4, S. 538 ff.

[420] 9 M Äcker lagen brach.

[421] Es darf angenommen werden, daß sich der Restbetrag des mit 43 fl 12 kr anzusetzenden großen Zehnten zusammensetzt aus dem Blut- und Heuzehnten.

Die Belastung des Reinertrags betrug somit 20,4 %.

Berücksichtigt man, daß J. F. Mayer bei seiner Berechnung weder die Frondienste noch die Gült und das Laudemium in seine Belastungsberechnung aufnahm, so kann sehr wohl eine Belastung dieses Hofes in der Größenordnung unseres gefundenen Anschlages festgestellt werden, zumal Mayer die Einkünfte aus der Rinderzucht in seine Berechnung mit aufnahm. Die Belastung ohne die Erträge aus der Viehhaltung würde bei über 35 % liegen.

7. Der Anteil der einzelnen Abgabearten an dem Gesamteinkommen der Herrschaft

Nach der Betrachtung der einzelnen Abgabearten der Hohenloher Bauern, Köbler und Hausgenossen mag es interessant sein festzustellen, welchen Anteil die einzelnen Abgabearten an dem Gesamteinkommen der Herrschaft ausmachten. — Es läßt sich dies aus dem im folgenden wiedergegebenen General-Etat der fürstlich Hohenloher Rentämter in dem Stammensteil Hohenlohe-Öhringen für die Zeit von 1790 bis 1804 entnehmen[422].

Abgabearten	fl	kr	in % der Gesamteinnahmen
Einnahmen aus Regalien			
Zoll	3 505,4		2,8
Strafen	1 168,27		0,96
Bannweingeld	522,34		0,43
Stempelgebühren	65,31		0,05
Chausseegelder	40,39		0,03
Lohmühlen- und Hafnerrecognitionsgeld	21,45		0,01
Zinse auf Bank- und Unschlittlichter	17,15		0,01
Markt-, Schau- und Standgelder	14,5		0,01
Abgabe von Fleischhaubänken	13,7		0,01
Dispensationsgeld für Salzsieder und Aschesammeln	12,30		0,01
Einzugsgeld von neuen Untertanen	11,26		0,01
Hausiergeld	1,30		—
Insgesamt	**5 393,53**		**4,40%**
Abgaben auf den Ertrag des Pflichtigen			
Zehnte	31 868,19		26,0
Gülten und Zinse	13 025,10		10,7
Canon	4 769,16		3,9
Holzbatzengeld	1 181,47		0,96
Fron- und Ernteschnittgeld	890,13		0,72
Luderpferds-, Hunds- und Kapaunengeld	282,37		0,23
Jägeratzung	128,—		0,1
Leibsbeet und Leibhühner[423]	4,1		—
Insgesamt	**52 149,23**		**42,61%**

[422] SFAL E 221, Fach 52, Fasz. 16. Die naturalen Abgaben sind mit ihrem damaligen Marktpreis eingesetzt.

[423] Diese geringe Abgabensumme zeigt deutlich, wie unbedeutend das Institut der Leibherrschaft in jener Zeit gewesen ist. Vgl. oben S. 22.

Abgaben auf das Vermögen des Pflichtigen

Ständige Abgaben	fl	kr	in %/ der Gesamteinnahmen
Dienst- und Schutzgeld[424]	12 508,19		10,2
dto. für Juden, incl. deren Haus- u. Begräbnisgeld	594,21		0,48
Landsteuer, Kontributionsgeld	10 352,29		8,45
Unständige Abgaben			
Handlohn	8 473,60		6,92
Hauptrecht (Sterbfall)	1 508,56		1,23
Nachsteuer	2 957,25		2,41
Beet	1 989,32		1,62
Concessionsgeld für Güterzertrennung	2,55		–
Insgesamt	**38 387,53**		**31,36%**

Einnahmen aus herrschaftlichen Eigenbesitzungen

	fl	kr	in %/ der Gesamteinnahmen
Jagd- und Forstertrag	15 357,—		12,54
Kammergüterertrag	7 700,36		6,29
Aus der gemeinschaftlichen Lehenskasse	199,56		0,16
Insgesamt	**23 257,32**		**18,99%**

Sonstige Abgaben

	fl	kr	in %/ der Gesamteinnahmen
Umgeld	2 270,18		1,84
Erbbestandsgeld	300,—		0,24
für Accisefreiheit	200,—		0,16
Gefälle von Handwerkszünften	139,59		0,11
Stadtschultheißengefälle	123,48		0,10
Taubenschlaggeld	96,19		0,05
Stallungsgeld	40,—		0,03
Div. Dispensations- und Konzessionsgelder	21,42		0,01
Weidgeld	17,30		0,01
Landstreifgeld	–,23		–
Insgesamt	**3 209,59**		**2,63%**
Sämtliche Einnahmen zusammen:	**122 398,40**		**100 %**

Betrachtet man die fünf wichtigsten Einnahmearten der Herrschaft — vom Ertrag der herrschaftlichen Forste abgesehen —

der Zehnte	26 %	der Gesamteinkünfte
die Gülten und Zinse	10,7 %	der Gesamteinkünfte
das Dienstgeld	10,2 %	der Gesamteinkünfte
die Landsteuer	8,4 %	der Gesamteinkünfte
das Laudemium	8,2 %	der Gesamteinkünfte,

[424] Das Dienst- und Schutzgeld ist hier in einer Summe zusammengefaßt unter der Rubrik «Abgaben auf das Vermögen» aufgeführt. Streng genommen trifft diese Überschrift nur auf das Dienstgeld der Bauern in der Hauptlinie Hohenlohe-Neuenstein zu (s. S. 72) sowie auf das Dienstgeld der Bauern und Köbler des Zweiges Hohenlohe-Waldenburg (s. S. 74). Die Köbler in Hohenlohe-Neuenstein hatten ein in der Höhe fixiertes Dienstgeld zu zahlen, während die übrigen dienst- und schutzgeldpflichtigen Personen, vor allem die Hausgenossen, kein Vermögen hatten in dem Sinne, daß ihre Abgabe die Bezeichnung «Abgaben auf das Vermögen» zutreffen würde. – Die Quellenlage ermöglichte jedoch keine entsprechende Aufteilung der Gesamtsumme «Dienst- und Schutzgeld».

so ergibt sich der Zehnte als die weitaus dominierende Einnahmeart. Die drei nächst-
folgenden Positionen zeichnen sich durch eine relative Unelastizität gegenüber Geld-
wertschwankungen aus[425]: Der nominale Geldwert blieb konstant oder veränderte
sich nur geringfügig, während ihr realer Wert infolge des steigenden Preisniveaus
absank. Angesichts ihrer Bedeutung für die herrschaftlichen Einnahmen nimmt es
nicht wunder, daß die Herrschaft versuchte, wenigstens bei dem Laudemium, der fünft-
größten Einnahmeart, die Schatzungsanlage als Bemessungsgrundlage durch den «wahren Wert» zu ersetzen, um so wenigstens einen Teil der «unelastischen Abgaben»
in «elastische» umzuwandeln[425a].

Auffallend ist weiter die sehr geringe Bedeutung der Einnahmen aus Regalien und
vor allem die kaum ausgebildete Umsatzbesteuerung.

2. HAUPTTEIL:

Die Eingliederung Hohenlohes in das Königreich Württem-
berg und deren Folgen für die spätere Durchführung der
Befreiungsgesetze in Hohenlohe

I. Die staatsrechtlichen Verhältnisse in (Alt)-Württemberg vom
Beginn des 19. Jahrhunderts bis zur Entstehung der neuen Würt-
tembergischen Verfassung vom 25. September 1819 und den
königlichen Deklarationen über die staatsrechtliche Stellung der
fürstlichen Häuser von Hohenlohe, 1823 bis 1829

Das zum Schwäbischen Kreis gehörende Herzogtum Württemberg war am Ende
des 18. Jahrhunderts mit einer Gesamtfläche von ca. 150 Quadratmeilen und ca. 660 000
Einwohnern[426], wie das Fürstentum Hohenlohe, einer jener Staaten, die das alte Reich
bildeten. Es erkannte den Römisch-Deutschen Kaiser als sein Oberhaupt an und leistete ihm verfassungsmäßigen Gehorsam.

Die Staatsform war eine durch Stände (in Württemberg sprach man von der Landschaft) konstitutionell beschränkte Erbmonarchie. Die Verfassung war kein zusammenhängendes Statut, sondern die Rechte der Untertanen und der Landschaft waren
in vielen einzelnen, früher z. T. streng geheimgehaltenen Verträgen und Urkunden
festgelegt, die oft erst bei Streitigkeiten zwischen dem Monarchen und den Ständen
publik wurden[427].

[425] Die Landsteuer und das Dienstgeld waren in ihrem ganzen Betrag in festen Geldwerten
ausgedrückt; die Einnahme aus den Gülten und Zinsen vermochte sich z. T. wenigstens insoweit
den Geldwertänderungen anzupassen, als sie in Naturalien zu entrichten waren.
[425a] Siehe oben S. 53 f.
[426] CHR. HERDEGEN, Württembergs Staatshaushalt, a. a. O., S. 26.
[427] R. v. MOHL, a. a. O., Bd. 1, Abschn. 2, S. 55 ff.

Die Rechte der Landschaft waren umfassend: Ohne ihre Zustimmung durfte außer der Reichs- und Kreis-Anlage keine Steuer ausgeschrieben werden, wie auch kein Hauptgesetz ohne ihr Vorwissen und ihren Konsens abgeändert oder neu erstellt werden durfte[428].

Die alte württembergische Verfassung bestand, obwohl sie im Laufe der Zeit manches Mal im einzelnen verletzt und in ihrer Gesamtheit bedroht wurde, bis in die ersten Jahre des 19. Jahrhunderts.

Herzog Friedrich II. von Württemberg (Regierungszeit von 1797 bis 1816) war ein eigenwilliger Monarch, der nicht immer innerhalb der Grenzen der Verfassung blieb. Er lebte in ständigen Streitigkeiten mit der Landschaft, die besonders während der napoleonischen Kriege zäh auf ihren Rechten bestand. Die Folge dieser Differenzen war, daß der Herzog die umfangreichen Entschädigungsgebiete, die er nach dem Reichsdeputationshauptschluß von 1803 als Ersatz für die an Frankreich abgetretenen elsässischen und burgundischen Herrschaften und für Mömpelgard zugesprochen erhielt, in einem zweiten Staat, Neu-Württemberg genannt, zusammenfaßte. Diesen aus den verschiedensten, verstreut liegenden Gebietszwickeln bestehenden Staat vereinigte er nicht mit dem alten Herzogtum (Alt-Württemberg), sondern gab ihm, mit Ausnahme des Kriegswesens, eine völlig von Alt-Württemberg getrennte Verwaltung. Die Neuerwerbungen fielen nicht unter den Geltungsbereich der ständischen Verfassung, der König regierte in ihnen uneingeschränkt[429].

Nachdem Friedrich II. durch den Frieden zu Preßburg vom 26. Dezember 1805 neben einem weiteren namhaften Landeszuwachs die volle Souveränität und die Königswürde erhalten hatte, hob er am 30. Dezember die ständische Verfassung kurzerhand als «eine nicht mehr in die Zeit passende Einrichtung» auf. Bis zur Errichtung der neuen Verfassung vom 25. September 1819 war die Regierungsform die einer absoluten Monarchie[430], des Königs Wille war Gesetz.

Die Erlangung der vollen Souveränität bedeutete, daß Württemberg de facto aus jedem «staatsrechtlichen Unterordnungs-Verhältnis»[431] austrat und sich zu den völkerrechtlich selbständigen Staaten zählte. Als solcher trat Württemberg am 12. Juli 1806 dem Rheinbund bei, dessen Mitglieder gemäß der Rheinbundakte von demselben Tag alle in Süddeutschland gelegenen, bis dato reichsunmittelbaren und dem Rheinbund nicht beigetretenen Fürstentümer und Grafschaften mediatisieren konnten. — Als Kaiser Franz II. am 6. August 1806 die Kaiserkrone niederlegte, war auch de jure die Souveränität Württembergs gegeben, und der König von Württemberg kündigte vier Tage später in einem Dekret vom 10. August 1806 den Fürsten von Hohenlohe offiziell an, daß ihre Lande, mit Ausnahme der Bayern zugesprochenen Gebiete von Hohenlohe-Schillingsfürst und Hohenlohe-Kirchberg, mit voller Souveränität an ihn und seine Thronfolger gefallen seien[432].

Friedrich II. hatte erreicht, was er wollte: Der Staat, bestehend aus Alt-Württemberg, Neu-Württemberg und den Gebieten der Mediatisierten, war im Innern ge-

---

[428] R. v. MOHL, a. a. O., Bd. I, Abschn. 2, S. 10.

[429] Näheres hierzu s. E. HÖLZLE, Württemberg im Zeitalter Napoleons, a. a. O., S. 78 ff. Ferner A. DEHLINGER, a. a. O., Bd. 1, S. 109 ff.

[430] Während jener Zeit des Verfassungs- und Ständestreites erklärten sich die einberufenen Ständeversammlungen nicht als rechtlich konstituiert; sie waren zu keiner anderen Amtshandlung berechtigt, als zur Festsetzung einer neuen Verfassung.

[431] R. v. MOHL, a. a. O., Bd. 1, S. 20 f.

[432] Durch den Grenzvertrag zwischen Württemberg und Bayern vom 18. Mai 1810 kam Kirchberg wieder zu Württemberg, während Schillingsfürst der Krone Bayerns verblieb.

schlossen und er selbst von den Bindungen und Beschränkungen des Reichsrechts und der Verfassung befreit. Er konnte beginnen, den Staat mit seinen so verschiedenartigen Bestandteilen[433] zu ordnen und neu aufzubauen[434]. Er tat dies mit Kraft und Energie, jedoch ohne Schonung, Milde und Versöhnung mit dem alten.

Für die Bauernbefreiung in den mediatisierten Landesteilen war es, wie noch zu zeigen sein wird, von Bedeutung, das diese gerade während der verfassungslosen Zeit an Württemberg kamen.

Die Standesherren wurden von einem Tag auf den anderen von selbständigen Landesherren zu Untertanen eines neuen Staates, in dem sie bis zur Verkündung der neuen Verfassung von 1819 nicht einmal als ständische, verfassungsmäßig berufene Vertreter ihrer ehemaligen Lande an der Verwaltung und dem Aufbau des neuen Staates mitarbeiten konnten. Kein Wunder, daß ihr Verhältnis zu ihrem neuen Herrn, dem «König von Württemberg, souveräner Herzog in Schwaben und von Teck, Herzog zu Hohenlohe, Landgraf von Tübingen ... etc.»[435] keineswegs gut war.

Es werden nun im Überblick die Auswirkungen des Anschlusses Hohenlohes an Württemberg in rechtlicher, finanzwirtschaftlicher und politisch-soziologischer Hinsicht betrachtet. Es ist dann der Grund für das Verständnis dafür gelegt, daß die Durchführung der Bauernbefreiung in Württemberg das Land in zwei voneinander getrennte Teile zerlegte: die Gebiete der mediatisierten Landesherren und die Gebiete des übrigen Königreiches.

II. Die Auswirkungen des Anschlusses von Hohenlohe an Württemberg in rechtlicher Hinsicht

1. Die Bestimmungen der Rheinbundakte vom 12. Juli 1806[436] und die Durchführung dieser Bestimmungen in Württemberg

Nach Artikel 24 der Rheinbundakte übte der König von Württemberg alle souveränen Rechte über sämtliche ihm zustehenden Besitzungen der Fürsten von Hohenlohe aus. Als Rechte der Souveränität wurden angesehen das Recht der Gesetzgebung, der obe-

[433] Von ca. 9500 km² Fläche im Jahre 1800 war das Staatsgebiet auf ca. 19 500 km² Fläche angewachsen und umfaßte statt der etwa 660 000 Einwohner zu Beginn der Säkularisierung nun etwa 1 300 000 Menschen. Hohenlohe war mit seinen 34½ Quadratmeilen Ausdehnung (annähernd 1672 km²) und rund 65 000 Einwohnern das größte hinzugekommene weltlichfürstliche Gebiet. – Vgl. R. Moser, Vollständige Beschreibung von Württemberg, a. a. O., Bd. 1, S. 462; E. Marquard, a. a. O., S. 304; E. Häussermann, a. a. O., S. 12. Allein das im Jahr 1803 als Staat im Staat eingerichtete Neu-Württemberg hatte 14 verschiedene Steuerverfassungen, vgl. R. v. Mohl, a. a. O., Bd. 2, S. 836 f.
[434] Näheres s. E. Hölzle, Württemberg im Zeitalter Napoleons, a. a. O., S. 79 ff. und S. 85 ff. Ferner A. Dehlinger, a. a. O., Bd. 1, S. 109 ff.
[435] Der neue Titel des Königs von Württemberg ist abgedruckt in «Der Rheinische Bund», Bd. 18, Heft 52, S. 154.
[436] Abgedruckt bei A. L. Reyscher, Sammlung, a. a. O., Bd. III, S. 639 ff.

ren Gerichtsbarkeit, der Ober-Polizei, der militärischen Konspiration[437] und das Recht der Besteuerung.

Den mediatisierten Fürsten wurde ausdrücklich zugesprochen: ohne Ausnahme ihr Patrimonial- und Privateigentum, alle Domänen, die sie gegenwärtig besaßen, so auch die Herrschafts- und Feudalrechte, die nicht wesensmäßig zur Souveränität gehörten. Hierzu gehörte namentlich das Recht der niederen und mittleren, peinlichen und bürgerlichen Gerichtsbarkeit und Polizei, der Jagd und Fischerei, die Berg- und Hüttenwerke, der Zehnte, die Lehensgefälle, sowie überhaupt die aus dem Obereigentum und den erwähnten Rechten fließenden Einkünfte. Ferner hatten die Standesherren den Vorzug der Steuerfreiheit für ihre Domänen und Güter, der Aufenthaltsfreiheit und den eines Gerichts von Ebenbürtigen in Strafsachen.

Während die meisten Rheinbundstaaten, insbesondere Bayern, diese Bestimmungen bereitwillig ausführten und für ein erträgliches Verhältnis der Zusammenarbeit zwischen dem Monarchen und den Standesherren sorgten, war Württemberg derjenige Staat, der diese Artikel der Rheinbundakte am wenigsten beachtete, sondern mit harter Konsequenz die Standesherren in die Klasse der nicht bevorrechtigten Untertanen einzureihen versuchte.

Solange die eingegliederten Fürsten und Grafen noch im Besitz der niederen und mittleren Gerichts- und Polizei-Gewalt waren, besaßen sie noch einen Teil ihres vormaligen Einflusses auf ihre früheren Untertanen, was möglicherweise dazu führen konnte, die Ausschließlichkeit der Ansprüche der Krone in Frage zu stellen.

Ein königliches Rescript vom 10. Mai 1809[438] löste deshalb, im Widerspruch mit der Rheinbundakte stehend, jegliche Kriminal-, Zivil-, Forst- und Polizeigerichtsbarkeit der Mediatisierten auf und entzog ihnen die Steuerfreiheit. Das Recht auf ein Gericht von Ebenbürtigen in Straffällen wurde den Standesherren überhaupt nie erteilt. Die Aufhebung der Familienverträge, Fideikommisse, Majorate und Seniorrate für die fürstlichen Häuser wurde angeordnet und die landrechtliche Intestat-Erbfolge eingeführt.

Aber noch tiefer griff der König in die persönlichen Verhältnisse der Standesherren ein: sie mußten alle ausländischen Dienste verlassen, durften nur mit besonderer königlicher Erlaubnis ihre auswärtigen Güter besuchen, hatte sich bei Strafe des vierten Teils ihres Einkommens mindestens drei Monate im Jahr in Stuttgart aufzuhalten etc. etc.[439]. Mit der Verordnung vom 12. Februar 1807 wurden alle bisherigen Landesgesetze der neu erworbenen Landesteile mit Wirkung vom 1. Januar 1807 an außer Kraft gesetzt, und nur jene Lokalstatuten und Rechtsgewohnheiten behielten ihre Gültigkeit, die nicht contra ius wurtembergicum verstießen. — Die Lehensherrlichkeit über solche standesherrlichen Güter, die früher dem Kaiser und dem Reich — oder sonstigen weltlichen oder geistlichen Herren — angehörten, betrachtete der König als auf sich übergegangen[440]. Sie waren demzufolge von den neuen württembergischen Vasallen — u. a. den mediatisierten Fürsten — bei dem Lehenshof in Stuttgart zu muten[441]. Damit war jeder «ausländische» Lehensverband aufgehoben. Die Aktivlehen der Mediatisierten standen denselben jedoch nach wie vor zu.

---

[437] Konspiration bedeutet Verschwörung. Hier hat es den Sinn von: Eingehen von Militärbündnissen mit fremden Mächten.
[438] A. L. REYSCHER, Sammlung, a.a.O., Bd. VII, S. 203.
[439] Näheres siehe H.-B. v. SCHWEINITZ und KRAIN, a.a.O., S. 114 ff., 138 ff.
[440] Vgl. «Der Rheinische Bund», Bd. 5, Heft 15.
[441] RBl. von 1806, S. 11.

2. Die Bestimmungen der Deutschen Bundesakte vom 8. Juni 1815[442] und die Durchführung dieser Bestimmungen in Württemberg

Von entscheidender Bedeutung für die Rechtsverhältnisse der Mediatisierten war nun der Ausgang des Wiener Kongresses, vor dem die Standesherren ihre weitgehend berechtigten Klagen wegen der Nichteinhaltung der Bestimmungen der Rheinbundakte von seiten des württembergischen Königs vortrugen. Ihre Hoffnung auf günstigere Bestimmungen erfüllten sich[443].

Besonders wichtig sollte sich für die Zukunft der Artikel 14 der Bundesakte erweisen, wonach «den Standesherren... all diejenigen Rechte und Vorzüge zugesichert werden, oder bleiben, welche aus ihrem Eigentum und dessen ungestörtem Genusse herrühren und nicht zu der Staatsgewalt und den höheren Regierungsrechten gehören».

Auf die erneut zugesicherte Ausübung der bürgerlichen und peinlichen Gerichtspflege in erster Instanz sowie der Forstgerichtsbarkeit und Polizeigewalt verzichteten die Fürsten von Hohenlohe wegen der damit verbundenen hohen Kosten[444]. — Die Fideikommisse, Hausverträge und Seniorrate blieben unangetastet.

Der König von Württemberg befand sich jetzt in einer für ihn unangenehmen Lage. Sich ganz als souveräner Monarch eines souveränen Staates fühlend, war es ihm unbequem, sich einer ihm übergeordneten gesamtdeutschen Instanz zu beugen. Doch war er klug genug, nicht offen gegen die Akte zu verstoßen, zumal sich der Rheinbund als unstabiles Gebilde erwiesen hatte und der mächtige Protektor Napoleon gestürzt war[445]. Der König, es war nunmehr Wilhelm I., versuchte vielmehr die Verhältnisse mit den einzelnen Standesherren intern unter Ausschluß des Deutschen Bundes, aber unter Beachtung der Artikel der Deutschen Bundesakte, zu regeln. Er mochte wohl hoffen, sich damit bei etwaigen Streitigkeiten nicht auf eine außerwürttembergische Akte stützen zu müssen und so den Einfluß des Deutschen Bundes auf sein Gebiet dämmen zu können. — Das Ergebnis dieser Bemühungen waren zweiseitige Verträge zwischen dem Monarchen und den einzelnen Standesherren, die in die Form *königlicher Deklarationen* gekleidet waren.

Es erschien die königliche Deklaration, die staatsrechtlichen Verhältnisse betreffend,

für das Haus

Hohenlohe-Waldenburg-Bartenstein	am 27. Okt. 1823[446]
Hohenlohe-Waldenburg-Bartenstein-Jagstberg	am 27. Dez. 1825[447]
Hohenlohe-Neuenstein-Öhringen	an demselben Tag[447]

---

[442] Abgedruckt bei A. L. REYSCHER, Sammlung, a. a. O., Bd. III, S. 655 ff.

[443] «Günstiger» in Beziehung auf ihre tatsächliche Lage in Württemberg, aber nicht günstiger verglichen mit den Artikeln der Rheinbundakte.

[444] Lediglich Hohenlohe-Bartenstein und -Jagstberg übten vorübergehend während der Jahre 1823 bis 1839 diese Rechte aus, gaben sie aber dann wieder aus obigem Grund an die K. Oberämter ab. Ähnlich kurze Zeit übernahm Hohenlohe-Kirchberg zwar die Bezirks-Polizeigewalt, nicht aber die Gerichtsbarkeit. SAS E 33–34 Fasz. G 223; TH. KNAPP, Neue Beiträge, a. a. O., Teil 1, S. 165.

[445] Württemberg machte sich nach der Schlacht von Leipzig (18. Oktober 1813) von dem sich auflösenden Rheinbund frei und trat am 2. November 1813 in die Allianz gegen Napoleon ein. Der Eintritt Württembergs in den Deutschen Bund erfolgte dann im Jahre 1816.

[446] RBl. von 1823, Nr. 61.

[447] RBl. von 1825, Nr. 41.

Hohenlohe-Neuenstein-Kirchberg	an demselben Tag[447]
Hohenlohe-Neuenstein-Langenburg	an demselben Tag[447]
Hohenlohe-Schillingsfürst	am 1. Jan. 1829[448]

In diesen Deklarationen wurden den Standesherren u. a. nunmehr zum dritten Male «alle diejenigen Rechte und Vorzüge zugesichert, welche aus deren Eigentum und dessen ungestörtem Genusse herrühren und nicht zu der Staatsgewalt und höheren Regierungsrechten gehören».

Nach diesen Deklarationen war die staatsrechtliche Stellung der Fürsten von Hohenlohe innerhalb des württembergischen Staatsverbandes geklärt. Sie kannten ihre genau umgrenzten Rechte und Pflichten und vermochten, entsprechend der neuen Verfassung aus dem Jahre 1819, als Mitglieder der ersten Kammer (der Kammer der Standesherren) an der Verwaltung und der Gesetzgebung des neuen Staates mitzuarbeiten.

III. Die Auswirkungen des Anschlusses von Hohenlohe an Württemberg in finanzwirtschaftlicher Hinsicht

Bis zur Mediatisierung hatten die Untertanen der Fürsten von Hohenlohe nahezu alle ihre Abgaben und Leistungen, gleich welcher Art, an ihren Fürsten zu entrichten, und zwar sowohl

a) die Leistungen, die dem grundherrlichen und ehemaligen leibherrlichen Verband entsprangen — es waren dies überwiegend, nach der neuen Rechtsauffassung, privatrechtlich begründete Abgaben —, als auch

b) Abgaben, die an die Fürsten in deren Eigenschaft als Landesherr, Gerichtsherr und Schutz- und Schirmherr der Untertanen geleistet wurden. Es waren dies die staatsrechtlich begründeten Abgaben.

Nach der Mediatisierung übernahm der König von Württemberg als Landesherr die staatsrechtlichen Pflichten gegenüber seinen Untertanen. Ihm standen infolgedessen dann auch die staatsrechtlich begründeten Abgaben, die seither an die Fürsten von Hohenlohe flossen, zu.

Am 2. Oktober 1807 erschien die württembergische Instruktion über die Bestimmung und *Absonderung der Staats- und Patrimonialeinkünfte*[449].

Die Absonderung beruhte auf zwei Grundsätzen:

1. Dem Souverän gehörten alle Einkünfte, welche aus Rechten flossen, die der Souveränität wesensgemäß angehörten;

2. die Standesherren dagegen behielten

a) alle Abgaben ihrer Hintersassen, die den Charakter leib- und grundherrlicher Zinse und Gefälle hatten, selbst wenn sie den Namen Steuer, Schatzung, Beet od. dgl. besaßen, aber nicht als «wahre Steuern»[450] anzusprechen waren;

---

[448] RBl. von 1829, Nr. 51; vgl. auch SAS E 33–34 Fasz. G 223: Die Vorverhandlungen hierzu und die Gutachten des K. Geheimen Rats.

[449] Abgedruckt in «Der Rheinische Bund», a. a. O., Bd. 5, Heft 15, S. 434.

[450] Die Definition der «wahren Steuern» bereitete Schwierigkeiten. Man begnügte sich zu sagen, wahre Steuern seien solche, welche nach gewissen Gegenständen, auf die sie gelegt werden, steigen und fallen, und nicht nur einzelne Güterbesitzer oder Gemeinden, sondern einen ganzen Landbezirk betreffen, vgl. A. L. REYSCHER, Grundherrliche Rechte, a. a. O., S. 139.

b) alle Gefälle und Nutzungen aus ihren Domänen, welche ihnen als Stamm- und Privat-Gut verblieben.

Nach diesen Grundsätzen fielen dem Souverän u. a. zu[451]:

a) alle Einkünfte aus der landesherrlichen Oberaufsicht und Gesetzgebung, z. B. Taxen, Ordinari-Schatzung[452], Dispensations- und Konzessionsgelder für Gewerbe;
b) die aus der obersten Gerichtsbarkeit fließenden Strafen;
c) die aus der obersten Polizeigewalt fließenden Einkünfte; z. B. Zoll-, Geleit-, Post-, Chaussee-Gelder, Hausiergeld, Marktstandgelder, Untertanenaufnahmegebühr;
d) alle direkten und indirekten Steuern auf das Eigentum, das Gewerbe und den Konsum, z. B. die Accisen, das Umgeld, der Abzug oder die Nachsteuer[453];
e) das Schutz- und Schirmgeld, da der württembergische König Schutzherr geworden war und nur er das Untertanenrecht verleihen konnte;
f) der Bergzehnte und der Novalzehnte, da dem Monarchen die Leitung der Landeskultur zustand[454].

Den Standesherren verbleiben im einzelnen u. a.:

a) die leib- und grundherrlichen Gefälle, wie Leibhühner, Gürtelgewand, Gülten, der große, kleine und der Blutzehnt, Sterbfall, Handlohn, das Dienstgeld als monetisierte Frondienste, hergebrachte Gebühren von Lehen, z. B. aus Anlaß der Genehmigung der Zertrennung, Verpfändung, Veräußerung etc.;
b) Amts- und Gerichtssportel aus der Patrimonialgewalt;
c) die aus der Ortspolizei fließenden Gefälle.

Die tatsächliche Durchführung und Ausscheidung dieser Souveränitäts- und Patrimonialgefälle konnte wegen der Schwierigkeit, die mannigfachen Abgabepartikelchen auf einen der beiden Empfangsberechtigten zuzurechnen und der Arbeitsüberhäufung der königlichen Beamten erst Jahre später vollständig erledigt werden. Insoweit solche Abgaben provisorisch in die Hohenloher Rentamtskassen geflossen waren, wurden sie Gegenstand der Auseinandersetzung und des Vergleiches zwischen den betreffenden K. Kameralverwaltungen und den Hohenloher Verwaltungen[455]. Das Revenüenausscheidungsverfahren kam in Hohenlohe-Bartenstein im Jahre 1823, in Hohenlohe-Öhringen, -Kirchberg, -Langenburg und -Jagstberg im Jahre 1825 und in den restlichen Zweigen erst im Jahre 1829 zum Abschluß[456].

Nunmehr konkurrierten um die Leistungskraft der Hohenloher Bauern der König von Württemberg als neuer Landes- und oberster Gerichtsherr, er forderte die staatsrechtlich begründeten Abgaben, und die Fürsten von Hohenlohe als Grundherren, welche die überwiegend[457] privatrechtlichen Abgaben bezogen.

Der Landesherr hatte ein verständliches Interesse daran, möglichst leistungsfähige Untertanen zu haben. Die staatliche Ablösungsgesetzgebung, die unter anderem das

---

[451] KdA 1826/27, 6. Heft, S. 1717, 7. Heft, S. 1878; SFAL D 21, 94; SFAL E 221, Fach 52, Fasz. 13; SFAL F 98, Bu 794, Heft III, K II, W 208; «Der Rheinische Bund», a. a. O., Bd. 6, Heft 15, S. 431 f.

[452] Siehe insbesondere den Hohenlohe betr. Erlaß des Finanzministeriums vom 2. Mai 1813, A. L. Reyscher, Grundherrliche Rechte, a. a. O., S. 139.

[543] Die Nachsteuer im Innern Württembergs wurde am 1. Januar 1807 aufgehoben, «Der Rheinische Bund», a. a. O., Bd. 6, Heft 17, S. 253.

[454] Das Zehntrecht von Neubrüchen wurde den Fürsten von Hohenlohe in den K. Deklarationen, ihre staatsrechtlichen Stellungen betreffend, wieder eingeräumt, s. oben S. 95 f.

[455] K/II/W/202; SFAL E 221, Fach 52, Fasz. 16.

[456] K/II/W/202; K/II/W/276; SAS E 33–34, Fasz. G 223.

[457] C. S. Zachariae, a. a. O., S. 60 f. «Überwiegend», weil vorübergehend die Fürsten von Hohenlohe auch Gefälle aus der niederen und mittleren Gerichtsbarkeit sowie die Polizeigewalt erhielten. Siehe oben S. 95, Anm. 444.

Ziel hatte, die Abgaben aus dem Lehensverband abzuschaffen, vermochte dadurch den Bauernstand zu stärken und die potentielle finanzielle Leistungsfähigkeit des Bauern zu erhöhen. Es fragt sich nun, ob die Ablösungsgesetze in der Folgezeit tatsächlich und auf die Dauer das finanzielle Leistungsvermögen des Bauern zu dessen Vorteil gehoben haben, oder aber ob nicht vielmehr der Landesherr als zweiter Empfänger bäuerlicher Abgaben und Leistungen — sei es ganz oder nur teilweise — die erhöhte Zahlungsfähigkeit des Bauern für sich in Anspruch nahm. Damit wären die Abgaben, die bisher privatrechtlich begründet an den Lehensherrn gingen, lediglich mit dem Namen «Steuern» versehen in die Staatskasse umgeleitet worden.

IV. Die Auswirkungen des Anschlusses von Hohenlohe an Württemberg in politisch-soziologischer Hinsicht

Die Fürsten von Hohenlohe kamen durch ihre Mediatisierung in ein zweifaches neues Gruppenverhältnis:
das Verhältnis mediatisierter Fürst zum König und
das Verhältnis der mediatisierten Fürsten innerhalb Württembergs untereinander.

Diese Beziehungen waren in ihrer Ausgestaltung weitgehend bestimmt durch die Art und Weise, wie in Württemberg die Bestimmungen der Rheinbundakte ausgeführt worden waren. Die, wie gezeigt wurde, strenge, teilweise herabsetzende und nicht immer im Einklang mit der Akte stehende Behandlung der Standesherren[458] führte dazu, daß die Mediatisierten untereinander in ihrem Widerstand gegen den König eine Basis gemeinsamen Verstehens fanden und sich eine Art Schicksalsgemeinschaft innerer Verbundenheit entwickelte, die bei einer korrekteren Verhaltensweise des Königs möglicherweise nicht so ausgeprägt zustande gekommen wäre[459]. Die mediatisierten Standesherren schlossen sich in dem Mediatisiertenverein zusammen und standen auch nach dessen Auflösung durch die württembergische Regierung i. J. 1816 in fortwährender Fühlungnahme untereinander[460]. Man muß dieses Solidaritätsempfinden in der gemeinsamen Front gegen den König[461] berücksichtigen, wenn man verstehen will, warum, wie sonst in keinem anderen deutschen Staat, das Königreich Württemberg bei der Durchführung der Ablösungsgesetzgebung in zwei Hälften zerfiel:
a) das Territorium des ehemaligen Herzogtums Württemberg, in dem bereits im Jahre 1817 der Lehensverband[462] aufgehoben wurde, und

---

[458] Vgl. auch C. VOLLGRAFF, a. a. O., S. 301 f. und die Einleitung zu der Gesetzessammlung von A. L. REYSCHER, a. a. O., Bd. III, S. 63 ff.
[459] Man vergleiche hierzu z. B. Bayern, wo Montgelas mit seiner vorbildlichen und versöhnlichen Deklaration vom 19. März 1807 zwischen dem Staat und den unterworfenen ehemaligen reichsunmittelbaren Herren von Anfang an eine Brücke gegenseitigen Vertrauens baute.
[460] Vgl. H. GOLLWITZER, a. a. O., S. 119 f., 134.
[461] E. HÖLZLE, Württemberg im Zeitalter Napoleons, a. a. O., S. 132 f. und S. 178 ff., geht sogar so weit, wegen der versteckten Bindungen mehrerer mediatisierten Herrschaftshäuser mit Österreich, von einer Verschwörung gegen den württembergischen Staat zu sprechen.
[462] Die Aufhebung des Lehensverbandes bedeutet die Aufhebung des gespaltenen Eigentums an Grund und Boden. Der Boden gehörte nunmehr den vormaligen Grundholden zu vollem Eigentum und konnte von ihnen ohne herrschaftlichen Konsens nach Belieben zerteilt und veräußert werden.

b) die Gruppe der mediatisierten Lande, in denen die Auflösung des Lehensverbandes erst im Jahre 1848 eintrat.

Ob diese Verzögerung der Bauernbefreiung in Hohenlohe zum Vorteil dieser Lande gereichte oder nicht letztlich sie benachteiligte, sei noch dahingestellt. Heute, in der Mitte des zwanzigsten Jahrhunderts, läßt sich jedenfalls sagen, daß diese in ihrer alten Agrarstruktur länger verharrenden Teile Württembergs, die, und das ist hinzuzufügen, im Gegensatz zu Alt-Württemberg Gebiete mit Anerbenrecht waren, bis heute noch vorwiegend landwirtschaftlich orientiert sind. Die Welle der Industrialisierung und der damit verbundenen weltweiten Aufgeschlossenheit ist im letzten Jahrhundert fast spurlos an ihnen vorübergegangen. Wenn man heute von der gesunden Wirtschaftsstruktur Württembergs spricht, dem Nebeneinander und Miteinanderverbundensein von bäuerlichen, handwerklichen und Industrie-Betrieben, so trifft dies überwiegend auf Alt-Württemberg zu, nicht aber auf das mediatisierte Hohenlohe[463].

V. Der Einspruch der Standesherren beim Deutschen Bundestag wegen der angeblichen Verletzung der ihnen in der Rheinbundakte und in der Deutschen Bundesakte zugesprochenen Rechte durch den württembergischen König — und die sich hieraus ergebenden Folgen für die Bauernbefreiung

Die württembergische Regierung begann mit der Verkündung der Gesetze für die Bauernbefreiung in der verfassungslosen Zeit zwischen 1806 und 1819, während der die Standesherren weder an der Ausarbeitung der Gesetze teilnehmen konnten, geschweige denn ihre Zustimmung dazu gaben.

Das für die ganze spätere Bauernbefreiung grundlegende 2. Edikt erschien am 18. November 1817[464] und bestimmte, wenn auch noch ohne nähere Durchführungsbestimmungen, die Aufhebung des Obereigentums aller Grundherren in Württemberg und die Ablösbarkeit der sog. Feudallasten.

Nach Ansicht der Standesherren verstieß dieses Edikt eindeutig gegen die Bestimmungen der Rheinbundakte und der Deutschen Bundesakte, wonach ihnen alle Rechte und Vorzüge aus ihrem Eigentum und dessen ungestörtem Genusse zustanden. — Nach ihrem staatsrechtlichen Untergang bangten die Mediatisierten nunmehr um ihre wirtschaftliche Existenz und ihre soziale Vorrangstellung, denn mit der Entziehung des Obereigentums an den Bauernlehen und der Ablösbarkeit der Grundrenten war die

---

[463] Es mag ein lohnendes Thema für weitere Untersuchungen sein einmal zu erforschen, in welchem Ausmaß die drei Faktoren
  1. verzögerte Bauernbefreiung in Hohenlohe,
  2. Anerbensitte in Hohenlohe,
  3. ungünstigere Verkehrslage von Hohenlohe im Vergleich zu Alt-Württemberg
an der unterschiedlichen wirtschaftlichen Entwicklung der beiden Landesteile beteiligt gewesen sind. Dabei ist zu beachten, daß die den Fürsten von Hohenlohe zugeflossenen Ablösungsgelder zum allergrößten Teil außer Landes gebracht wurden (s. S. 144 ff.), während die dem württembergischen Staat zugeflossenen Ablösungsgelder im Lande (und dabei vielleicht vorwiegend in Alt-Württemberg?) investiert wurden, z. B. im Eisenbahnbau.
[464] RBl. von 1817, S. 541 ff.

Grundlage ihrer herrschaftlichen, auf grundherrlichen, dinglich und herkommensmäßig gesicherten Erträgnissen beruhenden Existenz bedroht.

Eine Ablösung der herrschaftlichen Rechte durch bloße Geldbeträge erschien ihnen als eine weit unsicherere Grundlage eines dauerhaften Vermögensstandes, als die auf eigenem Boden radizierten Grundrenten – ganz abgesehen davon, daß durch eine geldliche Entschädigung der vormals grundherrliche Adel sich zu einem Geldadel erniedrigt fühlte, «und sie dann gemein wären mit jedem geadelten reichen Juden»[465].

Sowohl die mediatisierten Fürsten als der früher reichsunmittelbare niedere Adel legten in Antwort auf das 2. Edikt von 1817 bei dem Bundestag eine Beschwerde ein wegen der Verletzung ihrer nach Artikel 14 der Deutschen Bundesakte zustehenden Rechte durch die Bestimmungen des erwähnten Ediktes. Zwar bestritt die württembergische Regierung die Zuständigkeit des Bundestags mit der Begründung, das angegriffene Edikt sei Gegenstand der internen württembergischen Landesgesetzgebung, doch faßte die Bundesversammlung dessen ungeachtet am 24. März 1819 einen den ehemaligen Reichsständen weit entgegenkommenden Beschluß: Die württembergische Regierung habe den klagenden Grundherren den Rechtszustand des Artikels 14 der Deutschen Bundesakte zukommen zu lassen. Bei Streitfragen behalte sich der Bundestag eine Interpretation der Bundesakte vor.

Diese Entscheidung des Bundes erschien der württembergischen Regierung nicht eindeutig genug, und sie bat nun ihrerseits den Bund um eine gutachtliche Beurteilung der Frage, «ob der in den Edikten ausgesprochene Grundsatz der gezwungenen Ablösbarkeit der betreffenden Rechte und Gefälle, gleich wie der Erb- und Fall-Lehen, unter Vorbehaltung der Bestimmung der Norm derselben, durch ein verfassungsmäßig, mit Zustimmung der Stände zu erlassendes Gesetz, mit Artikel 14 der Bundesakte unvereinbar sey?»[466]

Gleichzeitig setzte sich der König mit den einzelnen Standesherren in Verbindung, um die schon erwähnten Deklarationen[467] über die staatsrechtlichen Verhältnisse der mediatisierten Fürsten auszuarbeiten. In diesen Deklarationen wurde die Frage an den Bundestag wiederholt und hinzugefügt: «Wir wollen dieselbe als verbindlich für Uns zum voraus anerkennen, gleich wie auch der Fürst sich derselben zu unterwerfen hat. Wir erteilen in der Zwischenzeit dem Fürsten die Zusicherung, daß, ehe und bevor die erwähnte authentische Erklärung des Artikel 14 des Deutschen Bundestages erfolgt sein wird, der durch das erste und zweite Edikt vom 18. November 1817 ausgesprochene Grundsatz der gezwungenen Ablösbarkeit auf die den Fürsten zustehenden grundherrlichen Rechte und Gefälle, Erb- und Fallehen, nicht angewendet, in keinem Falle aber, und welches auch immer die gutachtliche Auslegung des Deutschen Bundes sein werde, die Normen der Ablösung anders, als durch ein verfassungsmäßig mit Zustimmung der Stände erlassenes Gesetz, festgesetzt werden sollen. — ... Was die Leibeigenschaft ... betrifft, so hat es, da in den fürstlichen Besitzungen dieselben bereits aufgehoben sind, hierbei sein Verbleiben».[468]

Damit war es den Standesherren gelungen, die Ausführung der strittigen Edikte im Bereich ihrer vormaligen Herrschaft zu verhindern, bzw. von ihrer Zustimmung abhängig zu machen. So blieb denn bis zum Jahre 1848 in Hohenlohe die alte Lehensverfassung mit ihren Eigentums- und Besitzverhältnissen bestehen[469].

[465] C. Vollrgaff, a. a. O., S. 589, S. 753.
[466] KdA 1854/55 B I, 2, S. 1077.
[467] Vgl. oben S. 95 f.
[468] Siehe die K. Deklarationen, die Souveränität der Fürsten von Hohenlohe betreffend; s. oben S. 95 f.
[469] GA P 12, S. 12

Die deutsche Bundesversammlung ließ sich mit der Beantwortung der gutachtlichen Frage Zeit. Vergeblich hatte der württembergische Gesandte beim Bundestag in den Jahren 1836 und 1840 den Antrag auf eine baldige und endgültige Entscheidung über den strittigen Artikel der Bundesakte gestellt. Erst am 17. September 1846 konnte das Plenum einen Beschluß in der strittigen Frage treffen und antwortete der württembergischen Regierung, «daß die Frage in solcher Allgemeinheit auf eine die K. Württembergische Regierung befriedigende Weise nicht beantwortet werden könne, die Bundesversammlung sich daher vorbehalten müsse, etwa an sie gelangende Reklamationen württembergischer Standesherren gegen jene Edikte nach sorgfältiger Berücksichtigung der obwaltenden besonderen Verhältnisse der bundesverfassungsmäßigen Erledigung zuzuführen»[470].

Dieser Beschluß war keinem der Partner ausschließlich gerecht geworden, doch hielt die württembergische Regierung, da die Standesherren mit ihrer Reklamation keine eindeutige Unterstützung des Bundes gefunden hatten, die gewährte Hemmung im Vollzug der bisherigen Befreiungsgesetze für hinfällig und begann mit den Arbeiten für eine neue umfassende Ablösungsgesetzgebung.

3. HAUPTTEIL:

Die Gesetzgebung über die Bauernbefreiung in Württemberg und deren Durchführung in Hohenlohe

Die Bauernbefreiung in Württemberg

I. Die Voraussetzungen

Im Mittelpunkt der staatlichen Wirtschaftspolitik des neuen Staates Württemberg stand, wie auch bei anderen Mitgliedern des deutschen Staatenbundes, die Agrarpolitik. Sie war es deshalb, weil die Landwirtschaft zu Beginn des 19. Jahrhunderts — im Gegensatz zur Zeit nach der Industrialisierung — als Ausgangspunkt allen Wirtschaftens angesehen wurde, und weil die bestehende Agrarverfassung, das Lehenswesen, damals, als die Territorien zu Staaten und die Untertanen zu Staatsbürgern wurden, in ihrer Unverträglichkeit mit den Ideen der Menschenrechte und des neuen Staatsrechts deutlich hervortrat.

Der Bauernbefreiung liegen zwei Gedankenreihen zugrunde. Es ist einmal die Vorstellung von unveräußerlichen und angeborenen Menschenrechten, zu denen in erster Linie die Freiheit der Person gehört. Unter dieser Freiheit wird eine formalrechtliche

---

[470] KdA 1854/55 B I, 2, S. 1077.

Freiheit verstanden, basierend auf einem freien Vertragsabschluß zwischen Individuum und Individuum. Das Institut der Leibeigenschaft hatte in einer solchen Vorstellungswelt keine Berechtigung mehr.

Die Forderung nach der persönlichen Freiheit zog die Forderung nach der sachgüterlichen Freiheit unmittelbar nach sich. Ein freier Mensch soll freies Eigentum haben, wobei Freiheit hier i. S. einer uneingeschränkten Verfügungsmacht über Sachgüter, insbesondere über Grund und Boden, zu verstehen ist.

> Diese Verbindung zwischen der persönlichen und der sachgüterlichen Freiheit zeigt sich besonders schön in der fast klassisch zu nennenden Eingangsformel des Code Rural aus dem Jahre 1791: «Le territoire de France, dans tout son étendu, est libre, comme les personnes qui l'habitent.»[471] In strenger Folgerichtigkeit verknüpft auch der Verfassungsentwurf der helvetischen Republik von 1799 die einzelnen Freiheiten: «Aus der Natur der Menschen entspringt sein Recht auf Freiheit, die natürliche Freiheit besteht in dem ungehinderten Gebrauch seiner Kräfte, der ungehinderte Gebrauch seiner Gemütskräfte führt zur Denk- und Redefreiheit und der ungehinderte Gebrauch sowohl der Gemüts- wie Körperkräfte führt, auf den Erwerb von Eigentum gerichtet, zur Arbeits-, Gewerbe- und Handelsfreiheit».[472]

Das Institut der Grundherrschaft mit seiner Spaltung des Eigentums hatte damit gleichfalls seine Daseinsberechtigung verloren.

Die zweite Gedankenreihe, auf die sich die Bauernbefreiung zurückführen läßt, ist die einer neuen Staatsordnung und eines neuen Staatsrechts. Neben der Aufstellung der Menschenrechte und der Umwandlung des Eigentumsbegriffs, insbesondere beim Grund und Boden, geht eine Loslösung von der politischen und sozialen Gestaltung der mittelalterlichen Welt einher, die von der obersten Spitze bis zu den untersten Regionen in der durch Hineinleihen von Grundeigentum und Hoheitsrechten vermittelten Abhängigkeit des Niederen von dem Höheren ihren lockeren Zusammenhalt fand. Das den neuen Staat zusammenhaltende Band sollte nicht mehr die quasiprivatrechtliche Treue des Vasallen gegenüber seinem Lehensherrn sein, sondern die staatsrechtliche Unterordnung aller untereinander gleichgeordneten Landesbewohner unter den Landesherrn, dessen Machtbefugnis aber durch die Rechte der Landesbewohner eingeschränkt wird, wie es der Vorstellung einer ständischen, konstitutionellen Monarchie und später dann einer Demokratie entspricht. Der Bewohner eines Landes wird zu einem den Staat mittragenden Staatsbürger, und als solcher muß er «frei» sein. Der Staat selbst wird als die «höchste Form des gesellschaftlichen Zusammenlebens der Menschen»[473] angesehen, dem ganz bestimmte Aufgaben zugesprochen werden, worunter an erster Stelle die Wahrung jener persönlichen und sachgüterlichen Freiheit und Gleichheit der Staatsbürger steht. Von dieser Seite aus gesehen war das Bestreben der Bauernbefreiung zu verstehen, aus sämtlichen Bewohnern eines Landes einander gleichgestellte Staatsbürger zu machen, und das bedeutete für den Bauern einen sozialen Aufstieg und für den vormals reichsfreien Herrn einen sozialen Abstieg. Aus dem mindestens im Prinzip zweistufigen mittelalterlichen Staatsaufbau: Bauer und Grundherr, dann Grundherr und Reich bzw. Kaiser, und seinen vielmöglichen Herrschaftskombinationen, wurde der einstufige moderne Staat: Staatsbürger und Staat (bzw. Monarch) mit einer klaren Gewaltenteilung.

Auch das Institut der Gerichts- und Schutzherrschaft hatte nunmehr als selbständiges Herrschaftsverhältnis neben dem Staatsbürger-Staat-Verhältnis keinen Platz mehr.

---

[471] Zit. nach J. W. HEDEMANN, a. a. O., Teil 2, S. 11.
[472] Helvetische Aktensammlung, Bd. 4, S. 1326, zit. nach J. W. HEDEMANN, a. a. O., Teil 2, S. 11.
[473] A. WAGNER, Finanzwissenschaft, a. a. O., Teil 1, S. 45.

Beide Gedankenreihen, die individualistisch-freiheitliche und die staatsrechtliche, waren durchdrungen von einer rationalen Geisteshaltung[474].

Die Übertragung jener aus dem 18. Jahrhundert stammenden Ideen in die Einzelheiten einer praktischen Durchführung blieb dem ganzen 19. Jahrhundert vorbehalten. Die Errichtung der persönlichen und der sachgüterlichen Freiheit – der Kern der Bauernbefreiung – konzentrierte sich in Württemberg vorwiegend auf die erste Hälfte des 19. Jahrhunderts, während die Errichtung der neuen Staatsordnung, von der hier nur der Aufbau der neuen Steuerverfassung herausgegriffen wird, noch die ganze zweite Hälfte des vorigen Jahrhunderts beanspruchte.

Nach diesen allgemeinen Überlegungen ist man nun in der Lage, den *Begriff Bauernbefreiung* so zu *definieren* daß er, auf Württemberg angewandt, zu keinen Irrtümern mehr Anlaß zu geben braucht. Als «Bauer» ist in diesem Sinne jeder württembergische Untertan gemeint, der in einem feudalen Herrschaftsverhältnis steht, gleichgültig, ob er Bauer, Köbler oder Hausgenosse, Gewerbetreibender, weltlicher Beamter oder Geistlicher ist. «Befreiung» bedeutet dann die Aufhebung jedes feudalen Herrschaftsverbandes mit dem Ziel, alle Landesbewohner zu rechtlich gleichgeordneten und gleichgestellten Staatsbürgern zu machen. Das führte speziell auf dem Gebiet der Wirtschaftspolitik zu der Eingliederung des Bauernstandes in die liberale Wirtschaftsordnung des 19. Jahrhunderts[475]. Die Bauernbefreiung hat primär nichts zu tun mit einer bloß materiellen Entlastung der Pflichtigen, im Sinne von «Weniger-zahlen-Müssen». Ob im Gefolge der durchgeführten Bauernbefreiung eine materielle Entlastung der Bauern eintrat oder nicht, ist eine zweite und für die Bauernbefreiung als solche nicht entscheidende Frage. Daß die Bauern selbst häufig nur an eine materielle Entlastung dachten und der Gesetzgeber diesen Aspekt um einer raschen Durchführung der Befreiungsgesetze wegen nicht zurückwies, ändert nichts an der eben gemachten Aussage. Bei einer aufmerksamen Durchsicht des württembergischen Gesetzgebungswerkes ist jedenfalls festzustellen, daß den pflichtigen Bauern nirgendwo direkte Versprechungen bezüglich einer sofortigen Milderung ihrer Abgabenlast gemacht wurden; wenn von einem Abbau der Feudalpflichten die Rede war, tauchte sogleich die Feststellung auf, daß der Aufbau des neuen Staates auch weiterhin große Geldmittel verlange, die, auch wenn die Schlußfolgerung nicht expressis verbis ausgesprochen wurde, eben von der Bevölkerung zu tragen sind.

II. Die Gesetzgebung zur Bauernbefreiung

1. Die Aufhebung der Leibeigenschaft

Die Leibeigenschaft für die zahlenmäßig nie sehr bedeutende Gruppe der Hohenloher Leibeigenen erlosch, wie oben auf S. 19 ff. gezeigt, am Ende des 18. Jahrhunderts. Die Einwohner von Hohenlohe waren somit alle bereits zum Zeitpunkt der Bauernbefreiung persönlich frei, so daß sie die entsprechenden Gesetze nicht mehr berührten.

---

[474] Auf das Vordringen des Rationalismus, der sich im Bereich der Landwirtschaft schon in der zweiten Hälfte des 18. Jhs. bemerkbar machte, wurde in dieser Arbeit schon wiederholt in Verbindung mit dem Hohenloher Pfarrer und Agrarwissenschaftler J. F. MAYER und dessen Reformbestrebungen hingewiesen.
[475] Vgl. F. LÜTGE, Die mitteldeutsche Grundherrschaft, a. a. O., S. 289.

Um hier jedoch eine vollständige Darstellung der württembergischen Bauernbefreiungsgesetze zu geben, seien die die Leibeigenschaft betreffenden Gesetze trotzdem kurz – im Sinne eines Exkurses – angeführt:

Am 18. November 1817 erließ der König für das Gebiet der bäuerlichen Rechtsverhältnisse zwei Edikte[476]. In dem ersten, mehr allgemein gehaltenen Edikt heißt es, daß die Landeskultur nur in dem Grade blühen kann, in dem ein freier Bauer auf freiem Eigentum ungehindert die Früchte seiner Arbeit erntet.

Diesem Gedanken folgend, verfügte das 2. Edikt folgendes:

1. Die *Personal- und Lokalleibeigenschaft* ist mit allen ihren Wirkungen vom 1. Januar 1818 an in dem ganzen Umfang des Königreichs Württemberg aufgehoben.

   a) Die Leibeigenen, die ihre Leistungen an die Hofdomänenkammern und an die unter der Aufsicht des Staates stehenden Gemeinde-, Stiftungs- und andere öffentliche Administrationen zu entrichten haben, werden von diesen Leistungen unentgeltlich freigesprochen, während

   b) diejenigen Leibeigenen, welche ihre Leistungen an private Leibherren entrichten, nur gegen eine später noch gesetzlich zu regelnde Entschädigung an die Berechtigten befreit werden.

2. Bei den *Realleibeigenen* wird das leibherrliche Verhältnis als solches insofern aufgelöst, als der Leibherr über seine Leibeigenen nicht mehr Rechte auszuüben befugt ist, als über jeden anderen nicht-leibeigenen Grundholden und Gültpflichtigen. Die Gefälle aus der Real-Leibeigenschaft dagegen sind weiterhin von dem Pflichtigen zu entrichten, weil der Gesetzgeber in ihnen mehr eine grundherrlich-dingliche, denn eine leibeigenschaftlich-persönliche Abgabe sah[477].

Eine K. Verordnung vom 13. September 1818[478] ergänzte das 2. Edikt vom 18. November 1817 dahingehend, daß den privaten Leibherren eine einjährige Frist gestellt wurde, innerhalb derer sie sich mit ihren vormaligen Leibeigenen wegen deren Entschädigungssumme gütlich einigen sollen. Nach Ablauf dieser Frist wurde ein behördliches Eingreifen in die noch unerledigten Fälle in Aussicht gestellt.

Obwohl die gestellte Frist ungenützt verstrich, ist das in Aussicht gestellte gesetzliche Regulativ, betreffend die Höhe der Ablösungssummen, nicht erschienen. Die Leibeigenschaft war zwar in ihrem Rechtsbestand aufgehoben[479], die aus ihr fließenden Abgaben wurden aber nach wie vor an die Privatberechtigten weiter entrichtet.

Erst im Gesetz vom 29. Oktober 1836, betreffend die Entschädigung der berechtigten Gutsherrschaften für die Aufhebung der leibeigenschaftlichen Leistungen[480], waren endlich die bestimmten und zwingenden Normen für die Ablösung der leibeigenschaftlichen Gefälle gegeben, deren bisheriges Fehlen den so geringen Fortgang in der Ablösung dieser Abgaben verursacht hatte:

1. Die den Privatberechtigten in dem 2. Edikt von 1817 vorbehaltene Entschädigung für die durch die Aufhebung der Personal- und Lokalleibeigenschaft entfallenden Nutzungen wird aus Staatsmitteln geleistet.

2. Die Entschädigung beträgt das 20fache des jährlichen Reinertrages[481] von all denjenigen persönlichen Leistungen, welche am 1. Januar 1818 bestanden hatten und inzwischen weder auf freiwilliger Basis abgelöst[482] oder auf deren Fortbestand verzichtet worden ist.

[476] RBl. von 1817, S. 544 ff.

[477] Für die württembergische Gesetzgebung existierte also das Institut der Realleibeigenschaft nicht.

[478] RBl. von 1818, S. 503 ff.

[479] So auch im § 25 der württembergischen Verfassung von 1819: Die Leibeigenschaft bleibt für immer aufgehoben.

[480] RBl. von 1836, S. 570 ff.

[481] Der Reinertrag ergibt sich aus dem durchschnittlichen Rohertrag der Gefälle, abzüglich der Präbenden, abzüglich eines Nachlasses wegen Uneinbringlichkeit und eines allgemeinen Verwaltungsaufwandes von zusammen 8 % des Rohertrages.

[482] In diesem Falle trat der Staat an die Stelle der Pflichtigen in den bereits abgeschlossenen Entschädigungsvertrag.

3. Als leibeigenschaftliche Abgaben werden im Zweifel angesehen:
   a) Leistungen, die schon durch ihre Benennung auf obiges Verhältnis hindeuten, z. B. Leibhühner, Leibschillinge etc.;
   b) Leistungen, welche im Falle der Verheiratung zu entrichten sind, z. B. der Brautlauf und die Ungenossame[483];
   c) Abgaben, die beim Tod des Leibeigenen fällig werden, z. B. das Besthaupt, der große und der kleine Fall, das Gürtelgewand etc. Diese Abgaben gelten aber nur dann als leibeigenschaftliche Leistungen, wenn der Verstorbene Personal- oder Lokalleibeigener war, andernfalls wird ein grundherrlicher Ursprung vermutet;
   d) bei allen anderen Abgaben, insbesondere bei den Fronen, spricht die Vermutung nicht für ein leibeigenschaftliches Gefälle.

Die Berechtigung, die Gefälle zur Ablösung anzumelden, stand sowohl den Pflichtigen als auch den Berechtigten während einer dreijährigen Frist zu. Nach Ablauf dieser Jahre konnte sich weder der Berechtigte noch der Pflichtige in bezug auf eine Abgabe auf ein vormaliges leibeigenschaftliches Verhältnis berufen.

2. Die Aufhebung des Lehensverbandes

Den ersten Anlauf zur Aufhebung des Lehensverbandes unternahm das *2. Edikt vom 18. November 1817*[484] mit folgenden Bestimmungen:
1. Fall-Lehen dürfen dem Lehensbauern nicht mehr entzogen und die Bedingungen und Abgaben nicht lästiger gemacht werden, als dieselben zum Zeitpunkt der Veröffentlichung des Ediktes bestanden haben.
2. Das Obereigentum des Lehensherrn an den Erblehen wird aufgehoben und dem Lehensträger zugesprochen. Dieser erhält somit das volle ungeteilte Eigentum an dem Boden.
3. Die Hofdomänenkammer und die unter öffentlicher Verwaltung stehenden Korporationen und Stiftungen haben als Lehensherr nur eine Entschädigung für die Ausfälle der bisher bezogenen Abgaben zu beanspruchen, während die privaten Lehensherren darüber hinaus noch für die Aufhebung des Lehensverbandes als solchem eine Entschädigung verlangen können[485].
4. Das dem Lehensherrn bei Zins- und Erbzinsgütern zugestandene Losungsrecht gilt als aufgehoben.

Zur praktischen Wirksamkeit gelangten diese Gesetze in Hohenlohe jedoch nicht wegen des von den Mediatisierten beim Deutschen Bundestag erhobenen Einspruchs bezüglich der Verletzung ihrer Eigentumsrechte durch dieses Edikt.

Erst nach dem richterlichen Entscheid des Deutschen Bundestages vom Jahre 1846

---

[483] Die Ungenossame ist eine Abgabe des «Ungenossen». «Ungenoss» ist, «wer nicht derselben Genossenschaft angehört wie ein anderer». Zwischen dem Genossen und dem «Ungenoss» besteht eine «Verschiedenheit des Standes»; so: Schwäbisches Wörterbuch, Tübingen 1924. – In Meyers Lexikon, Leipzig 1930, wird «Ungenoss» hergeleitet von Untergenosse. Dieser steht unter den anderen Genossen i. S. eines niederen Geburtsstandes.

[484] RBl. von 1817, S. 541 ff.

[485] Für die Höhe der Entschädigung wurden gesetzliche Normen in Aussicht gestellt, welche jedoch später nicht mehr erschienen sind. Die Entschädigung war gedacht als Ersatz für den Verlust des *Heimfallrechts* der Berechtigten (vgl. oben S. 24).

und nach der französischen Februar-Revolution des Jahres 1848 wurde am *14. April 1848* ein Gesetz betr. die Beseitigung der auf dem Grund und Boden liegenden Lasten[486] veröffentlicht, welches u. a. abermals den Lehensverband für aufgehoben erklärte, diesmal jedoch mit Einbeziehung der Lehen der Mediatisierten. Die Aufhebung des Lehensverbandes erfolgte, entgegen den Ankündigungen des 2. Ediktes von 1817, entschädigungslos.

Neben der Errichtung der sachgüterlichen Freiheit versuchte die württembergische Regierung noch während des Bestehens des Lehensverbandes durch zahlreiche Nebengesetze den Erwerb von Grund und Boden zu begünstigen — oder doch wenigstens der Konzentration von Grundeigentum in der Hand einiger weniger so gut wie möglich entgegenzuwirken. Damit die Gesamtzahl der möglichen Besitzwechsel von Grund und Boden nicht vermindert werde, wurden die vier Kreisregierungen auf bestehende ältere Gesetze hingewiesen, nach denen der Verkauf von Grundstücken an «Nur-Ankäufer» — gemeint war damit die «Tote Hand» — verboten war, da diese den Boden aller Wahrscheinlichkeit nach nicht wieder verkaufen würden. Demzufolge durfte keine Stiftung, geistliche Korporation, kein Armenkasten etc. eigenen, i. S. von nicht grundherrlichen, Boden ankaufen[487]. Der Gesetzgeber wollte nicht nur das frei verfügbare Grundeigentum (im wesentlichen in Hohenlohe die walzenden Stücke) in seiner Gesamtheit dem Güterverkehr erhalten, sondern es den württembergischen Untertanen vorbehalten: Ausländer durften unter Strafandrohung keine solchen Güter ankaufen[488].

Die Möglichkeit, das freiveräußerliche Grundeigentum durch eine Verteilung der *Allmanden* an Gemeindemitglieder zu vergrößern, wurde in Württemberg nicht voll ausgenutzt. Der Gesetzgeber versuchte hier in einer besonnenen Regelung[489] eine Synthese zu finden zwischen den Vorteilen der alten Allmandverfassung und dem neuen Streben nach Privateigentum in Bauernhand. Die Allmanden bleiben grundsätzlich Eigentum der Gemeinden. Nur einzelne kleine Allmandstücke, die zur Arrondierung des Bodens von Anliegern notwendig waren, durften an diese verkauft werden. Die Masse der Allmanden wurde in einzelnen Stücken zu lebenslänglicher Nutznießung an Gemeindeglieder verpachtet; der Pachtschilling diente zur (teilweisen) Besoldung der Gemeindediener, insbesondere der Schullehrer. Die restlichen Allmandgebiete — vorzugsweise ein zusammenhängendes, vom Dorf entfernter liegendes Stück Land, zu dem ein breiter Triebweg von der Ortschaft aus zwischen den Zelgen hin-

---

[486] RBl. von 1848, S. 165 ff.

[487] Näheres über jene älteren Verordnungen des württembergischen Landrechts, das seit der Mediatisierung auch für Hohenlohe galt, sowie div. Bestimmungen aus Kirchen- und Kastenordnungen, s. RBl. von 1859, S. 119. – Die Gültigkeit dieser älteren Bestimmungen wurde in einer Verfügung aus dem Jahre 1859, betr. die Handhabung des für die Tote Hand bestehenden Verbots des Gütererwerbs ... (RBl. von 1859, S. 119) ausdrücklich wieder ausgesprochen und die Kreisregierungen angehalten, ggf. die betreffenden Grundstücke der Toten Hand zwangsweise versteigern zu lassen. Grund für diese Verfügung lag in den um diese Zeit häufig zum Vorschein kommenden Bestrebungen von Stiftungen, Hospitälern und anderen Anstalten, ihre durch die Gefällablösung erhaltenen Entschädigungsgelder zum Erwerb von Liegenschaften zu verwenden.

[488] In Beziehung auf den Erwerb von Grundeigentum wurden gleichgestellt:
a) die Württemberger und alle übrigen Untertanen der deutschen Bundesstaaten durch die K. Verordnung vom 26. März 1825 (RBl. von 1825, Nr. 14),
b) die Inländer und die Ausländer durch das K. Dekret vom 14. März 1865 (RBl. von 1865, Nr. 4).

[489] General-Dekret vom 4. November 1808, die Kultivierung und Verteilung der Allmand betreffend, RBl. von 1808, S. 581 f. Vgl. auch R. v. Mohl, a. a. O., Bd. 2, S. 534.

führte — blieben als Jungviehweide im gemeinschaftlichen Besitz der Gemeinde-glieder[490].

3. Die Beseitigung der bäuerlichen Feudal-Lasten

A. Die Grundlage der Ablösung der Feudal-Lasten bildete wiederum, wie ja für die gesamte württembergische Ablösungsgesetzgebung, das *2. Edikt vom 18. November 1817*. Während die Abschnitte des Edikts über die Aufhebung der Leibeigen-schaft und des Lehensverbandes Zwangscharakter hatten — wenigstens für die Landesteile, welche nicht durch den Einspruch der Standesherren davon ausgenom-men waren —, handelt es sich bei den die lehens- und grundherrlichen Abgaben betreffenden Paragraphen um Kann-Vorschriften. Es war den Abgabepflichtigen freigestellt, die vom Gesetz genannten Abgaben auf die bisherige Weise weiter-zuleisten, bei dem Berechtigten wegen einer Umwandlung der Naturalgefälle in eine ständige Geldabgabe vorzusprechen oder aber folgende Abgaben nach der angegebenen Norm abzulösen:

1. Das *Handlohn* von Privatberechtigten ist mit dem 20fachen Betrag der durchschnitt-lichen Jahresleistung ablösbar. Bei der Berechnung dieses Betrages wird ein Verände-rungsfall auf 25 Jahre angenommen und bei der Durchschnittsberechnung die letzten drei Fälle gewertet.
2. Alle sog. *Küchengefälle*, wie Hühner, Gänse, Eier, Honig, Käse, Fisch, Wachs, Öl etc. sind in Geldzinse umwandelbar und zusammen mit anderen Geldzinsen, wenn sie den Betrag von 1 fl 30 kr aus einer Hand nicht übersteigen, im 20fachen Maßstab ablösbar.
3. Die *Teilgebühren*[401] bei Grundstücken[492] sind nach einem zwölfjährigen Durchschnitt auszumitteln, wovon dann ein zwischen dem Pflichtigen und dem Berechtigten auszu-handelnder Anteil mit dem 20fachen Betrag desselben für ablösbar erklärt wird und der Restbetrag dann in eine ständige Gült zu verwandeln ist.
4. Alle ungemessenen *Fronen* sind ungesetzlich und in gemessene zu verwandeln. Die ge-messenen Fronen können ihrerseits — wie auch die Dienstgelder — auf Wunsch des Fron-pflichtigen mit einfachem Kapital (das bedeutete bei einem Zinsfuß von 5% eine Ab-lösung im 20fachen Gefällbetrag) losgekauft werden, sofern sie im lehen- und grund-herrlichen Verband ihre Begründung haben.
5. Der *Blutzehnt* ist auf Grund eines 12jährigen Durchschnittsbetrages mit einfachem Kapi-tal ebenso abzulösen wie
6. die Verpflichtung zum Halten von Hunden, deren monetärer Gegenwert für eine ein-fache Hundslege mit 4 fl angenommen wird.
7. Das Auflegen neuer Abgaben ist verboten.

Die K. Verordnung vom 13. September 1818[493] gestattete in Ergänzung des 2. Edik-tes auch die Ablösbarkeit der Küchengefälle und sonstigen Geldzinsen mit einem Wert von über 1 fl 30 kr bei einem 25fachen Ablösungskapital und setzte die Preise fest, nach denen der Geldwert der abzulösenden Naturalien anzusetzen ist:

[490] Vgl. W. SAENGER, a.a.O., S. 79.
[401] Die Teilgebühr ist eine in Hohenlohe nicht vorkommende, mit dem Ernteertrag variierende Gült. (In Hohenlohe gab es die in ihrer Höhe unveränderliche, ständige Gült.)
[492] Sind die Teilgebühren dagegen ein Überbleibsel der vormaligen Leibeigenschaft, gelten sie mit der Aufhebung der Leibeigenschaft als aufgehoben.
[493] RBl. von 1818, S. 503 ff.

1 Scheffel Kernen	12 fl		1 Scheffel Gerste	7 fl	
1 Scheffel Weizen	10 fl		1 Scheffel gem. Korn	7 fl	
1 Scheffel Erbsen	10 fl		1 Scheffel Wicken	6 fl	
1 Scheffel Linsen	10 fl		1 Scheffel Dinkel	5 fl	
1 Scheffel Welschkorn	10 fl		1 Scheffel Einkorn	4 fl	
1 Scheffel Mühlkorn	9 fl		1 Scheffel Haber	3 fl	
1 Scheffel Roggen	8 fl		1 Wanne Heu	11 fl	
1 Scheffel Ackerbohnen	8 fl		1 Fuder Stroh	10 fl	

Das Gesetz vom 23. Juni 1821[494] erlaubte dann auch die Ablösung der Heu- und Oehmd-Zehnten und erniedrigte zum Vorteil der Pflichtigen das seit dem 13. September 1818 geltende Preisregulativ für die Geldwertsberechnung der Naturalien wie folgt:

1 Scheffel Kernen	9 fl 36 kr		1 Scheffel Gerste	5 fl 24 kr	
1 Scheffel Weizen	8 fl		1 Scheffel gem. Korn	5 fl 36 kr	
1 Scheffel Erbsen	8 fl		1 Scheffel Dinkel	4 fl	
1 Scheffel Linsen	8 fl		1 Scheffel Einkorn	3 fl 12 kr	
1 Scheffel Welschkorn	8 fl		1 Scheffel Ehmer	3 fl 12 kr	
1 Scheffel Mühlkorn	7 fl 12 kr		1 Scheffel Haber	2 fl 24 kr	
1 Scheffel Roggen	6 fl 24 kr		1 Wanne Heu	8 fl 48 kr	
1 Scheffel Ackerbohnen	6 fl 24 kr		1 Fuder Stroh	8 fl	

So wohlmeinend diese Gesetze waren und so günstig ihre Bestimmungen für die berechtigten Gefällherren lauteten, blieb doch ihre Durchführung in Hohenlohe wegen der bereits erwähnten Anrufung des Deutschen Bundestages außer Kraft. Aber auch bei den übrigen privaten Grundherren, die nicht zu dem Kreis der mediatisierten Standesherren gehörten und demnach nicht unter die Suspension der Ablösungsgesetze fielen, machte die Durchführung der Ablösung keine Fortschritte, nicht zuletzt deshalb, weil bei den Pflichtigen wenig Neigung bestand, ihre Lasten abzulösen[495]. Der Grund hierfür mochte einmal in der mangelnden Einsicht der Pflichtigen und deren Mißtrauen gegenüber allem Neuen gelegen haben (vgl. S. 124), zum anderen in dem Zögern der Bauern, während einer Zeit der Agrarkrise (vgl. S. 133) bisher unbekannte (Ablösungs-) Verpflichtungen einzugehen. Lediglich in Alt-Württemberg konnten die Befreiungsgesetze von 1817, 1818 und 1821 in Beziehung auf die lehens- und grundherrlichen Rechte der Hofdomänenkammern, des Kammergutes und anderer unter öffentlicher Verwaltung stehender Stiftungen und Korporationen, großenteils verwirklicht werden[496].

Erst die Juli-Revolution des Jahres 1830 brachte die Ablösungsgesetzgebung wieder einen Schritt vorwärts. Im Jahre 1833 wurden neue Gesetzesentwürfe in den Kammern zur Beratung eingebracht und im Oktober 1836 die entsprechenden Gesetzesvorschriften verabschiedet.

B. *Das Gesetz vom 27. Oktober 1836*[497], betr. die Beeden und ähnliche ältere Abgaben, hat im Überblick folgenden Inhalt:

1. Der Ablösung werden unterworfen
   a) «verschiedene, mit den heutigen Steuern mehr oder weniger zusammentreffende Cameralabgaben», z. B. die Beeden, das Canon, die Landsteuer, die Georgii-Steuer, die Kriegssteuer, die Türkensteuer etc.,

---

[494] RBl. von 1821, S. 327 ff.
[495] KdA 1854/55 B I, 1073 f.; vgl. L. Schwarz, Grundlastenablösungsgesetz, a.a.O., S. 33.
[496] SFAL E 146, Bü 29, Q 197; vgl. L. Schwarz, Grundlastenablösungsgesetz, a.a.O., S. 34.
[497] RBl. von 1836, S. 545.

b) «andere, wahrscheinlich aus der Gerichtsbarkeit und Polizeigewalt herfließende Abgaben», z. B. Hausgenossengelder, Gewerbezinse, Eich-Zinsgeld, Abgaben für die Fronwaage etc.,
soweit sie auf ganzen Bezirken, Orten, Markungen oder auch Häusern liegen, wie das Baucanon, die Bauconzessionszinse etc. – Nicht dagegen sollen unter dieses Gesetz Grundlasten von rein privatrechtlicher Natur fallen, die auf einzelnen Grundstücken lasten.

2. Unentgeltlich werden alle diejenigen Abgaben aufgehoben, welche beim Verkauf von ehemaligen herrschaftlichen Gütern an Steuer statt auf die Höfe gelegt wurden.

3. Für alle anderen Abgaben, auf die das Gesetz zutraf, beträgt die Ablösesumme
   a) für Abgaben unter 5 fl das 20fache
   b) für Abgaben über 5 fl das 22½fache
   der jährlichen reinen Abgabe.

Zu der so ermittelten Entschädigungssumme gab der Staat den Pflichtigen einen Zuschuß, so daß
   a) die Pflichtigen der Privatberechtigten für
      aa) auf den Gebäuden ruhende Abgaben nur den 16fachen Betrag der jährlichen Leistung und
      bb) bei allen anderen Lasten nur das 10fache der Jahresabgabe selbst zu entrichten haben;
   b) die Pflichtigen des Staates und der unter seiner Kontrolle stehenden juristischen Personen lediglich eine Selbstbeteiligung an der Ablösesumme gemäß einem Multiplikanten von 8 (bei den auf den Gebäuden ruhenden Lasten) bzw. 6 (bei allen anderen im Gesetz angeführten Lasten) leisten.

Die Ablösung konnte vollzogen werden, wenn der Pflichtige – auch gegen den Widerspruch des Berechtigten – das Verlangen dazu bei der Ablösungskommission erklärte. Der Berechtigte wurde daraufhin aus Staatsmitteln entschädigt, während die Pflichtigen ihren Entschädigungsanteil in 10 Jahresraten bei einer 4%igen Verzinsung an die Staatskasse zu entrichten hatten.

Der Grund für das gewiß eigentümliche Herausgreifen gerade dieser Abgabearten mochte ein doppelter gewesen sein:

1. Die bereits bei der Revenüenausscheidung im Jahre 1807[498] vorgenommene Absonderung der «wahren Steuern» von den Einkünften der vormals reichsunmittelbaren Herren zugunsten der Staatskasse wurde bislang nicht streng durchgeführt. Dies galt es jetzt nachzuholen. Den Standesherren verblieb faktisch auch nach 1807 eine große Anzahl jener «wahren Steuern» und Renten, wie auch die ritterschaftlichen Herren manch vogteiliches Gefälle behalten konnten[499], weil sich infolge des großen Arbeitsanfalles, dem sich Exekutive, Legislative und richterliche Gewalt bei dem Staatsneuaufbau gegenübersahen, niemand die Mühe machte, auf die causa debendi zurückzugehen[500].

2. Die württembergische Regierung wollte endlich auch in den Gebieten der Mediatisierten, in denen ja wegen des noch ausstehenden Gutachtens des Deutschen Bundestages die Durchführung der seitherigen Befreiungsgesetze aufgeschoben war, mit der Ablösung der bäuerlichen Lasten vorankommen. Da sich der Einspruch der

---

[498] Siehe oben Seite 96 f.

[499] L. SCHWARZ, Grundlastenablösungsgesetz, a. a. O., S. 374.

[500] z. T. begnügte man sich bei der Einkünfteausscheidung von 1807 mit einer Übergangslösung, wie z. B. bei dem Canon in Hohenlohe: weil nicht eindeutig feststellbar war, inwieweit der Canon «wahre Steuer» war oder nicht, beließ man den Fürsten von Hohenlohe ⅔ des ursprünglichen Canonbetrages und erließ den Bauern das dritte Drittel als «wahren Steueranteil».

Standesherren lediglich auf die in Artikel 14 der Bundesakte gewährten «Rechte und Vorzüge, die aus dem Eigentum und dessen ungestörtem Genusse herrühren», bezog, glaubte die württembergische Regierung mit der Ablösung von «alten Steuern und Abgaben von wahrscheinlich öffentlichem Ursprung» dem standesherrlichen Einspruch entgehen zu können[501]. In der Tat stimmten dann die Standesherren — mit Ausnahme der besonders starr an ihren vermeintlichen Rechten festhaltenden Herren von Oettingen-Wallerstein und Oettingen-Spielberg — diesen Gesetzen zu[502].

C. *Das Gesetz vom 28. Oktober 1836*, betreffend die Ablösung der Fronen[503], erschien einen Tag nach dem Beedengesetz. Obwohl schon im 2. Edikt von 1817 die Fronpflichtigkeit der Leibeigenen für aufgehoben erklärt worden war und die dinglichen grundherrlichen Fronen mit einfachem Kapital für die Ablösung freigegeben waren, machten nur einige wenige Dienstpflichtige hiervon Gebrauch. Pflichtige und Berechtigte warteten immer noch auf die angekündigten, aber noch ausstehenden genauen Durchführungsbestimmungen.

Erst im Jahre 1836 nahm das oben genannte Gesetz die Frage der Fronarbeit wieder auf:

1. Artikel 1 des Gesetzes bestimmt, daß alle Fronen und Fronsurrogate, die nicht an den Staat oder an sonstige Körperschaften zu leisten sind, auf Verlangen des Pflichtigen abgelöst werden können.
2. Neue Fronen oder Dienstgelder dürfen unter keinem Rechtstitel mehr eingeführt werden.
3. Naturalfronen sind folgendermaßen in Geld umzuwandeln:
   A. Eine Naturalfron, welche die Erledigung einer bestimmten *Arbeitsaufgabe* zum Ziele hat, ist mit den ortsüblichen Preisen für Tag- und Fuhrlöhne zu bewerten.
      a) Ist nun der Erfolg der Arbeit von der Art und Weise der geleisteten Fronarbeit abhängig, wird bei Spanndiensten von dem geldlichen Fronanschlag 1/5 desselben, bei Handdiensten 2/5 des Anschlags wegen schlechter Arbeitsleistung abgezogen.
      b) Ist dagegen der Erfolg der Arbeit von der Art und Weise der Leistung der Fron unabhängig, z. B. Holzfuhrfronen nach einer bestimmten Klafterzahl, findet kein Abzug von der geldlichen Fronbewertung statt. Etwaige Schlechtleistung des Fronpflichtigen geht ja hier ganz zu Lasten seiner eigenen Freizeit.
   B. Ist die Fronarbeit nur in einer *Zeiteinheit* bemessen (Stunden oder Tage), wird sie ebenfalls nach den örtlichen Lohnpreisen bewertet und anschließend dann, da der Erfolg von der Art und Weise der Leistung abhängt, der sich ergebende Geldwert bei Spanndiensten um 1/5, bei Handdiensten um 1/2 vermindert[504].

---

[501] Für diese Annahme spricht auch ein Abschnitt eines Gutachtens des K. Geheimen Rats an den König vom 1. Februar 1838 (SFAL E 146, Bü 29, Heft 197), in dem u. a. auf ein Gutachten des Geheimen Rats vom 8. August 1836 verwiesen wird: Das Beeden- und Frongesetz von 1836 (betr. vorwiegend öffentlich-rechtliche Abgaben) solle nicht gekoppelt werden mit einem Ablösungsgesetz über Handlohn und Sterbfall (also privatrechtlichen Abgaben); – ein diesbezüglich schon bearbeiteter Gesetzentwurf sei wieder zurückzulegen, weil zuerst die erwartete schiedsrichterliche Entscheidung des Bundestages abgewartet werden müsse.

[502] Die Fürsten von Oettingen-Wallerstein und -Spielberg hatten ihre Zustimmung zu den Gesetzen von 1836 verweigert und erhoben erneuten Einspruch gegen jede Beeinträchtigung ihres Besitzstandes. – Damit fiel das Gruppenverhältnis der von Württemberg mediatisierten Standesherren auseinander, und es begann der lange und offene, letztlich aber doch aussichtslose Kampf dieser Standesherrschaft gegen die württembergische Ablösungsgesetzgebung.

[503] RBl. von 1836, S. 555 ff.

[504] Näheres zu diesem Abschnitt s. «Normen für die Ermittlung des Wertes der Fronen» bei L. SCHWARZ, Grundlastenablösungsgesetz, a. a. O., S. 283 ff.

4. Die Ablösungssumme beträgt:
   A. *Gegenüber den Privatberechtigten*
      a) *bei Naturalfronen*
         aa) persönliche Fronleistungen: das 20fache des durchschnittlichen Jahreswertes der Fron; dabei zahlt der Pflichtige und der Staat je die Hälfte des Betrages an den Berechtigten;
         bb) dinglich gesicherte Fron-Leistungen: ebenfalls das 20fache des durchschnittlichen Jahreswertes, doch hat hier der Pflichtige den 16fachen und der Staat nur den 4fachen Betrag zu entrichten.
      b) *Bei Dienstgeldern* beträgt die Ablösungssumme
         aa) wenn der Betrag 3 fl und mehr beträgt, das 22½fache,
         bb) und wenn der Betrag unter 3 fl liegt, das 20fache der reinen Dienstgeldsumme.
         Hierbei trägt die Staatskasse zugunsten des Pflichtigen
         aa) bei Beträgen von 3 fl und darüber, wenn die Leistung persönlich begründet liegt, das 12½fache, ist sie dinglich gesichert, das 6fache des Frongeldes;
         bb) bei Beträgen unter 3 fl bei einem persönlichen Gefälle den 10fachen, bei einem dinglichen Gefälle den 4fachen Betrag.
      c) Die Pflicht zum Hundehalten konnte im 16fachen Betrag abgelöst werden, wobei die Haltungskosten eines Hundes pro Jahr mit 4 fl angenommen wurden.
   B. *Gegenüber dem Staatskammergut* und den unter staatlicher Kontrolle stehenden juristischen Personen beträgt die Entschädigungssumme
      a) bei persönlichen Leistungen den 16fachen Jahreswert, von welchem der Pflichtige 10/16, der Staat 6/16 entrichtet,
      b) bei dinglichen Leistungen ebenfalls den 16fachen Jahresbetrag der reinen Fronleistung, welchen der Pflichtige jedoch allein und ganz zu tragen verpflichtet ist.
      c) Eine unterschiedliche Behandlung von Naturalfronen und Dienstgeld wird nicht vorgenommen.

Bei der Durchführung der Ablösung erhielten die Berechtigten den gesamten Entschädigungsbetrag aus der Staatskasse; die Pflichtigen hatten den nach Abzug des Beitrages der Staatskasse überbleibenden Anteil des Ablösungskapitals in diese einzuzahlen.

Nach kurzem Zögern nahm die Mehrzahl der Standesherren — wiederum mit Ausnahme der Herren von Oettingen-Wallerstein und Oettingen-Spielberg — das Fron-Ablösungsgesetz an[505].

Nachdem den Bauern ihre leibeigenschaftlichen Leistungen abgenommen waren und sie nach den Gesetzen aus dem Jahre 1836 die Möglichkeit hatten, sich von den vorwiegend landes- und gerichtsherrlichen Abgaben freizumachen, verblieben nach dem Vollzug dieser Gesetze dem fürstlich hohenlohischen Gesamthaus noch die Gefälle aus dem privaten Lehen- und Grundherrlichkeitsverband, sowie die Zehnten.

An diesen Rechten hielten die Standesherren zähe fest, denn sie sahen in ihnen die unersetzliche Grundlage ihrer bevorzugten Stellung. Die Kammer der Standesherren war der Ansicht, daß sie nunmehr dem «demokratischen Zeitgeist» genug Opfer gebracht habe. Der Fürst von Hohenlohe-Kirchberg gab seiner Hoffnung Ausdruck, daß man künftighin von solchen Gesetzen verschont bleiben werde, die in dem Volke nur irrige Hoffnungen erweckten und dem Neuerungssystem einer gewissen Partei entgegenkämen; es sei nunmehr an der Zeit, daß die bestehende Ordnung der Dinge aufrechterhalten werde[506].

Angesichts des hartnäckigen Widerstandes der Mediatisierten gegen die Ablösung

---

[505] SFAL E 143, Bü 22.
[506] Vgl. Th. KNAPP, Neue Beiträge, Teil 2, S. 173; KdA 1854/55 B I, 2, S. 1076.

der restlichen Lasten aus dem Lehens- und Grundherrschaftsverband bat die württembergische Regierung erneut die Bundesversammlung, die noch ausstehende gutachtliche Äußerung über den Artikel 14 der Deutschen Bundesakte abzugeben.

Das Gutachten kam am 17. September 1846[507], und die württembergische Regierung, damit nicht unzufrieden, nahm eine umfassende Ablösungsgesetzgebung in Angriff. — Mitten in die Beratungen platzte die Nachricht von der Pariser Februar-Revolution. Die Standesherren sahen ein, daß ein weiteres Hinausschieben der Gesetze ihre Lage nur noch verschlimmern könnte, und stimmten einem eilig ausgearbeiteten Gesetzesentwurf zu.

D. *Das Gesetz vom 14. April 1848*, betreffend die vollständige Beseitigung der auf dem Grund und Boden liegenden Lasten, bestimmte im einzelnen folgendes[508]:

1. Alle aus dem Lehen- und Grundherrlichkeitsverband entspringenden bäuerlichen Lasten, inklusive die privatrechtlich begründeten dinglichen Fronen, sind gegenüber den Privatberechtigten mit dem 14. April 1848, gegenüber dem Staat und den öffentlichen Verwaltungen mit dem Tag der Anmeldung zur Ablösung, gegen eine Entschädigung der Berechtigten aufgehoben.

2. Die Bildung neuer Bauernlehen und die Auflagen neuer Grundlasten sind und bleiben unstatthaft.

3. Das Entschädigungskapital beträgt
   a) bei allen Arten von Besitzveränderungsabgaben wie dem Handlohn, Bestehhandlohn, Hauptrecht sowie dem Blutzehenten das 12fache[509];
   b) bei Gülten, Zinsen und allen übrigen Arten von Grundabgaben und Leistungen das 16fache des durchschnittlichen Jahresbetrages nach Abzug der Verwaltungskosten[510] und den Gegenleistungen der Gefällberechtigten.
   c) Bei der Berechnung des Geldwertes der Naturalien werden die niedrigen Geldsätze des Gesetzes vom 23. Juni 1821[511] zugrunde gelegt[512].
   d) Stellt sich bei der Ablösung der Gefälle heraus, daß der Wert der herrschaftlichen Gegenleistung größer ist als der Wert der bäuerlichen Leistung, ist der Mehrbetrag mit dem 16fachen Maßstab, diesmal gegenüber dem Bauern, abzulösen.
   e) Für die Aufhebung des Lehensverbandes als solchem und des daraus fließenden Heimfallrechts wird keine Entschädigung gewährt[513].

4. Für die Art und Weise der Durchführung der Ablösung verordnete das Gesetz folgendes:
   a) An die Stelle der grundherrlichen Gefälle tritt das Entschädigungskapital, das auf 25 Jahresraten verteilt und mit 4% verzinst wird. Die Ablösungssummen haften wie Realabgaben auf dem bestehenden Gut und gehen auf jeden neuen Gutsbesitzer über.
   b) Zwischen die Pflichtigen und die Berechtigten tritt im Namen und auf Kosten des Staates eine Ablösungskasse, wobei es aber einer Übereinkunft der Pflichtigen über-

---

[507] Vgl. oben S. 101.

[508] RBl. von 1848, S. 165 ff.

[509] Bei der Berechnung des durchschnittlichen Laudemialanschlages wurden die innerhalb der letzten 75 Jahre bezahlten Gefällsummen aufaddiert und durch die Zahl der tatsächlich vorkommenden Besitzveränderungsfälle dividiert. Ist die Zahl jener Fälle nicht mehr feststellbar, wurde auf je 25 Jahre ein Fall angenommen.

[510] Für den Verwaltungsaufwand durfte abgezogen werden: a) bei allen Arten von ständigen und unständigen Geld- und Fruchtgefällen 4% des jährlichen Rohertrages, dazu die Kosten der Beifuhr vom Gefällort bis zur nächsten Sammelstelle, sowie, wenn es der Berechtigte zu besorgen hatte, die Kosten des Einheimsens und Dreschens; b) bei allen Arten von Weingefällen 8% des Rohertrages.

[511] Vgl. oben S. 108.

[512] Dieser Preisansatz blieb mindestens um 1/4 hinter den im Jahre 1848 herrschenden Preisen zurück.

[513] Vgl. die Hauptinstruktion zu dem Gesetz vom 14. April 1848, RBl. von 1849, S. 485 ff.

lassen bleibt, die Vermittlung der Ablösungskasse anzunehmen oder auf sie zu verzichten[514].

E. Fünf Monate nach dem Erscheinen der Grundrechte des Deutschen Volkes wurde
in Württemberg *das Gesetz vom 17. Juni 1849* über die Zehntablösung[515] verkündet. Dieses Gesetz bezieht sich auf alle Arten von Zehnten, mit Ausnahme des
Neubruch- und des Blutzehnten[516]:

1. Steht der Zehnte einem Privatberechtigten zu, muß die Ablösung auch von den Parteien
   unverlangt eintreten. Steht der Zehnte dagegen dem Staat oder anderen der öffentlichen Aufsicht unterstehenden Korporationen zu, wird die Ablösung von dem Verlangen des Pflichtigen oder Berechtigten abhängig gemacht.
2. Das Ablösungskapital beträgt das 16fache des jährlichen Reinertrages, der nach dem
   durchschnittlichen Rohertrag der Jahre 1830 bis 1847 bestimmt wird[517].
3. Die Tilgung des Ablösungskapitals kann in 25 Jahresraten bei einer 4%igen Verzinsung
   vorgenommen werden. Auf Wunsch der Parteien kann zwischen die Berechtigten und
   die Pflichtigen eine von der Gefällsablösungskasse getrennte Zehntablösungskasse treten, auf welche die Entschädigungsansprüche der Berechtigten übergehen.

Mit dem Zehnt-Ablösungsgesetz hatte die württembergische Ablösungsgesetzgebung in Verbindung mit den vorangegangenen Gesetzen sämtliche bäuerlichen Lasten aus dem mittelalterlichen Feudal-System z. T. aufgehoben, z. T. der Ablösung freigegeben, und es blieb nur noch übrig, diese Gesetze auf ihre Vereinbarkeit mit den in
der Zwischenzeit proklamierten Grundrechten des deutschen Volkes zu untersuchen.

Noch ehe mit dem Vollzug jener württembergischen Ablösungsgesetze begonnen werden konnte, trat nämlich mit dem 17. Januar des Jahres 1849 das neue Reichsgesetz
über die *Grundrechte des Deutschen Volkes* in Kraft und erzwang als ein für das ganze
deutsche Volk geltendes Gesetz einige Änderungen in der württembergischen Ablösungsgesetzgebung.

Die hier relevanten Abschnitte der Deutschen Grundrechte sind kurz folgende[518]:

1. Jeder Untertänigkeits- und Hörigkeitsverband hört für immer auf. – (Grundgesetz des
   Deutschen Volkes vom 27. Dez. 1848, § 34; Verfassung des Deutschen Reiches vom
   28. März 1849, § 166).
2. Ohne Entschädigung sind aufgehoben
   a) die Patrimonialgerichtsbarkeit und die grundherrliche Polizei, samt den aus diesen
      Rechten fließenden Befugnissen, Exemtionen und Abgaben;
   b) die aus dem guts- und schutzherrlichen Verbande fließenden persönlichen Abgaben
      und Leistungen (Grundgesetz § 35, Verfassung § 167).
3. Alle auf dem Grund und Boden haftenden Abgaben und Leistungen, insbesondere der
   Zehnte, sind ablösbar – in welcher Weise, bestimmt die Gesetzgebung der Einzelstaaten
   (Grundgesetz § 39, Verfassung § 168).

[514] Gesetz, betr. die Freigabe der Teilnahme an der Ablösungskasse, vom 13. Juni 1849, RBl.
von 1849, S. 177 ff.
[515] RBl. von 1849, S. 181 ff.
[516] Der Art. 18 des Grundlastenablösungsgesetzes vom 14. April 1848 hob den Neubruchzehnt
entschädigungslos auf und gestattete die Ablösung aller übrigen Zehnten mit dem 16fachen
Betrage der reinen jährlichen Durchschnittseinnahmen, stellte aber ausdrücklich ein besonderes
Zehntablösungsgesetz in Aussicht. Der Blutzehnte wurde in demselben Gesetz mit einem 12-
fachen Entschädigungskapital für ablösbar erklärt.
[517] Von dem Geldwert des Rohertrages wird zur Ermittlung des Reinertrages abgezogen: a)
die Kosten der Flur- und Feldbeschreibungen, b) die Kosten des Selbsteinsammelns, Einführens
und Ausdreschens, c) der Aufwand der Berechtigten an der Zehntscheuer, Zehntkelter, d) Nach-
lässe wegen Minderung und Beschädigung der Frucht, e) die Präbenden.
[518] Vgl. WERNER, Gesetz über die Beseitigung der Grundlasten, a. a. O., S. 1; vgl. auch SAS E
14–16, Fasz. 785, Q 10.

4. Aller Lehensverband ist aufzuheben. Das Nähere über die Art und Weise der Ausführung bestimmt die Gesetzgebung der Einzelstaaten (Grundgesetz § 39, Verfassung § 171).

Das Ergebnis dieser vergleichenden Untersuchung zwischen den Bestimmungen der württembergischen Ablösungsgesetze und den Grundrechten des Deutschen Volkes war für Württemberg das

F. *Gesetz vom 24. August 1849*, betreffend die Beseitigung der Überreste der älteren Abgaben[519]. Dieses Gesetz faßte bis auf das eben erst erschienene Zehntablösungsgesetz praktisch alle bisherigen Ablösungsgesetze summarisch zusammen und verordnete im Einklang mit den Grundrechten des Deutschen Volkes bindend:

1. Entschädigungslos sind aufgehoben:
   a) die noch nicht abgelösten, in dem Beedengesetz vom 27. Oktober 1836 genannten oder derselben Gattung angehörigen Abgaben persönlicher oder dinglicher Natur;
   b) alle vormals leibeigenschaftlichen Leistungen;
   c) alle für das Wohnen an einem gewissen Ort zu entrichtenden Gebühren, wie z. B. die Bürger- und Beisitz-Steuern;
   d) alle sonstigen aus dem guts- und schutzherrlichen oder Untertanen-Verband herfließenden persönlichen Abgaben;
   e) die auf ganzen Markungen ruhenden vogteilichen oder schutzherrlichen Abgaben, sofern sie nicht schon aufgehoben oder abgelöst sind;
   f) persönliche Fronen, sofern es sich nicht um Gemeinde- oder Staatsfronen handelt, und dingliche Fronen, soweit sie nicht erweislich aus dem Lehen- und Grundherrlichkeits-Verband hervorgehen. Letztere sind mit dem 16fachen Betrag ablösbar;
   g) alle Jagdfronen und sonstige Jagdleistungen, einschließlich der Pflicht zur Haltung von Jagdhunden.
2. Die unentgeltliche Aufhebung der genannten Abgaben erfolgt mit dem 17. Januar 1849, dem Tag, an dem die Grundrechte des Deutschen Volkes in Wirksamkeit treten. – Sind die hier aufgeführten Abgaben bereits durch eine Entschädigung abgelöst worden, so soll es damit sein Bewenden haben.
3. Gegen eine Entschädigung des 10fachen Betrages des jährlichen Reinertrages sind aufgehoben die aus der Schutzherrschaft entsprungenen Abgaben, soweit sie auf einzelnen Grundstücken haften.

III. Die Durchführung und die Vollziehung der Befreiungsgesetze in Hohenlohe

In diesem Kapitel werden in drei Abschnitten die Art und Weise der Durchführung der Befreiungsgesetze und ihre kurzfristigen Auswirkungen auf die Höhe der bäuerlichen Belastung besprochen, ferner die Reaktion der Pflichtigen auf diese Gesetze und deren endgültige Vollziehung in Hohenlohe. Die drei Abschnitte entsprechen den drei Etappen der württembergischen Gesetzgebung: den Gesetzen von 1817, von 1836 und von 1848/49.

1. Die Durchführung und die Vollziehung der Gesetze von 1817

Obwohl die Gesetze von 1817 in Hohenlohe wegen des Einspruchs der mediatisierten Standesherren bei dem Deutschen Bundestag nicht vollzogen werden konnten, ist

[519] RBl. von 1849, S. 480 ff.

es der Vollständigkeit wegen dennoch zweckmäßig, ihren Vollzugsbereich für Württemberg kurz darzustellen. — Er umfaßte[520]

a) bezüglich der Aufhebung der Leibeigenschaft: ganz Württemberg mit Ausnahme der Gebiete derjenigen Herrschaften, die beim Deutschen Bundestag Einspruch erhoben hatten,

b) bezüglich der Aufhebung des Lehensverbandes (Aufheben des Obereigentums der Herrschaft): ebenfalls ganz Württemberg, mit Ausnahme der oben erwähnten Herrschaftsgebiete,

c) bezüglich der aus dem Feudalverband fließenden Abgaben und Dienstleistungen:
de jure: ganz Württemberg mit Ausnahme obiger Herrschaftsgebiete
de facto: wegen mangelnder Durchführungsbestimmungen und geringem Ablösungswillen der Pflichtigen und der Berechtigten nur

   aa) die Besitzungen des Kammerguts
   bb) die Hofdomänenkammer
   cc) die unter der Aufsicht des Staats stehenden Körperschaften und Stiftungen
   dd) die Ablösung von Laudemien von ehemaligen Erblehen des ritterschaftlichen Adels.

2. Die Durchführung und die Vollziehung der Gesetze von 1836

Erst mit den Gesetzen des Jahres 1836 war den Pflichtigen in Hohenlohe die Möglichkeit gegeben, wenigstens drei Gruppen von Abgaben abzulösen:

1. Leibeigenschaftliche Leistungen
2. Fronen und Dienstgelder
3. gerichts- und polizeiherrliche, sowie steuerartige Abgaben.

Bei der Durchführung dieser Gesetze zeigte es sich, daß

a) die Pflichtigen versuchten — wegen der unterschiedlichen Ablösungsbestimmungen für die einzelnen Abgabearten — möglichst viele Abgaben in eine solche Abgabengruppe einzuordnen, bei der sie die geringsten Ablösungsbeträge zu bezahlen hatten, und

b) eine teilweise Erhöhung der bäuerlichen Lasten während der Zeit von 1836 bis 1849 eintrat.

Beide Punkte werden nunmehr im einzelnen näher erörtert.

A. Der Versuch der Pflichtigen, ihre Abgaben in eine solche Abgabengruppe einzuordnen, bei der sie die höchsten staatlichen Ablösungszuschüsse erhalten

Für den einzelnen Pflichtigen war es von großer Wichtigkeit, zu welcher der obigen drei Gruppen eine Abgabe gehörte, denn danach richtete sich die Höhe seiner Ablösungssumme, die er zu bezahlen hatte. Für leibeigenschaftliche Abgaben hatte er in keinem Fall eine Abstandssumme zu entrichten, für Leistungen, die unter das Beedengesetz fielen, dann nicht, wenn auf sie Artikel 1 dieses Gesetzes anwendbar war (Abgaben, die an Steuer statt auf ehemaligen herrschaftlichen Domänen ruhten[520a]). Bei den Abgaben nach dem Frongesetz schließlich hatte zwar der Pflichtige in jedem Fall eine

[520] SFAL E 146, Bü 29, Q 197.
[520a] Vgl. oben S. 109, Beedengesetz, Pkt. 2.

Ablösungssumme zu entrichten, doch war dieselbe im Fall von persönlich begründeten Fronen und Dienstgeldern geringer als bei entsprechenden dinglichen Leistungen.

Der Pflichtige, der bis zu diesem Zeitpunkt lediglich die Gesamthöhe seiner Leistungen beachtete, interessierte sich nunmehr mit einem Mal — da er so wenig Ablösungsgelder wie möglich zahlen wollte — sehr für den exakten Rechtsgrund seiner einzelnen Abgaben, und damit für die Lager-, Saal- und Gültbücher, die ihm darüber Auskunft geben sollten. Wie bereits früher erwähnt[521], erhielt schon «von alters her» der neue Lehensbesitzer von seinem Lehensherrn keinen Hof- oder Lehensbrief bei der Mutung, so daß der einzelne pflichtige Bauer weder ein Verzeichnis der auf dem Hof liegenden Lasten, noch der persönlichen Abgaben in Händen hatte[522]. Es bestanden vielmehr lediglich gemeinsame Orts- bzw. Gemeindelagerbücher, in denen die Leistungen der einzelnen Pflichtigen verzeichnet waren, und diese befanden sich in den Händen der herrschaftlichen Rentbeamten. Der Pflichtige selbst besaß nur ein sogenanntes Gültbüchlein, in dem die geleisteten Abgaben in der Art eines Quittungsbuches von den Rentbeamten bescheinigt waren, ohne aber die Leistungen und Abgaben spezifiziert aufzuzeigen. Kein Wunder, daß, wie aus dem Oberamt Gerabronn berichtet wird[523], unter hundert Gefällpflichtigen kaum einer die rechtliche Begründung und den Ursprung seiner Leistungen kannte.

Die Bauern verlangten *Einsicht in die Lagerbücher*[524]. Sie wollten nicht nur die derzeitigen, eventuell neu abgeschriebenen Orts-Lagerbücher einsehen, sondern sie verlangten darüber hinaus die Einsicht in die älteren Lagerbücher, um die dortigen Eintragungen mit denen in den neueren Lagerbüchern vergleichen zu können. Dieser verlangte Vergleich zeigt deutlich das doppelte Mißtrauen der Pflichtigen gegenüber der Herrschaft. Einmal glaubten die Bauern, die Herrschaft hätte den Fronen und Dienstgeldern, den Hausgenossengeldern und Fronsurrogatgeldern bei der Errichtung des provisorischen württembergischen Steuerkatasters im Jahre 1821[525] die *persönliche* Eigenschaft zugesprochen, um dieselben nicht als zu versteuernde Gefälle in das Gefällsteuerregister aufnehmen zu müssen[526]. Nunmehr aber sollte nach dem Erscheinen der Gesetze von 1836 diesen Abgaben nach den Vorstellungen der Herrschaft die *dingliche* Eigenschaft zukommen[527], weil sie, in besagter Eigenschaft abgelöst, das damit belastete Grundstück in seinem Wert um die Höhe der Ablösungssumme vermehrten und die Pflichtigen von dem höheren Gutswert ein nun ebenfalls erhöhtes, aber noch nicht ablösbares Handlohn und Hauptrecht zu bezahlen hätten[528].

---

[521] Siehe oben Seite 23.

[522] SFAL E 146, Bü 29, Q 70.

[523] Siehe Anmerkung 522.

[524] Diese Forderung der Bauern wurde dann ständig bis zum Abschluß der Befreiungsgesetze im Jahre 1849 erhoben, — und von den Standesherren auch anstandslos gewährt. Die Einsichtnahme führte in ihrer Durchführung jedoch zu vielen Reibereien zwischen den Berechtigten und den Pflichtigen. SFAL E 146, Bü 73; SFAL E 184, Bü 61, Fasz. 487, KdA 1854/55 B I, 2, S. 1111; vgl. auch G. FRANZ, a. a. O., S. 8.

[525] Siehe oben Seite 161 f.

[526] Siehe oben Seite 161 f.

[527] SFAL E 146, Bü 29, Q 70.

[528] Der zwar scharfsinnige, aber den tatsächlichen Gegebenheiten nicht entsprechende Gedankengang der Bauern war somit folgender: Ein Bauer besitzt ein Grundstück und hat eine Abgabe zu entrichten von der strittig ist, ob sie persönlich oder dinglich begründet ist. Ist die Abgabe persönlich begründet, hat ihre Ablösung keinen Einfluß auf den Wert des Grundstückes. Handelt es sich dagegen um eine dingliche Abgabe, so wird mit deren Ablösung der Boden entlastet; er steigt deshalb in seinem Wert und zwar maximal um den Betrag der Ablösungssumme für die auf dem Boden ruhende Abgabe. – Dieser erhöhte Bodenwert führt dann

Es lag also hier eine entgegengesetzte Interessenlage der Pflichtigen und der Berechtigten bezüglich der rechtlichen Begründung der Abgabe vor: Der Pflichtige wünschte möglichst viele Abgaben als persönliche Leistungen zu deklarieren, während die Herren von Hohenlohe an der Dinglichkeit der Abgabe interessiert waren, weil sie mit deren Ablösung höhere Handlohn- und Sterbfall-Einkünfte erhofften.

Zum anderen bezweifelten die Bauern die korrekte Durchführung der Revenüenausscheidung des Jahres 1807[529]. Sie vermuteten, daß nach der Mediatisierung die vormaligen Landesherren an sich «wahre Steuern» in grundherrliche Abgaben umbenannten, um dieselben auch weiterhin unbehindert beziehen zu können[530]. Wiederum liefen hier die Interessen der Bauern und der Berechtigten auseinander.

Zwölf Gemeindepfleger aus Hohenloher Gemeindebezirken des Oberamts Gerabronn forderten deshalb in einem Gesuch vom 3. April 1837 an den König[531] einen genauen Vergleich zwischen den Bestimmungen der Revenüen-Ausscheidung und den Eintragungen in den Lagerbüchern, mit Rücksicht auf die Gesetze von 1836. Damit hofften die Pflichtigen ausfindig machen zu können, welche ihrer Lasten unter die Abgaben des Artikels 1 des Beedengesetzes fallen könnten und demnach für die Pflichtigen kostenlos aufzuheben wären[532].

Neben jenen zwölf Gemeindepflegern vertrat — von den örtlichen Rechtskonsultenten abgesehen — der Hohenloher Landwirtschaftliche Verein die bäuerlichen Interessen. In einer von ihm herausgegebenen Schrift[533] versuchte er zu beweisen, daß die in Hohenlohe bestehenden Fronen und das Hauptrecht leibeigenschaftlichen Ursprungs seien und somit entschädigungslos aufgehoben werden müßten.

Die Vorstellungen der Pflichtigen, möglichst viele ihrer Abgaben unter den Artikel 1 des Beedengesetzes zu bringen oder als ehemals leibeigenschaftliche Leistungen zu deklarieren, waren jedoch übertrieben. Nicht nur schlug die Bitte des Hohenloher Landwirtschaftlichen Vereins fehl, die Fronen und das Hauptrecht als leibeigenschaftliche Abgaben zu deklarieren[534], sondern auch die von den Pflichtigen insbesonders ge-

zu einer Erhöhung derjenigen (noch nicht ablösbaren) Lasten, die sich aus einem bestimmten Prozentsatz des «wahren Wertes» des Grundstückes berechnen, und das war das Handlohn und das Hauptrecht. – Obwohl eine Steigerung des Bodenwertes infolge der Ablösung von dinglichen Lasten und eine daran anknüpfende Erhöhung des Landemiums in Hohenlohe nur sehr selten feststellbar war (vgl. S. 119), beschäftigte sich doch auch die württembergische Regierung vorübergehend mit diesem Gedankengang (vgl. S. 118).

[529] Siehe oben Seite 96 f.

[530] Die «wahren Steuern» flossen zunächst in die württembergische Staatskasse, wurden aber dann nicht, wie die Bauern meinten, unentgeltlich aufgehoben, sondern in Wirklichkeit durch die neue württembergische Staatssteuer ersetzt.

[531] SFAL E 146 Bü 26.

[532] Die von den Gemeindepflegern geforderte Bildung einer neutralen Untersuchungskommission wurde von dem Ministerium des Innern mit dem Hinweis auf die neuerdings herausgebrachten Vollzugsvorschriften für die Gesetze von 1836 und dem Hinweis auf das Fachwissen der Ablösungsbeamten abgelehnt. SFAL E 146, Bü 29, Q 70.

[533] «Bitte des Hohenloher Vereins», vgl. L/XII/351.

[534] Die Behandlung der Eingabe des Hohenloher Landwirtschaftlichen Vereins bei der Kammer der Abgeordneten (Kommissionsbericht der KdA aus dem Jahre 1848, abgedruckt bei L. Schwarz, Grundlastenablösungsgesetz, a.a.O., S. 363 f.) zeigte aber deutlich wie schwer, wenn nicht gerade unmöglich es war, eine einzelne Abgabe bei einer so engen Verflechtung von Grund-, Gerichts-, Schutz-, Landes- und ggf. Leibherrschaft, wie es in Hohenlohe der Fall war, einem einzelnen Entstehungsgrund zuzuordnen. In dem Kommissionsbericht wird u. a. ohne Umschweife zugegeben, daß das Hauptrecht und die Auflage einer Nachsteuer den Abgaben aus dem Rechtsverhältnis der Leibeigenschaft mindestens nachgebildet seien.

wünschte unentgeltliche Aufhebung des Canons wurde regelmäßig von der Central-ablösungskommission bzw. den Gerichten als nächster Berufungsinstanz mangels Beweises abgelehnt[535]. Es gelang den Pflichtigen nicht nachzuweisen, daß dieses Canon in seinem ganzen Betrage seinerzeit statt der landesüblichen Besteuerung von den Herren von Hohenlohe gefordert worden war.

B. Die teilweise Erhöhung der bäuerlichen Lasten
während der Jahre 1836 bis 1849

Wenn auch die Bitte der zwölf Hohenloher Gemeindepfleger an den König um Aufstellung einer Untersuchungskommission, betreffend das Verhältnis des Ablösungsgesetzes von 1836 und der Revenüenausscheidung von 1807, negativ beantwortet wurde, so beschäftigte doch die Ansicht der Gemeindepfleger, die Durchführung der Gesetze von 1836 bewirke eine Wertsteigerung der teilabgelösten Güter und damit eine Erhöhung der Besitzwechselabgaben, stark die württembergische Regierung.

Ein von dem König angefordertes Gutachten des K. Geheimen Rats vom 1. Februar 1838[536] stellte fest, daß die Befürchtungen der Hohenloher Gemeindepfleger zu Recht bestünden und daß eine solcherart begründete Steigerung der Handlohn- und Hauptrechtpflichtigkeit nicht im Interesse der württembergischen Regierung liege. Es handele sich hierbei eindeutig um eine Lücke in der Ablösungsgesetzgebung. Entgegen den Vorschlägen des Innen- und des Justiz-Ministeriums[537] schlug der K. Geheime Rat jedoch vor, es bei der derzeitigen Regelung zu belassen, da die Zustimmung der Kammer der Standesherren zu einem entsprechenden Nachtragsgesetz nicht sicher sei, die Anzahl der persönlichen Fronen die dinglichen bei weitem überwiege[538] und der Wert der dinglichen Fronen im Vergleich zu dem Gutswert unbedeutend sei. Der König schloß sich dieser Ansicht am 7. März 1838 an.

Das Ministerium des Innern ließ diese Angelegenheit zunächst einige Jahre ruhen und griff sie erst am 20. Oktober 1845 in einem Brief an die K. Jagstkreis-Regierung wieder auf, in dem dieselbe angewiesen wurde zu untersuchen, ob die durch die Ablösungsgesetze von 1836 beabsichtigte teilweise Befreiung des Bodens von Grundlasten auch durchgängig vollzogen worden und ob nicht der Zweck des Gesetzes durch eine Steigerung der übrigen Grundlasten in größerem Ausmaß wieder vereitelt worden sei.

Es war dies der Anlaß für die erste und einzige große Umfrage über die Wirkungen der Ablösungsgesetze im Jagstkreis.

Eine Steigerung der Abgaben war in vierfacher Weise denkbar:
1. Eine willkürliche Erhöhung bestehender Abgaben;
2. ein Aufbürden neuer, bisher noch nicht erhobener Lasten von seiten des Grundherrn auf den Pflichtigen;
3. eine Steigerung der Besitzwechselabgaben infolge des gesteigerten Gutswertes;
4. ein Wiedereinziehen von Gefällen, die bisher stillschweigend ruhten oder verges-

---

[535] Im Zweifelsfalle lag die Beweislast beim Pflichtigen, was dessen Position sehr erschwerte; SFAL E 184, Bu 8, Fasz. 64; SFAL E 184, Bu 16, Fasz. 55; SFAL E 184, Bu 17, Fasz. 65; SFAL E 184, Bu 22, Fasz. 79; SFAL E 184, Bu 34, Fasz. 45.
[536] SFAL E 146, Bü 29, Q 197.
[537] Beide Ministerien sprachen sich für ein Nachtragsgesetz aus, das die Laudemialberechnung gesondert regeln sollte.
[538] Die dinglichen Fronen machten in Hohenlohe nur 4,4 % der gesamten Frondienste aus; vgl. oben S. 129.

sen waren und nun bei der genauen Durchsicht der Bücher — wegen der Gefäll-
anmeldung zur Ablösung — wieder aufs neue gefordert wurden.

Die von den Hohenloher Ämtern eingegangenen Antworten[539] waren überraschend
einheitlich:

Über eine unmittelbare, willkürliche Steigerung von Abgaben sowie über die Einführung neuer, bisher noch nicht geforderter Lasten, wurde bei den Pflichtigen nirgendwo geklagt[540]. Dies mag seine Erklärung mit damit finden, daß in Hohenlohe Fall-
Lehen, bei denen bei einer neuen Mutung eine Erhöhung der bestehenden Lasten
möglich ist, unbekannt waren.

Klagen über eine Steigerung des Handlohns und Sterbefalls, als Folge einer Wertsteigerung des Bodens infolge der Ablösung von dinglichen Fronen, wurden dagegen
gelegentlich laut, insbesondere aus den Oberämtern Öhringen und Künzelsau (hier
anläßlich einer Versammlung des Hohenloher Landwirtschaftlichen Vereins)[541]. Der
Oberamtmann aus Öhringen führte den Fall eines mit 100 fl in der Schatzung liegenden Ackers an, der mit der Fron, zwei Klafter Holz für die Herrschaft machen zu müssen,
belastet war. Diese Leistung wurde im Werte von drei Gulden abgelöst, wobei der Wert
des Grundstücks auf 160 Gulden stieg[542]. Demzufolge erhöhte sich das mit 5 % verzeichnete Handlohn von fünf auf acht Gulden[543].

Daß die Ablösung von persönlich begründeten Fronen rechtswidrig zu einer Guts-
wertsteigerung und damit Handlohnerhöhung führte, wurde nur in einem einzigen
Fall aus dem Oberamt Öhringen gemeldet.

Die Klagen über eine Handlohnsteigerung nach Erlaß der Ablösungsgesetze, von
denen auch G. Franz berichtet[544], haben indessen mehr ihre Ursachen in der Tatsache,
daß die Berechtigten noch häufiger als bisher dazu übergingen, als Berechnungsbasis
für die Veränderungsgefälle nicht mehr den in der Regel weit unter dem wahren Wert
liegenden Schatzungsfuß eines Hofes zu nehmen, sondern dessen «wahren Wert»[545].
Bei den hierbei entstandenen Streitigkeiten[546] zwischen den Pflichtigen und den Berechtigten ging die K. Regierung des Jagstkreises von der Ansicht aus, daß eine verbindliche Observanz bezüglich der Berechnung des Handlohnes nach dem Schatzungsfuß in der Regel nicht nachgewiesen werden könne[547].

Das Oberamt Künzelsau berichtete, daß die Handlohnberechnung in den hier besprochenen Jahren praktisch jedesmal zwischen den Beteiligten ausgehandelt wurde, wobei man von dem Verkaufspreis bzw. Schätzwert (wahren Wert) ausging und sich
dann die Berechtigten i. d. R. zu einem Nachlaß bereit erklärten. Trotz allen Murrens
versuchten die Bauern jedoch ängstlich eine genaue Berechnung des Handlohns zu
umgehen, um einen Präzedenzfall, der sicher zu ihren Ungunsten ausgefallen wäre,
zu vermeiden. Dies mag der Grund sein, weshalb der K. Gerichtshof für den Jagstkreis

[539] SFAL E 146, Bü 29; SFAL E 184, Bd. II, Fasz. 19, Heft f, zusammenfassender Bericht der
Jagstkreisregierung an das Ministerium des Innern vom 7. April 1846.
[540] So auch in den Akten des K. Geheimen Rats von 1845–1849 betr. Auferlegung neuer Grundabgaben seitens einiger Standesherren; SAS E 33–34; Hohenlohe wird hierbei nicht erwähnt.
[541] Vgl. L/XII/351.
[542] Drei Gulden, 20fach abgelöst, ergibt ein Ablösungskapital von 60 Gulden.
[543] Der Berichterstatter vermeidet es jedoch zu erwähnen, daß das Holz alljährlich aufzu-
machen war, wohingegen das Handlohn im Durchschnitt nur alle 20 bis 25 Jahre fällig ward.
[544] G. Franz, a.a.O., S. 8.
[545] SFAL E 184, Bd. II, Fasz. 19, Heft f.
[546] SFAL E 184, Bd. II, Fasz. 19, Heft f.
[547] SFAL E 146, Bü 29.

nicht eine einzige Rechtsstreitigkeit wegen einer Erhöhung des Handlohns zu bearbeiten hatte[548].

Die Umfrage ergab ferner, daß die Standesherren seit dem Erscheinen der Ablösungsgesetze, die ihnen den Wert ihrer noch übriggebliebenen Gefäll-Rechte zu lebendigem Bewußtsein brachte, eben diese noch übrigen Rechte mit merklich erhöhter Emsigkeit und Pünktlichkeit — auch mit weniger Nachsicht — eintrieben und ausübten[549]. So fertigte z. B. die Fürstlich Hohenloher Domanialkanzlei zu Öhringen bereits im Jahre 1832 im Interesse einer späteren Ablösung eine Liste über Gefälle und Leistungen an, die seit langer Zeit von den Pflichtigen nicht mehr gefordert wurden, deren Verpflichtung zur Leistung aber potentiell erhalten blieb[550].

Hiernach hatten z. B. 34 Orte des Oberamts Öhringen insgesamt 171 Holzfuhrfronen für die fürstliche Hofhaltung in Öhringen zu leisten. Diese Fuhren waren aber seit dem Jahre 1821 nicht mehr gefordert worden, da die fürstliche Herrschaft ihren Winteraufenthalt nach Stuttgart verlegt hatte. Desgleichen fanden die Beamten von Hohenlohe-Öhringen bei der Durchsicht der Lagerbücher eine Verpflichtung der Küfer von Öhringen, pro Jahr vier Tage unentgeltlich für die Herrschaft zu arbeiten, eine Verpflichtung, die seit dem Jahre 1773 nicht mehr in Anspruch genommen worden war. Als nunmehr die Herrschaft in Anbetracht der Ablösung diese Leistung wieder verlangte, widersprachen die Küfer mit der Begründung, die Herrschaft habe auf die Fron stillschweigend verzichtet, weil sie für Essen und Trinken einen dem Wert der Fron gleichkommenden Aufwand zu machen gehabt habe; der Anspruch sei verjährt. Die Küfer vermochten jedoch in dem von den Fürsten von Hohenlohe-Öhringen angestrengten Prozeß ihre Ansicht nicht durchzusetzen.

Zusammenfassend läßt sich sagen, daß es infolge der Ablösungsgesetze von 1836 hier und da zu einer Erhöhung der bäuerlichen Lasten in Hohenlohe gekommen ist, keineswegs jedoch auf Grund von willkürlichen oder objektiv ungerechten Maßnahmen der Herrschaft. Von einer «Torschlußpanik des Feudalismus»[551] kann daher keine Rede sein. — Sicher wäre es klüger gewesen, die Ablösung mit den mit dem Gutswert gekoppelten Abgaben zu beginnen oder jene Abgaben gleichzeitig mit denen der Gesetze von 1836 für ablösbar zu erklären. Die württembergische Regierung war jedoch in der Wahl ihrer Gesetze nicht gänzlich frei und unabhängig, weil der Bundestag in Frankfurt noch nicht über den Einspruch der Standesherren wegen der Verletzung ihrer Eigentumsrechte entschieden hatte.

C. Die Vollziehung der Ablösungsgesetze von 1836 in Hohenlohe

Trotz der eben besprochenen Fakten, die auf die Durchführung der Ablösung hemmend einwirkten, ging der Vollzug der drei Gesetze von 1836 verhältnismäßig rasch vonstatten[552], nicht zuletzt, weil die Fürsten von Hohenlohe selbst ein großes Inter-

---

[548] SFAL E 146, Bü 29; Note des K. Gerichtshofs für den Jagstkreis an die Jagstkreisregierung vom 30. März 1846.

[549] SFAL E 146, Bü 29.

[550] SFAL E 146, Bü 72.

[551] H. GOLLWITZER, a. a. O., S. 93.

[552] SAS E 13, Fasz. 101, Q 94. In einem Bericht des Ministeriums des Innern vom 17. Dezember 1838 an den König wird insbesondere der rasche Fortgang der Ablösungsgeschäfte in Hohenlohe hervorgehoben. – SFAL E 146, Bü 6, Q 29. Nach einem Bericht der Jagstkreisregierung vom 5. Mai 1843 an das Innenministerium ist in den Hohenloher Oberämtern die

esse an einer baldmöglichen Ablösung der alten Abgaben hatten. In einem Brief des Fürsten AUGUST von Hohenlohe-Öhringen vom 24. Februar 1838 an das württembergische Innenministerium[553] forderte er die württembergische Regierung auf, wegen der Masse der Ablösungsgeschäfte und dem ihm nicht schnell genug erfolgenden Fortgang derselben einen weiteren Ablösungsbeamten nach Hohenlohe zu senden. Es waren dies jene Monate, in denen der Fürst versuchte, seine Besitzungen in Oberschlesien zu vergrößern[554], und hierfür sollten auch die Ablösungsgelder verwendet werden. Dem anfänglichen Sträuben dieser Standesherrschaft gegen das Ablösungsgeschäft folgte die Einsicht, das Unvermeidliche rasch zu einem Ende zu bringen, die für die verlorenen Rechte zugestandenen Entschädigungen aufzugreifen und möglichst sicher und gut anzulegen[555].

3. Die Durchführung und die Vollziehung der Ablösungsgesetze von 1848 und 1849

Die Gesetze von 1848 und 1849 unterschieden sich von den vorhergegangenen in der Art und Weise der Durchführung durch zweierlei:
1. Die Ablösungssumme mußte von dem Pflichtigen ratenweise an eine Ablösungskasse entrichtet werden, aus der die Berechtigten — ebenfalls ratenweise (in Form von ausgelosten Obligationen) — ihre Entschädigung erhielten. Nach den früheren Gesetzen bekamen die Berechtigten ihre Entschädigungsgelder in einer Gesamtsumme von der Staatskasse ausbezahlt, während die Pflichtigen den auf sie anfallenden Ablösungsteil in Raten an die Staatskasse abtrugen.
2. Die Pflichtigen hatten ihre Ablösungssumme in voller Höhe selbst zu bezahlen; einen staatlichen Zuschuß, wie bei den Gesetzen von 1836, gab es nicht mehr.

Es ist zweckmäßig, zunächst die Höhe der Ablösungsraten im Vergleich zu der vorangegangenen jährlichen Belastung zu untersuchen, dann die Art und Weise der Ratenzahlung der Pflichtigen und schließlich die Vollziehung jener Ablösungsgesetze in Hohenlohe.

A. Die Höhe der Tilgungsraten im Vergleich zu der vorangegangenen jährlichen Belastung im Feudalsystem

Die Höhe der jährlichen Tilgungsrate der Ablösungsschuldigkeit hängt ab von
a) der Gesamtsumme der Entschädigung, die sich ergibt aus der Größe des Ablösungsmultiplikanten, dem Preisansatz zur Bewertung von Naturalabgaben und Naturalleistungen sowie dem Verzinsungssatz der Schuld, und
b) der Anzahl der jährlichen Tilgungsraten.

Bei der zahlenmäßigen Festlegung dieser einzelnen Komponenten, insbesondere der Abtragungszeit, war die württembergische Regierung sehr darauf bedacht gewesen, daß dem einzelnen bei der Abwicklung seiner Schuldigkeit keine größere Leistung

---

Ablösung der Abgaben und Leistungen nach den Gesetzen von 1836 nahezu vollständig vollzogen. – Vgl. auch SFAL E 184, Bu 22, Fasz. 79; am 31. März 1847 war die Ablösung der Gesetze von 1836 im Jagstkreis ganz vollzogen; SFAL E 146, Bü 6, Q 29.

[553] SAS E 13, Fasz. 101, Q 876.
[554] SAS E 9, Bü 6, Q 29; vgl. auch unten S. 144.
[555] Siehe unten Seite 143 ff.

zugemutet wurde, als er bisher zu tragen hatte[556]. Eine Verschuldung des neugeschaffenen bäuerlichen Eigentums sollte nach Möglichkeit verhindert werden. Aus diesem Grund hatte man die Anzahl der Jahresraten der Ablösungssumme (maximal 25) größer gewählt als den größten Ablösungsmultiplikanten (16, bei der Ablösung der Zehnten und Gülten) der Ablösungsgesetze, so daß sich in erster Annäherung eine maximale jährliche Ablösungsbelastung von zwei Dritteln der vorhergehenden Feudalbelastung ergab. Dieser Anteil verringerte sich weiter durch den teilweise niedrigeren Ablösungsmaßstab, die im Durchschnitt um 25 % zu gering angesetzten Naturalienpreisen bei der Bewertung ehemaliger Naturalabgaben und die Abzüge, die den Pflichtigen zugestanden wurden. Die von den Bauern zu tragende 4%ige Verzinsung ihrer Schuldsumme fiel hierbei relativ wenig ins Gewicht.

Aus dem eben Gesagten darf jedoch nicht geschlossen werden, daß sich die gesamte Belastung des Bauern um die Differenz zwischen der Höhe der Zahlungsrate und der vormaligen Belastung verringert hätte; es muß vielmehr der Aufbau des neuen staatlichen Steuersystems mit berücksichtigt werden und die damit verbundenen Steuerzahlungen der Pflichtigen. Hiervon wird in einem späteren Kapitel die Rede sein.

B. Die Art und Weise der Ratenzahlungen der Pflichtigen

a. Der Bauer zahlt direkt an die Ablösungskasse

Die normale Abwicklung des Ablösungsgeschäftes geschah in der Weise, daß der Bauer die in der Ablösungsurkunde festgelegte Ablösungssumme durch die Anzahl der Jahresziele teilte, die ihm bei der Ablösung zugestanden worden waren; in der Regel ergaben sich dabei zwischen 20 und 25 Jahresraten. Diese Rate zahlte er, meist nach der Ernte im Herbst, an die staatliche Ablösungskasse.

Die *Ablösungskasse*, die durch die Gesetze von 1848 und 1849 eingeführt worden war[557], übernahm die Vermittlung der Entschädigungsbeträge zwischen dem Pflichtigen und dem Berechtigten, soweit dieser nicht selbst der Staat war. Sie trat in die Entschädigungsansprüche der Berechtigten ein und sorgte an deren Stelle für den Einzug der Zahlungen der Pflichtigen. Die Ablösungskasse ist nicht identisch mit der Staatskasse, untersteht aber gleich dieser dem Finanzministerium und der Oberfinanzrechnungskammer. Sie wird auf Staatskosten von Staatsbeamten verwaltet.

Die Sicherung der Berechtigten bestand aus 4%igen Obligationen, die, auf den Namen der Gesamtheit der Pflichtigen ausgestellt, von der Ablösungskasse ausgegeben wurden. Ihre Auslosung geschah in fünf Serien. Ablösungsbeträge unter 100 fl wurden sofort ausbezahlt; die dafür erforderlichen Gelder wurden, soweit die Ablösungskasse noch nicht die Mittel hierfür besaß, von der Staatskasse vorgeschossen.

Infolge dieser durch das Dazwischentreten der Ablösungskasse gegebenen Gegenüberstellung der Gesamtheit der Pflichtigen und der Gesamtheit der Berechtigten war es möglich, dem Berechtigten einen Risikoausgleich im Falle der Zahlungsunfähigkeit eines Pflichtigen zu gewähren, denn ein Verlust verteilte sich auf alle Berechtigten im Verhältnis ihrer gesamten Forderungen. Würde die Kasse lediglich die Vermittlung zwischen den einzelnen Pflichtigen und dem einzelnen Berechtigten zu besorgen gehabt haben, so wäre damit nur das Geschäft des Hin- und Her-Tragens der Gelder übernommen worden, was auch den Beteiligten hätte überlassen bleiben können.

[556] Vgl. L. Schwarz, Zehentablösungsgesetz, a. a. O., S. 41.
[557] Für die Ablösung der Gefälle und der Zehnten gab es je eine getrennte Ablösungskasse, doch soll dieser Unterschied in den Kassen, da er nicht qualitativer Art ist, im folgenden nicht weiter berücksichtigt werden.

Die Ablösungskasse trat in Württemberg an Stelle der Rentenbanken, die in anderen deutschen Ländern die Mittler des Ablösungsgeschäftes waren. Die Ablösungskasse brachte für den württembergischen Pflichtigen den Vorteil, daß er keine Hypothek von der Rentenbank aufnehmen mußte, um den Berechtigten auszuzahlen, und für die württembergischen Berechtigten den Nachteil, nicht sofort über ihre Ablösungsentschädigung verfügen zu können, sondern eine Art verzinsbares Zwangssparen eingehen zu müssen.

Eine zwangsweise *Abtretung von Land* als Entschädigung für die Berechtigten hat die württembergische Regierung in Anbetracht der damit gemachten schlechten Erfahrungen in Preußen nicht vorgeschrieben. Es blieb jedoch dem Eigentümer eines Bauernhofes unbenommen, einzelne Landstücke zu verkaufen, um mit diesem Erlös eine schnellere Tilgung der Ablösungsschuldigkeit zu erreichen. Üblich war dies jedoch in Württemberg und Hohenlohe keineswegs.

War zuerst eine zwangsweise Vermittlung der Ablösungskasse vorgesehen, so wurde mit dem Gesetz vom 13. Juni 1849[558] die Teilnahme an der Ablösungskasse der freien Übereinkunft der Pflichtigen und Berechtigten überlassen. Bis auf eine verschwindend geringe Ausnahme wurden trotz dieser Freiheit sämtliche Ablösungssummen der Standesherren über die Ablösungskasse transferiert[559].

b. Der Bauer entrichtet seine Verbindlichkeit teilweise durch Naturalleistungen an die Gemeinde

Während die Abwicklung der Ablösung im Regelfall die drei Pole berührte: Pflichtiger — Ablösungskasse — Berechtigter —, konnte sich zwischen den Pflichtigen und die Ablösungskasse die *Gemeinde* einschieben, so daß die Reihe entstand: Pflichtiger — Gemeinde — Ablösungskasse — Berechtigter.

Diese Möglichkeit hatte sowohl das Abgaben-Gesetz vom 14. April 1848 als auch das Zehntgesetz vom 17. Juni 1849 vorgesehen, ohne jedoch in dieser Hinsicht einen Zwang auszusprechen.

In diesem Falle traten die Gemeinden in die Entschädigungsforderungen der Berechtigten ein und waren andererseits dazu berechtigt und verpflichtet, die Ablösung der auf ihrer Markung liegenden bäuerlichen Grundlasten und Fronen zu übernehmen.

Der Grund für diese Regelung ist darin zu suchen, daß der Gesetzgeber den Pflichtigen die Möglichkeit geben wollte, die Entschädigungsmittel in natura leisten zu können, so ihm dies leichter falle; und da die Kasse keine Naturalleistung annehmen konnte, wurde die Gemeinde dazwischengeschaltet. Kam ein solcher Vertragsabschluß zwischen den Pflichtigen und der Gemeinde zustande[560], so hatten die Gemeindebehörden die an sie abgelieferten Naturalien rechtzeitig zu verkaufen und die hieraus erlösten Ablösungssummen der Ablösungskasse abzuliefern. Überstieg der Erlös der verkauften Naturalien den Ertrag der jährlichen Ablösungsrente, wurde der Überschuß zur Deckung eines Fehlbetrages bei Mißernten von der Gemeinde aufgespart. Man kann auch hier von einem Risikoausgleich sprechen[561], diesmal zugunsten der Pflichtigen, der not-

---

[558] RBl. von 1849, S. 177 ff.

[559] SAS E 14–16, Fasz. 785, Q 42; KdA 1754/55 B I, 2, S. 1119.

[560] Hierzu war die Zustimmung des Gemeinderates und des Bürgerausschusses, bzw. von zwei Dritteln der gemeinschaftlich ablösenden Pflichtigen, notwendig (Gesetz vom 17. Juni 1849, a. a. O., § 17).

[561] Die überschüssigen Erlöse waren wohl bei der Gemeindekasse sicherer aufgehoben als bei dem einzelnen Bauern.

wendig geworden war, da mit der Ablösung des Naturalzehnten und dessen monetärer Entschädigung das Risiko des Ernteausfalles von dem Herrn auf den Bauern überging.

In Württemberg wurde von dieser Möglichkeit der naturalen Ablösungsleistungen weniger bei der Gefällablösung, um so mehr dagegen bei der Ablösung der Zehnten Gebrauch gemacht[562]. Nur Hohenlohe machte als geschlossenes Gebiet innerhalb Württembergs eine Ausnahme von dieser Erscheinung.

Im Oberamt Weinsberg wurde der Naturalzehnte u. a. in den Gemeinden Ellhofen und Unterheimbach geleistet[563]; durch beide Gemeinden verlief die Besitzgrenze des ehemaligen Fürstentums Hohenlohe, so daß es allenfalls hier möglich war, daß der eine oder andere Hohenloher Untertan eine Naturalleistung an die Gemeinde für die Ablösung entrichtete. Sonst wurde dies jedoch von keiner Gemeinde in Hohenlohe berichtet.

C. Die Vollziehung der Ablösungs-Gesetze von 1848 und 1849 in Hohenlohe

Das Ablösungsgeschäft während der ersten beiden Jahre nach dem Erscheinen der Ablösungsgesetze von 1848 und 1849 war äußerst schleppend[564]. Obwohl seit rund vierzig Jahren die Ablösungsgesetzgebung in Württemberg diskutiert und zum Teil schon durchgeführt wurde und somit der Boden für diese Maßnahmen psychologisch hätte aufgeschlossen sein können, verschloß sich die Mehrzahl der Pflichtigen gegenüber der Ablösung. Die Gründe hierfür waren, wie der Ablösungskommissar Linsenmann aus Künzelsau an das Innenministerium berichtete, mangelnde Einsicht, Abneigung gegen das Neue, Mißtrauen gegenüber den königlichen Ablösungsbeamten, Ungehorsam oder auch der Einfluß von lokalen Rechtskonsulenten, die den Pflichtigen anrieten, mit der Ablösung noch zu warten, der Ablösungsmaßstab müsse noch günstiger werden[565].

Ferner ist zu berücksichtigen, daß von 1847 bis 1853 die württembergische Landwirtschaft von der schwersten *Agrarkrise* betroffen wurde, die das Land im 19. Jahrhundert heimsuchte (vgl. S. 133 f.). Während dieser schweren Zeit wird sich ein Bauer erst nach langen und reiflichen Überlegungen dazu entschlossen haben, freiwillig Ablösungsverpflichtungen einzugehen.

Am 23. Februar 1850 heißt es in einem Bericht der Ablösungskommission an das Ministerium über den Gemeindebezirk Langenburg[566]: «Die in mehreren Gemeinden eingeleiteten Ablösungsverhandlungen sind überall gescheitert und die Pflichtigen zur Ablösung durchaus nicht zu bewegen. Unter diesen Umständen sind weitere Ab-

---

[562] Die Reichung des Naturalzehnten an die Gemeinden war u. a. in den folgenden Oberämtern üblich: Blaubeuren, Böblingen, Calw, Esslingen, Gaildorf, Göppingen, Horb, Leonberg, Ludwigsburg, Marbach, Maulbronn, Nagold, Neuenburg, Nürtingen, Oberndorf, Rottenburg, Rottweil, Schorndorf, Spaichingen, Stuttgart, Tübingen, Tuttlingen, Vaihingen/E., Waiblingen und Weinsberg. SFAL E 143, Bü 24, Q 18, 27, 42.

[563] SFAL E 143, Bü 24, Q 63.

[564] SAS E 14–16, Fasz. 785.

[565] Insbesondere tauchte immer wieder die alte Forderung auf, das Hauptrecht als vermeintliche leibeigenschaftliche Abgabe und das Canon als vermeintliche Steuerabgabe müßten unentgeltlich aufgehoben werden. SFAL E 184, Bu 3/4, Fasz. 45, Q 98. – W/X/H/128/Q 51, 52, ferner SFAL E 184, Bu 32, Fasz. 30; hier ist die Arbeitsweise eines Ablösungsbeamten samt seiner vielen Nöte und seinem Kummer sehr schön beschrieben.

[566] SFAL E 150–153, Bü 1, Q 15.

lösungsversuche, welche voraussichtlich ganz erfolglos wären ... im Hohenlohischen neuerdings nicht mehr gemacht worden.»

Selbst in den Fällen, in denen die Pflichtigen im Prinzip geneigt waren, eine Ablösung vorzunehmen, herrschte die irrige Ansicht vor, sie hätten mit dem Erscheinen der Gesetze solange nichts mehr zu leisten, bis ihr Fall durch die Ablösungskommission entschieden sei[567] und so verweigerten sie die Fortentrichtung ihrer Gefälle. Es erschienen z. B. bei dem von dem Cameralamt angeordneten Gefäll-Einzugstag vom 17. und 18. Februar 1851 von etwa 320 Pflichtigen in Neuenstein[568] nur zwei Personen, bei der zweiten Aufforderung, einen Monat später, nicht ein Pflichtiger, und bis zum 6. Juni 1851 waren erst von rund 80 Pflichtigen Zahlungen vorgenommen worden. Kein Wunder, daß oftmals Pflichtige Gefälle von z. T. drei Jahren nachzuleisten hatten, wobei nicht selten gesetzliche Zwangsmittel und Beschwerde bei den K. Oberamtsgerichten angedroht werden mußten.

Aber nach solcherart Anlaufsschwierigkeiten verlief die Vollziehung der Ablösung in Hohenlohe verhältnismäßig sehr rasch (im Vergleich zu Alt-Württemberg und den übrigen Standesherrschaften). Mit den Berichten der fürstlichen Häuser von Hohenlohe vom April 1856[569] über den Stand ihrer Ablösungen war bis auf kleine Reste die Hauptmasse der Ablösungen überall in Hohenlohe vollzogen – i. S. von beurkundet – worden.

D. Die Ablösungsgewinne der Pflichtigen bzw. die Ablösungsverluste der Berechtigten nach den Gesetzen von 1848 und 1849[570]

Eng mit der Höhe der Ablösungsrenten der Pflichtigen ist auch die Frage nach den Ablösungsgewinnen verbunden, wobei sich der Ablösungsgewinn der Pflichtigen errechnet aus der Differenz zwischen der Summe der Ablösungsentschädigung und dem Kapitalwert der abgelösten Leistungen, oder aber aus der Differenz des jährlichen Betrags der abgelösten Leistungen und dem Zinsertrag, den die Ablösungsentschädigung dem Berechtigten einbrachte.

Gemäß dem herrschenden und der ganzen Ablösungsgesetzgebung zugrunde gelegenen Zinsfuß von 4 % hätte ein 25-facher Ablösungsmultiplikant einem vollen Kapitalwert der abgelösten Leistungen entsprochen. Durch die im Durchschnitt 16-fache Entschädigung erhielten die Berechtigten keineswegs den vollen Kapitalgegenwert ihrer verlorenen Revenüen. Der sich aus dem Ablösungsmaßstab ergebende *Ablösungsgewinn* der Pflichtigen erhöhte sich weiter als Folge der um rd. 25 % zu niedrig[571] an-

---

[567] Nach Art. 7 des Gesetzes vom 14. April 1848 waren die Gefälle nach der Gesetzesverkündung als Abschlagszahlungen auf das Ablösungskapitel an die Ablösungskasse zu entrichten.
[568] SFAL 184, Fasz. 45, Q 59.
[569] SFAL E 143, Bü 19, Q 3–8; vgl. auch SFAL E 150, Bü 1; KdA 1856/58 B I, 2, S. 1024; SAS E 14–16, Fasz. 785, insbesondere die Ablösungsberichte vom 31. 12. 1854, Q 42 und vom 31. 6. 1856, Qu 58; s. auch die Aufstellung S. 130.
[570] Zweifelsohne sind auch bei der Durchführung der Gesetze von 1836 Ablösungsgewinne und Verluste entstanden, doch bleiben dieselben hier unberücksichtigt, da die hierzu notwendigen Zahlenunterlagen nicht zugänig waren. Es ist hierbei zu bemerken, daß wegen der staatlichen Zuschüsse zu den Ablösungskapitalien die Gewinne der einzelnen Pflichtigen größer waren als die Verluste der Berechtigten, während wegen des Fehlens jener Zuschüsse bei den Gesetzen von 1848/49 die Ablösungsgewinne gleich den Ablösungsverlusten waren.
[571] Nicht nur die Standesherren wiesen auf diesen um ein Viertel zu niedrigen Anschlag hin, sondern auch in der Kammer der Abgeordneten wurde diese Zahl als zutreffend anerkannt. KdA 1851/53 B I, 2, S. 1002; KdA 1854/55 B I, 2, S. 1119; KdA 1856/58 B I, 2, S. 687 ff.

gesetzten Naturalienpreise und des in den folgenden Jahren bedeutenden Steigens der Getreidepreise[572].

Zwar ist der tatsächliche Ablösungsgewinn des einzelnen Pflichtigen je nach der Zusammensetzung seiner Ablösungssumme aus den einzelnen Abgabearten verschieden groß, doch können unter der Annahme eines 16-fachen Ablösungsmaßstabs, der um 25 % zu nieder angesetzten Naturalienpreise und eines Zinssatzes von 4 % die folgenden zwei Beispiele einen ungefähren Eindruck von der Höhe der Ablösungsgewinne vermitteln:

a) Bei einem *reinen Geldgefälle* von jährlich 10 fl beträgt der Ablösungsgewinn 90 fl oder 36 % des vollen Kapitalwertes[573];

b) bei einem *reinen Getreidegefälle* von 10 fl jährlich beläuft sich der Ablösungsgewinn auf 152 fl 30 kr oder knapp 49 % des vollen Kapitalwertes[574].

Eine ehemalige Leistung von Abgaben in natura wirkte sich somit jetzt vorteilhaft für den Pflichtigen aus[575].

In absoluten Gesamtzahlen betrugen die Gewinne der ehemaligen Hohenloher Untertanen in den einzelnen Linien ihrer vormaligen Herrschaft:

In der Standesherrschaft Hohenlohe	Reinertrag der jährl. Leistungen	jährlicher Zinsertrag bei 4 % Zins aus dem Entschädigungskapital	Ablösungsgewinne der Pflichtigen in Geldwerten pro Jahr	in % des Reinertrags der Leistung
	fl kr	fl kr	fl kr	%

1. Gefälle, deren Ablösung sich nach den Gesetzen vom 14. April 1848 und 24. August 1849 richtete[576]:

In der Standesherrschaft Hohenlohe	Reinertrag der jährl. Leistungen	jährlicher Zinsertrag	Ablösungsgewinne in Geldwerten	in %
Kirchberg	10 762,13	5 778,17	4 983,56	46
Langenburg	12 092,43	6 827,29	5 265,14	44
Öhringen	20 377,55	11 959,10	8 418,45	41
Waldenburg	9 405,39	5 137,12	4 268,27	45
Bartenstein	9 471,15	5 355,43	4 115,32	43
Jagstberg	7 797,42	4 473,18	3 324,24	42

[572] Der aufaddierte Preis der fünf Hauptfruchtsorten Kernen, Dinkel, Roggen, Gerste, Haber betrug nach den Anschlägen in den Ablösungsgesetzen 28 fl; er belief sich im Jahre 1855 im Durchschnitt auf 64 fl 43 kr und war im Jahre 1854 sogar vorübergehend auf 77 fl angestiegen; vgl. KdA 1856/58 B I, 2, S. 687 ff.; s. unten Tabelle S. 189 ff.

[573] Kapitalwert des Gefälles bei 4 % Zins (Kapitalisator 25)   250 fl
tatsächliche Kapitalentschädigung bei einem Kapitalisator von 16
(entspricht einem Zinssatz von 6¼ %)   160 fl

Ablösungsgewinn   90 fl

[574] Tatsächlicher Geldwert des Gefälles bei um 25 % erhöhten Naturalpreisen: 12 fl 30 kr
Dieser bei 4 % Verzinsung kapitalisiert   312 fl 30 kr
Tatsächliche Kapitalentschädigung bei einem Kapitalisator von 16   160 fl

Ablösungsgewinn   152 fl 30 kr

[575] Der Hinweis auf die nicht unbeträchtlichen Ablösungsgewinne war ein offen ausgesprochenes Argument, das die Bauern dazu bewegen sollte, möglichst rasch das Ablösungsgeschäft aufzunehmen; vgl. «Ulmer Schnellpost», Jg. 1851, Nr. 57.

[576] Die Zahlen der ersten und zweiten Kolonne sind entnommen: SFAL E 143, Bü 79, Q 3–8.

In der Standesherrschaft Hohenlohe -	Reinertrag der jährl. Leistungen	jährlicher Zinsertrag bei 4 % Zins aus dem Entschädigungskapital	Ablösungsgewinne der Pflichtigen in Geldwerten pro Jahr	in % des Reinertrags der Leistung
	fl kr	fl kr	fl kr	%

2. Zehnte, deren Ablösung sich nach den Gesetzen vom 14. April 1848 und 17. Juni 1849 richtete[577]:

In der Standesherrschaft Hohenlohe -	Reinertrag der jährl. Leistungen	jährlicher Zinsertrag bei 4 % Zins aus dem Entschädigungskapital	Ablösungsgewinne der Pflichtigen in Geldwerten pro Jahr	in % des Reinertrags der Leistung
Kirchberg	19 837,00	12 275,32	7 561,28	38
Langenburg	18 730,46	11 959,49	6 770,57	36
Öhringen	34 712,46	22 121,4	12 591,42	36
Waldenburg	18 906,43	12 097,24	6 809,19	35
Bartenstein	15 916,29	10 177,34	5 738,55	36
Jagstberg	17 060,10	10 911,9	6 149,1	36

Es mag an dieser Stelle interessant und aufschlußreich sein, einen kurzen Blick auf ganz Württemberg zu werfen, um jene «ungeheure Umwälzung der Besitzverhältnisse»[578], welche diese Ablösung mit sich brachte, voll übersehen zu können.

Nach den Berechnungen der württembergischen Regierung[579] hätten die Berechtigten bei einer vollen Kapitalentschädigung für die entgangenen Revenüen und bei einem um 25 % höheren Preisansatz für die Naturalien insgesamt eine Entschädigungssumme von 124 574 000 fl erhalten müssen. Die tatsächlich den ehemaligen Herrschaften gewährte Entschädigung betrug dagegen nur etwa 66 000 000 fl[580]. Der Ablösungsgewinn der württembergischen Pflichtigen belief sich demnach auf rd. 58 574 500 fl, der zu knapp einem Drittel (19 388 500 fl) in den zu nieder angesetzten Naturalienpreisen und zu etwa zwei Dritteln (39 186 000 fl) in dem zu geringen Ablösungssatz seine Begründung fand.

Die Träger des *Ablösungsverlustes* waren in erster Linie der hohe und der niedere Adel, dann der württembergische Staat sowie öffentliche Institutionen und sonstige Privatpersonen, denen ehemals Herrschaftsrechte zustanden. Kein Wunder, daß die Berechtigten in dieser Regelung eine Ungerechtigkeit erblickten.

Die keineswegs korrekte Behandlung des württembergischen Adels bei der Bauernbefreiung war auch außerhalb des Königreichs Württemberg bekannt. So schrieb Bismarck im Jahre 1854 in einem Immediatbericht des Deutschen Bundestags, der Bundesversammlung sei «hoffentlich erwünschte Gelegenheit geboten, dem Unrecht abzuhelfen, welches durch die seit dem Jahre 1848 in Württemberg erlassene Ablösungsgesetze insbesondere den ... Standesherren zugefügt worden ist ...»[581].

Das Problem der Ablösungsgewinne und der Ablösungsverluste sei auf die eben aufgezeigten Zahlen beschränkt. Zur Vervollständigung dieses Fragenkreises sei noch darauf hingewiesen, daß die württembergische Regierung diese Ablösungs-

[577] Siehe Anmerkung 576.
[578] Th. Knapp, Neue Beiträge, a. a. O., Teil 1, S. 182.
[579] KdA 1856/58 B I, 2, S. 687 f., 694 f., 1021 ff.
[580] Die württembergische Regierung arbeitete bei ihren Berechnungen mit dieser Zahl. Sie erwies sich jedoch nachträglich als zu hoch gegriffen: die Gesamtentschädigung der Herrschaften betrug am 31. Dezember 1874 rund 61 280 000 fl. - SAS E 14-16, Fasz. 785, Q 5.
[581] H. Gollwitzer, a. a. O., S. 95 f., zitiert von H. v. Poschinger, Preußen im Bundestag, 1882, II, S. 25.

verluste der Berechtigten voll anerkannte[582] und sich ernsthaft überlegte, ihnen eine Nachtragsentschädigung zu Lasten der Staatskasse zu gewähren[582a]. Der entsprechende Gesetzesentwurf wurde jedoch am 3. Dezember 1861 von der Kammer der Abgeordneten abgelehnt. Die Regierung versuchte daraufhin die Berechtigten für ihre Verluste wenigstens dadurch zu einem Teil zu entschädigen, daß sie denselben bei der Ablösung der ihnen obliegenden Leistungen für öffentliche Zwecke, namentlich für Kirche und Schule, durch einen für sie günstigen Ablösungsmaßstab die Möglichkeit bot, nun ihrerseits Ablösungsgewinne zu Lasten der Staatskasse zu machen[582b]. Die Ablösungssumme nach dem Komplexlastengesetz betrug für ganz Württemberg etwa 5 941 000 fl. — Da hier aber mehr die Ablösungsgewinne der Pflichtigen als die Verluste und Gewinne der Fürsten von Hohenlohe interessieren, sei es mit diesen Hinweisen belassen.

4. Die Höhe der Entschädigungssummen für die fürstlichen Häuser von Hohenlohe

Abschließend soll nunmehr die Gesamtsumme der Ablösungsbeträge aufgezeigt werden, die von den Bauern an die Herren von Hohenlohe geflossen sind.

Diese Beträge stimmen mit den Entschädigungssummen für die fürstlichen Häuser von Hohenlohe überein, soweit es die Entschädigung nach den Gesetzen von 1848 und 1849 betrifft, nicht jedoch, wenn die Ablösung gemäß den Gesetzen von 1836 erfolgte, da hier der Staat rund die Hälfte der standesherrlichen Forderungen auf die Staatskasse übernahm. Dies ist bei den folgenden Übersichten zu berücksichtigen. Zinsen sind in den angegebenen Summen nicht mit eingerechnet.

A. Die Entschädigungssummen nach den Ablösungsgesetzen von 1836

a) Entschädigungen nach dem Gesetz vom 27. Oktober 1836, betr. die Ablösung der Beeden und ähnliche ältere Abgaben[583]:

Herrschaft Hohenlohe-	fl	kr
Kirchberg	9 833,9	
Langenburg	12 578,57	
Öhringen	55 255,51	
Waldenburg	660,44	
Bartenstein	16 997,43	
Jagstberg	7 641,46	
insgesamt	102 968,10	

b) Entschädigungen nach dem Gesetz vom 28. Oktober 1836, betr. die Ablösung der Fronen[584]:

---

[582] Der Minister des Innern von Linden bekannte: «zu behaupten, daß die Ablösungsgesetze gerecht seien, heiße den gesunden Menschenverstand ins Gesicht schlagen». KdA 1854/55, Pr. 2, S. 1248.

[582a] Siehe ausführlich hierzu KdA 1856/58 B I, S. 604–780.

[582b] Vgl. Gesetz vom 19. April 1865, betr. Ablösung von Leistungen für öffentliche Zwecke (das sog. Komplexlastengesetz), RBl. von 1865, S. 81 ff., s. a. L. SCHWARZ, Zehentablösungsgesetz, Heft 2, a.a.O., S. 117 ff. und 124 ff.; dann umfassend KdA 1862/64 B I, 2 S. 1625–1663; ferner SAS E 14–16, Fasz. 85, Q 84 ff.

[583] SFAL E 143, Bü 25, Q 8.

[584] SFAL E 143, Bü 25, Q 6.

Herrschaft Hohenlohe-	für persönliche Fronen		für dingliche Fronen		Insgesamt	
	fl	kr	fl	kr	fl	kr
Kirchberg	160 807	48	2 893	26	163 701	14
Langenburg	188 125	37	2 575	18	190 700	55
Öhringen	403 302	14	14 435	6	417 737	20
Waldenburg	245 659	58		61,40	245 721	38
Bartenstein	193 601	34	11 005	8	204 656	42
Jagstberg	84 252	25	28 050	47	112 303	12
gemeinsame Lehenskasse		78,40		542,20	621	—
Insgesamt	1 275 828	16	59 661	45	1 335 490	1

c) Entschädigungen nach dem Gesetz vom 29. Oktober 1836, betr. die Ablösung leibeigenschaftlicher Abgaben[585]:

	fl	kr
Standesherrschaft Hohenlohe-Jagstberg	2 366,20	

B. Die Entschädigungssummen nach den Ablösungsgesetzen von 1848

a) Ablösungsentschädigungen gemäß dem Gesetz vom 14. April 1848, betr. die vollständige Beseitigung der auf dem Grund und Boden liegenden Lasten, dem Gesetz vom 17. Juni 1849, betr. die Ablösung der Zehnten und dem Gesetz vom 24. August 1849, betr. die Beseitigung der Überreste von älteren Abgaben[586]:

Zusammenstellung siehe umseitig

b) Unentgeltlich aufgehobene Leistungen nach den Gesetzen von 1848 und 1849[587]:

Herrschaft Hohenlohe-	fl	kr
Kirchberg	103,12	
Langenburg	177,8	
Öhringen	59,56	
Waldenburg	42,47	
Bartenstein	413,57	
Jagstberg	5,—	
Insgesamt	803,12	

[585] SFAL E 143, Bü 25, Q 6. Lediglich die Herrschaft Hohenlohe-Jagstberg hatte leibeigenschaftliche Leistungen abzulösen. Es handelt sich hierbei um Leistungen aus der Gemeinde Niederstetten, welche erst 1794 von den Grafen und späteren Fürsten von Hatzfeld an Hohenlohe-Jagstberg kam. Die leibeigenschaftlichen Abgaben dieser Neuerwerbung blieben dann bis 1836 fortbestehen, dürfen also nicht als ein Charakteristikum für Hohenlohe angesehen werden. Näheres siehe SFAL E 184, Bd. 16, Fasz. 55, Q 9 und auch: Das Königreich Württemberg, Stuttgart 1906, Bd. 3, S. 194; SFAL E 143, Bü 25, Lit. B 3/7.
[586] SFAL E 143, Bü 19, Q 3 bis 8.
[587] SFAL E 143, Bü 19, Q 3a, 4a, 5a, 6, 7. KdA 1856/68 B I, 1, S. 1018 f.

Ablösungsentschädigungen nach den Gesetzen vom 14. April 1848, 17. Juni 1849 und 24. August 1849[587a]

Ablösungsgegenstand	Herrschaft Hohenlohe-	In den Ablösungs-Liquidationen festgestellter jährl. Brutto-Ertrag						Am Brutto-Ertrag in Abzug zu bringende Beträge						Reinertrag der Leistungen		Entschädigungskapital der Herrschaft; gleichzeitig Ablösungslast der ehemaligen Pflichtigen	
		In Geld zu entrichtende Leistungen		In natura zu entrichtende Leistungen, bewertet nach den gesetzlichen Anschlägen		Insgesamt		Bezugs- und Verwaltungskosten		Gegenleistungen der Herrschaft		Insgesamt					
		fl	kr	fl	kr	fl	kr	fl	kr	fl	kr	fl	kr	fl	kr	fl	kr
Gefälle, deren Ablösung sich nach den Gesetzen vom 14. 4. 1848 und 24. 8. 1849 richtete.	Kirchberg	9 272,12		2 107,18		11 379,30		197,59		419,18		617,17		10 762,13		144 457,2	
	Langenburg	8 449,55		4 086,1		12 535,56		443,13		—		443,13		12 092,43		170 688,33	
	Öhringen	14 017,42		6 789,51		20 807,33		427,55		1,49		429,44		20 377,55		296 374,45	
	Waldenburg	7 770,46		1 928,4		9 698,50		43,11		250,—		293,11		9 405,39		128 430,2	
	Bartenstein	7 158,11		2 544,28		9 702,39		231,21		—		231,21		9 471,15		133 892,20	
	Jagstberg	5 042,30		2 930,2		7 972,32		174,50		—		174,50		7 797,42		111 183,22	
	Insgesamt	51 711,36		20 385,44		72 097,—		1 518,29		671,7		2 188,36		69 907,27		985 674,44	
Zehnten, deren Ablösung sich nach den Gesetzen vom 14. 4. 1848 und 17. 6. 1849 richtete.	Kirchberg	4 238,10		17 875,21		22 113,31		2 271,—		6,26		2 277,26		19 836,6		306 888,15	
	Langenburg	3 035,2		16 952,21		19 535,56		1 256,37		—		1 256,37		18 730,46		298 991,45	
	Öhringen	7 396,24		29 297,27		36 693,51		1 937,5		44,—		1 981,5		34 712,46		553 019,56	
	Waldenburg	4 618,14		15 008,12		19 626,26		719,43		—		719,43		18 906,43		302 435,35	
	Bartenstein	2 569,27		14 194,42		16 764,9		847,40		—		847,40		15 916,29		254 439,36	
	Jagstberg	2 858,33		15 363,32		18 222,5		1 161,55		—		1 161,55		17 060,10		272 778,57	
	Insgesamt	24 715,50		108 691,35		132 955,58		8 193,59		50,26		8 244,26		125 163,—		1 988 554,4	

[587a] SFAL E 143, Bü 25, Q 6.

130

Die Auswirkungen der Bauernbefreiung hinsichtlich der bäuerlichen Verschuldung, der Gantfälle und dem Besitzwechsel von Grund und Boden

Die Frage, inwieweit durch die Bauernbefreiung eine Verschuldung des Bauernstandes eingetreten ist und Gantungen auftraten, kann nur zusammen mit einer Untersuchung der Konjunkturschwankungen in dem hier behandelten Zeitraum vorgenommen werden.

Methodisch wird in dem anschließenden Abschnitt folgendermaßen vorgegangen: Auf den Jahresmaßstab des 19. Jahrhunderts werden — soweit es die statistischen Unterlagen gestatten — zuerst die agrarischen Konjunkturschwankungen projiziert, dann das Auf und Ab der hypothekarischen Belastungen und der Gantungen, sodann schließlich als Viertes die Hauptdaten der Bauernbefreiung.

I. Die Schwankungen der Agrarkonjunktur in Württemberg und Hohenlohe im 19. Jahrhundert

An dem allgemeinen Aufschwung der Landwirtschaft in Mitteleuropa von der Mitte bis zum Ende des 18. Jahrhunderts[588] nahm auch Württemberg und Hohenlohe teil. Die Grundlage des großen Wohlstandes der Hohenloher Bauern im letzten Drittel des 18. Jahrhunderts lag in erster Linie begründet in der *Aufzucht, der Mästung* und dem Verkauf *(Export) von Rindern*[589]. Die weite Verbreitung der Viehzucht war mit die Folge der wichtigsten Änderung im Anbau, die im 18. Jahrhundert eintrat: der Besömmerung des Brachfeldes. Damit entfiel der Weidegang für den größten Teil des Jahres auf der Brache und mußte durch die Stallfütterung ersetzt werden. Eine Mästung von Rindern war in größerem Maße möglich geworden.

In den 70er Jahren des 18. Jahrhunderts wurden wöchentlich etwa hundert Stück Ochsen von den Viehhändlern und Metzgern bei den Bauern aufgekauft und vor allem über Straßburg und Metz nach Paris getrieben[590], ferner auch nach Mannheim, Frankfurt, Heidelberg, Worms, Speyer und Mainz[591]. Der Viehhandel gedieh so trefflich, daß bereits in den 80er Jahren desselben Jahrhunderts bis zu 200 Ochsen wöchentlich nach Straßburg und Paris ausgeführt werden konnten[592]. Im Jahre 1780/81 wurden allein

---

[588] W. ABEL, a.a.O., S. 103.
[589] Vgl. J. F. MAYER, Lehrbuch a.a.O., S. 118 ff.; K. SCHUMM, WF, Jg. 1955, S. 138 ff.; J. D. A. HOECK, Materialien zur Geschichte, a.a.O., S. 140; v. WEBER, Der Viehhandel im Hohenlohischen im Jahre 1823, WJB 1823, S. 463; G. DEHLINGER, a.a.O., S. 64.
[590] G. DEHLINGER, a.a.O., S. 53.
[591] K. SCHUMM, a.a.O., WF, 1955, S. 138 ff.
[592] Journal von und für Deutschland, 1786, Stück 9, S. 218. Nähere Einzelheiten über die Viehtriebe siehe J. D. A. HOECK, Materialien zur Geschichte, a.a.O., S. 145; K. SCHUMM berichtet von jährlichen Viehtransporten zwischen 10 000 und 15 000 Stück Vieh.

von Kupferzell und Künzelsau 10 378 fette Ochsen mit einem Verkaufswert von 896 821 fl 15 kr. nach Straßburg, Paris und Mannheim verkauft[593]. Der reine Ertrag, den der Viehhandel nach Hohenlohe hereinbrachte, wird in jenen 80er Jahren und in den ersten Jahren nach der französischen Revolution mit rund 500 000 fl angegeben[594]. Der große Reichtum, der mit den Viehtrieben nach Hohenlohe kam, spiegelte sich z. B. darin wieder, daß ein Bauer, der um die Mitte des 18. Jahrhunderts seine Tochter mit 500 fl Mitgift auf einen großen Hof verheiraten konnte, in den 70er und 80er Jahren mit 1000 bis 1500 fl dasselbe Ziel kaum erreichte; und es wird von Bauern berichtet, die ihren Kindern 2000 bis 3000 fl zur Heirat ausbezahlten[595].

v. WEBER[596] berichtet aus seinen Erinnerungen, daß in den 1780er Jahren die Hohenloher Bauern «um große Taler in der Karte spielten und Geld hatten wie Heu, wie man in Franken zu sagen pflegt, oder in Bayern, wie ein Schweinetreiber. Die Hauptmünze war auch französisches Geld. Sie liehen recht gern auf 3 %, begleitet von Butter, Schmalz, Geflügel und Eiern und liehen ohne besondere Sicherheit... Jetzt (i. J. 1823, d. V.) sind sie heilfroh, wenn sie nur württembergische Sechser genug nach Stuttgart zu schicken haben.»

Zeitgenossen drückten ihr mißbilligendes Erstaunen darüber aus, daß Bauer und Tagelöhner gleichermaßen täglich Tee und Kaffee tranken, am Mittagstisch mit Silber serviert wurde und selbst die ärmste Wäscherin in Samt und Seide ging, die mit Gold und Silber verbrämt war[597].

Mit den 90er Jahren begann ein Rückgang des Handels mit Ochsen nach Frankreich. Die Hohenloher Händler, die seit 1791 mit Assignaten bezahlt wurden, die dann in Straßburg mit großem Verlust gegen «baar Geld» umgetauscht werden mußten[598], hielten sich bei dieser Bezahlungsweise von Verkäufen zurück. Der ein Jahr später ausgebrochene Krieg brachte weitere Stockungen des Handels, einmal wegen der wachsenden Unsicherheit der Verkehrswege, zum anderen wegen einer Minderung des Bestandes an Rindvieh um 40 000 Stück (für Gesamt-Württemberg), die der vom Osten eingeschleppten Rinderpest zum Opfer fielen[599]. Der stark verringerte Handelsverkehr mit Frankreich hörte dann im Jahre 1812 vollends auf, als Frankreich durch scharfe Sperrmaßregeln jede Einfuhr von Rindern unmöglich machte[600]. Diese Sperre traf die Hohenloher Bauern und Viehhändler um so härter, als mit der Mediatisierung Hohenlohes und der damit verbundenen Einführung der Handelsaccise eine Schrumpfung des Handels mit den innerdeutschen Absatzzentren eintrat[601].

---

[593] K. SCHUMM, a.a.O., WF, 1955, S. 138; vgl. G. DEHLINGER, a.a.O., S. 53.

[594] v. WEBER, a.a.O., S. 463; vgl. G. DEHLINGER, a.a.O., S. 53. Zum Vergleich sei erwähnt, daß die jährlichen Einkünfte der Fürsten von Hohenlohe um jene Zeit rund 380 000 fl betrugen; so J. D. A. HOECK, Materialien zur Geschichte, zitiert bei K. SCHUMM, a.a.O., WF, 1955, S. 152.

[595] J. F. MAYER, zitiert bei K. SCHUMM, a.a.O., WF, 1955, S. 152.

[596] v. WEBER, a.a.O., S. 464.

[597] J. F. MAYER, in: Hohenloher Kalender für das Jahr 1776; W. SAENGER, a.a.O., S. 135 f.

[598] J. D. A. HOECK, Materialien zur Geschichte, a.a.O., S. 413.

[599] G. DHELINGER, a.a.O., S. 58.

[600] Ebenda S. 64.

[601] Kaufte ein Hohenloher Bauer oder Händler in einem außerwürttembergischen deutschen Staat Vieh auf, so hatte der Verkäufer pro Gulden Verkaufspreis einen Kreuzer Accise zu bezahlen. Wollte dann der Händler mit dem in Hohenlohe aufgemästeten Vieh außer Landes ziehen, war abermals eine Ausgangsaccise von 1½ Kreuzer pro Gulden Verkaufswert von dem Händler zu entrichten; vgl. K. SCHUMM, WF, Jg. 1955, S. 164; vgl. Handbuch der Steuergesetzgebung, a.a.O., S. 190, Anm. 4.

Die Hochblüte Hohenlohes in der Viehzucht war vorüber. Viehzucht und Viehhandel blieben zwar im 19. Jahrhundert noch eine wichtige Einnahmequelle der bäuerlichen Bevölkerung, wobei der Schwerpunkt allmählich von der Mast auf die Zucht verlegt wurde, doch erreichte er nicht mehr den Umfang wie in den letzten Jahrzehnten des 18. Jahrhunderts und trat gegenüber dem Anbau von Feldfrüchten mehr und mehr in den Hintergrund[602].

Die Lage auf dem *Markt für Feldfrüchte* war in den beiden ersten Jahrzehnten des 19. Jahrhunderts in Württemberg und Hohenlohe keineswegs günstig. Neben den Kriegswirren, die Freund und Feind abwechslungsweise in das Land führten, kam 1809 und 1810 eine ausgesprochen schlechte Ernte, und die Fehljahre von 1812 bis 1815 entkräfteten vollends die Bauern[603]. Nässe und Kälte verursachten 1816/17 wiederum eine Mißernte in Getreide, Kartoffeln, Futtergewächsen, Obst und Wein, es folgte ein scharfer Preisanstieg für Lebensmittel und es herrschte Mangel an Saatgut. G. DEHLINGER berichtet, wohl etwas übertreibend, daß Baumrinde, Stroh, Sägemehl, Kleie und Mehlstaub zu Brot verbacken wurde. Außerdem gab es gekochtes Gras und Kleewurzeln, selten getrocknete Kartoffelschalen[604]. ABEL berichtet[605], daß die überaus ergiebigen Ernten der Jahre 1819/20/21 dann auch in Württemberg zu einem heftigen und plötzlichen Preissturz[606] führten. Als eine erneute Mißernte i. J. 1822/23 die noch nicht erholte Landwirtschaft traf, kam es zu der Agrarkrise der zwanziger Jahre, die jene des ersten Jahrzehnts in ihrer Schwere noch übertraf[607].

Die guten Ernten der Jahre 1827 und 1828 leiteten daran anschließend bei langsam ansteigenden Produktenpreisen wieder eine landwirtschaftliche Aufwärtsentwicklung ein, welche die 30er Jahre über anhielt und bis zum Jahre 1846 währte.

Von 1847 bis 1852/53 erlebten Hohenlohe und Württemberg die dritte Agrarkrise innerhalb eines halben Jahrhunderts. Sie setzte ein mit einer Mißernte großen Ausmaßes im Jahre 1847, zu der sich damals zum ersten Male in Württemberg die Kartoffelkrankheit gesellte. Es waren von ihr befallen[608]:

1848	14 % der Ernte		1851	44 % der Ernte
1849	16 % der Ernte		1852	11 % der Ernte
1850	36 % der Ernte		1853	5 % der Ernte

Pro Kopf der Bevölkerung waren an gesunden Kartoffeln und Brotfrucht von der Ernte verfügbar[609]:

	Kartoffeln	Brotfrucht
1847/48	5 Sri	2,6 Sch
1851/52	0,32 Sri	2,03 Sch

und im normalen Jahr

1857/58	18,8 Sri	4,38 Sch

[602] v. WEBER, a.a.O., S. 463; G. DEHLINGER, a.a.O., S. 58; W. SAENGER, a.a.O., S. 111; H. TRUMPFHELLER, a.a.O., S. 18.
[603] G. DEHLINGER, a.a.O., S. 58.
[604] G. DEHLINGER, a.a.O., S. 59.
[605] W. ABEL, a.a.O., S. 132.
[606] Siehe unten S. 189 ff.
[607] Vgl. die Ausführungen des Abgeordneten Fetzer vor der KdA im Jahre 1824, zitiert bei G. DEHLINGER, a.a.O., S. 65.
[608] WJB, 1855, S. 184; vgl. auch WJB, 1874, S. 223.
[609] F. FRANCK, a.a.O., S. 6.

Eine Welle der Auswanderung setzte ein. Die Bevölkerung Württembergs nahm von 1849 bis 1855 um ca. 75 000 Einwohner, das waren rund 5 % der Bevölkerung, ab[610]. Der von ABEL[611] ausgesprochene, auf Mecklenburg in der Zeit der Kontinentalsperre bezogene Satz, der Landbau sei ein brotloses Gewerbe geworden, war in diesen Jahren auch für Württemberg anwendbar.

Erst etwa mit dem Jahr 1853 begann mit normalen Ernten, dem Nachlassen der Kartoffelkrankheit, einer Ausdehnung des Getreide- und Handelsgewächsanbaus und der beginnenden Ausbreitung der Zuckerrübenkulturen[612] wieder eine günstige Periode für die württembergische Landwirtschaft[613], die bis etwa zur Mitte der 60er Jahre andauerte. Das ganze Volk, Handwerk, Gewerbe, Industrie und Handel hatten Anteil an dem Aufschwung der Landwirtschaft.

Gegen die Mitte der 60er Jahre des 19. Jahrhunderts erfolgte der Anschluß der württembergischen Eisenbahnen an das Eisenbahnnetz des Auslandes, und von dieser Zeit an richtete sich das Angebot an landwirtschaftlichen Produkten nicht mehr ausschließlich nach der heimischen Ernte, sondern die neue Verkehrstechnik brachte den württembergischen Bauern mit dem Getreideangebot des «Weltmarktes» in Berührung[614]. Klagen über die empfindliche Konkurrenz des Auslandes, insbesondere des Weizens aus Ungarn[615], wurden zunehmend bemerkbar. Seit 1873 – der Aufschub war durch den Deutsch-Französischen Krieg bedingt – begannen die Getreidepreise bis gegen die Jahrhundertwende langsam und kontinuierlich zu fallen. Die bäuerliche Bevölkerung sah sich im letzten Viertel des 19. Jahrhunderts einer ihr ungünstigen Preisschere gegenüber: Den fallenden Erzeugnispreisen für landwirtschaftliche Produkte standen steigende Lohnkosten gegenüber, die auch nicht durch die zum Fallen tendierenden Preise für gewerbliche Produkte ausgeglichen werden konnten[616]. Diese Preisschere war es dann, die – und das sei hier angedeutet – den letzten Anstoß zur Abschaffung der württembergischen Katastersteuern zugunsten einer Einkommen-Steuer im heutigen Sinne gab.

II. Die Verschuldung der bäuerlichen Bevölkerung und die Anzahl der Gantfälle

Die Wechselfälle der Konjunkturlage haben einen Einfluß auf die Bewegung der Verschuldung und der Gantungen. Um die Sonderstellung Hohenlohes innerhalb Württembergs deutlich herauszuheben, soll zunächst die Lage in Württemberg allgemein untersucht werden, der dann die Situation in Hohenlohe gegenübergestellt wird.

Eine Verschuldung des Bauernstandes kann schon zu Beginn der zwanziger Jahre festgestellt werden. Sie ist weder allein aus den Fakten der Bauernbefreiung, noch

---

[610] ALFR. DEHLINGER, a.a.O., Bd. I, S. 155 f.; vgl. G. DEHLINGER, a.a.O., S. 70: die durchschnittliche Zahl der Auswanderer betrug pro Jahr 1842–52 4466 Personen, 1852–55 13 018 Personen, 1855–62 3090 Personen.

[611] W. ABEL, a.a.O., S. 130.

[612] G. DEHLINGER, a.a.O., S. 71.

[613] Vgl. W. ABEL, a.a.O., S. 149 f.

[614] Vgl. HFE 1870/71, S. 427 f.

[615] G. DEHLINGER, a.a.O., S. 74.

[616] Vgl. W. ABEL, a.a.O., S. 149 f.

aus den Konjunkturschwankungen heraus zu erklären, sondern ergab sich aus dem Zusammenspiel folgender Faktoren:

1. der Agrarkrise der ersten beiden Jahrzehnte des 19. Jahrhunderts;
2. der vollen de-jure-Freiheit in der Zertrennung von Grund und Boden nach dem Edikt von 1817;
3. der mangelnden Sitten der Bauern, die Höfe geschlossen zu übergeben; (die beiden Punkte 2. und 3. gelten in erster Linie für Alt-Württemberg und nicht für Hohenlohe);
4. der Freiheit in der Niederlassung und Verehelichung;
5. der starken Zunahme der Bevölkerung[616a];
6. der nahezu vollständigen Hinwendung der Bevölkerung zur Urproduktion[617];
7. dem von der Regierung geförderten Angebot von Leihkapital für die Landwirtschaft in den 20er Jahren des 19. Jahrhunderts.

Diese Förderung der Kreditvergabe — und damit sind die Quellen der Kredite für die Bauern angesprochen — geschah dadurch, daß die württembergische Regierung während der Krisenzeit der 20er Jahre die Ämter und Gemeinden aufforderte, *öffentliche Corporationsleihkassen* für die ländliche Bevölkerung zu gründen, wobei sie sich selbst die Bestätigung der Statuten der Kassen und das Recht der Oberaufsicht vorbehielt. Die Kredite waren dafür gedacht, den Bedarf der Landwirtschaft an Betriebsmittelkrediten während der Notjahre zu decken. Obwohl die amtlichen Leihkassen nach der Wiederkehr der günstigen Konjunkturverhältnisse in den 30er Jahren außerordentlich gut gediehen, wurden sie nach rund zehnjähriger Tätigkeit, da der Grund, der zu ihrer Gründung führte, weggefallen war, wieder aufgelöst[618]. Angelockt durch das Beispiel der Corporationsleihkassen und die Möglichkeit, schnell Zinsgewinne zu machen, folgten nun den amtlichen Leihkassen alsbald *private Leihkassen*, deren Vorstände oft die Leiter der seitherigen Gemeindekassen bildeten. Die privaten Kassen waren ihrem Wesen nach Vereine von Gläubigern bzw. kleine Privatbanken. Da diese Kassen nach der staatlichen Genehmigung ihrer Statuten keiner weiteren öffentlichen Kontrolle mehr unterstanden, war hier dem Leichtsinn im Kreditieren Tür und Tor geöffnet: Hypotheken wurden mit der Absicht auf überhöhte Zinsen auch an Personen mit zweifelhaften Vermögensverhältnissen gegeben und die Aufnahme von Nachhypotheken gestattet[619]. Insbesondere verbanden diese privaten Leihkassen mit

[616a] Das Wachstum der Bevölkerung Württembergs ergibt sich nach E. C. Dinkel, a. a. O., S. 540: Einwohner i. J. 1817: 1 394 376; i. J. 1850: 1 802 252.

[617] E. C. Dinkel, a. a. O., S. 564: «In Württemberg herrscht bis in die neuere Zeit (etwa 1845/50, Anm. d. Verf.) eine wahre Feindschaft gegen alles Fabrikwesen, auf der anderen Seite die öffentliche Meinung, Württemberg sei ein Agrarstaat und müsse es bleiben.» «Die Überschätzung der Landwirtschaft führte zu einer nachteiligen Einseitigkeit.» — In ganz Württemberg gab es im Jahre 1832 lediglich 250 gewerbliche Betriebe mit ca. 4500 Beschäftigten; E. Marquard, a. a. O., S. 336, vgl. auch 334 f., 346. — Auf die Anregungen von F. List, das gewerbliche Leben in Württemberg durch die Gründung von Fabriken zu fördern, antwortete der württembergische Finanzminister Weckherlin dem «Reutlinger Demagogen», «gerade die Fabrik sei die schwerste Gefahr, denn sie erziehe den Menschen entweder zum Bettler, oder zum Aufrührer», E. Marquard, a. a. O., S. 305.

[618] Vgl. E. C. Dinkel, a. a. O., S. 564; in einer Fußnote weist Dinkel auf eine mir nicht zugängliche Arbeit von Märlin hin «Geschichte der württembergischen Leihkassen», abgedruckt in dem Bericht der Nürnberger Versammlung der Land- und Forstwirte von 1853.

[619] Zwar durfte der Grund und Boden nach württembergischem Gesetz nur mit $^2/_3$ seines Wertes belastet werden, doch war es letztlich Sache des Gläubigers, sich daran zu halten oder nicht. Eine herrschaftliche Konsenspflicht gab es ja nun nicht mehr. — Über die unzureichenden württembergischen Kredit-Gesetze vgl. E. C. Dinkel, a. a. O., S. 566.

dem Leihgeschäft einen ausgedehnten Güterhandel, kauften Boden auf und, wo sich die Möglichkeit dazu bot, ganze Höfe und verkauften den Grund, z. T. klein zerstückelt, auf Ratenzahlungen an Interessenten.

Zu dieser bevorzugten Kreditversorgung der Landwirtschaft seit dem Beginn der 20er Jahre, veranlaßt durch die Agrardepression jener Zeit, traten die Auswirkungen der Befreiungsgesetzgebung. Nach der Freigabe des Bodens durch das Edikt von 1817 war der bisher zurückgestauten Nachfrage nach Grund und Boden — vor allem von seiten der Häusler und Köbler, aber auch von Bauern, die ihre bestehenden Höfe durch Zukäufe arrondieren wollten — keine gesetzliche Schranke mehr gesetzt. Mit Hilfe von etwas eigenen Ersparnissen und dem relativ leicht zu erhaltenden Kredit, glaubte diese vorwiegend klein- und unterbäuerliche Schicht, ihren lang gehegten Wunsch nach dem Besitz eines Stückchens Land realisieren zu können. Diese plötzlich auftretende steigende Nachfrage führte bei nachhinkendem Angebot an Grund und Boden zu einem scharfen Anstieg der Bodenpreise, der etwa bis zum Jahr 1847 andauerte[620]; er machte sich vor allem bei kleineren Bodenteilen, einzelnen Parzellen, weniger jedoch bei großen zusammenhängenden Höfen bemerkbar[621]. Die Käufer erstanden häufig, wie ex post festzustellen ist, die Grundstücke überbewertet; und da sich die Höhe der gewährten Kredite nach den Bodenpreisen richtete, wurden den zu hohen Grundstückspreisen entsprechend zu hohe Hypotheken aufgenommen. Die Bodenpreise und die Hypothekensummen stützten sich gegenseitig, schaukelten einander in die Höhe, und der effektive Verschuldungsgrad[622] der klein- und unterbäuerlichen Bevölkerungsschicht stieg an[623].

Die in Württemberg *jährlich aufgenommenen* und durch Unterpfänder (Hypotheken) gesicherten *Geldanleihen*, sowie die in den Unterpfandsbüchern gelöschten Anleihen betrugen per Saldo in den Jahren:

	aufgenommene Anleihen in fl	getilgte Anleihen in fl
1838/39	16 947 503	13 783 337[624]
1839/40	18 096 192	14 212 357[624]
1840/41	16 186 168	13 531 770[624]
1841/42	17 334 443	15 014 036[624]
1845/46	ca. 24 000 000	ca. 19 000 000[625]
1847/48	18 852 000	14 973 578[626]

Zwar ist aus diesen Zahlen nicht zu entnehmen, inwieweit diese zunehmende Belastung den Grund und Boden oder die Gebäude, das Gewerbe und den Handel traf, doch darf angenommen werden, daß der größte Teil der oben angegebenen Schulden auf landwirtschaftlich genutztem Grund und Boden ruhte. Der Verschuldungsgrad der Landwirtschaft (Verschuldungssumme in Prozent des Bodenwertes) wurde für das Jahr 1841 mit 11 % des Bodenwertes angegeben[627].

Als dann während der Agrarkrise in der zweiten Hälfte der 40er Jahre bis zum Be-

[620] E. C. DINKEL, a. a. O., S. 569.
[621] F. FRANCK, a. a. O., S. 4 f.
[622] Bezogen auf die «wahren» Grundstückspreise.
[623] Vgl. hierüber insbesondere die angeführten Arbeiten von J. A. HELFERICH, J. FALLATI und E. C. DINKEL.
[624] WJB Jg. 1841, S. 412, Tafel B.
[625] E. C. DINKEL, a. a. O., S. 571.
[626] WJB Jg. 1877, Bd. 1, S. 121.
[627] Das Königreich Württemberg, 1863, a. a. O., S. 437.

ginn der 50er Jahre die kleinen Landwirte ihre Abzahlungsraten für die aufgenommenen Hypotheken nicht mehr bezahlen konnten, kam es zu einem Anstieg der Zahl der
Gantungen, vor allem eben bei jener klein- und unterbäuerlichen Bevölkerungsschicht
und den kleinen Gewerbetreibenden und Handwerkern auf dem Lande, die von den
zahlungsunfähig gewordenen ländlichen Auftraggebern wirtschaftlich abhängig waren[628]. Die Zahl der Auswanderer — zum Großteil aus jener verganteten Bevölkerungsschicht — schwoll, wie schon berichtet, an. Die Nachfrage nach Boden ließ nach,
das Angebot erhöhte sich infolge der zur Zwangsversteigerung ausgeschriebenen Liegenschaften, und die Grundstückspreise begannen wieder zu fallen[629].

Die Anzahl der Gantungen in ganz Württemberg betrug[630] im

Jahr 1840: 1062 Konkurse
Jahr 1846: 1895 Konkurse
Jahr 1847: 2300 Konkurse
Jahr 1852: 7582 Konkurse
Jahr 1853: 8536 Konkurse
Jahr 1854: 8813 Konkurse
Jahr 1856: 4773 Konkurse

Um den Anteil der bäuerlichen Schicht an diesen Konkursfällen nicht zu groß erscheinen zu lassen, sei hier wenigstens für die Jahre von 1840 bis 1847, für welche
Zahlen vorliegen, eine Zusammenstellung der *Gantungen, nach Berufsarten aufgegliedert*, eingeschoben[631]:

Berufsgruppe	Neckar- kreis	Schwarz- waldkreis	Donau- kreis	Jagst- kreis	insgesamt
Gewerbetreibende					
in 8 Jahren	1501	2001	1062	1208	5772
pro Jahr	185,1	250,1	132,7	151,0	721,5
Landbautreibende und Viehzüchter					
in 8 Jahren	635	530	335	613	2213
pro Jahr	79,4	78,8	41,8	76,6	276,6
Handeltreibende					
in 8 Jahren	120	239	118	115	592
pro Jahr	15,0	29,9	14,7	14,4	74,0
Bedienstete des Staats und der Gemeinden					
in 8 Jahren	153	190	102	142	587
pro Jahr	19,1	23,7	12,7	17,7	73,4
Gastwirte					
in 8 Jahren	116	214	116	134	580
pro Jahr	14,5	26,7	14,5	16,7	72,5

[628] Siehe Tabelle S. 137 f. F. Franck, a. a. O., S. 8.
[629] E. C. Dinkel, a. a. O., S. 569; G. Dehlinger berichtet (WJB, Jg. 1897, Teil 1, S. 69), daß
von 1820 bis 1850 die Preise für Grundstücke in Gesamt-Württemberg um ca. 20 % anstiegen.
In den 4 Jahren von 1850 bis 1853 fielen dann die Preise für Liegenschaften «in den geldarmen
Gegenden» wieder um 10 bis 30 %. — J. A. Helferich macht an der gleichen Stelle analoge
Aussagen.
[630] Ebenda S. 569.
[631] WJB, Jg. 1847, S. 179 ff.

Berufsgruppe	Neckar-kreis	Schwarz-waldkreis	Donau-kreis	Jagst-kreis	insgesamt
Fabrikanten					
in 8 Jahren	20	7	9	5	41
pro Jahr	2,5	0,9	1,1	0,6	5,0
Sonstige Gewerbezweige					
in 8 Jahren	47	36	19	25	127
pro Jahr	5,8	4,5	2,3	3,1	15,9
Personen, deren Stand nicht angegeben ist					
in 8 Jahren	413	329	316	539	1597
pro Jahr	51,6	41,1	39,5	67,3	199,6
Insgesamt					
in 8 Jahren	3005	3646	2077	2781	11 509
pro Jahr	375,6	455,7	259,6	347,6	1 438,6

Die *Untergliederung der Berufsgruppe «Landbautreibende und Viehzüchter»* zeigt folgendes Bild:

Berufsart	Neckar-kreis	Schwarz-waldkreis	Donau-kreis	Jagst-kreis	insgesamt
Bauern und Gutsbesitzer					
in 8 Jahren	209	213	104	153	679
pro Jahr	26,1	26,8	13,0	19,1	84,8
Weingärtner					
in 8 Jahren	219	21	5	61	306
pro Jahr	27,3	2,7	0,6	7,6	76,6
Söldner und Köbler					
in 8 Jahren	4	0	44	86	134
pro Jahr	0,5	0	5,5	10,7	16,7
Taglöhner					
in 8 Jahren	122	346	127	262	857
pro Jahr	15,2	43,2	15,8	32,7	107,1
Schäfer					
in 8 Jahren	72	39	35	44	190
pro Jahr	9,0	4,8	4,4	5,5	23,7
Pächter					
in 8 Jahren	3	2	6	8	19
pro Jahr	0,4	0,2	0,7	1	2,3
Viehhirten					
in 8 Jahren	1	9	4	3	17
pro Jahr	–	1,1	0,5	0,4	2,1
Gärtner					
in 8 Jahren	5	0	6	0	11
pro Jahr	0,6	0	0,7	0	1,3
insgesamt					
in 8 Jahren	635	630	335	613	2213
pro Jahr	79,4	78,8	41,8	76,6	276,6

Vergleicht man die Zahl der Gantungen innerhalb den einzelnen Berufsgruppen, so zeigt sich, daß über 60 % aller Konkurse auf den Gewerbe- und Handelsstand entfielen, dagegen nur etwa 19 % auf die Berufsgruppe «Landbautreibende und Viehzüchter». Da aber mit einiger Wahrscheinlichkeit anzunehmen ist, daß die in der Gruppe «Personen, deren Stand nicht angegeben ist» aufgezählten Gantungen auch dem Stand der Landbautreibenden angehörten, so erhöhte sich die Quote für diese Gruppe auf etwas über ein Drittel sämtlicher Konkurse.

Zieht man dann innerhalb der Berufsgruppe der Landbautreibenden und Viehzüchter die «Bauern und Gutsbesitzer» heraus, so ergibt sich für diese ein Anteil von 30 % für ganz Württemberg und von 25 % für den hier besonders interessierenden Jagstkreis. Der Anteil der verganteten Köbler und Taglöhner liegt erheblich höher, nämlich für Württemberg insgesamt bei 40 % und für den Jagstkreis bei 57 % aller Gantungen innerhalb dieser Berufsgruppe.

Die bei den Gantungen an die Gläubiger zur Verteilung gekommenen Geldbeträge betrugen im Jahr 1832/33 rund 1,8 Millionen Gulden, sie erhöhten sich 1845/46 auf etwa 6 Millionen Gulden, betrugen 1846/47 8,3 Millionen Gulden und stiegen im Jahr 1847/48 rasch auf 14,3 Millionen Gulden an[632].

Mit dem Ansteigen der bäuerlichen Konkurse um 1846/47 begann das, was DINKEL[633] die Zerrüttung der bäuerlichen Kreditverhältnisse nannte und was vielleicht besser, weil genauer, als die *Zerrüttung der bäuerlichen Kreditwürdigkeit* zu bezeichnen ist. Die privaten Kapitalgeber, die bis dahin den Hauptanlageplatz für ihre Kapitalien auf dem flachen Lande gesehen hatten[634], zogen sich nunmehr hiervon zurück. Das Risiko des Kapitalverlustes erschien ihnen zu groß. Die Mißernten, die wachsende Zahl der Gantungen und die fallenden Bodenpreise machten sie mißtrauisch, effektiv eingetretene Verluste zurückhaltend. Die Gläubiger sahen sich oft gezwungen, den verschuldeten Bauern einen Teil ihrer Schuld zu erlassen, damit dieselben weiterarbeiten konnten, um so wenigstens einen Teil des Leihkapitals zurückzahlen zu können. Hinzu kam, daß betrügerische Bankrotte nicht selten waren: Hierbei vereinigten sich die Einwohner eines Dorfes, um einem verschuldeten Einwohner ihrer Gemeinde auf Kosten des «Gläubigers in der Stadt»[635] zu helfen. Sie schlossen sich zusammen, zeigten bei der Versteigerung des verganteten Areals wenig Lust zum Ankauf; und da in jenen Notjahren häufig keine anderen ortsfremden Käufer vorhanden waren, sah sich der Gläubiger gezwungen, die ihm zugefallenen Gantstücke zu einem «Spottpreis» zu versilbern. Das Gantstück wurde dann anschließend wieder in die Hände des ehemals Verschuldeten gespielt[636].

Ein weiterer psychologischer Grund für die Zerrüttung der bäuerlichen Kreditwürdigkeit lag darin, daß die Kapitalgeber Mängel in dem Charakter der Bauern zu erkennen glaubten. Den Bauern wurde vorgeworfen, «daß sie sich nicht willig dem heutigen Stand des Kreditverkehrs fügten, indem sie häufig die Forderung eines pünktlichen Zinszahlens für persönliche Bedrückung, eine natürliche Steigerung des Zin-

[632] E. C. DINKEL, a. a. O., S. 557, 571.
[633] Ebd., S. 536.
[634] Ja sehen mußten, da in dem Agrarstaat Württemberg kaum anderweitige Anlagemöglichkeiten gegeben waren; vgl. F. FRANCK, a. a. O., S. 3.
[635] Von der Stadt erwartete der hierin nicht ganz vorurteilsfreie Bauer nichts Gutes – omne male ex urbe; vgl. Beschreibung des OA Öhringen, a. a. O., S. 39; K. KRAFFT, a. a. O., S. 73, 83.
[636] Diese Art der Versteigerung trug mit dazu bei, die überhöhten Preise für den Grund und Boden wieder sinken zu lassen.

ses[637] für Wucher, Kündigung des Kapitals wegen zu niederen Zinses für Gottlosigkeit und die Forderung einer Exekution für Hartherzigkeit und Lieblosigkeit verschrieen»[638]. Hieraus ist zu ersehen, wie schwer es den befreiten Bauern fiel, sich mit den Gegebenheiten und Gesetzen einer liberalen Marktwirtschaft auseinanderzusetzen; waren sie es doch aus der Feudalzeit her gewohnt, in Notfällen Stundung und Nachlaß ihrer Schuldigkeit von seiten ihres Herrn zu bekommen.

Der Rückzug der Kapitalgeber vom flachen Land in die Stadt wurde dadurch begünstigt, daß sich gerade um die gleiche Zeit (mit dem Beginn der 50er Jahre des 19. Jahrhunderts) anderweitige Anlageplätze für Kapitalien auftaten: Staatspapiere für den Eisenbahnbau, Aktien für die Errichtung von Industrieunternehmungen, für den Betrieb der Dampfschiffahrt auf dem Bodensee und dem Neckar; ferner war der Bergbau und der Handel für Kapitalien aufnahmefähig. Hier war dem Geldgeber bei gleicher, wenn nicht höherer Rendite des Kapitals eine größere Sicherheit der Kapitalien gewährleistet als in der Landwirtschaft.

Als dann die Bauern gemäß den Gesetzen von 1848/49 die noch auf dem Grund und Boden haftenden Abgaben und Lasten ablösen konnten, war für diesen Zweck — unter der Annahme, daß die Pflichtigen Geld zur Ablösung ihrer Lasten hätten aufnehmen wollen — das Erhalten von Kredit gegenüber den vorangegangenen beiden Jahrzehnten nur noch sehr viel schwerer möglich. Es ist jedenfalls festzustellen, daß es infolge der Ablösung der bäuerlichen Feudallasten zu *keiner neuen Verschuldungswelle* des Bauernstandes gekommen ist. Das Absinken der bäuerlichen Neuverschuldung läßt Dinkel[639] mit dem Jahr 1847/48 beginnen (dem Beginn der dritten Agrarkrise!), in dem die Höhe der ausgegebenen Kredite gegenüber dem Vorjahr um rund 25 % zurückging. Ob dieser Rückgang während der Krisenzeit anhielt, ist wegen des nicht ausreichenden Zahlenmaterials zahlenmäßig nicht feststellbar, doch ist schon zu Beginn der 60er Jahre, nach einer relativ kurzen Zeit wirtschaftlichen Aufschwungs (seit etwa 1854), der ländliche Grundbesitz, im ganzen genommen, wieder als schuldenfrei anzusehen[640].

III. Die Sonderstellung Hohenlohes gegenüber (Alt-)Württemberg

Die Entwicklung in Hohenlohe zeigt ein von Alt-Württemberg abweichendes Bild. Der Grund hierfür liegt in

1. der Aufschiebung der Auflösung des Lehensverbandes in Hohenlohe infolge des Einspruchs der Standesherrschaft beim Deutschen Bundestag bis zum Jahre 1848, und in

2. der in Hohenlohe üblichen Geschlossenheit der Gutsübergabe.

Während in Alt-Württemberg die Lösung der Bindung des Bodens von dem herrschaftlichen Obereigentum im Jahre 1817 den erwähnten lebhaften Güterhandel hervorrief, der in Verbindung mit den aus Anlaß der Agrarkrise eröffneten, zuerst öffent-

---

[637] Der offizielle Zinssatz für Privatleihen betrug während der Jahre 1830 bis 1840 4 %, er stieg dann in der zweiten Hälfte der 50er Jahre auf 4½ % und betrug in der ersten Hälfte der 50er Jahre 5 %; vgl. I. A. Helferich, a. a. O., S. 240, und E. C. Dinkel, a. a. O., S. 582.

[638] E. C. Dinkel, a. a. O., S. 574.

[639] E. C. Dinkel, a. a. O., S. 659.

[640] Das Königreich Württemberg, 1863, a. a. O., S. 437; ebenso G. Dehlinger, WJB. J. 1897, Teil 1, S. 71.

lichen, dann privaten Leihkassen eine Verschuldung des bäuerlichen und vor allem des unterbäuerlichen Standes bewirkte, war dies in Hohenlohe nicht zu beobachten. Der Güterhandel blieb nach wie vor sehr unbedeutend[641] und beschränkte sich, wie vordem, in der Hauptsache auf die walzenden Grundstücke, wobei es den Anschein hat, als ob die Standesherrschaft nach der Mediatisierung bereitwilliger ihre Konzession zu Güterabtrennungen gab als vorher[642]. Selbst nach der Aufhebung des Hohenloher Lehensverbandes im Jahre 1848 kam es keineswegs zu einem plötzlichen Ansteigen der Eigentumsübertragungen; dazu war der Bauer viel zu sehr mit seinem Hof verbunden, wie es der starke, auf die Erhaltung des Hofes bedachte Familiensinn in einem Anerbengebiet mit sich bringt. Darüber hinaus lag auch kein Grund für Landverkäufe vor; eine Verschuldung wie in Alt-Württemberg nach 1817 war ja in Hohenlohe nicht eingetreten, die Ablösung nach den Gesetzen von 1836 nahezu vollzogen, so daß der Hohenloher Bauer ohne die Belastung durch Kreditrückzahlungsverpflichtungen die Krise von 1847 bis 1853 zu überstehen vermochte und nicht zu Landverkäufen gezwungen war.

Von den Antworten der einzelnen Oberämter des Jagstkreises auf ein Rundschreiben des Ministeriums des Innern vom 2. Februar 1856[643], in welchem diese aufgefordert wurden, die seit dem Jahre 1848 bei den gefäll- und zehentpflichtigen Realitäten vorgenommenen *Besitzveränderungen* durch Kauf und Tausch anzuzeigen, ist zwar nur noch die Antwort aus dem Oberamt Künzelsau auffindbar[644], doch läßt sich auch hier deutlich das geringe Ausmaß des Güterhandels in diesem Hohenloher Oberamt feststellen. Von den 52 763 gezählten gefällpflichtigen Parzellen wechselten zwischen 1849 und 1855 pro Jahr durchschnittlich 1775 Parzellen ihren Eigentümer oder rd. 3,3 %; bei den 75 648 gezählten zehntpflichtigen Parzellen betrug der Anteil der Veränderungsfälle pro Jahr nur 2,9 %, das sind 2244 Parzellen. Bei diesen Zahlen ist zu beachten, daß sie nicht nur die An- und Verkäufe beinhalten, sondern auch die nicht unbeträchtlichen Parzellen-Tauschverträge[645].

Es ist also festzuhalten, daß nach 1848/49 trotz der Aufhebung des Lehensverbandes, trotz der Ablösung der Feudallasten und trotz der Agrarkrise, der Hohenloher Bauer sein Land zum größten Teil schuldenfrei erhalten konnte[646]. Die für Alt-Württemberg in den beiden vorangegangenen Jahrzehnten charakteristische gegenseitige Stütze von hohen Grundstückspreisen und hohen aufgenommenen Hypothekenkrediten wiederholte sich in Hohenlohe nicht.

Aus dieser gesunden Ausgangsposition zu Beginn der dritten Agrarkrise erklärt sich mit die im Vergleich zu Alt-Württemberg *geringe Zahl der Gantungen* in Hohenlohe. Während in den Krisenjahren von 1850 bis 1853 in Württemberg insgesamt (also mit dem Einschluß von Hohenlohe) auf 352 Personen ein Gantprozeß entfiel, lag dieses

---

[641] SFAL E 184, Bu 61, Fasz. 442; Über die Besteuerung, a. a. O., S. 345 ff.; F. FRANCK, a. a. O., S. 2.

[642] Vgl. S. 31 f.; trotzdem stiegen auch in Hohenlohe durch ein Steigen der Nachfrage nach Grund und Boden die Grundstückspreise; vgl. SFAL E 184, Bu 61, Fasz. 442 (s. Anmerkung 641); I. A. HELFERICH, a. a. O., S. 183 ff.; I. FALLATI, a. a. O., S. 324, 360.

[643] SFAL E 177, Bü 649.

[644] Siehe Anmerkung 643.

[645] Vgl. unten S. 145.

[646] Von einem Ansteigen der Verschuldung in Hohenlohe nach 1848 wird nirgendwo berichtet. Eine von dem Verfasser vorgenommene Untersuchung der Eintragungen der Unterpfandsbücher von Kirchensall, als einer reinen Ackerbaugemeinde, sowie von Michelbach a. W. und Untersöllbach, als Beispielen von ackerbau- und weinbautreibenden Gemeinden, führte zu dem gleichen negativen Ergebnis.

Verhältnis für Hohenlohe sehr viel günstiger. Es betrug im OA. Gerabronn 1:696 und im OA. Künzelsau 1:619[647].

Bei den aufgezeigten unterschiedlichen Situationen in Alt-Württemberg als Ganzem und Hohenlohe als Ganzem gab es innerhalb Alt-Württembergs und innerhalb Hohenlohes regionale Differenzierungen. So waren z. B. die fruchtbaren Gegenden des Neckartals weit stärker zersplittert, und es fanden sich dort mehr Gantfälle als z. B. auf der Schwäbischen Alb. In Hohenlohe zeigte sich ein Unterschied zwischen der «Hohenloher Ebene» und den Weinbauorten des Kocher- und Jagsttals, in denen im Gegensatz zum übrigen Hohenlohe die Realteilung üblich war[648], da die sonnigen, mit Weinreben bedeckten Talhänge schon bei kleiner Wirtschaftsfläche dem Weinbauern ein genügendes Auskommen gewährten[649]. Aus jenen kleinbäuerlichen Stellen stammten dann vor allem

a) die verganteten Auswanderer während der Agrarkrise in den fünfziger Jahren[650] und
b) die Abwanderer in die Städte im letzten Quartal des 19. Jahrhunderts[651].

Da es sich bei dieser Entwicklung jedoch um Auswirkungen der Agrarkrise handelte und nicht um Folgen der Bauernbefreiung, sei es bei diesem Hinweis belassen.

Angesichts der *Entwicklung der Bauernbefreiung in Hohenlohe* nimmt es nicht wunder, daß gerade dieses Gebiet in den damaligen wissenschaftlichen Veröffentlichungen zur Wirtschaftsstruktur Württembergs (s. HELFERICH, FALLATI, DINKEL) als *beispielhaft und mustergültig* hervorgehoben wurde. Hier glaubten jene Wissenschaftler das zu finden, was ihnen für ganz Württemberg als Ideal vorschwebte; hier schien das Wunschbild einer Bauernbefreiung verwirklicht worden zu sein: ein freier Bauernstand auf freiem Grund und Boden, bei einer Eigentumsverteilung, die sowohl extrem große als auch extrem kleine Hofhaltungen weitgehend vermied und bei der eine gesunde mittelbäuerliche Schicht vorherrschte. Die Bauern unterwarfen sich freiwillig dem ungeschriebenen Gesetz, ihre Höfe geschlossen dem Gutsnachfolger zu übergeben[652] und verhinderten dadurch eine Zersplitterung des Bodens, gleichwie ein Aufkaufen desselben von wenigen Großgrundbesitzern. Das Anerbenrecht wurde ferner mit als die Ursache dafür angesehen, daß die Zuwachsrate der Bevölkerung nur so hoch war, daß die Furcht jener Zeit vor einer drohenden Überbevölkerung in diesem Gebiet unbegründet erschien.

Kurzum, der Bauer wurde Staatsbürger und Mitglied einer liberalen Wirtschaftsordnung — und dennoch blieb «alles beim alten». Die Bevölkerung Hohenlohes hatte die Freiheitsgesetze ohne nachteilige Veränderung des äußeren Erscheinungsbildes der Agrarstruktur verarbeitet.

Dem Verfasser sei es gestattet, hier einige Beobachtungen einzuflechten, die er während seines Aufenthaltes in Hohenlohe machte. Bei längeren persönlichen Unterhaltungen mit alteingesessenen Hohenlohern, wie z. B. Herrn fürstl. Archiv-

---

[647] I. A. HELFERICH, a. a. O., S. 361 ff.; vgl. auch S. 215.
[648] Vgl. oben S. 33.
[649] Siehe die Beschreibung des Kochertals von W. SÄNGER, a. a. O., S. 77; vgl. auch ebendort S. 42 und S. 46.
[650] SFAL F 177, Bü 306.
[651] Vgl. unten S. 149.
[652] Damit war aber der Boden de facto kein «freies» Eigentum mehr, wie die beweglichen und vor allem beliebig vermehrbaren Güter. Auf der einen Seite wünschte man eine gleiche Eigentumsvorstellung für die beweglichen und die unbeweglichen Güter, wenigstens de iure; auf der anderen Seite aber wünschte man wieder eine Bindung des Bodens, die aber «freiwillig» sein sollte, da sie anderenfalls nicht in das Ordnungsprinzip des Liberalismus gepaßt hätte. – Genau diesen gewünschten Unterschied von de iure und de facto Freiheit – oder zugespitzter: de iure Freiheit und de facto Unfreiheit i. S. von Gebundenheit des Bodens, lag in dem Anerbengebiet Hohenlohe vor.

Rat Schumm aus Neuenstein, Herrn Oberlehrer Breyer aus Öhringen, den Bürger-
meistern aus Michelbach a. W. und Kirchensall und anderen, bekam der Verfasser
bei der Nennung des Themas seiner Arbeit «Bauernbefreiung in Hohenlohe»
immer sehr erstaunte und leicht ungläubig — ob sie wohl richtig gehört hätten —
klingende Äußerungen zu hören, wie: «So etwas hat es bei uns nie gegeben»;
«hierzu lag in Hohenlohe keine Veranlassung vor»; «unsere Bauern brauchten
nicht von irgend etwas befreit zu werden, ihnen ging es während der Zeit der
Herrschaft des Hauses Hohenlohe mindestens ebenso gut wie späterhin»; «eine
Bauernbefreiung, die diesen Namen zu Recht trug, mag es allenfalls in Preußen
gegeben haben, nicht aber bei uns»; «bei uns hat die Bauernbefreiung keine Spuren hinterlassen, es blieb alles beim alten». — Aus solchen Antworten ist zu entnehmen, daß die Bauernbefreiung — vielleicht auch weil der Name für die Ohren
eines Württembergers zu «revolutionär» klingt — als etwas gar nicht zu Hohenlohe Passendes und Gehöriges, als etwas «Fremdes», «Preußisches» angesehen
wird. Die Bauernbefreiung ließ nicht nur das äußere Erscheinungsbild der bäuerlichen Landschaft unberührt, sondern blieb auch im Bewußtsein der heutigen Bevölkerung Hohenlohes keineswegs lebendig.

IV. Die Umwandlung von Bauernland in Herrenland

Mit dem soeben gefundenen Ergebnis, daß es in Hohenlohe zu keiner Güterzersplitte-
rung kam, sondern die Bauern ihr Land behielten, ist auch die Frage, warum sich in
Hohenlohe aus der Grundherrschaft keine großen Gutswirtschaften, etwa nach preußi-
schem Muster, herausbildeten, zum großen Teil schon beantwortet.

Wenn man die Ansicht, die Fürsten von Hohenlohe wollten keine Gutsherrschaft er-
richten, als exakt weder bejahbar noch verneinbar außer acht läßt, so ist an erster
Stelle zu sagen, daß die Bauernbefreiung in Württemberg nicht die Abgabe von
Grund und Boden zur Tilgung von Ablösungsschuldigkeiten kannte, so daß weder
der Grundherr auf diesem Wege in den Besitz umfangreicher Ländereien kommen
konnte, noch der Bauer nur ein kleines, nicht zum Leben ausreichendes Hofstück zurück-
behielt, das er dann gezwungenermaßen auch noch verkaufen mußte. Zum zweiten
gaben die Bauern nicht nur kein Land an die nachfragenden Köbler und Hausgenossen
ab, sondern ebenfalls nicht an ihre vormaligen Herren, wenigstens nicht in nennenswertem Ausmaß. Diese letztere Feststellung befriedigt aber erst dann ganz, nachdem
untersucht wurde, *wie die Fürsten die ihnen zugeflossenen Ablösungsgelder anlegten.*

Hierbei sei zunächst daran erinnert, daß die Fürsten von Hohenlohe ihre Entschädigungsgelder nach den Ablösungsgesetzen von 1836 sofort von der Staatskasse ausbezahlt erhielten, während die Entschädigung gemäß den Gesetzen von 1848/49 in
Obligationen der Ablösungskasse erfolgte, die in einem Zeitraum von 25 Jahren aus-
gelost wurden. Diese Gelder waren also nicht unmittelbar flüssig, allenfalls bei einem
Verkauf unter Verlust[653].

In einer Senioratssitzung vom 12. August 1836 in Künzelsau[654] beschlossen die ver-

[653] Bei einer Diskontierung von noch nicht fälligen Obligationen durch Banken oder Effekten-
händler ergab sich je nach deren Auslosungszeit und der Größe des zu diskontierenden Wert-
papierpaketes ein durchschnittlicher Kurs von 87 % bis 89 %; (W/X/H/44); Kurse von 75 %
bis 80 % kamen gelegentlich vor, bildeten aber eine Ausnahme (K/II/W/193, Q 41).
[654] GA B 8.

schiedenen Häuser von Hohenlohe, die eingehenden Entschädigungsgelder a) nach Möglichkeit zum Ankauf von Grund und Boden innerhalb des ganzen Deutschen Bundes zu verwenden, b) die Gelder, wenn sich hierzu keine Gelegenheit erweise, zum Ankauf von Wertpapieren zu gebrauchen und die sich hieraus ergebenden Zinserträge als Surrogat für die entgangenen Gefällrevenüen anzusehen, bzw. c) die zufließenden finanziellen Mittel in Meliorationen der bestehenden Hausgüter anzulegen; *nicht* jedoch sollten die Gelder d) für den laufenden Dienst oder zur Schuldenabtragung verwendet werden.

Dieser Vereinbarung schlossen sich alle Hohenloher Linien an, bis auf den stark verschuldeten Zweig von Hohenlohe-Waldenburg, der mit den eingehenden Geldern seine Verbindlichkeiten ablösen wollte.

Die Anlegung der Gelder durch Grunderwerbungen innerhalb von Hohenlohe selbst erwies sich als äußerst schwierig; in einem Briefwechsel der Fürsten untereinander vom Jahre 1838 wird festgestellt, daß sich innerhalb des Landes «so selten Gelegenheit zu größeren Acquisitionen zeigt».[655]

An Erwerbungen innerhalb Hohenlohes von seiten der Fürsten, finanziert mit Ablösungsgeldern aus den Gesetzen von 1836, ist in den Akten lediglich vermerkt[656]:

3 Bauernhöfe in Lendsiedel, Weckelweiler und Landelsbronn
1 Hofgut in Azenrot
668 M Wald in den Revieren Hermersberg, Crispenhofen, Michelbach und Schrozberg
222³/₈ M Wald auf Reckertsfelder Markung
142¹/₂ M Wald bei Schrozberg
19 M Wald bei Riedbach
10¹/₂ M Wiesen bei Hermersberg sowie
einige Morgen Allmanden.

Auf der Markung Unterheimbach kaufte die Herrschaft auf[657]:

im Jahr 1839:	1³/₈	M Wald
im Jahr 1843:	2	M Acker
	3³/₈	M Acker
	1¹/₄	M Wiesen
im Jahr 1846:	2¹/₈	M Acker
	1¹/₄	M Wiesen
im Jahr 1848:	1¹/₈	M Wiesen

Ferner berichtet ELFRIEDE KILLINGER von einem Ankauf von 7 Höfen auf der Markung Beltersrot[658].

Es hat den Anschein, als ob mit diesen herrschaftlichen Erwerbungen die in Hohenlohe zum Verkauf bereitstehenden größeren, geschlossenen Liegenschaften bereits erschöpft waren. — Kein Wunder, daß die Fürsten von Hohenlohe versuchten, ihre Gelder außerhalb des eigenen Landes anzulegen. Der größte geschlossene auswärtige Ankauf war der der oberschlesischen Güter von Ujest und Bitschin im Jahre 1837 von seiten der Herrschaft Hohenlohe-Öhringen. Diese beiden Gutswirtschaften umfaßten ein Areal von ca. 30 000 M und wurden für 620 054 fl erworben[659].

[655] Siehe Anmerkung 654.
[656] Siehe Anmerkung 654.
[657] W/XVI/B 395.
[658] E. KILLINGER, Wirtschaftsgeschichte von Beltersrot, 1949, Maschinenschriftliche Arbeit für die Lehrerinnendienstprüfung, Exemplar beim Schulrat des Kreises Öhringen, S. 36.
[659] W/XVI/J/93; vgl. SAS E 9, B 86, Q 7. Die Fürsten von Hohenlohe spielten dann im preußischen Staatsleben als Herzöge von Ujest und Ratibor eine bedeutende Rolle; vgl. H. GOLLWITZER, a. a. O., S. 37.

Von den nach den Gesetzen von 1836 eingegangenen Ablösungsgeldern im Betrag von rd. 1,4 Millionen Gulden[660] konnten 435 000 fl wegen fehlender günstiger Gelegenheit nicht mehr für Ankäufe von Liegenschaften Verwendung finden und mußten in Staatspapieren angelegt werden; 245 000 fl wurden «zu anderen Zwecken als ausgemacht» verwendet, vermutlich für laufende Ausgaben und zur Rückzahlung von Schulden der Linie Hohenlohe-Waldenburg[661].

Die Verwendung der Ablösungsgelder nach den Gesetzen von 1848 und 1849 für Grundankäufe erwies sich als noch schwieriger, denn noch waren nicht einmal alle Entschädigungskapitalien aus den Gesetzen von 1836 fest angelegt. Die Fürsten von Hohenlohe mußten sich damit begnügen, in ihrem ehemaligen Territorium nur kleine und kleinste Parzellen-Ankäufe vorzunehmen, zur Arrondierung ihrer bereits bestehenden Besitzungen aus der Feudalzeit.

Um von der Kleinheit jener Arrondierungsparzellen eine Vorstellung zu bekommen, seien folgende herrschaftlichen Ankäufe auf der Markung Waldenburg im Jahre 1853 zur Abrundung der Besitzungen am Theresienberg angegeben[662]:

Verkäufer	Liegenschaft			Verkaufspreis
Christian Kraft	1⁵/₈ M	10¹/₅ R	Wiesen	250 fl
Ludwig Walther	⁷/₈ M	24¹/₅ R	Wiesen	140 fl
Nagelschmied Seiler	1 M	3²/₅ R	Wiesen	130 fl
Christian Bühler	¹/₂ M	34¹/₅ R	Wiesen	65 fl
Richard Becker	³/₈ M	7⁷/₁₀ R	Wiesen	65 fl
Heinrich Hörle	¹/₄ M	47⁸/₁₀ R	Wiesen	47 fl
Mathias Weihbrecht	³/₄ M	47¹/₂ R	Wiesen	133 fl
Jochen Friedrich	⁷/₈ M	43⁷/₁₀ R	Wiesen	122 fl
Christian Blienzig	2¹/₈ M	4²/₅ R	Wiesen	105 fl
Küfer Beischlag	2¹/₈ M	4²/₅ R	Wiesen	105 fl
Zimmermann Blind	⁵/₈ M	37⁴/₅ R	Wiesen	130 fl

Diesen Ankäufen gingen regelmäßig lange und zähe Verhandlungen mit den einzelnen Verkäufern voran, die oft erst nach einem Tauschangebot der Herrschaft das von den Fürsten gewünschte Stückchen Land gegen eine andere Parzelle abgaben. Die Hofgröße der Bauern blieb somit per Saldo gleich, zugunsten von «Flurbereinigungen» der fürstlichen Besitzungen.

Ein solcher Tauschhandel sei an einem Beispiel aufgezeigt: dem Brief des Zimmermanns Johann Friedrich aus dem Jahr 1858 an den Fürstlich-Waldenburger Domänendirektor aus Anlaß des Tausches seiner 2¹/₈ M großen Wiese gegen eine 3¹/₄ M große herrschaftliche Wiese[663]:

«... Zu wiederholtem Male fragte mich der Herr Forstverwalter, ob ich das fragliche Stück Gut nicht an den Fürsten abtreten wolle, und jedesmal erhielt derselbe von mir zur Antwort, daß ich dieses Stück Boden mit vieler Mühe zusammengekauft und es daher ungern vermisse, er möchte mich mit einem solchen Antrag verschonen. Endlich wurde ich am 27. März 1858 durch den Amtsdiener Nagel noch abends spät in die Kanzlei bestellt, und da sagte der Forstverwalter zu mir, daß der Fürst auf den anderen Tag eine Antwort über obiges Stück Boden wissen wolle; da ich nun wieder nicht darauf eingehen wollte und bat, man möchte mich damit doch verschonen, so wandte Herr Forstverwalter alle Mühe an, mir zu erklären, wie sehr dieses den Fürsten vor den Kopf stoßen würde, wenn er selbigem eine solche Antwort zuschicken müßte, ich könnte mir ja etwas anderes kaufen und dgl. mehr, bis ich endlich ein-

---

[660] Siehe oben Seite 128 f.
[661] GA B 8.
[662] W/XVI/J/207.
[663] W/XVI/H/203.

willigte, um nicht den Fürsten, als auch dessen Beamte ungünstig zu haben, es zu vertauschen. Herr Forstverwalter sagte dann, ich sollte die Bedingungen der Billigkeit gemäß stellen, man werde mich dann auch noch später billig behandeln; darauf kamen wir überein, daß ich in der Amtswiese (ich wollte in der langen Wiese) vor 2 Schuh, die ich abtrete, 3 Schuh von der Herrschaft erhalten soll, nebst 65 fl vor meine schöne Bäume . . ., gab ich mich zufrieden und fügte noch bei, daß ich dem Fürsten statt der bedungenen 14 Tage ein Vierteljahr Bedenkzeit lasse und jedesmal, bis dorthin bereit sey, mein Gut wiederzunehmen, ich wolle auch eher kein Geld.»

Bei derartigen *Schwierigkeiten des Grunderwerbs* ist es nicht weiter erstaunlich, daß die Fürsten auch dann, wenn ihnen gelegentlich ein geschlossener Bauernhof bzw. ein größerer Teil hiervon zum Kauf angeboten wurde[664], keineswegs sofort zugriffen; was hätte die Herrschaft denn auch mit einer solchen, mit ihren übrigen Besitzungen nicht arrondierten und der Lage der Dinge nach auch künftighin nicht abrundbaren Liegenschaft anfangen sollen? Trotz der relativen Größe solcher Bodenteile, von der Seite des Bauern her gesehen, waren sie nicht dazu geeignet, eine herrschaftliche Gutswirtschaft zu begründen, denn dazu waren sie wiederum zu klein. Die Herren von Hohenlohe überprüften vielmehr bei solchen Angeboten die Möglichkeit, diese Höfe bzw. Hofteile sofort mit dem evtl. Ankauf wieder zu verpachten, und zwar regelmäßig an den Verkäufer selbst[665], so dieser nicht mit dem Verkaufserlös außer Landes ziehen wollte. Die Pachtrendite der Herrschaft mußte mindestens 4 % betragen, Kursverluste bei evtl. zu diskontierenden Ablösungsobligationen mit eingerechnet[666]. Auch dieses Bauernland blieb also, wenn auch unter einem vorübergehend[667] schlechteren Besitzverhältnis, in Bauernhand.

Der Verbleib der überwiegenden Menge der Ablösungsgelder läßt sich nicht mehr eindeutig nachweisen. Die Obligationen verblieben bis zu ihrer Auslosung oder Diskontierung «in zwei eisernen Kisten, je mit zwei verschiedenen Schlössern»[668] in den fürstlichen Archiven zu Waldenburg und Öhringen. Die eingegangenen Zinsen wurden für laufende Ausgaben verwendet und die Summe der ausgelosten Obligationen wieder in anderen Wertpapieren angelegt[669]. GOLLWITZER[670] berichtet hierzu

---

[664] 1855: 4 Bauern verkauften auf der Markung Großlindig zusammen 141 M Acker und Wald (W/XVI/J/51). – 1856: Der Bauer G. Walter verkauft seine Besitzungen in Ulrichsberg: 39 M Acker, 17 M Wiese und 2¹/₂ M Garten. Die Witwe Däuber verkauft den verlassenen Hof mit 34 M Acker, 16¹/₂ M Wiese, 2¹/₄ M Wald, 2¹/₈ M Garten (W/XVI/J/78). – 1857: Der Köbler Gg. Abel verkauft seinen Hof mit 5¹/₂ M Acker, 2 M Gras- und Baumgarten, 1¹/₂ M Wiese (W/XVI/J/78). – 1856–1860: Verschiedene Witwen, Witwer und Handwerker verkauften Hofteile bis zu 9 M Größe (W/XVI/J/9). – 1863: Auf der Markung Gammersfeld werden 34³/₈ M Wald verkauft (W/XVI/J/204). – 1864: Das ehemalige Rittergut Eschenau (der Banzighof) wird zum Verkauf angeboten mit 184 M Acker und 132 M Wald, ebenso wie 35¹/₈ M Wiesen auf dem Revier Adolzfurt (W/XVI/J/208).

[665] W/XVI/J/9; W/XVI/J/78; W/XVI/J/115; W/XVI/J/230.

[666] W/XVI/J/12.

[667] Vorübergehend, weil die meisten jener zahlenmäßig sehr geringen Pachtgüter nach dem ersten Weltkrieg – meist durch Rückkauf durch den Pächter – wieder in bäuerliches Eigentum übergingen; vgl. W. SÄNGER, a. a. O., S. 118.

[668] GA B 8.

[669] In einer Steuererklärung des Hauses Hohenlohe-Waldenburg vom Jahre 1892 zeigte sich ein festverzinslicher Wertpapierbestand mit 23 verschiedenen Papieren u. a. aus den deutschen Staaten, dann Österreich, Schweden, Böhmen, Ungarn, Italien, Portugal und der Türkei. W/XVI/B/832. Bei den jährlichen Berechnungen der Wertpapierbestände zeigten sich zumeist nicht unbeträchtliche Kursverluste. (W/XVI/H/44).

[670] H. GOLLWITZER, a. a. O., S. 253 ff.

ergänzend, daß das Haus Hohenlohe bereit war, sich auch an der Fürstenbank in Berlin finanziell zu beteiligen. Ferner riefen die Fürsten von Hohenlohe zusammen mit den Fürsten zu Fürstenberg den sog. Fürstentrust ins Leben und zeigten sich stark an kolonialen Erwerbungen und Gründungen interessiert. GOLLWITZER zitiert an dieser Stelle HALLGARTEN: «Der Magnetismus des Orients wuchs mit der Fama ... Mit mächtigem Getöse stieß der Fürstenkonzern der Hohenlohe und Fürstenberg in den Orient vor. Seit 1908 kontrollierten die Magnaten die Palästinabank, sowie die Levante-Linie; hierzu kam schließlich noch die Atlas-Linie, wodurch dem Norddeutschen Lloyd Konkurrenz gemacht wurde»[670a].

V. Zusammenfassung

Betrachtet man abschließend das Zusammenwirken von Bauernbefreiung, Konjunkturlage, Verschuldung des Bauernstandes, bäuerlichen Gantungen und den Übergang von Bauernland in Herrenland, so läßt sich zusammenfassend feststellen:

1. Die Befreiungsgesetze von 1817 brachten die Aufhebung des Lehensverbandes und damit die de-jure-Freiteilbarkeit des Bodens mit sich, zumindest für das Gebiet von Alt-Württemberg. Die Ablösung der Feudallasten begann, von wenigen Ausnahmen abgesehen, erst mit den Gesetzen von 1836, die die Beeden und Fronen aufhoben und den Gesetzen von 1848/49, die den Zehnten und die sonstigen auf dem Grund und Boden ruhenden Lasten zur Ablösung freigaben.

2. Die Gesetze von 1817 und 1848/49 wurden während einer staatspolitisch noch nicht gefestigten Lage (1817: die sog. verfassungslose Zeit; 1848/49: das Revolutionsjahr) und in einer Zeit des konjunkturellen Tiefs (1. Agrarkrise von etwa 1809/10 bis 1819; 3. Agrarkrise von etwa 1846/47 bis 1853) ausgearbeitet und verkündet. Es hatte dies für die Bauern den Vorteil, daß sie — als die vom Staat anerkannten und geförderten Träger des jungen Ackerbaustaats — schonender behandelt wurden, als es während einer Periode stabiler politischer Lage und gesunder wirtschaftlicher Verhältnisse vermutlich der Fall gewesen wäre. In der gleichen Richtung wirkte die Tatsache, daß es zwischen dem König von Württemberg und den mediatisierten Standesherren, als den Trägern der abzulösenden Herrschaftsrechte, zu Differenzen kam, und die Befreiungsgesetze wenigstens zu Beginn mit dazu helfen sollten, jenen ehemals reichsunmittelbaren Herrschaften ihre bisherige politische Stellung zu nehmen und sie der Landesherrschaft des Königs von Württemberg unterzuordnen.

3. Dem Gesetz von 1817 folgten Jahre schwerer Depressionen. Sie legten zusammen mit der Möglichkeit der Freiteilbarkeit des Grund und Bodens, dem Landhunger der vorwiegend unterbäuerlichen Bevölkerungsschicht und der Möglichkeit, relativ leicht Kredit aufnehmen zu können, den Grund für die Verschuldung jener ländlichen Bevölkerungsschicht. Die Ablösung der Grundlasten spielte bei dieser Verschuldung nicht, oder nur ganz unwesentlich, mit herein. — In Hohenlohe blieb der Boden wegen des Einspruchs der dortigen Standesherrschaft bei dem Deutschen Bundestag wegen der Verletzung ihrer Eigentumsrechte durch die württembergische Krone bis zum Jahre 1848 lehensherrlich gebunden. Der in Alt-Württemberg zu beobachtende lebhafte Güterhandel blieb deshalb in Hohenlohe weitgehend aus, ebenso wie die mit den Grundankäufen verbundene Verschuldung der Bauern.

Den Gesetzen von 1836 und vor allem von 1848/49 dagegen folgten, wenn man von

[670a] H. GOLLWITZER, a.a.O., S. 255; G. W. F. HALLGARTEN, a.a.O., Bd. 2, S. 144.

den schweren Anfangsjahren zu Beginn der 50er Jahre absieht, während denen das Ablösungsgeschäft, wohl in der Depression mitbegründet, nur sehr zögernd anlief, Jahre wirtschaftlicher Blüte, so daß die über 25 Jahre hin verteilten Ablösungsziele von den Pflichtigen ohne große Schwierigkeit abgezahlt werden konnten. Eine Notwendigkeit hierfür Kredite aufzunehmen und sich damit zu verschulden, war nicht gegeben und wäre auch, wie gezeigt wurde, wegen der Zerrüttung der bäuerlichen Kreditwürdigkeit und dem Hinwenden des Kreditstroms zu dem Gewerbe, Handel und der Industrie, nurmehr erschwert möglich gewesen.

Hierin liegt m. E. ein wesentlicher Unterschied in der Situation zwischen den Bauern in Württemberg und denen des preußischen Ostens z. Z. der jeweiligen Bauernbefreiung. Als in Preußen die Regulierung der Bauern durch die Gesetze von 1807, 1811, 1816 und 1821 eingeleitet wurde, folgten Jahre der Agrarkrise, während denen insbesondere diejenigen Bauern, welche mit kapitalisierten Rentenzahlungen ihre Ablösung zu erreichen suchten, die notwendigen Geldmittel nicht erwirtschaften konnten, sich verschuldeten und untergingen[671].

In Württemberg hatten die bäuerlichen Gantungen, deren Hoch-Zeit mit der Periode der dritten Agrarkrise zusammenfiel, primär nichts mit der Zahlung von Ablösungsgeldern zu tun. Äußerer Anlaß der Konkurse in Württemberg war die Konjunkturlage, der innere Anlaß die bäuerliche Verschuldung, hervorgegangen aus der Aufhebung des Lehensverbandes im Jahre 1817, der aus Anlaß der ersten Agrarkrise eröffneten öffentlichen, später dann privaten Leihkassen, und der Verwendung der gewährten Kredite zu Ankäufen von Grund und Boden.

4. Infolge des Fehlens dieses (inneren) Anlasses in Hohenlohe war die Höhe der Gantfälle in diesem Gebiet unbedeutend. Ein lebhafter Güterhandel fand auch nach der Aufhebung des Lehensverbandes im Jahre 1848 in Hohenlohe nicht statt, was begründet ist a) in der Anerbensitte der Einwohner dieses Gebietes, b) dem guten Überstehen der Krise durch die gesunden und nicht hoch verschuldeten Hohenloher Bauernhöfe und c) dem sich hieraus ergebendem Fehlen von Zwangsversteigerungen von Liegenschaften. Die den Herren von Hohenlohe zugestandenen Ablösungsgelder fanden nur in geringem Ausmaß eine Anlagemöglichkeit im Lande selbst; sie flossen vielmehr außer Landes und wurden dort teils in Grund und Boden, teils im Gewerbe, im Handel und in der Industrie investiert. Diese Gelder vermochten deshalb keinen Einfluß auf die Agrarstruktur Hohenlohes zu nehmen.

5. Zu erwähnen sind schließlich noch die Ablösungsgewinne der Bauern, die mit zu einer relativen wirtschaftlichen Stärkung des Bauernstandes führten.

Die Periode der Bauernbefreiung brachte für das Hohenloher Land keinen Einschnitt in seine ökonomische Struktur. Der Boden blieb in Bauernhand, die landwirtschaftliche Betriebsgröße veränderte sich nicht, ebensowenig wie eine Flurbereinigung und neue Wirtschaftssysteme eingeführt wurden. Das bestehende Anerbenrecht behauptete sich trotz der juristisch möglichen Freiteilbarkeit. Auch lag keine Veranlassung zu der Bildung eines unterbäuerlichen Landarbeitertums vor: Der Bauer bearbeitete nach wie vor mit einer Magd und ggf. einem Knecht seinen Hof, die sich beide regelmäßig über längere Zeit bei dem Bauern verdingten, dafür ein Entgelt bekamen und im Hause des Bauern Aufnahme fanden. Die nicht anerbberechtigten Kinder wurden wie bisher nach bestem Vermögen ausgebildet und materiell versorgt.

Sucht man nach Einschnitten in der Wirtschaftsstruktur Hohenlohes im 18. und 19. Jahrhundert, so zeigt sich ein solcher deutlich um die Mitte der zweiten Hälfte des 18. Jahrhunderts und ein zweiter während des letzten Quartals des 19. Jahrhunderts.

[671] Vgl. W. ABEL, a. a. O., S. 145.

In der zweiten Hälfte des 18. Jahrhunderts begann eine revolutionäre Neuerung in dem landwirtschaftlichen Betriebssystem: die extensive Weidenutzung und das Brachlegen des dritten Teils der Ackerfläche wurden aufgegeben. Es kam zum Anblümeln der Brache, vor allem mit Klee, dann aber auch mit Kartoffeln und Rüben. Die Futtererzeugung stieg an und führte zusammen mit der Einführung der Stallfütterung zu einer starken Intensivierung der Viehhaltung und Viehmästung. Mit der Einführung der Stallfütterung bildete sich im Siedlungsgebiet das Einhaus, mit den im Untergeschoß eingebauten Stallungen, aus. Die Bepflanzung der Straßenraine mit Obstbäumen, hauptsächlich entlang der nunmehr nicht mehr so häufig frequentierten breiten Viehtriebwege, und eine Veredelung der Obstfruchtsorten setzte ein. Die Zerlegung der herrschaftlichen Domänen und ihre Aufteilung in bäuerliche Erbzinsgüter rundet die Charakteristik jener Zeit ab.

Der nächstfolgende sichtbare Einschnitt in der Wirtschaftsstruktur des Landes erfolgte im letzten Viertel des 19. Jahrhunderts und offenbarte sich äußerlich in einer zunehmenden Abwanderung der ländlichen Bevölkerung in die Städte. Die Abwanderung betraf einmal Angehörige des Handwerkerstandes, die sich gezwungen sahen, unter dem Druck der angebotenen billigen Industriewaren ihr Handwerk aufzugeben, und zum anderen Angehörige der kleinbäuerlichen Schicht, vor allem aus dem Kocher- und Jagsttal, deren bäuerliche Kleinstellen ihnen infolge der fallenden Preise für Agrarprodukte keine ausreichende Existenzgrundlage mehr gewährten. Dieser Einschnitt kennzeichnet das schmerzliche Sich-Bewußt-Werden, daß Hohenlohe den Anschluß an die Industrialisierung verpaßt hatte. Die stationäre Agrarwirtschaft Hohenlohes führte, sich selbst nicht wandelnd, zu jenem Wandel von einem blühenden und reich gesegneten Land, das noch um die Jahrhundertmitte als gepriesenes Vorbild für die Wirtschaftsstruktur Württembergs gegolten hatte, zu einem, aus der Sicht des 20. Jahrhunderts gesehen, wirtschaftlich unterentwickelten Randgebiet Württembergs. Es blieb das etwas verträumte Land, das es schon vor hundert und hundertfünfzig Jahren gewesen war. Demgegenüber entstand in Alt-Württemberg, das ohne Zweifel auch verkehrsgünstiger als Hohenlohe lag, aus der Verbindung von kleinen und kleinsten bäuerlichen Stellen mit der aufsteigenden Industrie, deren Arbeitsplätze den kleinen Landeignern oftmals erst die volle wirtschaftliche Sicherheit brachte, die heute als so vorteilhaft angesehene «typisch württembergische» Bevölkerungsschicht des ackerbautreibenden Industriearbeiters.

5. HAUPTTEIL:

Der Aufbau des neuen württembergischen Steuersystems

I. Vorbemerkung

Es erscheint angebracht, an dieser Stelle mit der Berichterstattung kurz innezuhalten und sich zu überlegen, was in den vorausgegangenen Kapiteln ausgesagt werden sollte und was dem folgenden Abschnitt noch vorbehalten ist.

In dem Titel der Arbeit steht das Wort «Befreiung». Es ist somit ganz konkret die Frage zu stellen: «Freiheit wovon?» und «Freiheit wozu?» – und sie ist ebenso konkret für unseren Themenkreis zu beantworten:

Freiheit wovon?

1. Von der Gebundenheit des Bodens durch den Grundherrn,
2. von den, den neuen Prinzipien der Gerechtigkeit und der Gleichheit aller Menschen nicht mehr entsprechenden Abgaben und Fronen der Feudalzeit[672].

Freiheit wozu?

1. Zu einer Selbstverantwortlichkeit des Individuums gegenüber seinem Eigentum, die sich in dem besonderen Fall des bäuerlichen Grundeigentums z. B. zeigt in der freien Wahl der Art und Weise des Anbaues der Felder, in der Möglichkeit zur Realteilung im Erbgang, in der beliebigen Zertrennung der Höfe, oder auch in der Durchführung von Flurbereinigungen nach dem Willen und dem Wunsch der Landeigner; kurz, eine Freiheit hin zu der potentiellen Möglichkeit, das bäuerliche Wirtschaftssystem nach eigenem Gutdünken im Rahmen von allgemeinverbindlichen Gesetzen frei zu gestalten. Ob hiervon dann Gebrauch gemacht wurde oder nicht, lag bei dem einzelnen Bauern selbst, und er hat in Hohenlohe weitestgehend keinen Gebrauch davon gemacht. Entscheidend für eine gewährte Freiheit ist ja nicht das tatsächliche «Von-etwas-Gebrauch-Machen», sondern lediglich, daß eine freie Entscheidung getroffen werden kann in dem Sinne, daß der einzelne aus einer Summe von Möglichkeiten – die auch den Status quo beinhaltet – eine beliebig herauszuwählen vermag;
2. zu einer Selbstverantwortlichkeit des Individuums gegenüber sich selbst und gegenüber seinen Mitbürgern. Aus dieser Selbstverantwortlichkeit heraus wurde eine neue Lebensordnung geschaffen, innerhalb der sich die Staatsbürger – und damit wird der dem aufgelösten Abgaben- und Fronwesen der Feudalzeit entsprechende Themenkreis aufgegriffen – eine neue, der gewählten Lebensordnung angepaßte, Steuerverfassung gaben.

Wenn man nun an Hand der oben angeführten Fragestellung das in den vorstehenden Kapiteln Gesagte rückblickend überschaut, so zeigt sich, daß eine Antwort auf die Frage «Freiheit wovon?» gegeben wurde. Die Antwort auf die Frage «Freiheit wozu?» ist dagegen erst zur Hälfte gefunden, insofern nämlich, als gezeigt wurde, daß die Selbstverantwortlichkeit des Bauern gegenüber seinem Boden zu keiner deutlich sichtbaren Veränderung der Agrarstruktur Hohenlohes führte, daß Besitzwechsel von Grund und Boden nur in kaum nennenswertem Umfang stattfanden, daß das Recht zur Freiteilbarkeit der Höfe versandete, etc. Die den Hohenloher Bauern seit Generationen anhaftenden Verhaltensweisen ließen sich also durch die Auflösung des Lehensverbandes weder von einem Tag auf den andern, noch von einer Generation zur nächsten ändern. Noch nicht untersucht wurde dagegen das durch die neuen Prinzipien der Gerechtigkeit und der Gleichheit aller Bürger mitbestimmte neue württembergische Steuersystem, das an die Stelle der Abgaben und Fronen der Feudalzeit trat. Diesem wollen wir uns nunmehr zuwenden und diejenigen direkten Steuern besprechen, die den Hohenloher Bauern vor allem belasteten: das waren einmal die Grund- und die Gebäudesteuer für den Staat und zum andern die Gemeindesteuern.

[672] Es wäre der Vollständigkeit wegen zu ergänzen: 3. Von der persönlichen Unfreiheit eines Leibeigenen. Für die Hohenloher Untertanen war diese Befreiung aber schon vor der «Bauernbefreiung» eingetreten (vgl. S. 19 ff.), so daß sich ein weiteres Eingehen auf diesen Tatbestand hier erübrigt.

II. Einige Charakteristika der neuen Steuerverfassung im Vergleich zu dem Finanzwesen vor der Bauernbefreiung

Die Befreiungsgesetze der ersten Hälfte des 19. Jahrhunderts lösten in Württemberg das Feudalsystem auf. An die Stelle des Patrimonialstaates trat ein moderner Staat, basierend auf einer geschriebenen Verfassung und der in ihr enthaltenen formalrechtlichen Gleichheit und Freiheit aller Staatsbürger. Dieser Staat begann bereits während des Abbaus des Abgabewesens der Feudalzeit mit dem Aufbau eines neuen Steuersystems.

Nachdem die neuen politischen Ideen, mit ihren Postulaten der Freiheit und Gleichheit aller Staatsbürger, in die Sozial- und Rechtsordnung eingedrungen waren und dort u. a. die Abschaffung des herrschaftlichen Obereigentums mit den daraus abgeleiteten Rechten herbeiführten, mußten dieselben zwangsläufig auch bei dem Aufbau des neuen Steuersystems mit berücksichtigt werden. Die Begriffe der staatsbürgerlichen Freiheit und Gleichheit spiegelten sich in der Finanzwirtschaft in den Grundsätzen der Allgemeinheit und Gleichmäßigkeit der Besteuerung wider, welche bis heute die Axiome der steuerlichen Gerechtigkeit geblieben sind[673].

Betrachtet man rückschauend das Finanzsystem der Feudalzeit, so hatte dort der Landesherr — hier im speziellen die Fürsten von Hohenlohe — drei Gruppen von Einnahmen:

1. Einnahmen aus dem herrschaftlichen Eigentum. Hierzu gehörten die Einkünfte aus dem ihm zustehenden Obereigentum an Grund und Boden — das sind die grundherrlichen Abgaben der Grundholde — sowie die Einnahmen aus herrschaftlichen Domänen, in Hohenlohe vor allem in der Form der Forste.
2. Einnahmen aus den Regalien, wie z. B. dem Gericht- und Polizeiwesen,
3. die Ordinari- und Extraordinaristeuern.

Im Feudalstaat liegt der Schwerpunkt der herrschaftlichen Einnahmen eindeutig bei den Abgaben, also vorwiegend bei den Einnahmen aus den Gruppen 1. und 2. (s. o.). Die Abgaben zeichnen sich dadurch aus, daß sie an eine ganz bestimmte Empfangsperson für eine konkrete Gegenleistung zu entrichten waren, nämlich — um das herausragendste Beispiel zu nennen — ein Stück Land zu grundherrlichem Besitzrecht zu erwerben und dasselbe unter dem richterlichen und landesherrlichen Schutz bebauen zu dürfen. Gegenüber der solcherart bestimmten Kategorie der Abgabe spielte die Steuer, die im Gegensatz zu der Abgabe ohne direkte sichtbare Gegenleistung des Staates an eine anonyme Staatskasse zu leisten ist, eine bescheidene Rolle. Infolgedessen war auch die verfassungsmäßige Kontrolle der landesherrlichen Einnahmen und Ausgaben durch die Stände, die sich lediglich auf die Steuer als spezifisch landesherrlicher Einnahme bezog, in Hohenlohe nicht vorhanden, bzw. nur in ihren ersten Ansätzen seit dem Jahre 1801 in der Linie Hohenlohe-Waldenburg[674].

Das m. E. entscheidende finanzwirtschaftliche Charakteristikum des neuen Staates bestand nun darin, daß *die Steuern die Abgaben immer mehr verdrängten* und bald

---

[673] C. A. MALCHUS, a. a. O., S. 13, zit. BUCHHOLZ, Neue Monatsschrift für Deutschland, 24. Bd., Dezember 1827, S. 434: «Man schlage auf welches Handbuch der Finanzwissenschaft man wolle, und man wird finden, daß eine Gerechtigkeit, der man die Klugheit zur Hülfe gibt, die einzige leitende Idee ist . . .» – Ebenda, S. 151: «Aus den Rechten und Pflichten, die sich gegenseitig bedingen, entwickeln sich zugleich die Fundamentalprinzipien, die bei der Umlage von Steuer als Postulate der austeilenden Gerechtigkeit beachtet werden müssen: das Prinzip der Allgemeinheit und das Prinzip der Gleichheit.»

[674] Siehe hierzu umfassend K. WELLER, Hohenloher Landstände, a. a. O., S. 41 ff.

die größte Summe in der Gesamtheit der Staatseinnahmen ausmachten[675]. Damit war das Recht der Budgetkontrolle durch ein Parlament ungleich stärker begründet als in der Feudalepoche.

Der Umbau des Finanzsystems, wie er sich äußerlich in der Verlagerung von einer Einnahmeart zu einer anderen aufzeigte, führte des weiteren zu einer von Grund auf anderen Stellung des Leistungspflichtigen in dem modernen Staat: Der Untertan wurde zu einem den Staat mittragenden *Staatsbürger*, der selbst im Parlament die Höhe seiner eigenen steuerlichen Belastung beschließt, die ihrerseits, strenger ausgedrückt, eine Funktion der Aufgaben ist, die der Staatsbürger seinem Staat zuspricht.

Auch der Charakter der vormaligen herrschaftlichen Regalien, die im Feudalstaat eben als eine von verschiedenen Einnahmequellen angesehen wurden, änderte sich mit ihrer Umwandlung zu Hoheitsrechten des Staates: sie sollten zwar noch Einnahmen abwerfen, aber nicht mehr «Gewinne», Hoheitsrechte des Staates sind keine Pfründe (TERHALLE).

Wenn sich der moderne Staat auf selbständige, freie und rechtlich gleiche Individuen gründet, darf er die steuerliche Belastung nicht mehr nach Ständen oder sonstigen gesellschaftlichen Klassen und Vorrechten variieren, sondern er hat alle Leistungen an den Staat auf alle Staatsbürger nach Maßgabe ihrer Einkünfte und ihres Vermögens zu verteilen, und er hat die Steuer auf das einzige zurückzuführen, das für alle Bürger die einzige gleichartige Einheit ist: das Geld[676]. Die Steuer darf für den einzelnen nicht mehr sozial diskriminierend sein, wie es die eine oder andere Abgabeart im Feudalsystem war[677] — mit anderen Worten: Es ist die Frage der neuen sozialen und politischen Ordnung, die mit umgestaltend auf die Finanzwirtschaft einzuwirken begann[678]. Sie führte von innen heraus zwangsläufig zu jener «Unifikation des Steuersystems», wie sich A. WAGNER ausdrückte[679].

Der oben angedeutete Prozeß der Einnahmenverlagerung von der Abgabe zu der Steuer kann auch dahingehend charakterisiert werden, wie es L. v. STEIN getan hat, daß der Landesherr, der in der Feudalepoche noch durchaus ein wirtschaftendes Individuum war und in den Sektor der Privatwirtschaft gehörte, sich mehr und mehr aus dieser zurückzog und seine wirtschaftliche Tätigkeit, zu der m. E. auch das Hingeben von Land als Lehen zu zählen ist (was besonders bei den Fall-Lehen deutlich wird), einschränkte.

Aus dieser Perspektive ist ein weiteres Charakteristikum des 19. Jahrhunderts auf dem Gebiet des Finanzwesens zu ersehen: Während im Feudalsystem sich der Landesherr noch nicht über den Gedanken hinwegsetzen konnte, daß seine ganze Finanzwirtschaft nur zur möglichsten Vermehrung seiner Einnahmen da sei[680], mußte der Staat im 19.

[675] Der Aufbau des modernen Staates und der Aufbau des neuen Steuersystems bedingten sich gegenseitig. Kein Wunder, daß gerade im 19. Jh. die junge Wissenschaft von den Staatsfinanzen ihren mächtigsten Impuls erhielt und die Literatur über Steuerfragen sehr stark anschwoll; vgl. L. v. STEIN, a. a. O., Teil 2, Bd. 1, S. 134; A. WAGNER, a. a. O., Teil 1, S. 42 ff.

[676] Vgl. L. v. STEIN, a. a. O., Teil 2, Bd. 1, S. 350.

[677] Vgl. z. B. das Schutzgeld der Ausgedinger.

[678] Das Wort «sozial» ist vielschillernd. Wenn im 19. Jh. an das Steuersystem die Forderung nach einer «zweckentsprechenden Sozialpolitik» gestellt wird oder man von einer sozialen Steuerpolitik spricht (A. WAGNER, a. a. O., Teil 1, S. 48, spricht direkt von einer sozialen Phase der Finanzwissenschaft), so zielen diese Ausdrücke auf die Gerechtigkeit in der Besteuerung hin, verwirklicht durch eine allgemeine (ohne Ansehung auf die Zugehörigkeit zu einer bestimmten Schicht oder Klasse) und gleiche (gleiches Verhältnis der Höhe der Steuer zum Einkommen und Vermögen des Pflichtigen) steuerliche Behandlung des Staatsbürgers.

[679] A. WAGNER, a. a. O., Teil 3, S. 216; vgl. auch L. v. STEIN, a. a. O., Teil 2, Bd. 1, S. 31.

[680] L. v. STEIN, a. a. O., Teil 2, Bd. 1, S. 132.

Jahrhundert zu der Erkenntnis kommen, daß er sich seine Einnahmen aus dem Einzeleinkommen seiner Staatsbürger schafft und demnach das Einkommen des Staates von dem Einkommen des einzelnen abhängig ist, und in diesem Punkt verband sich die Einnahmepolitik des Staates mit der Sorge um das Wohl der Einzelwirtschaften. Das bedeutet nicht zuletzt, daß der Staat ein Interesse hat, den einzelnen Bürger bei seiner steuerlichen Behandlung korrekt, d. h. gerecht und gleich zu behandeln. Wir sehen hieraus, daß der das ganze 19. Jahrhundert durchziehende Gedanke der rechtlichen Gleichheit aller Staatsbürger nicht nur von dem Bürger — gleichsam von unten herauf — verlangt wurde, sondern gleichzeitig — von oben her — von dem Staat, in seinem ureigensten Interesse.

Zu dieser auch zu praktizierenden Gerechtigkeit gehörte nicht nur eine von diesem Willen getragene Gesetzgebung, sondern auch ein von demselben Willen beseeltes Verwaltungsorgan als vollziehende Gewalt. Nicht von ungefähr bildete sich gerade in diesem 19. Jahrhundert das ob seiner Lauterkeit noch heute gerühmte württembergische Beamtentum heraus, im Gegensatz zu den Schreibern der Feudalzeit, die von den Bauern ob ihrer gelegentlichen Willkür in der Auslegung und Durchführung der herrschaftlichen Verordnungen oft mehr gefürchtet waren und sie mehr bedrückten, als die Herrschaft selbst[681].

Man vermag heute den immensen Aufwand an geistiger und handwerklicher Arbeit, an Geld und an Zeit, der für den Aufbau des neuen Steuersystems mit seinen Katastern verwendet wurde, und der, wenn man von der hierbei gesammelten Erfahrung absieht, letztlich doch nicht in dem gewünschten Maße fruchtbar wurde, nur dann voll zu würdigen, wenn man sich immer wieder an den Grundgedanken erinnert, den dieses Steuersystem verwirklichen sollte, eben jenen Gedanken der steuerlichen Gerechtigkeit, der Gleichberechtigung und Gleichverpflichtung aller Staatsbürger.

Mir erscheint diese Tatsache um so betonenswerter, als das 19. Jahrhundert wegen seiner zweifellos vorhandenen negativen Auswüchse auf sozialem Gebiet, hervorgegangen aus der Verbindung von liberaler Wirtschaftsordnung und beginnender Industrialisierung, den Beigeschmack einer Periode sozialer Ungerechtigkeit zu bekommen scheint.

III. Die Steuern für den Staat und die Gemeinden

1. Allgemeine Übersicht

Nach dem § 109 der Württembergischen Verfassung vom 25. 9. 1819 wird der Staatsbedarf durch den Ertrag des Kammergutes bestritten und lediglich, soweit der Ertrag desselben für die Staatsausgaben nicht ausreicht, ist der Staatsbedarf durch Steuern zu decken.

Das Staatsbudget wurde in der Regel alle drei Jahre — Zeitdauer von der Einberufung des einen Landtags zum anderen — von den Ständen beschlossen. Die bewilligte Steuersumme ergab sich als Residuum aus der Differenz zwischen den erwarteten Einnahmen des Kammerguts und den vermutlichen Staatsausgaben. Durch das Abschätzen der erwarteten Einnahmen aus den indirekten Steuern ergab sich dann die Summe der auszuschreibenden direkten Staatssteuern.

Die Gesamtheit der *staatlichen Einnahmen* gliederte sich folgendermaßen auf:

[681] Vgl. TH. KNAPP, Neue Beiträge, a. a. O., Teil 1, S. 32 ff.; SFAL E 177, Bü 306.

1. Die Einkünfte des Kammergutes; das Kammergut umfaßte
   a) das Kammergut i. e. S.
   b) die staatlichen Forsten
   c) die staatlichen Gewerbe- und Industrieunternehmen
   d) die Eisenbahn, Bodensee- und Neckardampfschiffahrt, Post und Telegraphie.
2. Die Einnahmen aus Hoheitsrechten (Strafen und Konfiskationen)
3. Der Ertrag der Steuern
   a) die direkten Steuern
      aa) die Katastersteuern
          die Grundsteuer
          die Gebäudesteuer
          die Gewerbesteuer
      bb) die Ergänzungssteuern
          die Kapitalsteuer
          die Besoldungs- und Pensionssteuer
   b) die indirekten Steuern
      aa) der Zoll
      bb) die Accise, betr:
          die Markt- und Handelswaren ausländischer Händler
          Lotterie und Theater
          Wein und Getränke
          Schlachtvieh und Fleisch
          Holz
          Veräußerung von Gütern, Grundgefällen, ewigen Renten und Realgerechtigkeiten
      cc) die Hundstaxe
      dd) das Umgeld oder die Wirtschafts- (i. S. von Gasthofs-)abgabe
      ee) die Sporteln.

Für den Württemberger Steuerzahler war es nun von Vorteil, daß das Kammergut des württembergischen Staates im Vergleich zu dem anderer deutscher Staaten sehr groß war und auch nach der Bauernbefreiung sehr groß blieb.

Das Kammergut umfaßte vier Arten von Vermögensgruppen[682].
1. Das Kammergut i. e. S.
   a) geschlossene Güter und Maiereien: 13 329 M Äcker, 5837 M Wiesen und Gärten, 2331 M Weiden und Wechselfelder.
   b) einzelne Güter und Gebäude: 6005 M Äcker, 7828 M Wiesen und Gärten, 1712 M Weiden, 726 Gebäude,
   c) kleinere Gewerbe (ohne Hütten-, Salz- und Glaswerke): 287 Gebäude, 367 M Äcker, 499 M Wiesen und Gärten, 215 M Weiden,
   d) Grundabgaben und Gefälle: hier stand weit an der Spitze die Zehentgerechtigkeit, insbesondere nach dem Einzug des evangelischen Kirchenvermögens. Im Jahre 1829 stand dem Staat Zehentrecht in folgendem Umfange zu:
      aa) der große Zehnt von 1 077 101 M, das war knapp die Hälfte der gesamten württembergischen Ackerfläche,
      bb) der kleine Zehnt von 372 841 M, ungefähr ein Siebtel der gesamten Ackerfläche,
      cc) der Heu- und Öhmd-Zehnt von 76 258 M, etwa ein Neunzehntel sämtlicher Wiesen,

---

[682] R. v. MOHL, a. a. O., Bd. 2, S. 788 ff. Den Zahlen liegt das Jahr 1838 zugrunde. Vgl. auch WJB, Jg. 1829, Bd. 1, S. 204 ff.; WJB, Jg. 1861, Bd. 2, S. 121.

dd) der Weinzehnt von 50 754 M, etwas über die Hälfte aller württembergischen
Weinberge,

ee) der Novalzehnt von 83 287 M Land.

2. Die Forsten: die staatlichen Waldungen umfaßten 572 128 M.

3. Größere Gewerbeunternehmen: 8 Eisenwerke, 5 Salinen, 1 Glashütte.

4. Die Post und Telegraphie, seit 1851 auch die württembergischen Eisenbahnen, seit 1854
die Bodensee- und seit 1858 die Neckardampfschiffahrt.

Der Anteil der Erträge des Kammergutes an den gesamten Staatseinnahmen blieb
vom Beginn der württembergischen Steuergesetzgebung im Jahre 1821 während des
ganzen 19. Jahrhunderts mit 47 % bis 42 % konstant hoch und sank erst in den letzten
Jahren vor der Jahrhundertwende auf 35 % herab[683].

Angesichts dieser beträchtlichen «staatseigenen» Einkünfte konnte die Belastung
des Steuerpflichtigen durch die Staatssteuer relativ gering bleiben.

Der Hohenloher Bauer wurde jedoch nicht nur von der Staatssteuer erfaßt, sondern,
wie es der föderative Staatsaufbau mit seiner weitgehenden Autonomie der Gemeinden nahelegt, auch von der *Gemeindesteuer*. Diese umfaßte:

1. den Gemeindeschaden, als einem Oberbegriff für eine Reihe von unterschiedlichen
Gemeindesteuern und Abgaben wie

a) die Bürgeraufnahmeabgabe

b) die Bürgersteuer

c) die Wohnsteuer

d) die Gemeindeschadensumlage, als der Differenz zwischen den im Gemeinde-
etat vorgesehenen Ausgaben und den Einnahmen a) bis c) plus den Erträgen aus
dem Gemeindevermögen;

2. den Amtsschaden bzw. die Amtsschadensumlage, als einer Ausgleichssteuer, die den
Finanzausgleich zwischen den einzelnen Oberämtern des Landes bewerkstelligen
sollte.

Genau wie bei dem Staat mußten die Gemeindeausgaben in erster Linie von den Erträgen des Gemeindevermögens gedeckt werden, und nur soweit diese nicht ausreich-
ten, durch die Ausschreibung von Gemeindesteuern. Da nun aber das Vermögen der
Gemeinden in der Regel gering war, war die Höhe der Gemeindesteuern im Vergleich
zu der Staatssteuer relativ hoch.

Diese zweifache Besteuerung durch den Staat und die Gemeinde traf das Grundeigentum, die Gebäude und Gewerbe, ferner das Einkommen aus Kapitalzinsen
Dienstgehältern und Renten. Wegen der relativen Geringfügigkeit der Gewerbe-, Ka-
pital-, Besoldungs- und Pensionssteuer in unserem landwirtschaftlich-orientierten Betrachtungsgebiet beschränkt sich die folgende Untersuchung auf die doppelte direkte
Besteuerung der Einkünfte aus dem Grund und Boden und der Gebäude.

IV. Die Grund- und die Gebäudesteuer als
staatliche Katastersteuern

Die Grund- und die Gebäudesteuer sind direkte, auf dem Ertrag ruhende Katastersteuern. Ihr Charakteristikum besteht darin, daß sie von den persönlichen Verhältnissen des Steuerpflichtigen vollständig abstrahieren. Sie werden bemessen «nach

[683] Die Prozentsätze sind zusammengestellt aus den Hauptfinanzetats des 19. Jahrhunderts,
SAS. Die absoluten Zahlen sind für das Finanzjahr 1868/69 aus dem im Anhang abgedruckten
Etat zu ersehen; siehe unten S. 192.

Maßgabe des durchschnittlich möglichen, des von jedem wirtschaftenden Menschen unter gewöhnlichen Verhältnissen erreichbaren Ertrags»[684], «der sich als selbständiges Produkt von dem Kapital ablöst»[685].

Für eine gleichmäßige Verteilung der Steuerlast auf die Erträge der Steuersubjekte ist die erste Voraussetzung die genaue Messung des Besitzes der Wirtschaftssubjekte sowie eine Reduzierung desselben auf gleiche Maßeinheiten. Es wurde daher im Jahre 1818 eine Katasterkommission gebildet, unter deren Leitung die notwendigen Erhebungen für das Gebäude- und Gewerbekataster vorgenommen und das ganze Land trigonometrisch vermessen wurde, und die für die Vereinheitlichung der Maße und Gewichte zu sorgen hatte. Die zweite Voraussetzung besteht in der richtigen Messung des sich aus dem Besitz ergebenden Reinertrags, und die dritte ist endlich ein für das ganze Land einheitlich festgelegter Steuerfuß.

All diese Bemessungen konnten nicht dem Steuersubjekt überlassen bleiben, sondern erschienen als eine Aufgabe des Staates, der die Messungsergebnisse in bestimmten Steuerbüchern, eben den Steuerkatastern, zusammenfaßte. Diese durch den Staat organisierte Besteuerung dieser Art hieß dann die Katasterbesteuerung.

Ihr haften *zwei Besonderheiten* an:

1. Sie ist vermöge der finanziell als konstant angenommenen Ertragsfähigkeit ihrer Objekte eine feste Besteuerung. Dadurch wird sie notwendigerweise unfähig, Differenzen zwischen dem wirklichen und dem finanziellen, im Kataster stehenden, Reinertrag zu folgen.

2. Aus dem eben Gesagten ergibt sich, daß wegen des technischen Fortschritts, der wachsenden Bevölkerungszahl und der langfristigen Preisschwankungen eine Katasterbesteuerung im allgemeinen um so ungenauer wird, je länger sie besteht[686].

1. Das Grund- und Gefällsteuerkataster

Die *Grundsteuer* war in dem hier betrachteten Zeitraum die für Württemberg wichtigste Steuer.

Der Steuerpflicht unterlagen sämtliche Grundstücke innerhalb des württembergischen Staatsgebiets, soweit sie einen Ertrag gewährten. Von der Steuerpflicht waren lediglich die Grundstücke des Staates, der auf Kosten des Staates bestehenden Anstalten sowie die als Besoldung verliehenen Grundstücke der im Staatsdienst angestellten Beamten, Kirchen- und Schuldiener ausgenommen[687].

---

[684] K. V. RIEKE, WJB 1879, S. 73, zitiert bei HELD, Die Einkommensteuer, 1872, S. 185.

[685] L. v. STEIN, a.a.O., Teil 2, Abtl. 2, S. 20. – Anm.: unter «Kapital» wird hier auch der Grund und Boden, die Gebäude und das Gewerbe verstanden.

[686] Die Anpassung des Katasters an die jeweiligen Besitzveränderungen bei den Steuerobjekten, an den Neubau bzw. das Abreißen von Häusern etc., lag in den Händen der Gemeinden, die über derartige Fälle ein Steueränderungsprotokoll zu führen hatten. Die Veränderungen wurden in das «summarische Steuer-Vermögens-Register» der Gemeinde eingetragen, gemäß welchem dann jährlich die Landeskataster richtiggestellt wurden. Vgl.: Handbuch der Steuergesetzgebung Württembergs, a.a.O., S. 54. Verfügung vom 21. II. 1840, betr. die Erhaltung und Fortführung der Primärkataster und Flurkarten, RBl. von 1840, Nr. 57; SAS E 33–34, K 88, 1, Qu 49.

[687] Gesetz vom 15. Juli 1861; A. L. REYSCHER, Sammlung, a.a.O., Bd. 17, 2, S. 1177 ff., siehe auch die Instruktion vom 6. September 1821, ebenda S. 1219 ff.; Vgl. auch K/II/W/243/Q 24: Relation über die in dem Oberamt Öhringen vollzogene Steuerrectification, vorgetragen in der OA-Versammlung zu Öhringen im Jahre 1815. Hier wurden die Grundsätze der neuen Besteuerung dargelegt. Siehe auch K/II/W/251.

Der Gegenstand der Besteuerung war der reine Ertrag der einzelnen Ortsmarkungen, der sich — unter Berücksichtigung der Flur oder des Gewandes — aus dem Rohertrag des Bodens nach Abzug der Kulturkosten und der Reallasten ergab.

Die Schätzung des Rohertrages:

Der Rohertrag hängt in erster Linie von der Größe der bebauten Grundflächen ab. Da zum Zeitpunkt des Erlasses des provisorischen Steuergesetzes vom 15. Juli 1821 die trigonometrische Landesvermessung noch nicht vollendet war, begnügte sich die württembergische Regierung zwangsläufig damit, die Größe der Grundfläche zu erheben auf Grund von a) den bereits vorliegenden Meßergebnissen, b) den allgemeinen Flächenbeschreibungen aus früheren Zeiten bei den einzelnen Ämtern, und, wenn auch diese fehlten, c) durch Abschätzen nach einzelnen Gewanden und Fluren.

Die Schätzung des Rohertrages eines Distrikts lag in den Händen eines «Steuerprovisoriums», das unter der Leitung eines Kreiskommissars stand; ihm war für jedes Oberamt ein Oberamtssteuerkommissar beigeordnet, dem eine Schätzungsdeputation aus vier Mitgliedern untergeordnet war. Zwei von diesen stammten aus benachbarten Orten, zwei waren «auswärtig»[688]. Bei der vorgenommenen Schätzung wurde derjenige Kulturzustand resp. diejenige Benutzungsart des Bodens zugrunde gelegt, die nach den örtlichen Verhältnissen als die gewöhnliche und regelmäßige erschien. Der Boden wurde in Klassen eingeteilt[689] und der rohe Ertrag eines jeden Morgens jeder Klasse einer Feldergattung nach dem Durchschnitt mehrerer Ernten geschätzt[690]. Stellte sich, insbesondere bei Äckern, eine Differenz zwischen dem Anschlag und den Erträgen, wie sie sich aus den Zehntenlisten ergaben, heraus, wurde eine Mittelzahl aus beiden Werten gezogen.

Der auf diese Weise gefundene Fruchtertrag wurde mit Hilfe von Normalpreisen[691] zu Geld angeschlagen. Die Normalpreise galten als für das ganze Land verbindliche Höchstpreise; sie konnten jedoch nach dem Ermessen der Katasterkommission in Fällen besonderer örtlicher Nachteile, z. B. beschwerlicher Absatz, herabgesetzt werden.

Die Schätzung der Kulturkosten

Von dem Geldwert des Rohertrags wurden die Kulturkosten abgezogen, d. h. die Kosten der Unterhaltung, Düngung und jährlichen Bebauung der Äcker, der Aussaat, Bestockung und Verjüngung der Weinberge, Einführung, Magazinierung und Aus-

[688] Vgl. Instruktion vom 6. September 1821, A. L. REYSCHER, Sammlung, a. a. O., Bd. 17, 2, S. 1219 ff. – «Auswärtig» bedeutet, daß die Schätzer weder der Gemeinde noch dem Amt angehörten, in der bzw. dem die Schätzung vorgenommen wurde.

[689] Die Festsetzung der Anzahl der Klassen war dem Ermessen der Kommissionäre überlassen; i. d. R. wurden 5 bis 6 Klassen gebildet.

[690] Näheres über die z. T. recht komplizierten Schätzungsnormen s. die Instruktion vom 6. September 1821, §§ 34 bis 69; vgl. auch Handbuch d. Steuergesetzgebung Württembergs, a. a. O., S. 104–115.

[691] Nach dem Gesetz vom 15. Juli 1821 und der Instruktion vom 6. September d. J. galten folgende Normalpreise:

Dinkel je Scheffel	3 fl		1 Ztr. Heu		30–40 kr
Hafer je Scheffel	2 fl		1 Eimer Wein	8–32 fl	
Weizen je Scheffel	5 fl	48 kr	1 Gans		20 kr
Roggen je Scheffel	5 fl		1 Kapaun		15 kr
Gerste je Scheffel	4 fl	12 kr	1 alte Henne		12 kr
1 Fuder Stroh	6–8 fl		1 junges Huhn		8 kr
1 Pfund Wachs		32 kr	1 Pfund Öl		12 kr
100 Eier		10 kr	1 Pfund Hanf		16–20 kr
100 Stck. Kraut	1 fl 12 kr bis 1 fl 36 kr				

dreschung der Früchte sowie Bauernlohn aller Art. Diese verschiedenen Arten von Aufwand wurden nach örtlichen Taxen zu Geld angeschlagen[692]. Soweit der Aufwand in Naturalien bestand, galten dieselben Preissätze wie bei der Berechnung des Rohertrages. Die Kulturkosten durften nur bis zu einem bestimmten Bruchteil von dem Rohertrag abgezogen werden[693], so daß selbst da, wo der Kulturaufwand höher als der Rohertrag angeschlagen worden war, ein rechnerisches und zur Steuer heranziehbares Minimum an Reinertrag übrigblieb.

Der Abzug der Reallasten

Neben den Kulturkosten konnten vom Rohertrag auch die Reallasten abgezogen werden. Hierunter verstand das Gesetz vom 15. Juli 1821 (§ 21) alle diejenigen Leistungen an Abgaben und Dienstleistungen, die jährlich oder doch in einem bestimmten Rhythmus wiederkehrten und auf dem Boden hafteten. Hierunter fielen demnach vor allem der Zehnte, die Gülten und Zinsen, die dinglichen Fronen und Fronsurrogate und die Verpflichtung zum Hundehalten. — Das Handlohn und der Sterbfall (Hauptrecht) waren nach dem Gesetz nicht abzugsfähig. Erst auf Grund einer Petition der Hohenloher Gemeinde Thierbach, OA. Gerabronn[694], genehmigte der König am 11. Juli 1844[695], daß die Besitzwechselabgaben generell dem Grundkataster abgenommen und dem Gefällkataster auferlegt werden.

Die Reallasten wurden dann mit 4/5 ihres Geldbetrages vom Rohertrag abgezogen, wobei für die Bewertung der Naturalleistungen dieselben Vorschriften wie für die Berechnung des Rohertrages und der Kulturkosten galten.

Mit dem so errechneten Reinertrag : Rohertrag abzüglich der maximal zulässigen Kulturkosten, abzüglich 4/5 der Reallasten, lag ein Grundstück im Kataster zur Steuer veranlagt.

Die Art und Weise der Berechnung eines Katasteransatzes zeigen die folgenden drei Beispiele: Die Errechnung des Katasteranschlages für je die 1. Klasse der Äcker, Weinberge und Wiesen auf der Gemeindemarkung Untersteinbach:

Berechnung des Katasteransatzes für einen Acker[696]:

1. *Rohertrag*			
im Winterfeld Dinkel	7 Sch	28 fl	
im Sommerfeld Haber	4 Sch	10 fl 40 kr	
Stroh in 2 Jahren			
1¼ Fuder Dinkelstroh		5 fl	
60 Bund Haberstroh		2 fl 15 kr	
Schwache Früchte			
Winterichs		36 kr	
Sommerichs		18 kr	
Insgesamt		46 fl 49 kr	

[692] Vgl. die Richtwerte in der Instruktion vom 6. September 1821, § 22.
[693] Für die Kulturkosten durften je nach Bodenqualität und Klima in Quotienten des Rohertrages abgezogen werden: bei Äckern ¼–⅝, bei Wiesen und Baumgütern ⅛–½, bei Weinbergen ¼–¾.
[694] SAS E 33–34, K 92; nicht von ungefähr kommt diese Petition gerade aus dem Hohenlohischen, wo, wie berichtet, Handlohn und Sterbfall besonders weit verbreitet waren.
[695] SAS E 33–34, K 92.
[696] W/XVI/B/388. Die Berechnungen stammen aus den sechziger Jahren des 19. Jahrhunderts, aus einer Zeit also, in der die Ablösung der Reallasten schon vollzogen war. Sie treten deshalb im folgenden nicht mehr in Erscheinung.

2. *Kulturaufwand*
Bauernlohn

im Winterfeld	6 fl	
im Sommerfeld	3 fl	

Düngung, 10 Wagen Mist   20 fl
Ernte- und Dreschkosten
  vom Winterfeld

Erntekosten	3 fl 40 kr
Dreschkosten	4 fl 16 kr

  vom Sommerfeld

Erntekosten	2 fl 30 kr
Dreschkosten	3 fl

Insgesamt	42 fl 26 kr
Reduziert auf ²/₃	28 fl 16 kr

Saatfrucht

1 Sch Dinkel	4 fl
1 Sch Hafer	1 fl 20 kr

Insgesamt	33 fl 36 kr	
Abzuziehender Rohertragsquotient ⁵/₈ [697]		29 fl 15 kr

Reinertrag vom Sommer- und Winterfeld	17 fl 34 kr
Ertrag der Brache ¹/₂ des Rohertrags des Sommerfeldes	6 fl 36 kr

---

Gesamt-Reinertrag in 3 Jahren	24 fl 10 kr
pro Jahr	8 fl 3¹/₃ kr
Steueranschlag im Grundkataster pro Morgen Ackerboden 1. Klasse	8 fl

Berechnung des Katasteransatzes für einen Weinberg[698]:

1. Rohertrag
  geschätzter Ertrag 2 Eimer   32 fl
2. Kulturkosten

Baukosten	20 fl
Düngung	6 fl
Erde tragen	6 fl 24 kr
Pfähle anbringen	6 fl
Aufstockung	4 fl

Insgesamt	42 fl 24 kr	
Reduziert auf ²/₃	28 fl 16 kr	
abzuziehender Rohertragsquotient ³/₄ [699]		24 fl

Reinertrag	8 fl
Steueranschlag im Grundkataster pro Morgen Weinberg 1. Klasse	8 fl

[697] Siehe Anmerkung 693, S. 158.
[698] W/XVI/B/388.
[699] Siehe Anmerkung 693, S. 158.

Berechnung des Katasteransatzes für eine Wiese[700]:

1. Rohertrag

Heu	24 Ztr.		
Öhmd	10 Ztr.		20 fl 24 kr

2. Kulturkosten

Düngung, 10 Wagen Mist	20 fl	
Einheimsungskosten		
vom Heu	2 fl 15 kr	
vom Öhmd	1 fl 48 kr	

Insgesamt	24 fl 3 kr	
Reduziert auf ²/₃	16 fl 2 kr	
abzuziehender Rohertragsquotient ¹/₂ [699]		10 fl 12 kr

Reinertrag	10 fl 12 kr
Steueranschlag im Grundkataster pro Morgen Wiese 1. Klasse	10 fl

Es ist hier nicht möglich, eine umfassende Übersicht über die gefundenen *Steuer-anschläge in Hohenlohe* aufzuzeigen, doch mögen wenigstens einige Durchschnittszahlen Anhaltspunkte geben:

Im Durchschnitt betrug der Reinertrag [701]

	in ganz Württemberg fl kr	im OA Gerabronn fl kr	im OA Künzelsau fl kr	im OA Öhringen fl kr
1 M Acker, zelglich gebaut	3 51	3 31	3 41	4 44
1 M Wiese, einmädig	5 45	2 55	4 16	2 47
1 M Wiese, zweimädig	– –	5 36	8 18	7 45
1 M Weinberge	8 11	4 56	4 50	8 20
1 M Baumäcker, Küchengärten, Länder	10 53	8 57	10 43	10 54
1 M Wald	1 3	– 59	1 7	1 13
1 M Weide	– 41	– 47	– 34	– 10

Je nach Bodenqualität und der Anzahl der eingeführten Steuerklassen waren die Steueranschläge innerhalb der einzelnen Ämter sehr verschieden, wie die Katasterwerte der Gemeinden Riedbach[702], Unterheimbach[703], Kirchensall[704], und Michelbach[705] a. W. beispielsweise aufzeigen sollen.

[700] Siehe Anmerkung 698.
[701] Die Zahlen für Württemberg: SAS E 33–34, K 88, 1 Q 46; für die Hohenloher Oberämter: SAS E 33–34, K 88, III. Anm.: In den Reinerträgen ist bereits die jeweilige Art der Bebauung mit berücksichtigt: in einem ungedruckten Edikt vom 14. Dezember 1822 ist festgestellt, daß der Reinertrag der Brache nach dem Rohertrag des Sommerfeldes zu berechnen sei – und zwar beträgt er ³/₈ desselben bei Gerstenanbau im Sommer – und ¹/₂ bei Haferanblümelung. Bei einer von der Dreifelder-Wirtschaft abweichenden Rotation wird der Gesamtertrag der gesamten Fruchtfolge aufaddiert und auf ein Jahr daraus der Durchschnittsbetrag errechnet. – Vgl. R. v. MOHL, a. a. O., Bd. 2, S. 842.
[702] W/XVI/B/789.
[703] W/XVI/B/388.
[704] Güterbuch der Gemeinde Kirchensall, Bürgermeisteramt Kirchensall.
[705] Güterbuch der Gemeinde Michelbach, Bürgermeisteramt Michelbach a. W.

	Riedbach fl	kr	Unterheimbach fl	kr	Kirchensall fl	kr	Michelbach fl	kr
Weinberge								
1. Klasse	–		8		–		20	
2. Klasse	–		6		–		18	
3. Klasse	–		4		–		16	
4. Klasse	–		–		–		14	
5. Klasse	–		–		–		12	
Äcker								
1. Klasse	16		8		6	24	10	
2. Klasse	14		6	40	5		9	
3. Klasse	12		5	20	4	36	8	
4. Klasse	10		4		3	12	6	30
5. Klasse	8		2	40	–		5	
6. Klasse	6		1	20	–		–	
7. Klasse	4		–		–		–	
8. Klasse	2		..		–		–	
Wiesen								
1. Klasse	12		10		9		12	
2. Klasse	10		8		7	30	10	30
3. Klasse	8		6		6		9	
4. Klasse	6		4		4	30	7	30
5. Klasse	4		2		–		5	
6. Klasse	2		–		–		–	
Gras- und Baumgärten								
1. Klasse	12		10		6	24	10	30
2. Klasse	9		8		5		9	
3. Klasse	6		–		4	36	–	
4. Klasse	3		–		–		–	
Gemüsegärten								
1. Klasse	–		8		5		12	
2. Klasse	–		–		–		10	30
3. Klasse	–		–		–		9	
4. Klasse	–		–		–		7	30
Wald								
1. Klasse	4		2	32	2		3	
2. Klasse	3		1	52	1		–	
3. Klasse	2		1	12	–		–	
4. Klasse	1			40	–		–	
Weide								
1. Klasse	1			20	20		–	

Das Gefällsteuerkataster[706]

Da die von dem Rohertrag abgezogenen Reallasten nichts anderes sind als ein Teil des Reinertrags, der nach dem Prinzip der Gleichheit nicht von der Besteuerung freigelassen werden durfte, wurde die Grundsteuer durch die Gefällsteuer ergänzt.

Hiernach hatte der Gefällberechtigte die bei dem Grundkataster abgezogenen 4/5

[706] Gesetz vom 15. Juli 1821, §§ 21 ff.

der Reallasten zu versteuern, wobei ihm das Recht zukam, ggf. Präbenden abzuziehen. Ferner wurde für die Verwaltung und die Erhebung der Zehnten, der Teil- und Zinsgefälle, sofern dieselben auf Äcker und Wiesen ruhten, ¹/₁₀, sofern sie von Weinbergen erhoben wurden, ¹/₈ des Gefällbetrags in Abzug gebracht.

Die Gefällsteuer betrug zu Beginn ihrer Errichtung etwa den 15. Teil der Grundsteuer[707], nahm dann infolge des Verbots, neue Grundlasten aufzuerlegen, und der Ablösung der Lasten ständig ab und wuchs der Grundsteuer zu.

Da in das Gefällkataster nur die auf dem Grund und Boden haftenden (Real-)Lasten eingetragen wurden[708], hatten die Gefällempfänger einen Vorteil, wenn sie möglichst viele persönlich begründete Abgaben aufweisen konnten. Auf dieser Überlegung beruhte die Vorstellung der Hohenloher Bauern[709], die Fürsten von Hohenlohe hätten nach der Einführung der Steuerpflicht ehemals dinglich begründete Lasten in persönliche umbenannt und dieselben dann später im Verlaufe der Bauernbefreiung wiederum als dingliche Abgaben deklariert, um aus der erwarteten Wertsteigerung des Bodens – nach der Ablösung einer dinglichen Last – Vorteil zu ziehen. Um hierüber klarzusehen, verlangten die Hohenloher Bauern die erwähnte Einsichtnahme in die Lagerbücher[710].

2. Das Gebäudesteuerkataster[711]

Dem provisorischen Steuergesetz von 1821 liegt das Prinzip der Ertragsbesteuerung zugrunde. Infolgedessen wurde in Württemberg anfänglich die Besteuerung der Gebäude in Zweifel gezogen[712], da sie im eigentlichen Sinne nicht ertragsfähig seien wie der Boden. Doch setzte sich sowohl bei der Regierung als auch bei den Ständen die Ansicht durch, ein Haus werfe nicht nur durch einen eventuellen Mietzins Erträge ab, sondern auch indirekt, als es dem in seinem Hause wohnenden Eigentümer die Zahlung von Mietzins erspare.

Das Gebäudekataster erfaßte alle Haupt- und Nebengebäude inner- und außerhalb des Etters, wobei es gleichgültig war, ob dieselben zum Wohnen, für gewerbliche Zwecke oder als Lagerräume eingerichtet waren. Lediglich Ställe und Schuppen, die kein gemauertes Fundament hatten, blieben steuerfrei. Von der Steuerbelastung waren nur ausgenommen die Gebäude des Staates, auch wenn sie ökonomisch genutzt wurden, sowie die zu Wohnungen eingerichteten Schloßgebäude des vormaligen reichsständischen und ritterschaftlichen Adels. Die Steuerfreiheit der staatlichen Gebäude war mit der Überlegung begründet, der Staat könne hierbei nicht gleichzeitig Steuerzahler und Steuerempfänger in einer Person sein. Bei der Steuerfreiheit der zu Wohnungen eingerichteten Schloßgebäude der Mediatisierten handelt es sich um eine Konzession der württembergischen Regierung an diese Gruppe, die vor der Eingliederung in das Königreich Württemberg volle Steuerfreiheit besaß. Wegen der nicht genau erfaßbaren indirekten Erträge der Gebäude wurde als Steuerkapital der geschätzte volle Kapitalwert der Häuser in das Gebäudekataster eingetragen, wobei der volle Kapitalwert als derjenige Preis definiert wurde, «um welchen ein Gebäude nach sei-

---

[707] R. v. MOHL, a.a.O., Bd. 2, S. 841.
[708] Siehe Seite 158.
[709] Siehe Seite 116 f.
[710] Siehe Seite 116.
[711] Gesetz vom 15. Juli 1821, §§ 6 ff.
[712] Vgl. Handbuch der Steuergesetzgebung Württembergs, 1835, S. 62; hier sind auch weitere Fundstellen hierüber in den KdA angegeben.

nem Umfang, seiner nutzbaren Lage, seinem Bauzustand und nach den darauf haftenden Beschwerden z. Z. der Einschätzung von dem Besitzer abgelassen und einen neuen Käufer finden würde»[713].

Äußerlich erschien deshalb das Gebäudekataster als ein Gebäudewert- und nicht als ein Gebäudeertragskataster. Um einen Vergleich mit dem Grundertrags- und dem Gewerbeertragskataster zu haben, wurde die — später auch durch Gesetz festgelegte[714] Norm von 3 % Reinertrag des Gebäudewertes angenommen.

Bei der Einschätzung, die wie bei der des Grund und Bodens von einer Einschätzungskommission durchgeführt wurde, ging man von folgenden Anhaltspunkten aus:

a) dem Kaufpreis, wobei i. d. R. nur die Käufe der letzten sechs Jahre berücksichtigt wurden, sofern es sich nicht um Verwandtschafts-, Not- oder Konventionskäufe handelte,

b) dem Mietertrag des Hauses, so ein solcher vorlag,

c) dem Brandversicherungsanschlag eines Hauses[715].

Da nicht von allen Gebäuden solche Anhaltspunkte für die Kapitalwertschätzung gegeben waren, nahm man Musterschätzungen von solchen Gebäuden vor, bei denen Kaufpreis und Mietertrag mit Sicherheit auszumitteln waren und verwendete dann die von diesen Mustergebäuden gewonnenen Schätzungsresultate als eine Art Normsatz für Gebäude ähnlicher Größe, Qualität und Lage.

Um im Kataster nicht allzuviel verschiedene einzelne Gebäudewerte verzeichnet zu haben, wurden die Gebäude, wie ja auch die Grundstücke, in Klassen eingeteilt[716], so daß in der Praxis ein Gebäude lediglich in eine der 36 möglichen Klassen eingeschätzt zu werden brauchte, wobei als Steuerkapital dann die Mittelzahl dieser Klasse angenommen wurde[717].

Reallasten, die auf Gebäuden lasteten, konnten nur dann vom Steuerkapital abgezogen werden, wenn durch sie der Wert des Gebäudes um eine ganze Klasse herabgedrückt wurde.

Wie beim Grundertragskataster können auch hier nicht sämtliche Gebäudekapitaleinträge für Hohenlohe aufgezeigt werden, doch mögen einige Durchschnittszahlen andeutungsweise einen Einblick in das Gebäudekataster geben[718].

---

[713] Gesetz vom 15. Juli 1821, § 7.

[714] Gesetz vom 6. Juni 1887, RBl. von 1887, Nr. 16; vgl. I. MAIER, «Das neue Grund-, Gebäude- und Gewerbegesetz», a. a. O., S. 140.

[715] Dieser Anschlag galt jedoch nur als unsicherer Anhaltspunkt, da es einem Gebäudeeigner insofern zu einem gewissen Grade freistand, sein Brandversicherungskapital zu beeinflussen, als er das Recht hatte, den Schätzwert der Versicherungsschätzer zu dem vierten Teil herabzusetzen. Zum anderen waren die Holzhäuser regelmäßig höher versichert als die Steinhäuser. Des weiteren ist zu beachten, daß keineswegs alle Gebäude versichert waren, einige, weil sie überhaupt nicht versichert werden konnten, wie z. B. Pulvermühlen und Festungsgebäude, andere nicht der Zwangsversicherungspflicht unterlagen, wie Lust- und Gartenhäuser, königliche Schlösser und besonders feuergefährdete Gebäude. – Grundmauern und Kellergewölbe blieben außerhalb des Versicherungsanschlags, während andererseits bestimmte Arten von Gebäudeeinrichtungen, die mit dem Gebäude in besonders engem Zusammenhang standen, mit versicherbar waren, z. B. Glocken, Mühlwerke etc.

[716] Es bestanden 36 Klassen von 50 fl bis zu 72 000 fl Gebäudewert. Die Klassenspanne betrug in der 1. Klasse 40 fl und steigerte sich progressiv bis zu 3000 fl in der letzten Klasse. – Die Klassentafel ist abgedruckt in: Handbuch der Steuergesetzgebung Württembergs, a. a. O., S. 436 f.

[717] Nähere Angaben s. SAS E 33–34, K 88, III.

[718] SAS E 33–34, K 88, III.

	OA Gerabronn	OA Künzelsau	OA Öhringen	Gesamt-Württemberg
Gesamtzahl der Gebäude i. J. 1867	9 444	8 580	10 336	433 446
Zahl der steuerbaren Gebäude i. J. 1863				
Haupt-Gebäude	4 484	4 570	4 828	
Neben-Gebäude	4 423	3 907	4 007	
i. J. 1867				
Haupt-Gebäude	4 491	4 582	4 881	
Neben-Gebäude	4 953	3 998	5 455	
Gebäudekatasteranschlag für alle steuerbaren Gebäude				
i. J. 1863 fl	2 549 848	2 557 650	3 167 617	
i. J. 1867 fl	2 628 559	2 601 000	3 276 149	
Gebäudekatasteranschlag für Amts- und Gemeinde-Gebäude				
i. J. 1867 fl	2 650	9 950	17 175	
Durchschnittskatasteranschlag für ein Gebäude				
in der OA-Stadt fl	277,2	668,0	668,1	1 104,7
in den übrigen Amtsorten fl	278,3	279,6	288,5	402,0
im ganzen Bezirk inkl. der OA-Stadt fl	278,3	303,1	316,9	522,4

Betrachtet man zusammenfassend das neue württembergische Katasterwerk, so zeigt sich, daß, obwohl das Grundkataster als ein Reinertragskataster und das Gebäudekataster als ein Gebäudewertkataster ausgebildet war, das ganze Katasterwerk im Grunde der Schatzungsanlage aus der Feudalzeit nachgebildet wurde. Das Kataster mußte deshalb im Prinzip genau die gleichen Mängel aufweisen wie die Schatzungsanlage: Schwerfälligkeit in der Weiterführung des Katasters und vor allem fehlende Flexibilität gegenüber Preisschwankungen, welche die im Kataster eingetragenen Werte — als Ganzes und im Verhältnis untereinander — unrichtig werden ließen. Während sich diese Mängel jedoch in der Feudalzeit zuungunsten der Herrschaft auswirkten, die aus den festen Schatzungswerten einen festen Abgabeprozentsatz erhielt, der sich bei steigenden Preisen real gesehen ständig verminderte[719], war dies bei dem neuen württembergischen Steuersystem nicht mehr der Fall. Die Höhe der Steuersumme wurde vor der Steuerausschreibung errechnet und dann auf die Pflichtigen repartiert[720]. Der Staat bekam also in jedem Fall seine gewünschte Steuer; die Mängel der Katastersteuer wirkten sich jetzt vielmehr bei den Pflichtigen insofern unangenehm aus, als durch die im Laufe der Zeit eingetretenen Verzerrungen der eingetragenen Katasterwerte gegenüber den der Wirklichkeit entsprechenden Ansätzen das Prinzip der Gleichheit der Besteuerung — das neue Prinzip der Gerechtigkeit — verletzt wurde.

[719] Vgl. z. B. das Handlohn, das Hauptrecht und die Landsteuer; da die Herrschaft den Abgabeprozentsatz als «fester» ansah als die Schatzungsanlage, versuchte sie die Schatzungsanlage in Richtung auf den «wahren Wert» der Schatzungsgüter zu ändern.
[720] Umgekehrt hierzu (719) betrachtete die württembergische Regierung den Katasterwert kurzfristig als «unverrückbarer» als die Steuersätze und variierte infolgedessen die Steueranschläge, während der Katasteransatz «fest» blieb.

Es ist heute beklemmend zu sehen, daß die württembergischen Katastersteuern, deren Urheber so eindrücklich und mit bestem Willen, weder Mühen noch Ausgaben scheuend, ein äußerst präzises Katasterwerk erstellten, um jenen Prinzipien der steuerlichen Gerechtigkeit möglichst nahezukommen, schon ihrer inneren Anlage nach gar nicht geeignet waren, diese Prinzipien zu verwirklichen. Die mannigfachen Verbesserungen im Detail vermochten zweifellos diese Mängel temporär zu verringern und zu verdecken und brachte der württembergischen Katasterbesteuerung den Ruf ein, das konsequenteste und vollendetste — aber auch das letzte — Steuersystem dieser Art in Deutschland zu sein[721]. Aber auch sie vermochten nicht die Starre aus dem System zu entfernen, welche die praktische Durchführung der steuerlichen Gerechtigkeit weitgehend unmöglich machte. Erst 83 Jahre nach der Errichtung des ersten provisorischen württembergischen Steuergesetzes wurde im Jahre 1903 die für die gewünschten Ziele als untauglich erkannte Katasterbesteuerung aufgehoben und durch eine flexible Einkommensteuer im heutigen Sinne ersetzt.

Der Entwicklungsprozeß zur Gleichheit aller Staatsbürger, der mit der Bauernbefreiung begonnen hatte, mußte also auf dem Gebiet der Finanzwirtschaft erst noch das Stadium der Katastersteuern durchschreiten, ehe sich die Prinzipien der Gleichheit i. S. von steuerlicher Gerechtigkeit in Württemberg zu Beginn des 20. Jahrhunderts durchzusetzen vermochten.

3. Die Belastung der Pflichtigen durch die Grund- und Gebäudesteuer

A. Die Determinanten der steuerlichen Belastung

Die effektive steuerliche Belastung der einzelnen Pflichtigen hing neben der Höhe des Kataster-Anschlages für das steuerbare Objekt von drei Faktoren ab:
1. der Höhe der jährlich ausgeschriebenen Steuersumme für das ganze Land,
2. der Höhe des in Geldwerten gemessenen jährlichen Reinertrages des Steuerobjektes,
3. der Gesamtsumme der Katasteranschläge eines Katasters.

ad 1: Mit der Höhe der ausgeschriebenen Steuersumme bzw. des Steuersatzes änderte sich ceteris paribus die Höhe der steuerlichen Belastung proportional.

ad 2: Der eingetragene Katasteranschlag eines Steuerobjektes war als durchschnittlicher Reinertrag des Steuerobjektes ausgelegt[722], um den dann — so war jedenfalls der Gedankengang des Gesetzgebers — die Höhe des jährlichen Reinertrages schwanken mußte. Entsprach die Höhe des jährlichen Reinertrages dem eingetragenen Katasterwert, so fielen nominale und effektive steuerliche Belastung zusammen. Dies war der praktisch nie vorkommende Idealfall. War der jährlich erzielte Reinertrag größer als der Steueranschlag im Kataster, sei es, weil z. B. die Ernte überdurchschnittlich gut war und die Erzeugnispreise stabil blieben, sei es, daß bei konstanter Ernte

---

[721] Vgl. G. v. MAYR, Württembergische Steuerreformfragen, in ZfdgStW, Bd. 47, Jg. 1891, S. 253.

[722] Zwar war lediglich im Grundkataster de facto der Reinertrag des Bodens eingetragen, doch zeigten auch die im Gebäudekataster verzeichneten Werte das Verhältnis der Reinerträge der Steuerobjekte untereinander auf. Der Reinertrag wurde mit 3 % des Gebäudewertes angenommen. S. oben S. 163.

die Produktenpreise anstiegen, sank ceteris paribus die effektive steuerliche Belastung unter die nominale und umgekehrt. Die steuerliche Belastung variierte demnach umgekehrt proportional zu dem tatsächlichen Reinertrag der Steuerobjekte.

ad 3: Die effektive steuerliche Belastung hing auch von der Gesamtsumme der Katasteranschläge je Kataster ab, und zwar ist die steuerliche Belastung des Steuerobjektes ceteris paribus umgekehrt proportional zu der Gesamtsumme der Anschläge eines Katasters. Ist nämlich die Steuer in einer festen Summe ausgeschrieben, die die in einem Kataster zusammengefaßten Steuerobjekte zu tragen hatten, so bedeutete eine Vermehrung der Katasterwerte, z. B. durch Roden von Wüstungen beim Grundkataster oder durch Neubauten beim Gebäudekataster, einen geringeren Steueranteil für das einzelne steuerbare Objekt.

B. Die steuerliche Belastung der Pflichtigen während der Periode von 1821 bis 1876[723]

Obwohl nun für die Grund- und die Gebäude-Steuer je ein gesondertes Kataster bestand, bildeten diese Steuern insofern eine Einheit, als durch die Steuerbewilligung der Stände für die Katastersteuern lediglich eine Gesamtsumme bestimmt wurde, die in einem, in dem Steuergesetz vom 15. Juli 1812 festgelegten, starren Verhältnis auf die Steuerarten verteilt wurden: Auf das Grundeigentum entfielen $17/24$ der Gesamtsteuersumme, auf die Gebäude $4/24$ und auf das Gewerbe $3/24$[724]. Diese Verhältniszahlen bezogen sich zunächst nur auf die Umlage auf die einzelnen Gemeinden, da, wie berichtet, die Kataster lediglich die Gemeindefluren und Gewande erfaßten, nicht jedoch die einzelnen Parzellen. Die Gemeinde hatte dann ihrerseits die sie treffende Grundsteuerquote auf die einzelnen Güterbesitzer zu repartieren, nach Maßgabe des Landbesitzes der einzelnen Bauern, wie er in den alten Lagerbüchern eingetragen war, bzw. wenn die Landesvermessung in der Gemeinde schon beendet war, nach deren Ergebnissen.

Die Höhe der gesamten ausgeschriebenen *Steuersumme* für die drei Katastersteuern betrug in den Jahren[725]

1821–1824 : je 2,4 Millionen Gulden
1825–1836 : je 2,6 Millionen Gulden
1837–1839 : je 2,4 Millionen Gulden
1841–1852 : je 2,0 Millionen Gulden
1853–1855 : je 2,6 Millionen Gulden
1856–1857 : je 3,3 Millionen Gulden
1858–1868 : je 3,0 Millionen Gulden
1869   :   3,3 Millionen Gulden
1870–1872 : je 3,0 Millionen Gulden
1873–1876 : je 3,9 Millionen Gulden

[723] Diese Periode umfaßt die Zeit der Gültigkeit des ersten provisorischen Katastersteuergesetzes vom 15. Juli 1821.
[724] Die Gewerbesteuer war die dritte württembergische Katastersteuer. Die Einteilung der Steuersumme in 24 Teile ist darauf zurückzuführen, daß im Jahre 1821, der ersten Katastersteuerausschreibung, die Gesamtsumme der Katastersteuern 2 400 000 fl betragen sollte.
[725] SAS E 33–34, K 88, III; SAS HFE, Jahrgänge 1870 ff.

a) Gemäß dem Verteilungsmaßstab von $^{17}/_{24}$ betrug die *nominale Grundsteuer in Württemberg und Hohenlohe*:[726]

Jahr	im Grundkataster eingetragener Reinertrag fl	auf das Grundkataster entfallender Steuerbetrag fl	Steuer pro 100 fl Reinertrag		
			fl	kr	%
1826	17 126 802	1 840 000	10	42	10,7
1830	16 761 630	1 840 000	10	57	10,9
1835	17 778 805	1 840 000	10	18	10,3
1840	16 800 321	1 410 000	8	24	8,4
1845	16 871 891	1 410 000	8	24	8,4
1850	15 130 424	1 410 000	9	18	9,3
1855	18 113 823	2 340 000	12	54	12,9
1860	18 105 385	2 130 000	11	42	11,7
1876	17 816 060	2 760 000	15	30	15,5

Die Grundsteuer war demnach so angelegt, daß sie den reinen Ertrag des Grund und Bodens während der Zeit von 1821 bis 1872 mit durchschnittlich rd. 10 % besteuerte, von 1873 bis 1876 mit rd. 15 %.

Ein besonderes Herausgreifen der Steuerlast der Hohenloher Bauern erübrigt sich bei den Katastersteuern, da die Belastung des im Kataster eingetragenen Ertrages überall in Württemberg in der gleichen Periode gleich hoch war. Lediglich die Belastung pro Morgen Grundfläche schwankte je nach der Ertragsfähigkeit desselben. Um jedoch auch einen Anhaltspunkt über die Größe der besteuerten Grundfläche und die *Belastung pro Morgen in Hohenlohe* zu haben, seien die entsprechenden Zahlen zweier Jahre aus den Oberämtern Gerabronn, Künzelsau und Öhringen angegeben[727]:

Jahr	Besteuerte Grundfläche M	Kataster-Reinertrag fl	Steuerbetrag fl	Steuerlast pro			
				Morgen kr	100 fl Reinertrag		
					fl	kr	%
OA Gerabronn							
1824	139 074	467 518	49 326	21	1	4	10,6
1832	139 018	440 498	48 311	21	1	5	10,9
OA Künzelsau							
1824	92 337	304 341	32 110	21	1	4	10,6
1832	93 580	306 033	33 564	21	1	5	10,9
OA Öhringen							
1824	97 666	437 322	46 139	28	1	4	10,6
1832	97 668	428 023	46 943	28	1	5	10,9

[726] WJB, Jg. 1860, Teil 2, S. 64; SAS HFE 1876/77 und 1887/88.
[727] SAS E 33–34, K 88 I, II.

b) *Die nominale Belastung*[728] *der Gebäude* durch die *Gebäudesteuer* betrug *in ganz Württemberg und Hohenlohe*

Jahr	im Gebäudekataster eingetragener Kapitalwert fl	auf das Gebäudekataster entfallender Steuerbetrag fl	Steuerlast in %/des Kapital- wertes %	Rein- ertrages %
1826	146 292 377	435 000	0,29	9,9
1830	145 863 199	435 000	0,29	10,0
1835	146 166 015	435 000	0,29	10,1
1840	146 735 997	335 000	0,22	7,6
1845	177 109 227	335 000	0,19	6,3
1850	182 962 126	335 000	0,18	5,8
1855	194 405 897	551 000	0,28	9,4
1860	196 793 158	501 000	0,25	8,5
1876	225 507 702	650 000	0,29	10,4

Hiervon entfiel an *Gebäudesteuer für die drei Hohenloher Oberämter*[729]:

Jahr	Zahl der Haupt- und Neben- gebäude	Kataster- Kapitalwert fl	Steuerbetrag fl	Steuer pro Gebäude fl kr	Steuerlast in % des Kapital- wertes %	Rein- ertrages %
OA Gerabronn						
1824	7818	2 011 183	5502	42	0,27	9,1
1832	7815	2 010 636	5967	46	0,29	9,9
OA Künzelsau						
1824	7293	2 121 125	5803	48	0,27	9,1
1832	7063	2 115 960	6280	53	0,29	9,9
OA Öhringen						
1824	7211	2 478 075	6779	56	0,27	9,1
1832	6974	2 476 819	7351	1 3	0,29	9,9

Während der Steuersatz für die Gebäudesteuer bei deren Einführung — wie der der Grundsteuer — rd. 10 % betrug, sank er insbesondere seit den 40er Jahren in immer stärkerem Maße unter den der Grundsteuer und betrug 1876 nur noch zwei Drittel der Grundbelastung. Der Grund hierfür liegt in dem schnelleren Wachsen der Eintragungen des Gebäudekatasters gegenüber denen des relativ konstant gebliebenen Grundkatasters.

Die Steigerung der gesamten ausgeschriebenen Steuersumme für alle drei Katastersteuern von 2,4 Millionen Gulden im Jahr 1821 auf 3,9 Millionen Gulden im Jahr 1876

[728] WJB, Jg. 1860, Teil 2, S. 64; SAS HFE 1876/77 und 1887/88.
[729] SAS E 33–34, K I, II.

bedeutete für die Grundsteuer eine (nominale) Steuererhöhung von 10,7 % auf 15,5 %, also einer Steigerung um genau 50 %, für die Gebäudesteuer dagegen nur eine Steigerung um 5 %, nämlich von 9,9 % auf 10,4 %.

Es ist jedoch zu beachten, daß es sich hier um die *nominalen Steuersätze* handelt, denen die Preise des Steuergesetzes vom Jahr 1821 zugrunde lagen. Die seit 1821 gestiegenen Preise für landwirtschaftliche Erzeugnisse ergaben ceteris paribus einen höheren Reinertrag der steuerbaren Objekte als die Kataster auswiesen. In gleicher Richtung wie die gestiegenen Produktenpreise wirkten die seit der Herstellung des Kataster vorgenommenen umfangreichen Verbesserungen in der Führung der landwirtschaftlichen Betriebe, die deren Rentabilität erhöhten[730] trotz gestiegener Arbeitslöhne und der beginnenden Konkurrenz des Auslandes auf dem Getreidemarkt in Württemberg.

In den Jahren 1866 und 1867 wurden deshalb in fünf Gemeinden Württembergs Probeschätzungen zu dem Zweck vorgenommen, Normen für ein neues Steuergesetz zu bekommen. Diese Schätzungen ergaben einen Reinertrag des Grund und Bodens, der die im Landeskataster enthaltenen Anschläge um das Zwei- bis Dreifache überstieg[731]. Es wird mit den tatsächlichen Verhältnissen in Hohenlohe übereinstimmen, wenn die in Geld ausgedrückte Steigerung des Ertrags mit dem Zweieinhalbfachen der eingetragenen Katasterwerte angenommen wird. Daß dieser Betrag keinesfalls zu hoch gegriffen ist, zeigt der Vergleich der Katastereintragungen des alten Grund-Katasters mit denen des neuen Grund-Katasters, dem die erhöhten Preisansätze zugrunde lagen. Zum Zeitpunkt der Umstellung oder besser Neubewertung der Kataster im Jahre 1877, standen sich folgende beiden Wertansätze für die gleichen steuerbaren Realitäten gegenüber[732]:

Steueranschlag nach

	dem alten Kataster Mark	dem neuen Kataster Mark	Verhältnis der Eintragungen im alten und neuen Kataster
Gesamt-Württemberg	30 643 629	93 195 117	1 : 3,04
OA Gerabronn	814 017	2 175 055	1 : 2,67
OA Künzelsau	596 300	1 574 046	1 : 2,64
OA Öhringen	813 823	2 384 986	1 : 2,93

Parallel zu der nominalen Grundsteuererhöhung von 10,7 % im Jahre 1826 auf 15,5 % im Jahre 1876 verlief somit eine Steigerung des Reinertrages von 100 % auf 250 % im Durchschnitt, was ceteris paribus einer effektiven Steuersenkung von 10,7 % auf rd. 6 % entsprach.

Bei der Gebäudesteuer war *das Auseinanderfallen der nominalen und der effektiven Steuerlast* noch günstiger für den Pflichtigen als bei der Grundsteuer. Der schon erwähnten Steuererhöhung um rund 5 % auf 10,4 % im Jahr 1876 stand eine Werterhöhung der bestehenden Gebäude um knapp das Vierfache gegenüber, wie der Vergleich der alten und der neuen Gebäudesteuereintragungen im Jahr 1877 zeigt:[733]

---

[730] SAS HFE 1870/71, S. 427 f.
[731] Siehe Anmerkung 730.
[732] SAS HFE 1887/88, Beilage zu Kapitel 124, S. 140.
[733] SAS HFE 1887/88, Beilage zu Kapitel 124, S. 140.

	Steueranschlag nach		Verhältnis der Eintragungen im alten und neuen Kataster
	dem alten Kataster Mark	dem neuen Kataster Mark	
Gesamt-Württemberg	387 873 247	1 647 696 900	1 : 4,25
OA Gerabronn	4 506 105	21 849 900	1 : 4,85
OA Künzelsau	4 421 956	16 909 500	1 : 3,82
OA Öhringen	5 613 640	22 822 400	1 : 4,06

Diese Wertsteigerung um etwa das Vierfache gegenüber 1821 führte ceteris paribus zu einer Senkung der effektiven Gebäude-Steuerlast von 9 % im Jahre 1826 auf 2,6 % im Jahre 1876, bezogen auf den Ertragswert der Gebäude, beziehungsweise von 0,29 % auf 0,08 %, wenn man den Kapitalwert der Gebäude als Berechnungsbasis zugrunde legt.

V. Die Gemeindesteuern

1. Der Gemeindeschaden

Da nur die wenigsten Gemeinden so viel eigenes Vermögen besaßen, um aus dessen Erträgen die ihnen aus ihrer Verwaltungsautonomie entstandenen Ausgaben zu decken, stand ihnen das Recht zu, hierfür Steuern von den zu der Gemeinde gehörenden Einwohnern zu fordern[734]. Der Gemeindeschaden war der Oberbegriff für a) die in jeder Gemeinde zwingend eingeführten Gemeindesteuern, wie der Bürger- und Wohnsteuer, und b) der Gemeindeschadensumlage, deren Höhe sich aus der Differenz zwischen der Höhe der Gemeindeausgaben pro Zeitperiode und der Summe der zwingenden Gemeindesteuern plus der Erträge aus dem Gemeindevermögen ergab. In der praktischen Durchführung der Gemeindeschadensumlage hatte die Gemeinde weitgehend freie Hand[735]; ob die Umlage in der Form einer direkten oder indirekten Steuer auszubilden sei und auf welchen Objekten sie ruhen sollte, lag im Ermessen des Gemeinderats, der an die Zustimmung des Bürgerausschusses gebunden war. In der Regel wählte der Gemeinderat die indirekte Steuer in der Ausbildung der Octroi-Gebühr[736], unter die vor allem die Wege-, Brücken-, Pflaster- und Kranengelder sowie die sog. Torsperren fielen[737].

[734] Verwaltungsedikt vom 1. März 1822, § 25, RBl. v. 1822, S. 133 ff.
[735] Die Gemeinde war hierin lediglich beschränkt durch: a) die Verfassung vom 25. September 1819, § 21: alle Staatsbürger sind zu gleichen Teilen zur Deckung der Staatsausgaben heranzuziehen, b) das Verwaltungsedikt vom 1. März 1822, § 65: deckt die Gemeinde einen Teil ihrer Ausgaben durch Abgaben, die auch nicht zu der Gemeinde zählende Staatsbürger treffen kann, was bei den Octroi-Gebühren (s. o.) der Fall ist, so ist hierfür die Genehmigung der Regierungsbehörde notwendig.
[736] R. v. Mohl, a. a. O., Bd. 2, S. 181, S. 184, Anm. 4.
[737] Handbuch der Steuergesetzgebung Württembergs, a. a. O., S. 425.

Die Bürgersteuer

Alle Einwohner eines Ortes, ob Bürger oder Beisasse[738], hatten jährlich eine Bürgersteuer an die Gemeinde zu entrichten. Diese Steuer, der Willkür der Gemeinden entzogen, betrug[739]

in den vornehmsten[740] Städten	2 fl
in den mittelmäßigen Städten	1 fl 30 kr
in den kleinen Städten	1 fl
in den übrigen Orten	45 kr

Witwen bezahlten jeweils die Hälfte der Steuern, Waisen waren steuerfrei. War ein Bürger von seiner Heimatgemeinde abwesend und hatte er außerhalb der Gemeinde einen festen Wohnsitz, hatte er die Hälfte der Bürgersteuer als «Recognitionsgeld» zu entrichten, seine Witwe ein Viertel[741].

Die Wohnsteuer

Der Wohnsteuer unterlagen alle diejenigen ortsanwesenden Personen, die in der Gemeinde — ohne ihr als Bürger oder Beisasse anzugehören — freiwillig oder von Berufs wegen selbständigen Wohnsitz genommen haben. Lediglich die Standesherren, ferner die Soldaten und Unteroffiziere, so diese dienstlich in einer Gemeinde wohnten, waren von der Wohnsteuer befreit. Die Wohnsteuer hatte die gleiche Höhe wie die in der betreffenden Gemeinde eingeführte Bürgersteuer[742].

Die Bürger- und Beisassen-Aufnahmegebühr

Jeder, der — sei es aus eigenem Willen oder durch eine Verfügung der Rekursbehörde (bei Heimatlosen) — von dem Gemeinderat das Bürger- oder Beisassenrecht zugesprochen bekam, hatte an die Gemeindekasse eine Aufnahmegebühr zu entrichten, deren Höhe der Gemeinderat in Verbindung mit dem Bürgerausschuß bestimmte. Sie durfte jedoch bei Gemeinden der 1. Klasse 120 fl, Gemeinden der 2. Klasse 50 fl, Gemeinden der 3. Klasse 25 fl nicht überschreiten[743]. Die Gebühr für die Aufnahme in das Beisitzer-Recht durfte nicht mehr als die Hälfte der Bürgeraufnahmegebühr betragen[744].

2. Der Amtsschaden

Jede Stadt, jeder Marktflecken und jedes Dorf bildeten eine für sich bestehende Gemeinde. Sämtliche zu einem Oberamt gehörigen Gemeinden waren dann ihrerseits zu

[738] Die Einteilung der Einwohner einer Gemeinde in Bürger und Beisassen hatte außer bei der Bemessung der Bürger- und Beisassenaufnahmegebühr keine praktische Bedeutung mehr. Durch das Gesetz vom 6. Juli 1849, Art. 4, RBl. von 1849, Nr. 38, wurde das Beisitzrecht aufgehoben. – Über effektive und vermeintliche Unterschiede zwischen den Bürgern und den Beisassen vgl.: die Verfassung vom 25. September 1819, § 62; das Gesetz vom 15. April 1828, Art. 1 ff. und Art. 31; ferner R. v. MOHL, a. a. O., Bd. 2, S. 173 ff. und WJB Jg. 1868, S. 150 ff.
[739] Handbuch der Steuergesetzgebung Württembergs, a. a. O., S. 426, Anm. 4.
[740] Amtliche Bezeichnung.
[741] O. SARWEY, a. a. O., Bd. 1, S. 343, Anm. 6.
[742] Gesetz vom 15. April 1828, Art. 12, RBl. von 1828, Nr. 25.
[743] Handbuch der Steuergesetzgebung Württembergs, a. a. O., S. 430; Gemeinden 1. Klasse: Städte mit mehr als 5000 Einwohnern, Gemeinden 2. Klasse: Gemeinden mit 1001 bis 5000 Einwohnern, Gemeinden 3. Klasse: Gemeinden mit 1000 Einwohnern und weniger.
[744] Gesetz vom 15. April 1828, Art. 207.

einer Amtskörperschaft zusammengeschlossen[745]. Diese Amtskörperschaften hatten zur Bestreitung ihrer Bedürfnisse – die wiederum in dem dezentralisierten Staatsaufbau des württembergischen Staats begründet lagen – eine eigene Kasse, in die insbesondere die von den Oberämtern angesetzten Polizei- und Disziplinarstrafen[746] und der vierte Teil der Hundesteuer (einer Gemeindesteuer)[747] flossen. Beim Fehlen genügender eigener Mittel der Amtskörperschaft mußten die noch ungedeckten Ausgaben durch jährliche Umlagen auf die einzelnen Oberamtsgemeinden – eben den Amtsschaden – gedeckt werden[748]. Mit Hilfe dieser Amtskasse wurde gleichzeitig ein finanzieller Ausgleich der Belastung der Bürger der dem Oberamt angehörenden Gemeinden herbeigeführt. Es kam nämlich durchaus vor, daß die Gemeinden aus ihren Einnahmen Ausgaben bestritten, die zum Vorteil des gesamten Oberamtes gereichten und von dem ganzen Oberamt gemeinsam zu tragen waren. Hierbei ist insbesondere zu denken an den Bau von gemeinnützigen Anlagen des Oberamtes, wie Fortbildungsschulen, Armenanstalten, Nachbarschaftswegen, den Brückenbau abseits der Heerstraßen, dann Ausgaben zur Deckung von Unwetterschäden, Militärkosten, Vorspanndiensten, Einquartierungen, Postritten, ferner zur Zahlung von Prämien für besonderen Gewerbefleiß und von gelegentlich abgehaltenen landwirtschaftlichen Fortbildungskursen[749]. Die Summe aller Ausgaben der Gemeinden für gemeinschaftliche Zwecke des Oberamtes wurden dann addiert und auf die einzelnen Gemeinden des Amtes umgelegt, und das war die Amtsschadensumlage.

Die Umlage traf nur diejenigen Bewohner einer Gemeinde, die Katastersteuern an den Staat zu zahlen hatten, und erfolgte im Verhältnis der Höhe der geleisteten Katastersteuern.

3. Die Belastung der Pflichtigen durch den Gemeinde- und Amtsschaden

Eine repräsentative Darstellung der Belastung der Pflichtigen durch den Gemeinde- und Amtsschaden ist außerordentlich schwierig, einmal, weil die statistischen Unterlagen aus der ersten Hälfte des 19. Jahrhunderts äußerst spärlich sind[750], zum anderen – und dieser Grund liegt in den Gemeindesteuern selbst begründet –, weil die Belastung der Pflichtigen innerhalb des gleichen Jahres von einer Gemeinde zur anderen sehr stark schwanken konnte, wie auch die Belastung der Pflichtigen einer einzelnen Gemeinde über einen längeren Zeitraum hinweg sehr unterschiedlich hoch war. Selbst Gemeinden, die – von der obligatorischen Bürger- und Wohnsteuer abgesehen – überhaupt keinen Gemeindeschaden umzulegen hatten, fanden sich gelegentlich[751].

Diese von Gemeinde zu Gemeinde unterschiedlich hohe Belastung erklärt sich einmal aus der Tatsache, daß die einzelnen Gemeinden ein verschieden großes eigenes Vermögen besaßen, also ein Grund, der die Einnahmeseite des Gemeindeetats berührte; zum anderen ist zu berücksichtigen, daß die Ausgaben der einzelnen Gemein-

---

[745] Edikt vom 1. März 1822, § 75.
[746] Vgl. O. Sarwey, a.a.O., Bd. 1, S. 357.
[747] Vgl. R. v. Mohl, a.a.O., Bd. 2, S. 861, S. 862, Anm. 9.
[748] Edikt vom 1. März 1822, § 80.
[749] Vgl. Edikt vom 1. März 1822, § 80.
[750] Erst für die Jahre von 1870 an sind genaue Zahlenunterlagen vorhanden; vgl. Hohenlohe betreffend SAS E 150, Bü 1955 und 1956.
[751] Es hatten keine Gemeindeschadensumlage: im Jahre 1860/61: 322 Gemeinden (das sind ca. 17 % aller Gemeinden in Württemberg), im Jahr 1868/69: 329 Gemeinden; vgl. WJB Jg. 1865, S. 356.

den zwar ihrer Art nach gleichartig, aber in ihrer Höhe und zeitlichen Aufeinanderfolge unterschiedlich waren: Es hing weitgehend von der Entschlußfreudigkeit und Steuerwilligkeit der einzelnen Bürger ab, ob z. B. das Rathaus und das Pfarrhaus erweitert oder abgerissen und neu erstellt werden sollten, ob die Gemeinde eine Kiesgrube kaufen sollte oder den Betrag für die Anschaffung einer Kirchenglocke verwendete, oder gar beides erwarb, etc. Die getroffene Entscheidung bestimmte dann die Höhe der Gemeindesteuer.

Zunächst kann gesagt werden, daß sich das Aufkommen des Gemeinde- und Amtsschadens von 1819/20 bis 1868/69 gegenläufig entwickelte: Während in der genannten Periode für ganz Württemberg der Amtsschaden um 16 % abnahm, erhöhte sich der Gemeindeschaden um 417 %[752].

Steuerjahr	1819/20	1831/32	1843/44	1868/69
Amtsschaden in fl				
im ges. Württemberg	757 192	414 164	447 482	637 972
im Jagstkreis	227 345	139 961	198 298	257 009
Gemeindeschaden in fl				
im ges. Württemberg	690 870	769 030	1 292 190	2 885 034
im Jagstkreis	122 063	169 417	269 019	656 697

Im Jahr 1868/69 betrug *der Gemeinde- und Amtsschaden in den drei Hohenloher Oberämtern*[753].

	Amtsschaden		Gemeindeschaden	
OA Gerabronn	17 104 fl		59 844 fl	
pro Einwohner		33 kr		1 fl 57 kr
OA Künzelsau	21 409 fl		61 584 fl	
pro Einwohner		44 kr		2 fl 7 kr
OA Öhringen	24 066 fl		81 132 fl	
pro Einwohner		46 kr		2 fl 38 kr

Pro Kopf der Bevölkerung gerechnet erreichte damit der Gemeinde- und Amtsschaden die Größenordnung der direkten Staatssteuer[754].

VI. Versuch eines Vergleichs der bäuerlichen Belastung vor und nach der Bauernbefreiung

Ein genauer numerischer Vergleich der Belastung der Pflichtigen in den beiden Finanzepochen vor und nach der Bauernbefreiung ist wegen der so verschiedenartig aufgebauten Abgabe- und Steuersysteme unmöglich. Man muß sich deshalb damit begnügen, wenigstens die Richtung einer etwaigen Abweichung in der Belastung aufzuzeigen.

Die in den beiden entsprechenden vorangegangenen Kapiteln dargestellte Belastung

[752] WJB Jg. 1868, S. 344.
[753] WJB Jg. 1868, S. 355 und 360.
[754] Die direkten Staatssteuern betrugen pro Kopf der Bevölkerung von ganz Württemberg in diesem Jahr 2 fl 25 kr, der Amts- und Gemeindeschaden 2 fl 14 kr; WJB Jg. 1868, S. 348 f.

der Pflichtigen während der beiden zu untersuchenden Epochen zeigt in der Gegenüberstellung folgendes Bild[755]:

Belastung der Hohenloher Bauern am Ende der Feudalzeit[756]		Belastung der Hohenloher Bauern nach der Bauernbefreiung	
		1826[758]	1876[759]
Belastung des Reinertrages[757]:	32,4 %	Belastung des Reinertrages Grundsteuer:	10,7 % — 6 %
Belastung des Vermögens:	1,1 %	Belastung des Vermögens Gebäudesteuer:	0,29 % — 0,08 %

Die vergleichende Gegenüberstellung läßt deutlich erkennen, daß sich die direkte Besteuerung der ländlichen Bevölkerung durch den Staat nach der Bauernbefreiung erheblich verringert hat: einmal — vom Staate gewollt — im Gefolge der neuen Steuergesetze und Steuerausschreibungen, zum anderen ungewollt, wegen des Zusammenspieles von stabilen Katasteransätzen und steigenden monetären Erträgen der Landwirtschaft bis zum Ende des Deutsch-Französischen Krieges.

Die Begründung der «gewollten» Verringerung der direkten Steuerlast der Bauern läßt sich in zwei Punkten aus der Gegenüberstellung der Einnahmestruktur des herrschaftlichen bzw. staatlichen Budgets jener zwei Epochen entnehmen:

Zusammensetzung der Einnahmenseite der Feudaletats der Jahre 1790–1804[760]		Zusammensetzung der Einnahmenseite des württembergischen Etats für das Finanzjahr 1868/69[761]	
Ertrag der herrschaftlichen Eigenbesitzungen:	18,99 %	Ertrag des Kammergutes:	41,52 %
Einkünfte aus direkten «Steuern»:	73,97 %	Einkünfte aus direkten Steuern:	20,95 %
Einkünfte aus indirekten «Steuern»:	7,03 %	Einkünfte aus indirekten Steuern:	37,52 %

Das Absinken der direkten Besteuerung liegt somit begründet in

1. den hohen Einkünften des württembergischen Staates aus den eigenen Besitzungen (das Kammergut), was ceteris paribus eine Verminderung der Steuerlast insgesamt bewirkte, und
2. einer verstärkten Hinwendung zur indirekten Steuer: Dies bedeutete eine Verringerung der direkten Steuer im besonderen.
3. Zu diesen beiden aus dem Budget zu ersehenden Punkten tritt ferner eine Entlastung der Grund- und Gebäudesteuer auf Grund der sich immer mehr erhöhenden Besteuerung der rasch anwachsenden Gewerbe- und Industriebetriebe.

[755] Die Zahlungen der Ablösungsraten sind in der Übersicht nicht berücksichtigt, da sie als dingliche Belastung des Bodens von dem Steuerkatasteranschlag abgezogen werden konnten.
[756] Siehe Seite 86 ff.
[757] Vgl. Anmerkung 336, S. 67.
[758] Vgl. S. 167 f.
[759] Vgl. S. 169 f.
[760] Vgl. den Etat der Linie Hohenlohe-Öhringen, S. 89 f. Um einen Vergleich mit dem württembergischen Staatshaushalt herstellen zu können, sind die Etat-Posten «Abgaben auf den Ertrag» und «Abgaben auf das Vermögen» zu den direkten Steuern gezählt worden, während die Posten «Einnahmen aus Regalien» und «Sonstige Abgaben» zu den indirekten Steuern zusammengefaßt wurden.
[761] Vgl. den württembergischen Etat auf S. 192 f.; KdA 1870/72, B 2, S. 186 ff.

Bei einem Vergleich der angegebenen Belastungszahlen ist — und das sei einschränkend bemerkt — zu berücksichtigen, daß es sich dabei im Grunde nur um quasi-genaue numerische Aussagen handelt. Der Vergleich geht davon aus, daß der Begriff des Reinertrages in beiden Perioden identisch ist — und das trifft nicht ganz zu. Betrachtet man die in den Quellen angegebenen Zahlen, so enthält der Reinertrag aus der Feudalzeit als Bezugsbasis die *zehntbare* Bodenfläche, der Reinertrag der späteren Epoche dagegen die gesamte trigonometrisch *ausgemessene* Grundfläche. Nimmt man nun an, daß es auch — wenn auch nur wenige — nicht zehntbare Bodenteile gab, so lag die tatsächliche Belastung des Reinertrags des Grund und Bodens in der Feudalzeit unter dem oben angeführten Wert. — Des weiteren ergibt sich aus der Tatsache, daß in der zweiten Epoche bei der Berechnung des Reinertrags die Kulturkosten nur bis zu einem bestimmten Prozentsatz gesetzlich zulässig abgezogen werden durften — im Gegensatz zu der Berechnungsweise in der Feudalzeit —, daß hier die Zahlen für die Grundsteuer eher etwas zu niedrig angesetzt sind. — In der eben aufgezeigten gegenläufigen Bewegung der Belastungszahlen aus den beiden zu vergleichenden Epochen zeigt sich also eine tendenzielle Annäherung beider Belastungswerte.

Zusammenfassend läßt sich feststellen:
1. Die direkte steuerliche Belastung der landbautreibenden Bevölkerung durch den Staat ist nach der Bauernbefreiung in bedeutendem Ausmaße gesunken.
2. Selbst wenn man die Höhe der direkten Gemeindesteuern mit der Höhe der direkten staatlichen Belastung gleichsetzt — regelmäßig blieb jedoch der Amts- und Gemeindeschaden unter den direkten Staatssteuern, wie die Tabelle auf S. 173 zeigt — ergibt sich dennoch eine Verringerung der gesamten direkten Belastung von über einem Drittel.
3. Die indirekte Besteuerung stieg dagegen an, und es stellte sich die Frage, ob dieses Ansteigen das Senken der direkten Steuern ganz ausgleichen konnte. Eine genaue Antwort hierauf wird sich nur für jeden einzelnen Bauernhof — also von Fall zu Fall — gemäß der Verbraucherstruktur des einzelnen Haushaltes — finden lassen.
4. Trotz der Schwierigkeiten eines Belastungsvergleiches soll abschließend die allgemeine Behauptung gewagt werden, daß in unserem Betrachtungsgebiet die steuerliche Belastung des Bauernstandes nach der Bauernbefreiung etwas unter der der Feudalzeit lag. — Dabei darf die von dem Pflichtigen subjektiv empfundene Erleichterung seiner steuerlichen Belastung als größer angenommen werden, als die objektiv quantitativ meßbare, da das Gefühl eine «gerechte» steuerliche Behandlung zu erfahren, i. S. einer steuerlichen Gleichstellung mit den anderen Staatsbürgern, ebenso das Bewußtsein einer geringeren Steuerlast herbeizuführen vermag wie die Erhöhung und der Ausbau der indirekten Steuern zugunsten einer Senkung der direkten Steuern.

Zusammenfassung der Ergebnisse

Die gefundenen Ergebnisse der Arbeit sind im Überblick – und in der Kürze der Darstellung zugespitzt – folgende:

1. Der König von Württemberg gewährte den mediatisierten Standesherren in seinem Land – und somit auch den Fürsten von Hohenlohe – nicht alle Rechte, die ihnen in der Rheinbund-Akte und der Deutschen Bundesakte zugestanden worden waren. Die vormals reichsunmittelbaren Herren beschwerten sich deswegen bei dem Deutschen Bundestag in Frankfurt und bewirkten eine vorübergehende Aussetzung der Durchführung der württembergischen Befreiungsgesetze in ihren ehemaligen Territorien.

2. Württemberg zerfiel daraufhin in zwei deutlich voneinander geschiedene Teile:
   a) das Gebiet des alten Herzogtums Württemberg, in dem der Lehensverband schon im Jahre 1817 aufgehoben wurde, und
   b) die Gebiete der Standesherren, in denen die grundherrliche Bindung des bäuerlichen Bodens noch bis zum Jahre 1848 andauerte.

3. In Hohenlohe blieb deshalb die Feudalverfassung rund dreißig Jahre (1817 bis 1848) länger bestehen als in Alt-Württemberg. Während dieser Zeit begann die unterschiedliche wirtschaftliche Entwicklung dieser beiden Landesteile deutlich hervorzutreten.
   a) In Alt-Württemberg zeigte sich:
      aa) die Bauern verkauften Teile ihres Bodens, der nunmehr ohne herrschaftliche Zustimmung beliebig zertrennt werden konnte, an die vor allem nachfragenden Bloshäusler und Köbler. Dieser vorwiegend unterbäuerlichen Bevölkerungsschicht standen zu diesen Ankäufen Kredite aus den zunächst öffentlichen, später dann privaten Leihkassen zur Verfügung.
      bb) der Verschuldungsgrad jener unterbäuerlichen Schicht wuchs an; sie vermochte dann während der Agrardepressionen in der 1. Hälfte des 19. Jahrhunderts ihren Rückzahlungsverpflichtungen nicht mehr nachzukommen, und die Zahl der Gantfälle und der Auswanderungen schwoll sprunghaft an.
   b) In Hohenlohe zeigte sich dieses Bild nicht. Die Zertrennung des noch grundherrlich gebundenen Bodens lag bis zum Jahre 1848 nicht im eigenen Ermessen der Bauern; umfangreichere Landverkäufe unterblieben. Für die dortige (erste) Gruppe von potentiellen Nachfragern nach Grund und Boden, die unterbäuerliche Schicht, bestand deshalb ebensowenig eine Veranlassung sich zu verschulden, wie für die Bauern selbst. Sie vermochten, ohne mit Kreditrückzahlungsverpflichtungen belastet zu sein, die Agrarkrisen gut zu überstehen, so daß die Anzahl der Konkurse in Hohenlohe, verglichen mit der in Alt-Württemberg, gering blieb.

4. Selbst nach der Freigabe des Bodens im Jahr 1848 änderte sich in Hohenlohe das eben geschilderte Bild nicht. Auch die jetzt neu auftretende (zweite) Gruppe von Nachfragern nach bäuerlichem Boden, die Fürsten von Hohenlohe, konnte kein Land aufkaufen. Diesmal blieb das Land nicht deshalb in Bauernhand, weil es die Bauern nicht verkaufen konnten, sondern weil sie es nicht verkaufen wollten. Der Grund hierfür lag
   a) in der streng eingehaltenen Sitte der Hofübergabe an nur einen Erben,
   b) in dem guten Überstehen der Agrarkrisen durch die relativ unverschuldeten

Hohenloher Bauern, die keine Zwangs- i. S. von Not-Verkäufe vornehmen mußten,

c) in den – pro Jahr gerechneten – nicht allzu hohen Ablösungsbeträgen, die die Pflichtigen von dem jährlichen Ertrag ihres Hofes bezahlen konnten, sowie in der Tatsache, daß die württembergische Ablösungsgesetzgebung keine, auch nicht teilweise, Entschädigung der ehemaligen Grundherren mit bäuerlichem Boden vorschrieb; dann schließlich und zuletzt

d) in dem Zusammenfallen der Periode der konjunkturellen Aufwärtsbewegung der württembergischen Landwirtschaft mit der Periode der hauptsächlichen Ablösungszahlungen (1852 bis etwa 1874).

5. Für die Agrarstruktur Hohenlohes bedeutete also die Bauernbefreiung, die den Bauern u. a. nicht unerhebliche Ablösungsgewinne brachte, keinen Einschnitt. Ebensowenig änderte sich die Wirtschaftsstruktur i. w. S. des Landes, da die Ablösungsentschädigungen der Fürsten von Hohenlohe zum allergrößten Teil außer Landes flossen und nicht in Hohenlohe selbst investiert wurden. Hohenlohe blieb ein rein landwirtschaftlich orientiertes Gebiet ohne Gutswirtschaften. Es nahm keinen Anteil an der Industrialisierung, die sich in den benachbarten Teilen Württembergs vollzog. Die stationäre Landwirtschaft Hohenlohes führte das reiche Bauernland in der Mitte des 19. Jahrhunderts zu einem – aus der Sicht des 20. Jahrhunderts gesehen – wirtschaftlichen Randgebiet Württembergs, das heute (1962) gelegentlich als Notstandsgebiet Württembergs bezeichnet wird.

6. Der mit der nötigen Vorsicht durchgeführte Vergleich der bäuerlichen Belastung vor und nach der Bauernbefreiung ergab

a) eine spürbare Verringerung der direkten steuerlichen Belastung des Pflichtigen durch den Staat

b) ein Ansteigen der indirekten Besteuerung, und

c) per Saldo – und unter Berücksichtigung der Gemeindesteuern – wohl eine geringfügige finanzielle Entlastung des Hohenloher Bauern.

Anhang

1. Maße und Gewichte[763]

1 Gulden (fl)	=	15 Batzen (Ba)
		1 Ba = 4 Kreuzer (kr)
		1 kr = 4 Pfennig (Pf)
		1 Pf = 2 Heller (h)
1 Morgen (M)	=	4 Viertel (V) = 0,607 Hektar (ha)
		1 V = 64 Ruthen (R) = 0,152 ha
		1 R = 0,0024 ha
1 Scheffel (Sch)	=	8 Simri (Sri) = 177,2 Liter (l)
		1 Sri = 4 Vierling (V) = 22,153 l
		1 V = 8 Eckle (E) = 5,538 l
		1 E = 0,682 l
1 Eimer Wein	=	46 l
1 Klafter (Kl) Holz	=	6 × 6 × 4 Fuß im Geviert = 3,64 m³
		1 Fuß = 0,293 m
1 Fuder Stroh	=	80 Bund = 747,2 kg
		1 Bund ca. 20 Pfund Gewicht
		1 Pfund = 0,467 kg
1 Wanne Heu	=	8 × 8 × 8 Schuh im Geviert = 12,87 m³

[763] J. G. MEMMINGER, Beschreibung von Württemberg, 2. Aufl. 1823, S. 400 f.; 3. Aufl. 1841, S. 501 ff.; W. SAENGER, a. a. O., S. 19; H. TRUMPFHELLER, a. a. O., S. 5 im Anhang; Die Archivpflege in den Kreisen und Gemeinden, a. a. O., S. 79 ff.

2. Urkunde[764] (Leibeigenschaft)

Wir Crafft grave von Hohenloe und zu Ziegenhayn bekennen offentlich mit dem briefe, das wir Contz Jochim, in der Hirspach gesessen, in unsern verspruche ufgenomen haben. Also das wir vun unser erben den selben, dweil er lebet, verteydigen, versprechen und halten wollen als ander leibeigen lewt und undertanen. Dagegen hat der genant Contz Jochim sich verpflicht uns und unsern erben jerlichen zu geben ein halben guldin zu leybbette und den behanden unserm Schultheis zu Kupfferzelle, den wir oder unsern erben ye zu zeiten daselbst haben werden. Und so er dots abgeen und sterben wirdet, so sollen sein erben uns und unser erben in vierzehn tagen den nechsten darnach geben und reichen zwen gulden zu hawptrecht vom leybe. Darumb hat der genant Contz Jochim gelobt und gesworn unsern und unser herschaft schaden zu warnen und uns und unsern erben gewertig und gehorsame zu sein mit seinem leybe on widderrede, das er auch sein leben lang kheinen andern leybes- oder verspruchsherrn suchen oder an sich nemen wolle. Wir und unser erben sollen und wollen auch jne uns von seinem leybe zu gewarten nit hoher dringen, sunder wie obsteet pleyben lassen. Des geben wir ime diesen brief mit unserm zuruck uffgedrucktem secret-insigel versigelt zu Ingelfingen uff montag nach dem sonntag Reminiscere, nach Christi geburt vierzehnhundert und in dem xciiij Jare (24. Febr. 1494).

---

[764] Abgedruckt bei F. OECHSLE, a. a. O., S. 245.

3. Auszug aus der Amts-Taxordnung von Öhringen[765]

	fl	kr
1. *Zu- und Einschreibgeld*[766]		
einzelne Feldstücke, wie Wiesen, Äcker, Weinberge, Holzungen, Gärten etc. – es geschehe diese Änderung durch Kauf, Tausch, Erbfall oder Schenkung		10
ein einzelnes Haus		15–30
ein ganzer Bauernhof mit allen Gütern, so auch diese 50, 60 bis 100 Stück wären, die dem neuen Lehensträger zugeschrieben werden müssen, nach Maßgabe des Kaufschillings, so solcher		
nicht über 600 fl beträgt	2–3	
und über 600 fl	4–5	
ein ganzes Söldnergut, dabei		
ziemlich Güter	1	30
von einem geringen		30–45
Wird das Gut geschätzt, entstehen		
2. die nachstehenden *Schätzungskosten*[767]		
dem Amt für Taxation liegender Güter (Wert unter 100 fl), wenn solche auf Regierungs-Befehl oder auf Verlangen der Parteien geschieht . . .		40
so die zu taxierenden Güter mehr als 100 fl Wert sind	1 bis 1	30
dem Amts-, Gerichts- oder Gegenschreiber in beiden Fällen für alles . .		25–30
den Feldschätzern, welche in jedem Ort befindlich, pro Tag		20–30
für bes. Verpflichtung derselben		8
dem Amtsknecht, wenn er einige Verrichtung bey der Taxation hätte, pro Tag		15
3. An *allgemeinen Verwaltungskosten* können noch entstehen		
Nachschlagen in den Lager-, Gült- oder Steuerbüchern		einige Kreuzer

---

[765] Ausgestellt am 10. April 1792.
[766] Teil IV, Punkt 9, Ziff. 9 ff.
[767] Teil VII, Punkt 9, Ziff. 9 ff.

4. Gegenüberstellung der grundherrlich-gebundenen und der walzenden Grundstücke bei den ¹/₁- und ¹/₂-Bauern der Ämter Langenburg, Schrozberg und Lindtlein[768]

	gebundene Grundstücke		walzende Grundstücke	
	Äcker M	Wiesen M	Äcker M	Wiesen M
Amt Langenburg				
Gemeinde Langenburg				
¹/₁-Bauer	28¹/₂	11¹/₄	–	2¹/₄
			in % der gebundenen Grundstücke	
			–	20 %
Gemeinde Atzenrot				
¹/₁-Bauer	20¹/₄	8¹/₄	–	2¹/₄
¹/₁-Bauer	27	15¹/₄	–	–
¹/₂-Bauer	13¹/₄	6³/₄	6	2
¹/₂-Bauer	13¹/₄	6³/₄	3¹/₄	–
¹/₂-Bauer	15³/₄	7³/₄	8³/₄	7
¹/₂-Bauer	15²/₄	7³/₄	–	–
¹/₂-Bauer	20³/₄	10³/₄	5	3
¹/₂-Bauer	13²/₄	6³/₄	3³/₄	8³/₄
¹/₂-Bauer	13¹/₄	7¹/₄	1	4⁴/₄
Insgesamt	152¹/₂	77¹/₄	27³/₄	30¹/₂
			in % der gebundenen Grundstücke	
			18 %	40 %
Gemeinde Bächlingen				
¹/₁-Bauer	27	11¹/₄	7²/₄	2¹/₄
¹/₁-Bauer	45	11	–	–
¹/₁-Bauer	28	13	2	–
¹/₁-Bauer	20	4³/₄	4	3
¹/₁-Bauer	13¹/₄	6²/₄	7²/₄	1¹/₄
¹/₁-Bauer	14	5³/₄	2²/₄	¹/₂
Insgesamt	147¹/₄	52¹/₄	23¹/₂	7
			in % der gebundenen Grundstücke	
			16 %	13 %
Gemeinde Oberregenbach				
¹/₁-Bauer	24¹/₂	6¹/₂	2³/₄	4¹/₂
¹/₁-Bauer	26³/₄	14³/₄	6²/₄	–
¹/₁-Bauer	22	9³/₄	7³/₄	3
¹/₁-Bauer	20³/₄	7¹/₄	10	3³/₄
¹/₁-Bauer	19	4³/₄	8¹/₄	4³/₄
Insgesamt	113	43	35¹/₄	16
			in % der gebundenen Grundstücke	
			31 %	37 %

[768] Ü/174/2/3; die Akte umfaßt den Zeitraum von 1699 bis 1750.

	gebundene Grundstücke		walzende Grundstücke	
	Äcker M	Wiesen M	Äcker M	Wiesen M
Gemeinde Unterregenbach				
$^1/_1$-Bauer	24$^3/_4$	9	I	–
in % der gebundenen Grundstücke			3 %	–
Gemeinde Billingsbach				
$^1/_1$-Bauer	45$^2/_4$	12$^3/_4$	–	–
$^1/_1$-Bauer	43	11$^1/_4$	–	–
$^1/_1$-Bauer	20$^3/_4$	9$^1/_4$	$^3/_4$	2
$^1/_2$-Bauer	19$^2/_4$	6$^2/_4$	–	–
$^1/_2$-Bauer	20$^3/_4$	5$^3/_4$	I$^3/_4$	$^1/_2$
$^1/_2$-Bauer	20$^3/_4$	6$^1/_4$	–	–
$^1/_2$-Bauer	19$^1/_4$	6	$^1/_4$	–
$^1/_2$-Bauer	16$^3/_4$	5$^3/_4$	–	–
$^1/_2$-Bauer	16$^1/_4$	5$^2/_4$	–	–
Insgesamt	222$^3/_4$	69	2$^3/_4$	2$^1/_2$
in % der gebundenen Grundstücke			1,2 %	3,6 %
Gemeinde Eberbach				
$^1/_2$-Bauer	11$^2/_4$	3$^3/_4$	I$^3/_4$	3
$^1/_2$-Bauer	9$^1/_4$	2$^1/_2$	2$^1/_4$	3
$^1/_2$-Bauer	9$^1/_4$	1$^1/_4$	1$^1/_4$	$^1/_4$
$^1/_2$-Bauer	6	1$^3/_4$	3$^1/_2$	3
Insgesamt	36	9$^1/_4$	8$^2/_4$	9$^1/_4$
in % der gebundenen Grundstücke			24 %	100 %
Gemeinde Brüchlingen				
$^1/_2$-Bauer	17$^1/_4$	5$^1/_4$	6	6$^1/_4$
$^1/_2$-Bauer	25	14	$^3/_4$	–
$^1/_2$-Bauer	20	4$^2/_4$	I$^3/_4$	3
$^1/_2$-Bauer	22$^1/_4$	3$^4/_4$	–	4$^1/_4$
$^1/_2$-Bauer	24$^3/_4$	6$^1/_4$	–	4
Insgesamt	109$^1/_4$	34	8$^1/_2$	17$^1/_2$
in % der gebundenen Grundstücke			7,7 %	51 %
Gemeinde Raboltshausen				
$^1/_1$-Bauer	38$^1/_4$	10$^1/_4$	4$^1/_2$	2
$^1/_1$-Bauer	33$^2/_4$	8$^1/_4$	–	$^1/_4$
$^1/_1$-Bauer	33$^2/_4$	10$^1/_4$	I$^2/_4$	4$^1/_4$
$^1/_2$-Bauer	17$^1/_4$	6$^1/_4$	–	1$^1/_4$
$^1/_2$-Bauer	16$^1/_4$	7$^3/_4$	$^1/_2$	$^1/_4$
$^1/_2$-Bauer	18$^3/_4$	8$^2/_4$	I$^1/_2$	–
$^1/_2$-Bauern	16	4$^3/_4$	3$^1/_2$	–
$^1/_2$-Bauer	19	5$^3/_4$	3$^1/_4$	2$^1/_4$
$^1/_2$-Bauer	23	8$^2/_4$	4$^1/_2$	2$^1/_2$
Insgesamt	215$^1/_2$	68$^1/_2$	19$^1/_4$	12$^3/_4$
in % der gebundenen Grundstücke			28 %	6 %

	gebundene Grundstücke		walzende Grundstücke	
	Äcker M	Wiesen M	Äcker M	Wiesen M

Gemeinde Neuhof

¹/₂-Bauer	34³/₄	12¹/₄	–	–
¹/₂-Bauer	34³/₄	13	–	–
Insgesamt	69¹/₂	25¹/₄	–	–

Gemeinde Bintzelberg

¹/₁-Bauer	25¹/₄	8¹/₂	6	–
¹/₁-Bauer	28¹/₄	12¹/₄	3¹/₂	1
¹/₁-Bauer	36³/₄	15¹/₄	–	–
¹/₁-Bauer	29	8¹/₄	1¹/₂	–
¹/₁-Bauer	39	14¹/₄	–	–
¹/₂-Bauer	24³/₄	8	–	–
¹/₂-Bauer	24¹/₄	7³/₄	–	–
Insgesamt	207¹/₄	74¹/₄	11	1
			in % der gebundenen Grundstücke	
			5,3 %	1,3 %

Gemeinde Kupferhof

¹/₁-Bauer	31³/₄	9	–	–
¹/₁-Bauer	35³/₄	9	–	–
Insgesamt	67¹/₂	18	–	–

Gemeinde Liebelsforst

¹/₂-Bauer	17¹/₂	4¹/₂	–	–

Gemeinde Heimhausen

¹/₂-Bauer	9¹/₄	1³/₄	–	–

Gemeinde Erpfersweiler

¹/₁-Bauer	24¹/₄	12¹/₂	–	–

Gemeinde Nesselbach

¹/₁-Bauer	24	7¹/₂	¹/₂	–
¹/₁-Bauer	24¹/₂	7¹/₂	–	–
¹/₁-Bauer	13¹/₄	6	8¹/₄	1¹/₂
¹/₁-Bauer	20	9¹/₂	¹/₂	–
¹/₁-Bauer	20¹/₄	8³/₄	–	–
¹/₁-Bauer	23	7¹/₄	9³/₄	4¹/₂
¹/₂-Bauer	11	5	18³/₄	7
¹/₂-Bauer	10³/₄	5	¹/₂	¹/₄
¹/₂-Bauer	11¹/₄	5¹/₄	¹/₂	¹/₄
¹/₂-Bauer	17¹/₂	6¹/₂	4¹/₄	3¹/₂
¹/₂-Bauer	14	7³/₄	10	1³/₄
¹/₂-Bauer	15¹/₄	6¹/₂	8¹/₂	5
¹/₂-Bauer	23¹/₄	7²/₄	4	2
Insgesamt	228	90	61¹/₂	23³/₄
			in % der gebundenen Grundstücke	
			26,6 %	26,4 %

	gebundene Grundstücke		walzende Grundstücke	
	Äcker M	Wiesen M	Äcker M	Wiesen M

Amt Schrozberg

Dorfgemeinde Schrozberg

	Äcker M	Wiesen M	Äcker M	Wiesen M
$^1/_1$-Bauer	$16^3/_4$	6	–	–
$^1/_1$-Bauer	$12^3/_4$	$4^3/_4$	–	–
$^1/_1$-Bauer	16	$6^1/_4$	–	–
$^1/_1$-Bauer	$10^3/_4$	$4^1/_2$	–	–
$^1/_1$-Bauer	$17^3/_4$	4	–	$^1/_2$
$^1/_1$-Bauer	$18^1/_2$	$8^1/_4$	I	$^1/_2$
$^1/_1$-Bauer	$18^3/_4$	6	–	–
$^1/_1$-Bauer	18	$6^1/_4$	$^1/_2$	–
Insgesamt	129	$43^1/_2$	$1^1/_2$	I
			in % der gebundenen Grundstücke	
			1,2 %	2,2 %

Gemeinde Zell

	Äcker M	Wiesen M	Äcker M	Wiesen M
$^1/_1$-Bauer	$23^1/_4$	$6^3/_4$	–	–
$^1/_1$-Bauer	$17^1/_2$	$5^3/_4$	–	$2^1/_2$
$^1/_1$-Bauer	$25^1/_4$	$9^3/_4$	–	–
$^1/_1$-Bauer	19	9	–	–
$^1/_2$-Bauer	$15^1/_4$	$5^3/_4$	–	–
$^1/_2$-Bauer	$15^3/_4$	$6^1/_2$	–	–
Insgesamt	116	$43^1/_2$	–	$2^1/_2$
			in % der gebundenen Grundstücke	
			–	5,8 %

Gemeinde Schönbronn

	Äcker M	Wiesen M	Äcker M	Wiesen M
$^1/_1$-Bauer	$33^1/_2$	$10^1/_2$	$^1/_2$	–
$^1/_1$-Bauer	$43^1/_4$	$12^1/_4$	$^1/_2$	–
$^1/_1$-Bauer	22	$8^1/_2$	$1^1/_4$	–
$^1/_1$-Bauer	$22^1/_4$	$8^3/_4$	$1^3/_4$	–
$^1/_1$-Bauer	26	$6^1/_2$	I	$^1/_4$
$^1/_1$-Bauer	$29^1/_4$	$11^1/_2$	$^1/_2$	I
$^1/_1$-Bauer	$19^3/_4$	6	$^3/_4$	–
$^1/_1$-Bauer	$29^1/_4$	$15^1/_4$	I	–
$^1/_1$-Bauer	19	$4^3/_4$	$^1/_2$	–
$^1/_1$-Bauer	22	$5^1/_2$	$^1/_2$	–
Insgesamt	$266^1/_4$	$89^1/_2$	$8^1/_4$	$1^1/_4$
			in % der gebundenen Grundstücke	
			3,1 %	1,4 %

Gemeinde Reupolsroth

	Äcker M	Wiesen M	Äcker M	Wiesen M
$^1/_1$-Bauer	$34^1/_2$	$25^1/_4$	–	–
$^1/_1$-Bauer	$24^1/_4$	19	$5^1/_2$	4
Insgesamt	$58^3/_4$	$44^1/_4$	$5^1/_2$	4
			in % der gebundenen Grundstücke	
			9,5 %	9,1 %

	gebundene Grundstücke		walzende Grundstücke	
	Äcker M	Wiesen M	Äcker M	Wiesen M
Gemeinde Creilshausen				
$^1/_1$-Bauer	30	$7^1/_4$	–	–
$^1/_1$-Bauer	$29^1/_2$	$6^3/_4$	–	–
$^1/_1$-Bauer	$42^1/_4$	$12^1/_2$	4	–
$^1/_1$-Bauer	$28^1/_2$	$7^1/_2$	$^1/_4$	6
$^1/_1$-Bauer	$38^3/_4$	$6^1/_2$	–	$2^1/_2$
$^1/_1$-Bauer	$28^1/_2$	$10^3/_4$	$^3/_4$	–
$^1/_2$-Bauer	$52^1/_4$	$7^1/_4$	–	$^1/_2$
Insgesamt	$249^3/_4$	$58^1/_2$	5	9
			in % der gebundenen Grundstücke	
			2 %	1,5 %
Gemeinde Sigisweiler				
$^1/_1$-Bauer	$13^1/_4$	$9^3/_4$	–	–
$^1/_1$-Bauer	21	13	–	$^1/_4$
$^1/_1$-Bauer	$10^3/_4$	5	–	–
$^1/_1$-Bauer	15	$6^3/_4$	–	–
$^1/_1$-Bauer	$12^3/_4$	6	6	$1^1/_2$
Insgesamt	$72^3/_4$	$40^1/_2$	6	$1^3/_4$
			in % der gebundenen Grundstücke	
			8,1 %	4,4 %
Gemeinde Kälberbach				
$^1/_1$-Bauer	$16^3/_4$	$8^1/_2$	–	–
$^1/_1$-Bauer	17	9	$^1/_2$	$^1/_4$
$^1/_1$-Bauer	$15^1/_2$	9	–	–
$^1/_1$-Bauer	$11^3/_4$	$6^3/_4$	–	–
$^1/_1$-Bauer	$20^3/_4$	12	–	2
$^1/_1$-Bauer	$13^1/_4$	$8^3/_4$	–	–
$^1/_1$-Bauer	9	11	–	–
$^1/_1$-Bauer	23	12	–	–
$^1/_1$-Bauer	$24^3/_4$	$10^3/_4$	–	–
$^1/_1$-Bauer	$10^3/_4$	5	–	1
$^1/_1$-Bauer	$26^1/_2$	$10^3/_4$	$^1/_2$	–
$^1/_1$-Bauer	$12^1/_2$	8	–	–
Insgesamt	$201^1/_2$	$101^1/_2$	1	$3^1/_4$
			in % der gebundenen Grundstücke	
			0,5 %	3,2 %
Amt Lindtlein				
Gemeinde Lindtlein				
$^1/_1$-Bauer	$9^1/_2$	9	$2^1/_2$	–
$^1/_1$-Bauer	12	$7^1/_2$	–	–
$^1/_1$-Bauer	$14^3/_4$	$8^3/_4$	–	–
$^1/_1$-Bauer	$17^1/_4$	12	–	–
$^1/_2$-Bauer	$6^1/_2$	8	1	–
Insgesamt	60	$45^1/_4$	$3^1/_2$	–
			in % der gebundenen Grundstücke	
			5,8 %	–

| | gebundene Grundstücke | | walzende Grundstücke | |
	Äcker M	Wiesen M	Äcker M	Wiesen M
Gemeinde Naicha				
$^1/_1$-Bauer	15	$7^1/_4$	3	–
$^1/_1$-Bauer	$16^1/_4$	$6^1/_2$	–	1
$^1/_1$-Bauer	$16^3/_4$	8	–	–
$^1/_1$-Bauer	$17^3/_4$	8	–	–
$^1/_1$-Bauer	15	7	–	–
Insgesamt	$80^3/_4$	$36^3/_4$	3	1
			in % der gebundenen Grundstücke	
			3,7 %	2,7 %
Gemeinde Schmalfelden				
$^1/_1$-Bauer	16	$3^3/_4$	–	–
Gemeinde Großbärenweiler				
$^1/_1$-Bauer	24	16	–	–
$^1/_1$-Bauer	13	8	$^1/_2$	–
$^1/_1$-Bauer	13	$7^1/_2$	$^1/_4$	–
$^1/_1$-Bauer	$15^1/_4$	7	–	–
$^1/_1$-Bauer	23	11	–	–
$^1/_1$-Bauer	$16^3/_4$	$8^1/_2$	–	–
Insgesamt	105	58	$^3/_4$	–
			in % der gebundenen Grundstücke	
			0,7 %	–
Gemeinde Speckheim				
$^1/_1$-Bauer	19	10	4	–
$^1/_1$-Bauer	12	$5^1/_2$	$3^1/_4$	$3^3/_4$
$^1/_1$-Bauer	$13^1/_4$	$5^3/_4$	–	–
$^1/_1$-Bauer	$12^1/_4$	6	$8^1/_4$	$2^3/_4$
$^1/_1$-Bauer	$11^3/_4$	$6^1/_4$	–	–
$^1/_1$-Bauer	15	8	–	5
$^1/_1$-Bauer	$16^1/_4$	7	4	3
$^1/_1$-Bauer	$12^3/_4$	6	–	–
Insgesamt	$112^1/_4$	$54^1/_2$	$19^1/_2$	$14^1/_2$
			in % der gebundenen Grundstücke	
			1,7 %	26,8 %
Gemeinde Kreuzfeld				
$^1/_1$-Bauer	$26^1/_2$	$14^1/_2$	–	–
$^1/_1$-Bauer	$27^1/_2$	12	$^3/_4$	–
$^1/_1$-Bauer	$24^1/_4$	$13^1/_2$	4	–
$^1/_1$-Bauer	$19^1/_4$	$12^1/_4$	–	–
Insgesamt	$97^1/_2$	$52^1/_4$	$4^3/_4$	–
			in % der gebundenen Grundstücke	
			5 %	–

	gebundene Grundstücke		walzende Grundstücke	
	Äcker M	Wiesen M	Äcker M	Wiesen M
Gemeinde Alkertshausen				
$^1/_1$-Bauer	24	$8^3/_4$	3	1
$^1/_1$-Bauer	$17^1/_2$	3	1	–
$^1/_1$-Bauer	16	$3^3/_4$	–	$^3/_4$
$^1/_1$-Bauer	$10^1/_2$	2	1	–
$^1/_1$-Bauer	$16^1/_4$	$4^1/_4$	–	–
$^1/_2$-Bauer	$11^3/_4$	5	–	–
$^1/_2$-Bauer	11	$2^1/_2$	–	–
Insgesamt	107	$29^1/_4$	5	$1^3/_4$
			in % der gebundenen Grundstücke	
			4,7 %	6 %
Gemeinde Simmelshausen				
$^1/_1$-Bauer	$11^1/_2$	$8^1/_4$	–	–
Gemeinde Wittenweiler				
$^1/_1$-Bauer	$18^3/_4$	4	–	–

Zusammenstellung der Ergebnisse aller 32 Gemeinden der drei Ämter Langenburg, Schrotzberg und Lindtlein:

grundherrlich gebundene Äcker : $3375^1/_2$ Morgen
grundherrlich gebundene Wiesen : $1313^1/_2$ Morgen
walzende Äcker : 263 Morgen (7,8 %)
walzende Wiesen : $162^1/_2$ Morgen (12,4 %)

Bei der Beurteilung dieser Zahlen ist zu beachten, daß in ihnen nur die Äcker und Wiesen der Bauern enthalten sind, nicht jedoch deren Grundbesitz an Wald, Weinbergen und ggf. Wüstungen. Die angegebenen Zahlen zeigen gleichfalls nicht die Besitzverhältnisse der Köbler auf, sondern nur die der Bauern i. S. der wirtschaftlich stärksten Gruppe der Gemeindegenossen. — Zinsgüter sind in den Zahlen nicht mit einbezogen.

5. Zusammenstellung der durchschnittlichen Preise für je einen Doppelzentner Kernen[769], Gerste, Hafer, Dinkel, Weizen und Roggen in Württemberg während der Jahre 1800 bis 1895[770]

Vorbemerkung:

1. Die Preise sind in Mark angegeben, wobei ein Umrechnungskurs von 1 fl = 1,72 Mark zugrundegelegt wurde.
2. Die Maßeinheit ist der Doppelzentner. – Bis zum Jahre 1860 wurde das Getreide nach dem Hohlmaß 1 Scheffel = 177,21 l verkauft. Seit 1860 erfolgte der Verkauf nach Gewicht.

Die Umwandlung des Preises vom Hohlmaß in den Preis vom Gewicht erfolgte auf der Grundlage des Durchschnitts der Scheffelgewichte aus den zehn Jahren von 1858 bis 1867, in denen gerechnet wurde:

bei Kernen	1 Sch	=	129 kg
bei Gerste	1 Sch	=	117 kg
bei Hafer	1 Sch	=	84 kg
bei Dinkel	1 Sch	=	76 kg
bei Weizen	1 Sch	=	132 kg
bei Roggen	1 Sch	=	125 kg

Jahr	Kernen Mark	Gerste Mark	Hafer Mark	Dinkel Mark	Weizen Mark	Roggen Mark
1800	13,26	8,79	7,14	9,47	–[771]	8,91
1801	18,06	8,79	7,14	13,54	–	10,97
1802	23,69	11,72	8,17	16,92	–	17,83
1803	15,79	8,06	8,17	11,28	–	9,87
1804	23,04	11,72	10,20	16,46	–	13,71
1805	23,41	11,72	10,20	16,72	–	17,83
1806	17,37	9,09	7,82	12,41	–	10,97
1807	17,89	8,79	10,20	12,78	–	10,97
1808	13,94	8,79	10,20	9,96	–	8,91
1809	13,43	8,79	8,17	9,59	–	8,91
1810	13,15	8,79	6,63	9,39	–	8,91
1811	28,42	11,72	9,18	20,23	–	16,45
1812	24,21	14,65	8,17	17,29	–	16,45
1813	19,73	11,72	10,20	14,09	–	13,71
1814	18,00	8,79	10,20	12,86	–	10,97
1815	24,49	14,65	10,20	17,49	–	16,45
1816	35,48	24,81	13,23	25,34	–	27,80
1817	47,60	39,85	17,64	34,00	–	39,31
1818	22,06	18,56	10,61	15,76	–	17,81
1819	13,68	9,70	7,82	9,77	–	10,22
1820	11,78	6,74	5,92	8,41	–	7,18
1821	11,06	5,86	6,12	7,90	–	6,86
1822	12,58	7,98	7,55	8,90	–	8,74
1823	10,95	8,06	8,10	7,82	–	8,48
1824	10,11	5,45	4,80	7,22	–	5,40

[769] Kernen ist Dinkel, der in der Mühle gegerbt, d. h. enthülst wurde.
[770] WJB 1896, II, S. 117 ff.
[771] Noch keine Preisnotierung.

Jahr	Kernen Mark	Gerste Mark	Hafer Mark	Dinkel Mark	Weizen Mark	Roggen Mark
1825	11,38	7,79	6,30	8,20	–	6,95
1826	10,36	7,44	5,99	7,82	–	6,70
1827	13,13	8,60	5,51	9,25	–	7,95
1828	16,98	10,91	6,36	12,86	–	10,81
1829	15,73	10,06	7,31	9,03	–	10,88
1830	14,88	8,21	7,35	10,22	15,82	10,51
1831	15,64	8,62	7,93	11,17	–	11,79
1832	22,17	15,60	10,64	16,46	–	16,62
1833	13,94	10,00	8,91	10,58	–	10,63
1834	13,37	9,43	8,35	10,00	–	9,94
1835	13,20	10,52	9,03	9,88	–	10,17
1836	12,46	9,88	8,23	9,20	–	8,80
1837	14,45	11,03	8,52	11,09	–	9,83
1838	17,54	12,91	9,66	12,11	–	13,20
1839	19,55	15,25	8,57	13,54	–	14,62
1840	17,54	12,34	8,23	11,60	–	12,91
1841	15,83	8,40	7,26	11,72	–	9,14
1842	19,15	10,98	10,00	14,40	–	11,32
1843	21,48	15,25	13,88	16,40	–	16,12
1844	21,66	15,60	10,23	14,74	–	16,00
1845	20,12	15,54	10,69	14,17	–	16,12
1846	28,17	21,03	13,09	19,83	–	22,46
1847	32,40	22,00	14,40	23,20	–	24,34
1848	17,77	10,69	9,03	12,34	–	11,66
1849	14,05	8,52	7,77	9,77	–	9,26
1850	14,17	8,97	8,00	9,66	–	9,71
1851	19,43	13,43	9,00	14,13	–	14,80
1852	22,35	15,14	10,58	14,22	22,32	20,40
1853	22,69	18,45	11,95	16,46	21,94	19,20
1854	30,92	20,91	14,62	20,68	32,83	27,14
1855	28,34	17,65	12,11	18,68	28,45	22,92
1856	24,11	15,49	9,88	16,46	25,41	17,54
1857	21,26	14,51	13,94	14,22	18,99	15,60
1858	16,92	12,40	12,74	12,40	15,59	12,06
1859	17,77	14,68	12,69	12,63	16,91	11,95
1860	23,32	19,09	13,94	15,02	22,61	18,11
1861	24,29	16,86	12,63	17,31	23,66	17,77
1862	22,23	15,14	11,43	15,54	22,11	17,71
1863	21,14	13,66	10,86	14,80	20,52	14,00
1864	19,66	13,71	11,89	13,51	18,66	13,26
1865	16,74	12,80	11,43	12,23	16,46	12,91
1866	19,77	15,60	12,00	13,88	20,17	15,02
1867	26,74	18,86	14,40	18,92	26,62	20,68
1868	24,23	18,97	14,97	16,86	22,92	20,17
1869	19,19	16,17	13,26	13,66	18,97	14,40
1870	21,43	15,89	15,25	15,02	20,80	15,37
1871	24,11	17,09	15,54	17,20	23,78	18,23
1872	26,68	17,76	12,82	18,89	26,07	19,73
1873	29,47	22,90	15,44	20,86	29,31	22,21
1874	26,77	19,73	17,73	17,96	23,86	23,37
1875	21,09	18,55	16,10	14,93	20,81	17,69
1876	24,00	19,26	16,86	17,85	23,32	19,30
1877	25,42	18,79	15,25	18,42	23,75	20,29

Jahr	Kernen Mark	Gerste Mark	Hafer Mark	Dinkel Mark	Weizen Mark	Roggen Mark
1878	22,49	17,13	13,24	15,77	20,33	17,08
1879	21,73	17,46	13,16	14,88	22,25	17,07
1880	23,76	17,51	13,37	16,28	22,72	20,83
1881	23,87	18,06	14,34	16,77	24,23	20,76
1882	23,02	15,87	13,58	16,39	20,08	19,22
1883	19,09	15,56	12,32	13,58	18,52	16,06
1884	18,38	15,90	13,19	13,47	17,47	17,15
1885	17,95	15,21	13,38	13,00	17,52	16,12
1886	18,03	14,69	11,86	12,65	17,82	14,74
1887	18,55	15,62	11,65	13,98	17,92	15,11
1888	20,16	14,66	13,49	15,35	19,96	15,81
1889	20,32	15,96	13,54	14,54	20,23	16,51
1890	21,14	18,09	15,59	14,68	20,11	18,14
1891	22,62	16,84	14,64	16,32	22,85	19,82
1892	20,09	15,95	13,27	14,77	18,94	18,50
1893	17,05	15,56	15,41	13,81	16,72	14,89
1894	14,58	12,37	12,71	11,18	13,67	12,26
1895	15,50	14,91	12,09	11,65	15,39	12,59

Die Preise im Durchschnitt von je zehn Jahren:

	Kernen Mark	Gerste Mark	Hafer Mark	Dinkel Mark	Weizen Mark	Roggen Mark
1800/09	17,99	9,36	8,74	12,91	–	11,89
1810/19	24,68	16,32	10,39	17,62	–	17,81
1820/29	12,38	7,90	6,40	8,70	–	8,00
1830/39	15,77	11,14	8,72	11,45	–	11,56
1840/49	19,82	14,05	10,46	14,76	–	14,93
1850/59	21,80	15,16	11,55	14,85	22,81	17,13
1860/69	21,72	16,09	12,68	15,20	21,26	16,40
1870/79	24,32	18,46	15,14	17,18	23,43	19,06
1880/89	20,31	15,90	13,07	14,60	19,65	17,23
1890/95	18,37	15,54	13,96	13,73	17,95	16,03

6. Einkünfte des württembergischen Staates im Finanzjahr 1868/69[772]

Ertrag des Kammergutes	fl kr	in % der gesamten Einnahmen
Ertrag der Domänen	4 227 072,41	20,81
davon		
bei den Cameralämtern	545 974,12	
bei der Forstverwaltung	2 821 505,13	
von Berg- und Hüttenwerken	612 806,18	
von Salinen	242 886,58	
von der Bleichanstalt in Weissenau	4 700,—	
Ertrag der Verkehrsanstalten	3 904 919,22	19,22
davon		
Eisenbahn	3 738 395,24	
Post	136 435,12	
Telegraphie	1 147,27	
Bodenseedampfschiffahrt	27 152,35	
Neckardampfschiffahrt	1 788,46	
Ertrag der Münze	–	–
Div. Einnahmen bei der Staatshauptkasse unmittelbar	303 907,17	1,49
Insgesamt	**8 435 897,41**	**41,52 %**

Direkte Steuern	fl kr	in % der gesamten Einnahmen
vom Grundeigentum, Gefällen, Gebäuden und Gewerben	3 300 000,—	16,24
aus Apanagen, Kapital-,Renten-, Dienst- und Berufseinkommen	958 937,—	4,71
Insgesamt	**4 258 937,—**	**20,95 %**

Indirekte Steuern	fl kr	in % der gesamten Einnahmen
Zoll	3 470 275,54	17,01
Wirtschaftsabgaben	2 838 186,15	13,96
Accise	697 376,49	3,46
Sporteln	550 257,6	2,71
Auflage auf Hunde	68 935,7	0,38
Insgesamt	**7 625 031,11**	**37,52 %**
Gesamte Einkünfte des Staates im Etat-Jahr 1868/69	20 319 868,16	100 %

[772] KdA 1870/72, B 2, S. 186 ff.

7. Quellen-Nachweis

I. *Fundstellen des Quellmaterials aus staatlichen Archiven:*

SAS   :   Hauptstaatsarchiv Stuttgart
SFAL   :   Staatsarchiv Ludwigsburg

Verwendete Bestände:

E   :   Neuere Akten der Zentral- und Mittelbehörden seit 1806 bzw. 1817

        E 9   :   Kabinettsakten III, von 1806 an,
                        Ministerium der Auswärtigen Angelegenheiten

        E 10   :   Kabinettsakten III, von 1806 an,
                        Ministerium des Innern

        E 13   :   Kabinettsakten III, von 1806 an,
                        Ministerium der Finanzen

        E 14–16 :   Kabinettsakten IV, von 1817 bis 1919

        E 33–34 :   Akten des Geheimen Rats III, von 1820 bis 1911
                  E   :   Departement der Justiz
                  G   :   Departement des Innern
                  K   :   Departement der Finanzen

        E 56–59 :   Ministerium der Auswärtigen Angelegenheiten, Adelssachen,
                        19. Jahrhundert

        E 143 :   Akten des Ministeriums des Innern II, von 1807 bis 1882

        E 146 :   Akten des Ministeriums des Innern III, von 1807 bis 1906

        E 150 :   Akten des Ministeriums des Innern IV, von 1807 bis 1920

        E 184 :   Akten aus der Verwaltung des Innern,
                        Akten der Ablösungskommission, von 1836 bis 1865

        E 221 :   Akten des Ministeriums der Finanzen, von 1806 bis 1914

        E 253 :   Akten aus dem Finanzwesen,
                        Akten des Steuerkatasterrevisorats, von 1822 bis 1887

F   :   Neuere Akten der örtlichen Ämter seit 1806

        F 23   :   Oberamt Künzelsau, von 1806 bis 1816

        F 74   :   Oberamt Öhringen, von 1806/7 bis 1922

        F 98   :   Amtsgrundbücher der Cameralämter, 19. Jahrhundert

        F 168 :   Oberamt Gerabronn, von 1806 bis 1925

        F 177 :   Oberamt Künzelsau, von 1806 bis 1925

        F 192 :   Oberamt Öhringen, von 1806 bis 1925

H   :   Vermischte Bestände

        H 31   :   Oberamt Künzelsau

Zitierweise:

    z. B.:   SFAL E 184 Bu 34 Fasz. 45
               SFAL   =   Staatsfilialarchiv Ludwigsburg
               E 184   =   Akten der Ablösungskommission
               Bu 34 =   Bund Nr. 34
               Fasz. 45 =   Faszikel Nr. 45

    z. B.:   SFAL E 146 Bü 29 Q 197
               SFAL   =   Staatsfilialarchiv Ludwigsburg
               E 146   =   Akten des Ministeriums des Innern III
               Bü 29 =   Büschel Nr. 29
               Q 197 =   Quadrangel Nr. 197

2. *Fundstellen des Quellmaterials aus den Fürstlich Hohenloher Archiven in Neuenstein:*

GA : Fürstlich Hohenlohisches Gemeinschaftliches Archiv
K : Fürstlich Hohenlohisches Archiv Kirchberg
L : Fürstlich Hohenlohisches Archiv Langenburg
Ö : Fürstlich Hohenlohisches Partikular-Archiv Öhringen
W : Fürstlich Hohenlohisches Archiv Waldenburg

Zitierweise:

z. B.: Ö/168/4/2
Ö = Fürstlich Hohenlohisches Partikular-Archiv Öhringen
168 = Kasten Nr. 168
4 = Fach Nr. 4
2 = Faszikel Nr. 2

z. B.: GA P 21
GA = Fürstlich Hohenlohisches Gemeinschaftliches Archiv
P = Regalreihe P
21 = Bund, Buch oder Register Nr. 21

Abkürzungen im Zusammenhang mit der verwendeten Literatur

Bibl = Privatbibliothek des fürstlichen Hauses Hohenlohe, Archiv Neuenstein
HFE = Haupt-Finanz-Etat des Königreichs Württemberg
HL = Hohenloher Landrecht
KdA = Verhandlungen der Kammer der Abgeordneten
OA = Oberamt
RBl = Regierungsblatt für das Königreich Württemberg
WF = (Zeitschrift bzw. Jahrbuch des historischen Vereins für) Württembergisch Franken
WJB = Württembergische Jahrbücher (für Statistik und Landeskunde)
ZgStW = Zeitschrift für die gesamte Staatswissenschaft
ZWLG = Zeitschrift für Württembergische Landesgeschichte

8. Literaturverzeichnis

ABEL, WILHELM, Agrarkrisen und Agrarkonjunktur in Mitteleuropa vom 13. bis zum 19. Jahrhundert, Berlin 1935.

Die Ablösungsfrage und die Vereinbarung mit den Standesherrn, o. Verf., Laupheim 1858.

Amtstaxordnung von Öhringen, Öhringen 1792.

Archiv für standesherrliche Rechte und Verhältnisse, Geschichte und Statistik alter und neuer Zeit, Band 2, Heft 1, Karlsruhe und Baden 1822.

Die Archivpflege in den Kreisen und Gemeinden, Stuttgart 1952.

Die Aufhebung der Fall-Lehen im Königreich Württemberg, o. Verf., Riga 1818.

BABO, LAMBERT VON, und RAU, CARL HEINRICH, Über die Zehentablösung, Heidelberg 1831.

BAUER, HERMANN, Hohenloher Statistik; in: WF, Band 9, Heft 1, 1871.

Beleuchtung der Bitte des Hohenloher Landwirtschaftlichen Vereins um die Verbesserung der Gesetzgebung über die Beseitigung der sogenannten alten Abgaben vom August 1848, o. Verf., Stuttgart 1849.

BERTHOLD, R., Einige Bemerkungen über den Entwicklungsstand des bäuerlichen Ackerbaus vor den Agrarreformen des 19. Jhs., in: Beiträge zur deutschen Wirtschafts- u. Sozialgeschichte des 18. und 19. Jhs., hrsg. von der Deutschen Akademie der Wissenschaften zu Berlin; Schriften des Instituts für Geschichte, Reihe 1, Bd. 10, 1962.

Beschreibung des Königreichs Württemberg, 4 Bände, Stuttgart 1906.

Beschreibung des Oberamts Crailsheim, Stuttgart 1884.

Beschreibung des Oberamts Gerabronn, Stuttgart und Tübingen 1847.

Beschreibung des Oberamts Künzelsau, Stuttgart 1883.

Beschreibung des Oberamts Öhringen, Stuttgart 1865.

BLESSING, Die Besteuerung der Gebäude und der Zustand des Gebäudekatasters in Württemberg; in: WJB, 1869.

BÖCKENFÖRDE, ERNST-WOLFGANG, Die deutsche verfassungsgeschichtliche Forschung im 19. Jh., Berlin 1961.

BOG, INGOMAR, Dorfgemeinde, Freiheit und Unfreiheit in Franken, Stuttgart 1956.

BOSSERT, GUSTAV, Recht und Brauch in Langenburg im 16. und 17. Jahrhundert; in: WJB, 1910.

BRUNS, VICTOR VON, Württemberg unter der Regierung König Wilhelms II., Stuttgart 1916.

BUNDSCHUH, JOHANN KASPAR, Geographisch-statistisches-topographisches Lexikon von Franken, 6 Bände, Ulm 1799–1804.

CAMERER, WILHELM, Direkte Staatssteuern, Amts- und Gemeindeanlagen im Etatjahr 1868/69; in: WJB, 1868.

CHRISTLIEB, FRIEDRICH, Einleitung in das württembergische Rechnungswesen, Ellwangen 1805.
— Einleitung in die Amtspraxis eines Rechnungsbeamten, Ellwangen 1805.

CHRISTLIEB, WILHELM CHRISTIAN, Theoretisch-praktisches Handbuch für Beamte, Ortsvorsteher, Gemeinde- und Stiftungsräthe, auch Bürgerausschüsse, 5 Bände, Ulm 1835.

CONZE, WERNER, Die Wirkungen der liberalen Agrarreformen auf die Volksordnung in Mitteleuropa im 19. Jahrhundert; in: Vj.-Schrift f. Soz.- u. Wirtsch.-Geschichte, Stuttgart, 38, 1950.
— Quellen zur Geschichte der deutschen Bauernbefreiung, Göttingen, Berlin, Frankfurt 1957.

DEHLINGER, ALFRED, Württembergs Staatswesen in seiner geschichtlichen Entwicklung bis heute, 2 Bände, Stuttgart 1951, 1953.

DEHLINGER, GUSTAV, Überblick über die Entwicklung der Landwirtschaft in Württemberg seit der Mitte des 18. Jahrhunderts; in: WJB, 1897, Teil 1.

DIETZE, CONSTANTIN VON, Hauptprobleme europäischer Bauernpolitik; in: Synopsis, Festgabe für Alfred Weber, Heidelberg 1948.

DINKEL, E. CHR., Über die bäuerlichen Credit-Verhältnisse in Württemberg; in: ZgStW, Band 12, 1856.

EICHHORN, CARL FRIEDRICH, Einleitung in das deutsche Privatrecht mit Einschluß des Lehensrechts, 5. Aufl., Göttingen 1845.

ENGELS, WILHELM, Ablösungen und Gemeinheitsteilungen in der Rheinprovinz; ein Beitrag zur Geschichte der Bauernbefreiung, Bonn 1957.

FALLATI, JOHANN, Ein Beitrag aus Württemberg zu der Frage vom freien Verkehr mit Grund und Boden; in: ZgStW, Band 2, 1845.

FINCK VON FINKENSTEIN, HANS-WOLFRAM, Der Aufbau der Agrarwirtschaft, Basel 1942.

FISCHER, ADOLF, Geschichte des Hauses Hohenlohe, 2 Bände, Stuttgart I : 1866; II, 1 : 1868; II, 2 : 1871.

FISCHER, WOLFRAM, Das Fürstentum Hohenlohe im Zeitalter der Aufklärung, Tübingen 1958.

FÖRSTEMANN, THEODOR, Die direkten und indirekten Steuern historisch und kritisch beleuchtet, Nordhausen 1860; in: ZgStW, Band 24, 1868.

FRANZ, GÜNTHER, Die agrarische Bewegung im Jahre 1848; in: Hessisches Jahrbuch für Landesgeschichte, Band 9, Marburg 1959.

FRAUENDORFER, SIGMUND VON, Die Ideengeschichte der Agrarwirtschaft und Agrarpolitik, München 1957.

FRANCK, FRITZ, Die Veränderungen in den Betriebsgrößen und Anbauverhältnissen sowie in der Viehhaltung der Württembergischen Landwirtschaft in der 2. Hälfte des 19. Jahrhunderts, Halle 1902.

FROMLET, Die unter dem Namen Bethe in der Reichsstadt Schwäbisch Hall erworbene Vermögenssteuer; in: WJB, 1901.

FRICKER, CARL VIKTOR, Die Verfassungsurkunde für das Königreich Württemberg vom 25. September 1819 mit dem offiziellen Auslegungsmaterial, Tübingen 1865.

GANZHORN, GERHARD, Die Entstehung und die Quellen des Hohenloher Landrechts aus dem Jahre 1738; masch. Diss. Tübingen, 1954.

GOLLWITZER, HEINZ, Die Standesherren, Stuttgart 1957.

GÖZ, KARL, Das Staatsrecht des Königreichs Württemberg, Tübingen 1908.

GUTMANN, F., «Bauernbefreiung»; Lexikonartikel in: Handwörterbuch der Staatswissenschaften, 4. Aufl., 1924.

HÄUSSERMANN, EKKHARD, Die Entstehung der Städte in der Grafschaft Hohenlohe und die Grundlagen ihrer Verfassungen; masch. Diss. Tübingen, 1959.

HÄSE, Über die Wertschätzung des Bodens; in: Annalen der Fortschritte der Landwirtschaft, Band 2, Berlin 1811.

HAGEMANN, Handbuch des Landwirtschaftsrechts, Hannover 1807.

HALLGARTEN, GEORGE N., Imperialismus vor 1914, 2 Bände, München 1951.

Handbuch der Steuergesetzgebung Württembergs, o. V., Stuttgart 1835.

HANSSELMANN, CHRISTIAN ERNST, Diplomatischer Beweis, daß dem Hause Hohenlohe die Landeshoheit mit denen zu selbiger gehörigen Rechten, nicht etwa in dem sog. Interregno, oder nach solchen Zeiten erst zuteil worden, sondern demselben schon lang vorher und in ruhiger Übung zugekommen; mit einem Anhang von 271 abgedruckten Urkunden, Nürnberg 1751.

HEDEMANN, JUSTUS WILHELM, Die Fortschritte des Civilrechts im 19. Jahrhundert, Teil 2, 2. Hälfte: Die Entwicklung des Bodenrechts von der französischen Revolution bis zur Gegenwart, Berlin 1910–1935.

HEINRICH, H. J., Die hohe Gerichtsbarkeit in Hohenlohe, unveröffentlichtes Manuskript im fürstlich-hohenloher Archiv in Neuenstein, 1962.

HELFERICH, JOHANN A., Studien über württembergische Agrarverhältnisse; in: ZgStW, Band 9 und 10, 1853 und 1854.

HERDEGEN, CHRISTOPH, Württembergs Staatshaushalt, Stuttgart 1848.

HERDING, OTTO, Leibbuch, Leibrecht, Leibeigenschaft im Herzogtum Württemberg; in: ZWLG, 1952.

HOECK, JOHANN DANIEL ALBRECHT, Materialien zu der Geschichte, Statistik und Topographie der deutschen Reichsgrafschaften, Band 1, Frankfurt/M. 1792.

— Statistisches Tableau der dem Churhaus Wirtemberg im Jahre 1802 zugefallenen Länder, Regensburg 1802.

— Über den gegenwärtigen Zustand der Landwirtschaft in den rheinischen Bundesstaaten, Nürnberg 1813.

— Statistische Darstellung des Königreichs Württemberg nach seinem neuesten Stand, Gmünd 1820.

— Materialien zu einer Finanzstatistik der deutschen Bundesstaaten, Schmalkalden 1823.

HÖLZLE, ERWIN, Das alte Recht und die Revolution, München und Berlin 1931.
— Württemberg im Zeitalter Napoleons und der deutschen Erhebung, Stuttgart und Berlin 1937.
HOFFMANN, C. G. L., Die Grundmängel in den bisherigen Anstalten für die Reinertrags-Einschätzung des Grundeigentums behufs der Grundsteuerregulierung und die Mittel zu deren Beseitigung; in: ZgStW, Band 1, 1844.
HOFMANN, HANS HUBERT, Adelige Herrschaft und souveräner Staat. Studien über Staat und Gesellschaft in Franken und Bayern im 18. und 19. Jahrhundert, München 1962.
HOHENLOHE, FÜRST FRIEDRICH CARL ZU WALDENBURG-SCHILLINGSFÜRST, Das Verfahren der Königlich Württembergischen Regierung gegen die Standesherren, Karlsruhe, Heft 1, 1867, Heft 2 1868.
Hohenlohisches Urkundenbuch, herausgegeben von KARL WELLER, 3 Bde., Stuttgart 1899, 1901, 1912.
HUFNAGEL, VON, Vorläufige Replik auf die Einredeschrift des Professors Dr. ZACHARIAE, betitelt «Die Souveränitätsrechte...», Stuttgart 1836.
Journal von und für Deutschland, Stück 9, 1786, Topographische Beschreibung von Hohenlohe.
EBENDORT, Stück 6, 1788, Alphabetisches Verzeichnis sämtlicher fürstlicher Hohenloher Städte, Marktflecken und Dörfer und Weiler, wovon einige wenige mit fremdherrschaftlichen Unterthanen vermischt sind.
JUDEICH, ALBERT, Die Grundentlastung in Deutschland, Leipzig 1836.
JUSTI, JOHANN HEINRICH GOTTLOB VON, Staatswirtschaft, 2 Teile, Leipzig 1755.
— System des Finanzwesens, Halle 1766.
KAULLA, RUDOLF, Die Organisation des Bankenwesens im Königreich Württemberg in ihrer geschichtlichen Entwicklung, Stuttgart 1908.
KILLINGER, ELFRIEDE, Wirtschaftsgeschichte von Beltersrot; masch. Arbeit für die Lehrerinnendienstprüfung, Exemplar im Archiv zu Neuenstein und beim Schulrat des Kreises Öhringen, 1949.
KNAPP, THEODOR, Gesammelte Beiträge zur Rechts- und Wirtschaftsgeschichte vornehmlich des deutschen Bauernstandes, Tübingen 1902.
— Abriß der Geschichte der Bauernentlastung, Stuttgart 1908.
— Neue Beiträge zur Rechts- und Wirtschaftsgeschichte des württembergischen Bauernstandes, 2 Bände, Tübingen 1919.
Königreich Württemberg, Das, Stuttgart, 1. Auflage 1863, 2. Auflage 1884.
KOLB, G. F., Über die Theilbarkeit des Grundeigentums; in: Archiv für politische Oekonomie und Polizeiwissenschaft, Band 1, 1843.
KORSINSKY, BERNHARD, Geographisch-statistisch-topographisches Lexikon von Württemberg, Stuttgart 1833.
KRAFFT, KARL, Anerbensitte und Anerbenrecht in Württemberg, Stuttgart 1933.
KUGLER, EBERHARD, Eine historisch-soziologische Arbeit über (die Schraubenfabrik) Ernsbach/ Hohenlohe, unveröffentlichtes Manuskript im fürstlich-hohenloher Archiv in Neuenstein, 1962.
KULL, Beiträge zur Statistik der Bevölkerung des Königreichs Württemberg; in: WJB, Jg. 1874, Teil 1.
LÜTGE, FRIEDRICH, Über die Auswirkungen der Bauernbefreiung in Deutschland; in: Jahrbücher für Nationaloekonomie und Statistik, Band 157, 1943.
— Die Bayerische Grundherrschaft, Stuttgart 1949.
— Freiheit und Unfreiheit in der Agrarverfassung; in: Histor. Jahrbuch, Freiburg und München, 74, 1955.
— Bauernbefreiung, Lexikonartikel aus: Handwörterbuch der Sozialwissenschaften, Stuttgart, Tübingen und Göttingen 1956.
— Die mitteldeutsche Grundherrschaft und ihre Auflösung, 2. Aufl., Stuttgart 1957.
— Deutsche Sozial- und Wirtschaftsgeschichte, 2. Aufl., Berlin-Göttingen-Heidelberg 1960.
— Geschichte der Agrarverfassung vom frühen Mittelalter bis zum 19. Jahrhundert, Stuttgart 1963.
MAIER, JOSEPH, Das neue Grund-, Gebäude- und Gewerbesteuergesetz für das Königreich Württemberg vom 28. 4. 1873, 2. Aufl., Stuttgart 1873.

MALCHUS, CARL AUGUST VON, Handbuch der Finanzwissenschaft und Finanzverwaltung, 2 Teile, Stuttgart und Tübingen 1830.

MARQUARDT, ERNST, Geschichte Württembergs, Stuttgart 1961.

MAYER, Über das Steuerwesen der Gemeinden und Bezirke; in: ZgStW, Band 5, 1848.

MAYER, JOHANN FRIEDRICH, Beyträge und Abhandlungen zur Aufnahme der Land- und Hauswirthschaft nach den Grundsätzen der Naturlehre und der Erfahrung, 10 Bände, Frankfurt/M. 1769–1782.

— Lehrbuch für die Land- und Hauswirthe in der pragmatischen Geschichte der gesamten Land- und Hauswirthschaft des Hohenlohe-Schillingsfürstlichen Amtes Kupferzell, Nürnberg 1773.

MAYR, G. VON, Württembergische Steuerreformfragen; in: ZgStW, Band 1891.

MEMMINGER, JOHANN DANIEL GEORG, Beschreibung von Württemberg, 1. Aufl. 1820, 2. Aufl. 1823, 3. Aufl. 1841, Tübingen und Stuttgart.

— Kleine Beschreibung oder Geographie und Geschichte von Württemberg, 1. Aufl. 1820, 2. Aufl. 1826, Tübingen und Stuttgart.

MITTERMAIER, CARL JOSEPH ANTON, Grundsätze des gemeinen deutschen Privatrechts, 2 Teile, 3. Auflage, Landshut 1827.

MOHL, ROBERT VON, Das Staatsrecht des Königreichs Württemberg, 2 Bände, Tübingen 1840.

MOSER, RUDOLF, Staatentabelle des deutschen Bundes nach den letzten Territorialausgleichungen, Stuttgart 1827.

— Die bäuerlichen Lasten der Württemberger, insbesondere die Grundgefälle, Stuttgart 1832.

— Vollständige Beschreibung von Württemberg, 2 Bände, Stuttgart 1843.

— Sammlung der Steuergesetze in: A. L. Reyscher, Vollständige historisch und kritisch bearbeitete Sammlung der württembergischen Gesetze, Tübingen 1828–1851, Band 17 und 18.

NOWAK, H., Die Ganerbschaft Künzelsau, unveröffentliches Manuskript im fürstlich-hohenloher Archiv in Neuenstein, 1962.

OECHSLE, FERDINAND FRIEDRICH, Beiträge zur Geschichte des Bauernkrieges in den schwäbisch-fränkischen Grenzlanden, Heilbronn 1830.

PFAFF, KARL, Württembergisches Gedenkbuch, Stuttgart 1865.

PREISER, ERICH, Die württembergische Wirtschaft als Vorbild, Stuttgart 1937.

RAU, C. H., Über das Minimum eines Bauerngutes; in: Archiv für politische Ökonomie und Polizeiwissenschaft, Band 9, 1851.

— Lehrbuch der politischen Oekonomie, 3 Bände, Leipzig und Heidelberg 1858 und 1860.

Rechtliche Gutachten I der Juristenfakultät in Tübingen und richterliche Entscheidung des Civil-Senats des k. Württembergischen Gerichtshofs für den Donaukreis in Ulm über die Frage, ob die Ausflüsse der persönlichen Leibeigenschaft in Württemberg bedingt oder unbedingt aufgehoben seyen?, Ulm 1835.

Rechtliche Gutachten II der Juristenfakultät in Tübingen über sieben Rechtsfragen aus dem Lehensrechte mit besonderer Beziehung auf die bäuerlichen Verhältnisse in Hohenlohe, Öhringen 1843.

REINHARD, OTTO, Die Grundentlastung in Württemberg; in: ZgStW, Ergänzungsheft 36, 1910.

REYSCHER, AUGUST LUDWIG, Vollständige historisch und kritisch bearbeitete Sammlung der württembergischen Gesetze, 19 Bände, Tübingen 1828 bis 1851.

— Grundriß der württembergischen Staats- und Rechtsgeschichte, Tübingen 1831.

— Sammlung alt-württembergischer Statutar-Rechte, Tübingen 1834.

— Die grundherrlichen Rechte des württembergischen Adels, Tübingen 1836.

REYSCHER, FRIEDRICH CHRISTIAN LUDWIG, Alphabetisches Handbuch der Amtspraxis königlich württembergischer Cameralbeamter in einem Auszug der dahin einschlagenden Gesetze und Verordnungen, 2. Aufl., Tübingen 1818.

RIEKE, CARL VIKTOR, Statistische Mitteilungen über die württembergischen Finanzen mit besonderer Berücksichtigung der neun Verwaltungsjahre vom 1. 7. 1851 bis zum 30. 6. 1860; in: WJB Jg. 1861, Heft 2.

— Verfassung und Landstände; in: WJB Jg. 1879.

— und CAMERER, Die direkten Steuern vom Ertrag und vom Einkommen in Württemberg; in: WJB Jg. 1879.

ROEDER, PHILIPP LUDWIG HERMANN, Geographisch-statistisch-topographisches Lexikon von Schwaben, 2 Bände, 2. Aufl., Ulm 1800/1801.

RUOFF, FRIEDRICH, Die ländliche Verfassung im Nord-Osten des Königreiches Württemberg im 18. Jahrhundert; in: WJB Jg. 1909.

SAENGER, WOLFGANG, Die bäuerliche Kulturlandschaft der Hohenloher Ebene und ihre Entwicklung seit dem 16. Jahrhundert, Remagen 1957.

SARWEY, OTTO VON, Das Staatsrecht des Königreichs Württemberg, 2 Bände, Tübingen 1883.

SCHNEIDER, EUGEN, Württembergische Geschichte, Stuttgart 1896.

SCHNEIDER, ERICH, Einführung in die Wirtschaftstheorie, Band 2, 4. Aufl., Tübingen 1956.

SCHÖNBERG, G., Zur landwirtschaftlichen Arbeiterfrage; in: ZgStW, Band 31, 1875.

SCHÜTZ, CARL, Handbuch der Steuergesetzgebung Württembergs, Stuttgart 1835.

SCHUMM, KARL, Das Paulinereremitenkloster Goldbach; in: ZWLG Jg. 1951, X.

— Pfarrer Johann Friedrich Mayer und die Hohenlohesche Landwirtschaft im 18. Jahrhundert; in: WF, Neue Folge 30, Schwäb. Hall 1955.

— Das Bauernhaus in Hohenlohe; in: Württembergisches Jahrbuch für Volkskunde, 1955.

Schwabenspiegel, Der, herausgegeben von F. L. A. Lassberg, Tübingen 1840.

SCHWARZ, LUDWIG, Das Grundlastenablösungsgesetz für das Königreich Württemberg vom 14. 4. 1848 mit den ständischen Verhandlungen und allen Vollziehungsvorschriften, Stuttgart 1849.

— Neueste Ablösungsgesetze für das Königreich Württemberg mit den Gesetzesentwürfen, Motiven, ständischen Verhandlungen und Vollziehungsvorschriften, Stuttgart 1849.

— Das Zehentablösungsgesetz für das Königreich Württemberg, 2 Hefte, Stuttgart 1849 und 1850.

— Das Zehentablösungsgesetz für das Königreich Württemberg mit sämtlichen Vollziehungsvorschriften und einer kurzen Belehrung über das Gesetz, Stuttgart 1851.

SCHWEINITZ und KRAIN, HANS-BERNHARD GRAF VON, Hohenlohe und die Mediatisierung in Franken und Schwaben; masch. Diss. Tübingen, 1952.

SEUBERT, ADOLF, Das Königreich Württemberg – eine statistische Skizze, Stuttgart 1855.

SICK, PAUL, Beiträge zur Statistik der Landwirtschaft des Königreichs Württemberg, Stuttgart 1853.

SIEBECK, OSKAR, Der Frondienst als Arbeitssystem; in: ZgStW, Ergänzungsband 13, 1904.

SELCHOW, JOHANN HEINRICH CHRISTIAN, Geschichte der in Teutschland geltenden fremden und einheimischen Rechte, Göttingen 1767.

SPÄTH, PHILIPP, Beitrag zu einer Abhandlung vom Steuerwesen im Württembergischen, Tübingen 1799.

STEIN, LORENZ VON, Lehrbuch der Finanzwissenschaft, 5. Aufl., Leipzig 1885.

STENGELE, ALFONS, Die Bedeutung des Anerbenrechts in Süddeutschland, Stuttgart 1894.

STICHLING, Über die Wahl der Mittel zur Erleichterung der Grundpflichtigkeitsablösungen; in: ZgStW, Band 5, 1848.

STOLZ, OTTO, Die Bauernbefreiung in Süddeutschland; in: Vj. schr. f. Soz. u. Wirtsch.geschichte Stuttgart, 33, 1940.

STUMPFF, FR., Die geschichtliche Entwicklung des württembergischen Staatssteuerwesens in allgemeinen Zügen; in: ZgStW, Band 61, 1905.

TAFEL, CHRISTIAN FRIEDRICH AUGUST, Auserlesene Civil-Rechtssprüche der höheren Gerichtsstellen in Württemberg, Heilbronn und Stuttgart 1835–1866, 6 Bände.

THAER, A., Über die Wertschätzung des Bodens; in: Annalen der Fortschritte der Landwirtschaft, Band 1, 1811.

— Grundsätze der rationellen Landwirthschaft, 4 Bände, Stuttgart 1837–1839.

TREUE, WILHELM, Wirtschaftsgeschichte der Neuzeit, 1700–1960, Stuttgart 1962.

TRUMPFHELLER, HORST, Die Finanzwirtschaft in Hohenlohe zur Zeit des Kameralismus (1700–1806); masch. Diss. Tübingen, 1959.

Über die willkürliche Zertrennung der Bauerngüter in Württemberg, o. Verf., Stuttgart 1818.

Über die Grundlasten in Wirtemberg und deren Abschaffung, o. Verf., Heft 1, Heilbronn 1832.

Über die Besteuerung des Grundeigentums nach Kapitalwert und Ertrag, o. Verf.; in: Der National-Ökonom, Band 1, Heft 5, 1836.

ULRICH, FRIEDRICH, Die Allmenden in Württemberg, gedr. Diss. Tübingen, 1935.

ULSHÖFER, FRITZ, Die Hohenlohischen Hausverträge und Erbteilungen, Grundlinien einer Verfassungsgeschichte der Grafschaft Hohenlohe seit dem Spätmittelalter; gedr. Diss. Tübingen, Neuenstein 1960.

VARNBÜLER, K. VON, Beitrag zur Kenntnis der neuen Grundsätze der Landwirthschaft, Stuttgart 1812.

— Annalen der württembergischen Landwirthschaft, 4 Hefte, Stuttgart 1818–1821.

VOGELMANN, Über die geschlossenen Hofgüter des badischen Schwarzwaldes; in: Archiv für politische Ökonomie und Polizeiwissenschaft, Band 4, 1840.

VOLLGRAFF, CARL, Die teutschen Standesherrn, Giessen 1824.

— Revision verschiedener teutschrechtlicher Theorien, namentlich über die Persönlichkeit fast aller teutschen Rechte – über die eigentliche Bedeutung der Gewehre, über Besitz, Eigen, Lehn, Leihe, Zinsgut, Pacht und Regalität, insbesonderheit aber über den eigentlichen iuristischen Charakter der sogenannten Reallasten, Heidelberg 1826.

WÄCHTER, CARL GEORG, Handbuch des im Königreich Württemberg geltenden Privatrechts, 2 Bände, Stuttgart 1839–1842.

WAGNER, ADOLPH, Finanzwissenschaft, 3 Bände, Leipzig und Heidelberg, 1883, 1889, 1880.

WALD, ANNEMARIE, Die Bauernbefreiung und die Ablösung des Obereigentums – eine Befreiung des Herren, in: Hist. Vierteljahrsschrift, Bd. 28, 1934.

WALDBOTT-BASSENHEIM, Das Grundeigentum des Adels in Schwaben und die Maximen der Umwälzung, 1818.

WEBER, VON, Der Viehhandel im Hohenlohischen im Jahre 1823; in: WJB 1823.

WEBER, K. H., Über den gegenwärtigen Zustand der Landwirtschaft in Württemberg; in: ZgStW, Band 27, 1871.

WECKHERLIN, FERDINAND AUGUST HEINRICH, Über die willkürliche Zertrennung von Bauerngütern in Württemberg, Stuttgart 1818.

WEISHAAR, JACOB FRIEDRICH VON, Handbuch des Württembergischen Privatrechts, 2. Aufl., Stuttgart 1831/32.

WELLER, KARL, Hohenloher Landstände; in: WF, Neue Folge 15, Schwäbisch Hall 1930.

— Geschichte des Hauses Hohenlohe, 2 Bände, Stuttgart 1904 und 1908.

— und BELSCHNER, CHRISTIAN, Hohenloher Urkundenbuch, 3 Bände, Stuttgart 1899, 1901 und 1912.

WELLER, KARL, Württembergische Geschichte, 4. Aufl., Stuttgart 1957.

WERNER, GEORG, Die neuesten Ablösungsgesetze für das Königreich Württemberg, systematisch geordnet, mit Erläuterungen aus den ständischen Verhandlungen und einem Sachregister versehen, 2 Bände, Stuttgart 1850 und 1851.

WIEST, ANDREAS ALOIS, Über die Aufhebung der Zehnten, Leibeigenschaftsgefälle, Frohnen, Beeten und Fall-Lehen, Ulm 1833.

— Die Landesgesetzgebung von Württemberg in ihrem Verhältnis zu den Standes- und Gutsherrn, Ulm 1836.

WINKOPP, PETER ADOLF, Verzeichnis derjenigen Einkünfte, die den Standesherren verblieben und die an den Staat abzugeben sind; in: Der Rheinische Bund, Band 5, o. J.

ZACHARIAE, CARL SALOMON, Die Souveränitätsrechte der Krone Württembergs in ihrem Verhältnisse zu den standesherrlichen Eigentumsrechten des fürstlichen Gesamthauses Hohenlohe, Heidelberg 1836.

9. Orts- und Namensregister

Die Schreibweise der Ortsnamen ist in den Quellen unterschiedlich. Nach Möglichkeit wurde die heute übliche Schreibweise gewählt.

Zeitfracht Medien GmbH
Ferdinand-Jühlke-Straße 7
99095 Erfurt, Deutschland
produktsicherheit@kolibri360.de